全国优秀教材二等奖

"十四五"职业教育国家规划教材

"十二五"职业教育国家规划教材修订版
经全国职业教育教材审定委员会审定
高等职业教育信息素养教育系列教材
国家精品在线开放课程配套教材

文献信息检索实用教程

第3版

主　编　陈萍秀
副主编　徐春玲　于蓓莉
参　编　蒲攀　王玲

机械工业出版社
CHINA MACHINE PRESS

本书获首届全国教材建设奖全国优秀教材二等奖、"十四五"职业教育国家规划教材，是编者主持的国家级精品在线开放课程的配套教材，也是编者在多年从事信息素养教育教学研究、教学实践和应用的基础上，结合在线教育的特点、高等教育人才培养目标要求以及课程自身特点编写而成。

全书共八章，贯穿了文献信息利用的全流程，主要内容包括：文献信息检索概述、因特网信息检索、常用中文文献信息检索系统、常用外文文献信息检索、专题文献信息检索、引文文献检索系统、文献管理与信息分析工具、学术论文写作。

本书在超星学习通上，建设了示范教学包"文献信息检索实用教程（机工版）"，提供了课件、微课、讨论等丰富的教学资源，使用本书的教师可通过超星学习通 APP，一键引用示范教学包，开展混合式教学。

本书还配备了 40 个知识点的微课视频，供读者扫码观看和学习。

本书配备了电子课件，凡选用本书作为教材的教师均可登录机械工业出版社教育服务网：www.cmpedu.com 免费下载。如有问题请致电 010-88379375 咨询。

本书可以作为高职高专院校科技信息检索课程的配套教材，也可以作为科技人员和图书馆工作人员检索科技信息资源的指南。

图书在版编目（CIP）数据

文献信息检索实用教程 / 陈萍秀主编. —3版. —北京：机械工业出版社，2020.9（2023.8重印）
"十二五"职业教育国家规划教材：修订版　高等职业教育信息素养教育系列教材
ISBN 978-7-111-66511-3

Ⅰ.①文… Ⅱ.①陈… Ⅲ.①信息检索—高等职业教育—教材 Ⅳ.①G254.9

中国版本图书馆CIP数据核字（2020）第171580号

机械工业出版社（北京市百万庄大街22号　邮政编码100037）
策划编辑：杨晓昱　　责任编辑：杨晓昱
责任校对：张　力　　封面设计：马精明
责任印制：邓　博
北京盛通商印快线网络科技有限公司印刷

2023年8月第3版第13次印刷
184mm×260mm·20.75印张·509千字
标准书号：ISBN 978-7-111-66511-3
定价：59.00元

电话服务　　　　　　　　网络服务
客服电话：010-88361066　　机　工　官　网：www.cmpbook.com
　　　　　010-88379833　　机　工　官　博：weibo.com/cmp1952
　　　　　010-68326294　　金　书　网：www.golden-book.com
封底无防伪标均为盗版　　机工教育服务网：www.cmpedu.com

关于"十四五"职业教育
国家规划教材的出版说明

为贯彻落实《中共中央关于认真学习宣传贯彻党的二十大精神的决定》《习近平新时代中国特色社会主义思想进课程教材指南》《职业院校教材管理办法》等文件精神，机械工业出版社与教材编写团队一道，认真执行思政内容进教材、进课堂、进头脑要求，尊重教育规律，遵循学科特点，对教材内容进行了更新，着力落实以下要求：

1. 提升教材铸魂育人功能，培育、践行社会主义核心价值观，教育引导学生树立共产主义远大理想和中国特色社会主义共同理想，坚定"四个自信"，厚植爱国主义情怀，把爱国情、强国志、报国行自觉融入建设社会主义现代化强国、实现中华民族伟大复兴的奋斗之中。同时，弘扬中华优秀传统文化，深入开展宪法法治教育。

2. 注重科学思维方法训练和科学伦理教育，培养学生探索未知、追求真理、勇攀科学高峰的责任感和使命感；强化学生工程伦理教育，培养学生精益求精的大国工匠精神，激发学生科技报国的家国情怀和使命担当。加快构建中国特色哲学社会科学学科体系、学术体系、话语体系。帮助学生了解相关专业和行业领域的国家战略、法律法规和相关政策，引导学生深入社会实践、关注现实问题，培育学生经世济民、诚信服务、德法兼修的职业素养。

3. 教育引导学生深刻理解并自觉实践各行业的职业精神、职业规范，增强职业责任感，培养遵纪守法、爱岗敬业、无私奉献、诚实守信、公道办事、开拓创新的职业品格和行为习惯。

在此基础上，及时更新教材知识内容，体现产业发展的新技术、新工艺、新规范、新标准。加强教材数字化建设，丰富配套资源，形成可听、可视、可练、可互动的融媒体教材。

教材建设需要各方的共同努力，也欢迎相关教材使用院校的师生及时反馈意见和建议，我们将认真组织力量进行研究，在后续重印及再版时吸纳改进，不断推动高质量教材出版。

机械工业出版社

前 言

本书获首届全国教材建设奖全国优秀教材二等奖、"十四五"职业教育国家规划教材，是编者在多年教学实践的基础上，结合日新月异的现代信息检索技术新特点编写而成。第 1 版于 2007 年 1 月由机械工业出版社出版，成为众多高职院校文献信息检索课程的教材。承蒙读者厚爱，编者在收获很多宝贵的建议的基础上，结合所主持的国家级精品课程——文献信息检索课程的建设理念，对本书进行了修订。第 2 版在第 1 版基础上重新整合章节，删旧增新，并增加了 3 个电子图书数据库，使修订后的内容得到了进一步的完善，由此本书被评为"十二五"职业教育国家规划教材。

信息检索技术发展迅速，新兴的信息检索理念和方法不断涌现，为了适应时代的变化和教学的需要，顺应信息时代在线教育的要求，编者紧跟教育部关于教育教学改革的步伐，主持的文献信息检索课程已成为"国家级精品资源共享课程"，从而使得编者和读者可以随时随地通过网络分享课程资源和教学经验。本书第 3 版的修订也就水到渠成、应运而生。

第 3 版以新形态教材形式呈现，本着科学、实用、必需、全面与及时反映学科技术研究前沿和应用探索前沿的修订原则，结合线上教学平台的经验，重新架构教材的内容与知识体系，突显了本书的实用性、工具性。较之前两版，第 3 版有以下新变化。

1）基于行动导向和文献利用规律，按照检索工作过程系统化的思路，以"文献检索—文献管理—文献分析—文献利用"为主线，让读者在掌握文献信息检索技术的同时，能更清晰地理解文献信息资源利用的意义，为终身学习奠定基础。

2）全书各章节共提供了 40 个知识点的微课视频，读者可通过扫描书中二维码在线观看，这为教师和学生创建了适宜自主学习和合作学习的良好的教育生态环境。

3）精炼文献信息检索的原理性内容，把相关检索原理穿插到对应的相关章节中讲解。除在第一章主要介绍了通用性的检索理论知识外，其他各章均针对与具体检索工具相关的检索原理加以详述，并辅以检索实例加以说明、剖析和应用。

4）紧跟信息素养教育的步伐，整合了部分章节内容。合并了第 2 版中的第二、三章；保留了第 2 版中的第四章，新增常用中外文献信息检索；整合了第 2 版中的第五、七、八、九章；新增了文献管理、文献分析工具以及科技论文写作的内容。

本书在编写过程中，由陈萍秀负责组稿和统稿，并编写了第一章和第二章、第七章；徐春玲编写了第三章和第六章；于蓓莉编写了第四章和第五章；蒲攀编写了第八章；王玲参与了前言和第二章第一节的编写。编写期间参考了大量文献资料，由于篇幅有限，没能一一列出，特向有关作者致歉并表示衷心的感谢！

由于编者水平所限，书中难免有疏漏和不当之处，诚望广大读者不吝指正。

编 者

微课视频二维码清单

名称	二维码	名称	二维码
X-01 先定一个小目标		2-03 巧用 site 站点搜,意外惊喜免费到	
X-02 跟我学点这些"招"儿		2-04 标题搜索用 title,题内题外任你定	
1-01 文献调研的常见误区与基本原则		2-05 PPT、Excel 专业文档 filetype 最有效	
1-02 全文获取与文献阅读		2-06 谁是最强学术神器——百度学术搜索	
1-03 初入行者:与或非		2-07 ""《》( )作用可不小	
2-01 专业信息分类找学科信息门户		3-01 检索学术论文的三大中文文献数据库	
2-02 OA 资源		4-01 国外重要类型数据库概况	

(续)

名 称	二维码	名 称	二维码
4-02 案例导入数据库检索方法		7-06 利用 CNKI E-Study 进行文献管理、研读及应用	
4-03 专题信息早知道，法律数据库来报到		7-07 利用 CNKI E-Study 写作、排版与投稿	
5-01 专利检索与分析系统——SIPO		7-08 CiteSpace 概述	
5-02 专业好用的专利搜索引擎 SooPAT		7-09 CiteSpace 软件获取与安装	
5-03 搞清 SCI、EI、ISTP，国外期刊随便投		7-10 CiteSpace 数据分析与图谱解读	
7-01 EndNote 概述		7-11 初见知识管理工具之 mindmanage 概述	
7-02 EndNote 的文献导入		7-04 如何用 EndNote 编辑投稿杂志的参考文献格式	
7-03 EndNote 之管理应用		7-05 CNKI E-Study 之概述	

(续)

名　称	二维码	名　称	二维码
8-02　学术论文的那些事——种类及价值		7-12　mindmanage 的基本绘制	
8-03　毕业论文选题的原则与方法		8-01　学术论文的那些事——概念和特点	
8-04　毕业论文选题常犯的那些错		8-07　学术规范是前提	
8-05　毕业论文的通用性结构（上）		8-08　毕业论文参考引用文献规则	
8-06　毕业论文的通用性结构（下）		8-09　在线投稿的那些事	

目 录

前 言
微课视频二维码清单

第一章 文献信息检索概述
第一节 文献信息源概述 ... 1
第二节 文献信息检索原理 ... 20
第三节 文献信息检索应用 ... 39

第二章 因特网信息检索
第一节 因特网信息资源概述 ... 42
第二节 因特网信息检索工具 ... 52
第三节 搜索引擎与应用 ... 59

第三章 常用中文文献信息检索系统
第一节 中国知网（CNKI）... 73
第二节 万方数据知识服务平台 ... 79
第三节 维普资讯中文期刊服务平台 ... 85
第四节 中国高等教育文献保障系统（CALIS）... 90
第五节 中国科学院国家科学图书馆 ... 94
第六节 国家科技图书文献中心 ... 95

第四章 常用外文文献信息检索
第一节 学术资源整合平台 WOS ... 99
第二节 Engineering Village ... 106
第三节 OCLC FirstSearch ... 111
第四节 BIOSIS Previews ... 117
第五节 Elsevier Science Direct ... 121
第六节 Emerald 平台 ... 125
第七节 Lexis® Advance ... 129

第五章 专题文献信息检索

- 第一节 专利文献信息检索 ... 134
- 第二节 标准文献检索 ... 147
- 第三节 学位论文检索 ... 155
- 第四节 会议文献检索 ... 160
- 第五节 科技报告检索 ... 166
- 第六节 档案信息检索 ... 173

第六章 引文文献检索系统

- 第一节 引文文献系统概述 ... 178
- 第二节 国际著名引文索引系统 ... 179
- 第三节 中文引文索引系统 ... 191

第七章 文献管理与信息分析工具

- 第一节 文献管理工具概述 ... 209
- 第二节 文献管理软件 EndNote ... 214
- 第三节 文献管理软件 CNKI 研学 ... 228
- 第四节 文献信息分析工具 ... 239
- 第五节 个人知识管理工具 ... 251

第八章 学术论文写作

- 第一节 学术论文概述 ... 273
- 第二节 学术论文选题与写作 ... 277
- 第三节 文献综述及其撰写 ... 299
- 第四节 学术论文的投稿与发表 ... 308

参考文献

Chapter One

第一章
文献信息检索概述

第一节 文献信息源概述

信息源（Information Sources）是人们在科研活动、生产经营活动和其他一切活动中所产生的成果和各种原始记录，以及对这些成果和原始记录加工整理得到的成品，这些都是借以获得信息的源泉。信息源的内涵丰富，它不仅仅包括各种信息载体，也包括各种信息机构；不仅包括传统印刷文献资料，也包括现代电子图书报刊；不仅包括各种信息储存和信息传递机构，也包括各种信息生产机构。

文献信息源是正式信息交流的利用对象，是人们获取全面系统信息的主要保障。而文献是在空间和时间上积累和传播信息的最有效的手段，是获取信息最基本、最主要的来源。

一、文献信息的基础知识

1. 信息

信息是指一切事物自身存在方式以及它们之间相互关系、相互作用等运动状态的表达。它是物质存在的一种方式，一般指数据、信息中所包含的意义。从作用角度来看，信息可以使所描述的事物的不确定性减少；从本体论和认识论角度来看，则认为信息是物质的属性、规律、运动状态、存在标志等。

信息资源是指各种载体和形式的信息的集合，包括文字、音像、印刷品、电子信息、数据库等。

2. 文献

"文献"一词，在中国古代历史上早有解释。一般而论，"文"是指"典籍"，"献"则指"贤人"。文献今为"记录有知识的一切载体"的统称，即用文字、图形、符号、声频及视频等手段记录下来的人类知识都可以称之为文献，即知识信息必须通过文献载体进行存储和传递。

文献要素是认识文献的关键。分析文献定义可以得出构成文献的三个基本要素：一是载体本身，二是载体所载信息、知识内容，三是载体内容的记录方式或手段。

（1）载体

载体是可供记录信息符号的物质材料，文献载体大体经历了从泥板、纸草、羊皮、蜡板、甲骨、金文、石头、简牍、缣帛等早期载体，到纸的出现，再到现代各种新兴文献的发展过程。

（2）信息、知识内容

信息、知识内容是指文献中所表达的思想意识和知识观念，具有知识和情报价值。

(3) 记录方式或手段

文献记录方式具体包括刻划、书写、印刷、拍摄、录制、复印和计算机录入等。记录手段也称信息符号。

以上三要素之间的关系可以描述为：信息内容是文献的知识内核，载体是文献的存在形式和外壳，而记录方式或手段则是二者联系的桥梁和纽带。

3. 知识

知识是人们在社会实践中积累起来的经验，是对客观世界物质形态和运动规律的认识。人们在社会实践中不断接受客观事物发出的信号，经过人脑的思维加工，逐步认识客观事物的本质。这是一个由表及里、由浅入深、由感性到理性的认识过程。所以，知识的产生来源于信息，是通过信息的传递，并对信息进行加工的结果。由此可见，知识是信息的一部分。

4. 情报

情报是指被传递的知识或事实，是知识的再激活，是运用一定的媒体（载体），越过空间和时间传递给特定用户，解决科研、生产中的具体问题所需要的特定知识和信息。

情报具有三个基本属性，分别是知识性、传递性和效用性。即情报是知识的一部分，是被传递的部分；知识要转化为情报必须经过传递，并被使用者接受、发挥其使用价值。

5. 信息、知识、文献、情报之间的关系

（1）信息与文献的关系

文献和信息是从不同角度对同一事物的表述。文献侧重于载体的概念，强调其作为载体记录人类客观知识的价值；而信息侧重效用性，无论其载体形式如何，强调其作为一种智力资源的开发与利用。

（2）信息、知识与文献的关系

信息作为物质的一种普遍属性，是生物以及具有自动控制系统的机器通过感觉器官和相应的设备与外界进行交换的一切内容。信息是独立于行动和决策的，是经过处理改变形态的物质产品，它与环境无关且是可以复制的。知识作为信息的一部分，是一种特定的、升华了的人类信息，也是人类社会实践经验的总结，是人的主观世界对于客观世界的概括和如实反映；它是无形的，但却与行动和决策相关，是经过处理能改变思维的精神产品。知识是需要学习者经过学习才能转让的，且是无法复制的。知识累积记载于各种形式的载体上，便成了文献。

（3）信息、文献、知识与情报的关系

综上所述，可以认为信息是宇宙的一切运动状态及对其的报道。宇宙间时时刻刻都在产生着信息，人们正是通过获取这些不同信息来认识不同事物，并由此产生新的知识。知识是经人脑思维加工而成有序化的人类信息，是信息的一部分，文献则是被物化了的知识记录，是知识的一种载体，是被人们所认知并可进行长期管理的信息。情报蕴含于文献之中，是进入人类社会交流系统的运动着的知识，但不是所有文献都是情报，而所有情报几乎都是知识。文献又是存储传递知识、情报和信息的介质，但文献不仅是情报传递的主要物质形式，也是吸收利用情报的主要手段。信息、知识、情报的逻辑关系如图1-1所示。

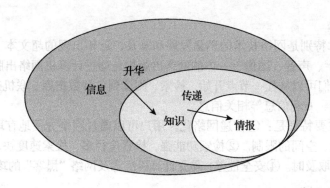

图1-1 信息、知识、情报的关系图

二、文献信息的类型

了解文献类型,可以方便人们有效地认识、管理、开发、利用文献信息资源,从而减少检索的盲目性,使结果更准确、更直接。文献分类的依据有许多种,本书主要介绍依据载体形式、加工深度和出版类型划分的文献类型。

1. 按照载体形式划分

根据出版物载体的不同,文献信息主要划分为纸介型文献、缩微资料、声像型文献、电子出版物和网络出版物。

(1) 纸介型文献

纸介型文献指以纸张为载体的文献,可分为手抄型和印刷型两种,如图书、期刊以及各种印刷资料等都是目前文献的主体。它的主要优点是便于阅读和流传,缺点是体积大,信息密度低,不便于保存。

(2) 缩微资料

缩微资料又称缩微复制品。它是以印刷型文献为母本,采用光学摄影技术、摄影方法,把文献的影像缩小记录在感光胶卷和胶片上,然后借助于专门的阅读设备进行阅读的一种文献形式。它分为:缩微胶卷、缩微胶片、缩微卡片。这种文献的优点如下:①体积小,信息密度高,重量轻,便于收藏。②生产迅速,成本较低。③提取传递、放大复制、翻印拷贝都较方便;在适宜的温度、湿度条件下,可以永久保存。缺点是必须借助专用设备(阅读机或利用缩微复印机)才能使用。

(3) 声像型文献

声像型文献也称视听资料。这是一种非文字形式的文献。它通过特定设备,使用声、光、磁、电等技术将信息转换为声音、图像、影视和动画等形式,给人以直观、形象感受的知识载体。如唱片、录音带、录像带、CD、VCD、DVD等。

(4) 电子出版物

电子出版物也称计算机阅读型文献,是指以数字代码方式将图、文、声、像等信息存储在磁光点介质上,通过计算机或具有类似功能的设备阅读使用的文献,按照其载体材料和存储技术又可分为:磁质机读型和光盘机读型。常见的有各种记录内容的磁带、软盘和光盘。

(5) 网络出版物

随着计算机技术特别是网络技术的迅猛发展和普及,近年出现的超文本、超媒体(Hypermultimedia),集文字、声音、图像于一体的网络出版物是通过计算机网络出版发行的正式出版物。通过互联网,人们可以从任一节点开始,检索、阅读到各种数据库、联机杂志、电子杂志、电子版工具书、报纸、专利信息等相关信息。

网络出版物的主要特征是:①传递网络化。用户可以通过网络方便地存取、检索与下载,而且不受时间、地点、空间的限制。②检索功能强,检索途径多,检索速度快。③发行周期短,内容更新快,信息获取及时。④安全性差,易受计算机病毒及网络"黑客"的攻击。⑤费用较高。

2. 按照加工深度划分

根据文献传递知识(信息)的质、量不同以及加工层次的不同,文献分为零次文献、一次文献、二次文献和三次文献。

(1) 零次文献

零次文献是指未经出版发行或未进入社会交流的最原始的文献。它是一种特殊形式的情报信息源,是最原始、最不正式的记录。如人们的"出你之口,入我之耳"的口头交谈、私人笔记、底稿、手稿、个人通信、新闻稿、工程图样、考察记录、实验记录、调查稿、原始统计数字、技术档案、备忘录等一些内部使用的、通过公开正式的订购途径所不能获得的书刊资料等。

零次文献的获取途径一般是通过口头交谈、参观展览、参加报告会等方式。

(2) 一次文献

一次文献也叫一级文献。它是以作者本人取得的成果为依据而创作的论文、报告等经公开发表或出版的各种文献,习惯上称作原始文献。如期刊论文、学术论文、学位论文、科技报告、会议论文、专利说明书、技术标准等。

一次文献是人们学习参考的最基本的文献类型,也是最主要的文献情报源。同时,一次文献是产生二、三次文献的基础,是检索的最终对象和利用的主要对象。

(3) 二次文献

二次文献也称二级文献。它是按一定的方法对一次文献进行整理加工,以使之有序化而形成的文献,是报道和查找一次文献的检索工具书刊。主要包括目录、索引、文摘等。

二次具有明显的汇集性、工具性、综合性、系统性、交流性和检索性,提供的文献线索集中、系统、有序。它的重要性在于使查找一次文献所花费的时间大大减少。

(4) 三次文献

三次文献也称三级文献。它是根据二次文献提供的线索,选用大量一次文献的内容,经过筛选、分析、综合和浓缩而再度出版的文献。主要包括以下三种类型。

1) 综述研究类:专题述评、总结报告、动态综述、进展通讯、信息预测、未来展望等。

2) 参考工具类:年鉴、手册、百科全书、词典、大全等。

3) 文献指南类:专科文献指南、索引与文献服务目录、书目之书目、工具书目录等。

一般来说,零次文献由于没有进入出版、发行和流通这些渠道,收集利用十分困难,一般不作为我们利用的文献类型。而后三种文献是一个从分散的原始文献到系统化、密集化的过程:其中一次文献是基础,是最基本的信息源,是检索利用的对象;二次文献是一次文献的集中提炼和有序化,是文献信息检索和利用的主要对象,也称之为检索工具;三次文献是把分散的一、二次文献按专题或知识的门类进行综合分析研究加工而成的成果,是高度浓缩的文献信息,既是文献信息检索利用的对象,又可作为检索文献信息的工具。

3. 按照出版类型划分

按照出版类型，文献信息可以划分为图书、期刊、会议文献、学位论文、标准文献、专利文献、科技报告、档案文献、政府出版物以及产品样本等十种类型。

了解文献的各种分类，利于人们认识与使用丰富的文献资源。图 1-2 主要反映文献出版类型与加工层次的关系。

人们利用文献信息的顺序一般是先利用三次文献，找到二次文献线索，再通过线索找到一次文献（原始文献）。

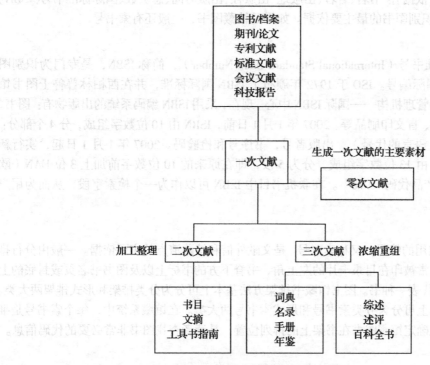

图 1-2　文献出版类型与加工层次的关系

三、常用文献的著录特征及其识别

（一）图书

1. 定义

我国著作权法中所指图书，是由国家正式批准的出版单位出版，标有中国标准书号（ISBN）的出版物。

ISO 将书定义为："49 页及 49 页以上构成一个书单元的文献（不包括封面和扉页）"，是论述或介绍某一学科或领域知识的出版物，阅读量占到文献总量的 15% 左右。

2. 种类

图书按其用途可以分为以下三种类型：阅读图书、参考工具书、检索用书。阅读图书包括教科书、专著和文集；参考工具书包括字典、词典、百科全书、年鉴、手册、名录、图录、年表、历表等，是供人们释疑解难、翻检查考的出版物；检索用书则是以图书形式刊行的书目、题录、目录、文摘等，供人们查找一定范围内信息线索的出版物。

3. 特点

图书具有论述的内容系统、全面、成熟、可靠,也有涉及面广、品种多、出版量大、作者群与读者群大等特点。

4. 著录特征和识别标识

图书的著录特征,从形式上主要有书名、责任者、出版社等,从内容上主要有出版时间、ISBN、版次、印刷时间、页码、字数等信息。

识别图书的主要依据有:书名、著者、出版地、出版社、出版时间、总页数、国际标准书号(ISBN)等。其中 ISBN 号是识别图书的最主要依据。如果是馆藏图书,一般还有索书号。

（1）ISBN

ISBN:国际标准书号(International Standard Book Number),简称 ISBN,是专门为识别图书等文献而设计的国际编号。ISO 于 1972 年颁布了 ISBN 国际标准,并在西柏林普鲁士图书馆设立了实施该标准的管理机构——国际 ISBN 中心。现在,采用 ISBN 编码系统的出版物有:图书、小册子、缩微出版物、盲文印刷品等。2007 年 1 月 1 日前,ISBN 由 10 位数字组成,分 4 个部分:组号(国家、地区、语言的代号)、出版者号、书序号和检验码。2007 年 1 月 1 日起,实行新版 ISBN,新版 ISBN 由 13 位数字组成,分为 5 段,即在原来的 10 位数字前加上 3 位 EAN(欧洲商品编号)图书产品代码"978"。在联机书目中 ISBN 可以作为一个检索字段,从而为用户增加了一种检索途径。

（2）索书号

图书馆藏书排架用的编码,又称索取号,是文献外借和馆藏清点的主要依据。一般由分行排列的几组号码组成,常被印在目录卡片的左上角、书脊下方的书标上以及图书书名页或封底的上方。一个索书号只能代表一种书。图书馆藏书排架方法基本上可分为分类排架和形式排架两大类。因此,索书号也基本上可分为分类索书号和形式索书号两大类。在馆藏系统中,每个索书号是唯一的,可借以准确地确定馆藏图书在书架上的排列位置,是读者查找图书非常必要的代码信息。

5. 著录格式

图书的著录格式为:作者. 书名 [M]. 出版地：出版社，出版年.

图书的著录范例：

【中文图书】黄如花. 信息检索 [M]. 武汉：武汉大学出版社，2010.

【外文图书】EttenW V. Fundamentals of optical fiber communication [M].London: Prentice Hall, 1991.

（二）期刊

1. 定义

期刊(Periodicals)又称连续出版物,它是指有固定名称和版式、统一开本、连续的编号、汇集多位著者的多篇著述、定期或不定期编辑发行、长期出版的出版物,也称杂志(Journals)。

期刊是随着近代科学的发展而产生的,自 1665 年 1 月在法国巴黎创刊的《学者杂志》和 1665 年 3 月英国皇家学会创办的《哲学汇刊》问世以来,期刊发展十分迅速,它在科技活动中起着十分重要的作用。期刊是科技人员进行信息交流的正式、公开而有秩序的工具,被称为"整个科学史上最成功的无处不在的科学信息载体"。

核心期刊是对某学科或专业领域而言，登载该学科或专业大量相关论文的少数权威性期刊，称为该学科或专业的核心期刊。

根据 B.C.Brookes 等人的研究，一个学科或专业领域的核心期刊一般占该领域相关期刊总量的 10% 左右，但这些核心期刊所提供的相关文章数却占相关文章总数的 50%~60%。

2. 种类

1）按出版周期：周刊、双周刊、半月刊、月刊、双月刊、季刊、半年刊、年刊等。
2）按报道范围：综合性期刊、专业性期刊。
3）按内容、性质和用途：学术性、技术性期刊；检索性期刊；通讯性期刊；评述性期刊；数据资料性期刊。

3. 特点

期刊是传递科技信息，交流学术思想的最简便、最基本的手段，是获取信息的最主要的信息源，占阅读量的 70%。其特点相比图书，主要具有以下特点。

1）期刊出版周期短，发表文章快。
2）内容新颖，能迅速反映国内外的各种学科专业的水平和动向。
3）品种多，数量大。
4）内容涉及领域广泛。
5）作者队伍及检索者队伍均非常庞大。

4. 识别标志

识别期刊的主要依据有：期刊名称，期刊出版的年、卷、期，国际标准连续出版物号（ISSN）等。

ISSN（国际标准连续出版物号，International Standard Serial Number）是根据国际标准 ISO3297 制定的连续出版物国际标准编码，其目的是使世界上每一种不同题名、不同版本的连续出版物都有一个国际性的唯一代码标识。ISSN 由设在法国巴黎的国际 ISDS 中心管理。该编号是以 ISSN 为前缀，由 8 位数字组成。8 位数字分为前后两段各 4 位，中间用连接号相连，格式如下：ISSN ××××-××××，如：Science（print ISSN 0036-8075；online ISSN 1095-9203），前 7 位数字为顺序号，最后一位是校验位。

ISSN 通常都印在期刊的封面或版权页上。我国正式出版的期刊都有国内统一刊号（CN），它由地区号、报刊登记号和《中图法》分类号组成，如 CN11-2257/G3。地区号依《中华人民共和国行政区划编码表 GB2260-2007》取前两位，如北京为 11，天津 12，上海 31，辽宁 21，吉林 22 等。

5. 著录格式

期刊的著录格式为：作者. 期刊论文篇名 [J]. 刊名，出版年，卷（期）号：起止页码.

期刊的著录范例：

【中文期刊】邱均平. 网络环境下国内学者引证行为变化与学科间差异——基于历时角度的分析 [J]. 中国图书馆学报，2016，（2）：18-31.

【外文期刊】Williamson John, Fitz-Gibbon C T. The Lack of Impact of Information: Performance Indicators for A Levels [J]. Educational Management Administration and Leadership，18（1）:37-45.

(三)会议文献

1. 定义

会议文献是指各种科学技术会议上宣读和交流的论文、报告、讲演稿等与会议有关的文献。会议文献是科技文献的重要组成部分,一般是经过挑选的,质量较高的,能及时反映科学技术中的新发现、新成果、新成就以及学科发展趋向,是一种重要的情报源。

2. 种类

会议文献按照出版形式分为期刊类、专题论文集、连续性会议文献和系统性科技报告。按照文献产生的时间分为会前文献、会中和会后文献。会前文献包括会议日程预告、会议论文预印本和会议论文摘要;会中文献包括会议期间的开幕词、演讲稿、闭幕词、讨论记录、会议记录等;会后文献是指会议结束后出版的会议文献,包括会议录、专题论文集、会议论文汇编、会议论文集、会议出版物以及会议纪要。

3. 特点

会议文献学术性强,往往代表着某一领域内的最新成就,反映了国内外科技发展水平和趋势。它具有传递情报及时,内容新颖,专业性和针对性强,种类繁多,出版形式多样等特点,是获得最新情报的一个重要来源。

4. 著录特征和识别标识

会议文献的著录特征包括论文名称、著者和著者工作单位;会议录名称、会议地点、会议时间;会议录出版情况、论文页码。

会议文献的识别标识主要有会议录名称、会议地点、会议时间、会议届次。其中会议录名称常含有:congress(会议)、convention(大会)、symposium(专题讨论会)、workshop(专题学术讨论会)、seminar(学术研讨会)、conference(学术讨论会)、colloquium(学术讨论会)、proceedings(会议录)等。

5. 著录格式

会议文献参考文献的著录格式为:作者.文献题名[C].文集名.出版地:出版者,出版年:起止页码.

会议文献的著录范例:

邱均平,楼雯.我国索引研究二十年回顾与展望——纪念中国索引学会成立20周年[C].2011年中国索引学会年会暨成立二十周年庆典论文集.济南:山东大学出版社,2011,1-23.

(四)学位论文

1. 定义

学位论文是高等院校或研究机构的学生为了获得所修学位,按要求提交并通过答辩委员会认可的学术性研究论文。它是在学习和研究中参考大量文献、进行科学研究的基础上完成的,是随着学位制度的实施而产生的一种学术论文。英国习惯称之为Thesis,美国则称之为Dissertation。

2. 种类

学位论文根据所申请的学位不同,可分为学士论文、硕士论文、博士论文三种。

按照研究方法不同,学位论文可分理论型、实验型、描述型三类。理论型论文运用的研究方法是理论证明、理论分析、数学推理,用这些研究方法获得科研成果;实验型论文运用实验方法,进行实验研究获得科研成果;描述型论文运用描述、比较、说明方法,对新发现的事物或现象进行研究而获得科研成果。

按照研究领域不同,学位论文又可分人文科学学术论文、自然科学学术论文与工程技术学术论文三大类,这三类论文的文本结构具有共性,而且均具有长期使用和参考的价值。

3. 特点

1)探究问题比较专一,阐述较系统详尽。学位论文都是就某一专题进行研究而作的总结,也对科研生产的相关领域具有重要的借鉴作用。

2)学位论文是非卖品,除极少数以科技报告、期刊论文的形式发表外,一般不公开出版。

3)学位论文多数有一定的独创性,拥有详尽的参考文献和课堂研究现状综述。通过对学位论文的阅读,可大致梳理出作者的写作思路和研究方法,学习学位论文的写作方法。

4. 著录特征和识别标识

学位论文著录特征主要包括论文名称、著者、学位、授予学位的大学名称、时间、论文页码、导师或答辩委员会顾问的姓名等。

学位论文的识别标识主要有学位名称、大学名称。

5. 著录格式

学位论文的著录格式为:论文作者.题名[D].学位论文授予地址:学位论文授予单位,年份.

学位论文的著录范例:

仇前程.高速铁路列车运行计划动态性能评价与仿真研究[D].成都:西南交通大学,2015.

(五)标准文献

1. 定义

(1)标准的含义

狭义的标准文献是指按规定程序制订,经公认权威机构(主管机关)批准的一整套在特定范围(领域)内必须执行的规格、规则、技术要求等规范性文献,简称标准。广义的标准文献则是指与标准化工作有关的一切文献,包括标准形成过程中的各种档案,宣传推广标准的手册及其他出版物,以及揭示报道标准文献信息的目录、索引等。

一个国家的标准文献反映着该国的生产工艺水平和技术经济政策,而国际现行标准则代表了当前世界水平。国际标准和工业先进国家的标准常是科研生产活动的重要依据和情报来源。

(2) 标准文献的含义

标准文献是指经公认的权威当局(一般指各国国家标准局)批准的,以文件形式固定下来的标准化工作成果,也可以说是技术标准、技术规格和技术规则等文献的总称。

2. 种类

1)标准按性质可划分为技术标准和管理标准。技术标准按内容又可分为基础标准、产品标准、方法标准、安全和环境保护标准等。管理标准按内容分为技术管理标准、生产组织标准、经济管理标准、行政管理标准、管理业务标准和工作标准等。

2)标准按适用范围可划分为国际标准、区域性标准、国家标准、专业(部)标准和企业标准;

3)按成熟程度可划分为法定标准、推荐标准、试行标准和标准草案等。

3. 特点

标准一般具有如下特点。

1)每个国家对于标准的制订和审批程序都有专门的规定,并有固定的代号,标准格式整齐划一。

2)它是从事生产、设计、管理、产品检验、商品流通、科学研究的共同依据,在一定条件下具有某种法律效力,有一定的约束力。

3)时效性强,它只以某个时间阶段的科技发展水平为基础,具有一定的陈旧性。随着经济发展和科学技术水平的提高,标准不断地进行修订、补充、替代或废止。

4)一个标准一般只解决一个问题,文字准确简练。

5)不同种类和级别的标准在不同范围内贯彻执行。

6)标准文献具有其自身的检索系统,拥有标准专门的技术分类体系和工具(标准目录)。

4. 著录特征和识别标识

标准文献的著录特征主要有标准名称、标准号、关键词、摘要、发布单位、起草单位、起草人、批准日期和实施日期等。

标准文献的识别标识为标准号,标准号通常由标准代号、顺序号、颁布年份构成标号和代号。

5. 标准的编号和代号

标准编号有国际标准编号和我国的国家标准编号两种。

国际及国外标准号形式各异,但基本结构为:标准代号+专业类号+顺序号+年号,如图1-3所示。

我国标准的编号由标准代号、标准发布顺序号和标准发布年号构成,如图1-4所示。

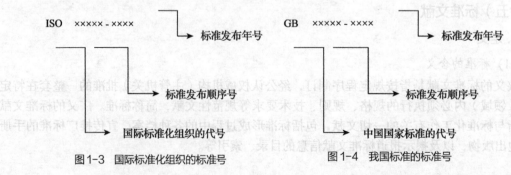

图1-3 国际标准化组织的标准号　　图1-4 我国标准的标准号

1）国家标准的代号由大写汉字拼音字母构成，强制性国家标准代号为 GB，推荐性国家标准的代号为 GB/T。

2）行业标准代号由汉语拼音大写字母组成，再加上 / T 组成推荐性行业标准，如 XX/T。行业标准代号由国务院各有关行政主管部门提出其所管理的行业标准范围的申请报告，国务院标准化行政主管部门审查确定并正式公布该行业标准代号。已经正式发布的行业代号有 QJ（航天）、SJ（电子）、JR（金融系统）等。

3）地方标准代号由大写汉语拼音 DB 加上省、自治区、直辖市行政区划代码的前面两位数字（北京市 11，天津市 12，上海市 13 等），再加上 / T 组成推荐性地方标准（DB××/T），不加 / T 为强制性地方标准（DB××）。

4）企业标准的代号有汉字大写拼音字母 Q 加 /，再加企业代号组成（Q/×××），企业代号可用大写拼音字母或阿拉伯数字或者两者兼用所组成。

5）1998 年通过的《国家标准化指导性技术文件管理规定》出台了标准化体制改革，即在四级标准（国家标准、行业标准、地方标准和企业标准）之外，又增设了一种"国家标准化指导性技术文件"，作为对四级标准的补充。此类标准在编号上表示为"/Z"。如 SJ-Z11352-2006 集成电路 IP 核测试数据交换格式和准则规范。

标准的代号各国各组织都拥有各自专有代码，表 1-1 为主要国家和组织的标准代码。

表 1-1　主要国家和组织标准代码

标准代码	国家、地区或组织名称	标准代码	国家、地区或组织名称	标准代码	国家、地区或组织名称
AECMA	欧洲航空工业协会	EN	欧盟	ISO	国际标准化组织
ANSI	美国国家标准学会	ETSI	欧洲电信标准协会	ITU	国际电信联盟
AS	澳大利亚标准协会	DIN	德国国家标准化学会	JIS	日本工业标准调查会
ASTM	美国实验与材料协会	GB	中国国家标准	MIL	美国军用标准
BS	英国标准学会	IEC	国际电工委员会	NF	法国标准化协会
CENELEC	欧洲电工标准化委员会	INCITS	国际信息技术标准委员会	PIPM	国际计量局

6. 著录格式

标准文献著录格式为：标准代号 标准名称 [S]. 出版地：出版者，出版年．

标准文献的著录范例：

GB/T 7714-2005 文后参考文献著录规则 [S]. 北京：中国标准出版社，2005.

（六）专利文献

1. 定义

（1）专利的含义

专利是知识产权的一种，是指发明人或专利权人申请专利时向专利局所呈交的一份详细说明发明的目的、构成及效果的书面技术文件，经专利局审查，公开出版或授权后的文献。

专利包含三层含义：一是指专利法保护的发明，这是专利的核心；二是指专利权；三是指专利说明书等专利文献。

（2）专利文献的概念

专利文献是实行专利制度的国际及国际性专利组织在审批专利过程中产生的官方文件及其出版物的总称。从广义上讲，专利文献包括专利说明书、专利公报、专利检索工具、专利分类表以及其他与专利有关的法律文件及诉讼资料等。从狭义上讲，专利文献就是专利说明书，是专利申请人向专利局递交的说明发明创造内容及指明专利权利要求的书面文件。专利文献既是技术性文献，又是法律性文件。

2. 种类

1）发明专利：是指国际上公认的具备新颖性、创造性和实用性的新产品或新方法。

2）使用新型专利：是对机器、设备、装置、器具等产品的形状、构造或其结构所提出的实用技术方案。其审查手续简单，保护期较短，主要涉及产品的功能。

3）外观设计专利：指产品的外形、图案、色彩或与其结合做出的富有美感而又适用于工业应用的新设计，只涉及产品的外表。

3. 特点

专利的特点是新颖性、创造性和实用性，这也是构成专利的三个基本条件，因此专利文献在技术上有独到之处，对实际应用有很大价值。

专利文献在传递经济信息和科技信息方面发挥着重要的作用，全世界 90%~95% 的新技术是通过专利文献公之于世的。统计表明，只要系统地搜集美、日、德、英、法五国专利，就可以了解西方科技发展情况的 60%~90%。因此，专利文献成为制订科研规划、产品组合战略、确定工艺路线、实施技术改造的一个主要技术信息源。专利文献的特点主要有如下几点。

1）数量庞大，报道快，学科领域广阔，内容新颖，具有实用性和可靠性。

2）统一的出版形式，出版及时迅速，分类标引标准化，文字严谨。按月或半月、旬、周定期出版专利公报、报导出版专利公报、报导新公布（公开、公告、授权）的专利申请或专利目录、专利文摘。

3）集技术、法律、经济信息为一体。每一件专利说明书都记载着解决一项技术课题的新方案，包含发明的所有权、权利要求的有效期、地域性等法律信息以及市场、产品信息。

4）局限性。各国专利法几乎都规定一项发明申请一件专利的单一检索原则，但单件文献有时只能解决局部问题，如果要了解某项产品或某项技术，就必须查阅该项目涉及的各个环节的专利说明书。

4. 著录特征和识别标识

专利文献的重要著录特征有专利号、申请号、国际专利分类号、公开号、公告号等。专利文献的识别标识为专利号。

1）专利号（Patent Number）：专利号是专利申请人被正式授予专利权时，在专利证书上反映出来的一种数据号码，是文献号的一种。专利号由两个字母的国别代码、流水号和公布阶段代码组成。专利号的常用国家、地区及组织代码见表1-2。

2）申请号（Application Number）：在专利申请人向国家知识产权局提出专利申请后，国家知识产权局给予专利申请受理通知书，并给予专利的申请号。申请号由12位数字组成，前4位表示年份，后面的数字表示种类号，其他的是流水号。

3）国际专利分类号（IPC）：《国际专利分类表》（IPC分类）是根据1971年签订的《国际专利分类斯特拉斯堡协定》编制的，是目前唯一国际通用的专利文献分类和检索工具，为世界各国所必备。它是国际上公认的按照专利文献的技术内容或主题进行分类的代码。

4）公开号：申请专利的发明在公开时给予的号码，是发明专利的公开标志，取得公开号说明专利开始进入实审阶段。

5）公告号：申请专利的发明在授予专利权并公告时给予的号码，即对《发明专利说明书》和《实用新型专利说明书》的编号以及对公告的外观设计专利的编号。

表1-2 专利号的常用国家、地区及组织代码

代码	国家/地区/组织名称	代码	国家/地区/组织名称	代码	国家/地区/组织名称
CN	中国	EP	欧洲专利组织	KR	韩国
AT	奥地利	FR	法国	MO	中国澳门特别行政区
AU	澳大利亚	GB	英国	OA	非洲知识产权组织
BR	巴西	GC	海湾阿拉伯国家合作委员会专利局	RU	俄罗斯
BE	比利时	HK	中国香港特别行政区	SU	苏联
CA	加拿大	IT	意大利	US	美国
DE	德国	JP	日本	WO	世界知识产权组织

5. 著录格式

专利文献的著录格式：专利申请者或所有者.专利题名：专科国别,专利号[专利类型标识].公告日期或[公开日期].获取和访问路径.

专利文献的著录范例：

洪恩.快接型单向阀式弯头：中国，2005100224728[P/OL].2005-12-30. http://cpquery.sipo.gov.cn/txnQueryOrdinaryPatents.do?select-key:shenqingh=&select-key:zhuanlimc=&select-key:shenqingrxm=%E6%B4%AA%E6%81%A9&select-key:zhuanlilx=&select-key:shenqingr_from=&select-key:shenqingr_to=&verycode=4&inner-flag:open-type=window&inner-flag:flowno=1491878492029.

(七)科技报告

1. 定义

科技报告（Scientific and Technical Report），又称研究报告和技术报告。它是国家政府部门或科研生产单位关于某项研究成果的总结报告，或是研究过程中的阶段进展报告。报告的出版特点是各篇单独成册，统一编号，由主管机构连续出版。在内容方面，报告比期刊论文等专深、详尽、可靠，是一种不可多得的情报源，是获取最新信息的重要文献信息源。

2. 相关信息

世界上比较著名的科技报告系列主要有美国四大报告、英国航空委员会（ARC）报告、英国原子能局（UKAEA）报告、法国原子能委员会（CEA）报告、德国航空研究所（DVR）报告、日本的原子能研究所报告、东京大学原子核研究所报告、三菱技术通报、苏联的科学技术总结和中国的科学技术研究成果报告等。美国的四大报告是世界上最著名的科技报告，他们分别是PB报告、AD报告、NASA报告和DOE报告。

1）PB报告。1945年6月美国成立商务部出版局负责整理、公布从第二次世界大战战败国获取的科技资料，并编号出版，号码前统一冠以"PB"字样。20世纪40年代的PB报告（10万号以前），主要为战败国的科技资料。20世纪50年代起（10万号以后），则主要是美国政府科研机构及其有关合同机构的科技报告。PB报告的内容绝大部分属科技领域，包括基础理论、生产技术、工艺、材料等。20世纪70年代以后，PB报告开始侧重于民用工程技术。1970—1975年间，每年发表的PB报告约8000件，至1978年总共发表约30万件。

2）AD报告。凡美国国防部所属研究所及其合同户的技术报告均由当时的美国武装部队技术情报局（ASTIA）整理，并在规定的范围内发行。AD报告即为这个情报局出版的文献。PB、AD报告的主要检索工具为美国《政府报告通报和索引》。

3）NASA报告。美国国家航空与宇宙航行局拥有的研究机构产生的技术报告。主要内容为：空气动力学、发动机及飞行器结构、材料、试验设备、飞行器的制导及测量仪器等。主要检索工具为《宇航科技报告》（STAR）。

4）AEC/ERDA/DOE报告。1946年美国建立原子能委员会，简称AEC，AEC报告即为该委员会所属单位及合同户编写的报告；1975年该委员会改名为能源研究与发展署（简称ERDA），AEC报告于1976年改称ERDA报告；1977年该署又改组扩大为美国能源部（简称DOE），1978年7月起逐渐改为冠以DOE的科技报告。内容仍以原子能为重点。其主要检索工具为《核子科学文摘》，继之为《能源研究文摘》。

3. 种类

科技报告按产生过程和形式，分为五种。

1）技术报告书（R–Technical reports）：研究结束后产生的较为正式的文件。

2）札记（N–Notes）：研究过程中的临时性记录或小结，往往是撰写报告书的素材。

3）论文（P–papers）：打算在会议上或刊物上发表的文章，一般是报告的一个部分。

4）技术备忘录（M–Technical memorandums）：供同一专业或机构内部研究人员之间沟通情况的材料。

5）通报（B–Bulletins）：一般是对外公布的内容成熟的摘要性材料。

有些科技报告因涉及尖端技术或国防问题等，所以又分绝密、秘密、内部限制发行和公开发行几个等级。

4. 特点

科技报告研究内容专深具体,层次水平高,往往涉及尖端学科的最新研究领域,是科研人员的重要参考资料,具有很高的信息利用价值。主要具有以下特点。

1)在形式上,每份报告自成一册,有连续编号,在版发行不规则,具有保密性和时间性。
2)在内容上,成文叙述详尽,理论性强,数据完整、准确可靠,具有新颖、专深的特点。
3)在传递速度上,所报导的科研成果要比期刊论文快得多,情报价值高。
4)在流通范围上,时滞短,但保密性强,难以获取。

5. 著录特征和识别标识

科技报告的著录特征主要有篇名、著者、著者工作单位、报告号、出版年月等,识别标识主要是科技报告号。科技报告号有许多种形式,主要为:PR(Progress Report)进展报告、AR(Annual Report)年度报告、FR(Final Report)年终报告、CR(Contract Report)合同报告、TR(Technical Report)技术报告等。

6. 著录格式

科技报告的著录格式为:主要责任者.题名:其他题名信息[R]其他责任者.版本项.出版地:出版者,出版年:起–止页码.

科技报告的著录范例:

冯西桥.核反应堆压力容器的LBB分析[R].北京:清华大学核能技术设计研究院,1997.

World Health Organization. Factor regulating the response: report of WHO Science Group [R].Geneva: WHO,1970.

(八)档案文献

1. 定义

档案是国家机构、社会组织和个人从事政治、经济、科学技术、文化和宗教等社会实践活动直接形成的具有保存价值的各种文字、图表、声像等形态的历史纪录,是完成了传达、执行、使用或记录现行使命而备留查考的文献材料。

档案以其记录性和原始性于一体的特点而区别于遗物,又因其可靠性和稀有性而区别于一次文献,这就使相当一部分档案在一定时间内是受到保护的,在利用上有其特殊的要求和价值。

2. 种类

档案按照不同的角度分类,有不同的类型。从档案形成领域的公、私属性的角度分类,分为公务档案和私人档案;从档案形成时间的早晚以及档案作用的角度分类,分为历史档案和现行档案;从档案内容属性的角度分类,分为文书档案、科技档案、人事档案、专门档案等。

3. 特点及识别标识

档案的本质属性是具有历史再现性、知识性、信息性、政治性、文化性、社会性、教育性、价值性等特点,其中历史再现性为其本质属性。下面主要论述四个方面的特点。

1)内容的原生性:档案是实践活动留下的记录,保存着真实的原始标志,具有无可争辩的客观性和可靠性。

2）历史性：档案信息是一种原始记录，是实践活动完成之后才整理归档，因此，它是一种历史的遗留物和记载物。

3）确定性：档案的信息内容是确定的，不会产生歧义。

4）知识性：档案的信息内容是前人经验和知识的积累，可以提供大量情报和知识，帮助后人深化对自然和社会的认识，促进人类文明的发展。

档案文献的识别标识为档案号，使用时主要依据档案号进行查询。

（九）政府出版物

1. 定义

政府出版物是指各国政府部门及其设立的专门机构发表、出版的文献，又称官方出版物。政府出版物内容可靠，与其他信息源有一定的重复。借助于政府出版物，可以了解某一国家的科技政策、经济政策等，而且对于了解其科技活动、科技成果等，也有一定的参考作用。

2. 种类

政府出版物可分为行政性和科技性两类，其中科技文献约占30%~40%。行政性文献包括政府法令、方针政策、会议记录、司法资料、条约、决议、规章制度以及调查统计资料等。科技性文献主要是政府部门的研究报告、科普资料、技术政策文件、专利、标准、已公开的科技档案等。

3. 特点

政府出版物有两个基本特征：①政府出版物代表政府立场，因此具有权威性；②政府出版物是国家财政支撑下形成的，是一种公共物品，理应由公民共同享有。

（十）产品技术资料

1. 定义

产品技术资料指产品目录、产品样本和产品说明书一类的厂商产品宣传和使用资料。狭义的产品技术资料是指产品样本，即产品说明书，主要介绍产品的品种、特点、性能、结构、原理、用途和维修方法、价格等。

2. 种类

1）各厂商的出版物。包括产品目录、单项产品样本、产品说明说、企业介绍和广告性场刊等。

2）各协会或行会、出版社等的出版物，包括单项产品样本汇编、全行业产品一览表及工业展览会目录等。

3. 特点

1）产品技术资料介绍的是已投产和推销的产品，反映的技术较为可靠成熟。

2）图文并茂，直观形象，数据资料丰富具体，便于识别和参考利用。

3）时间性强，出版迅速，免费赠送，便于收集。

4）能从一定程度上反映同类产品的技术水平和发展动向。

4. 著录特征和识别标识

产品技术资料的著录及其识别有两个特点：①通常有表示产品样本一类资料的词，如Catalog, Guide book, Master of, Databook of 等；②有公司名称。产品技术资料一般向厂商直接索取，在情报所可以查到一部分，有些以汇编形式正式出版的可以在图书馆查到。

产品技术资料的著录范例：
Integrated Circuits Book IC11-Linear Products，1988，Philips Data Handbook of Philips Electronic Components and Materials Division，p.3-131.

表1-3综合了以上常用文献的识别要素，便于我们更好地识别各种文献类型。

表 1-3 常用文献的识别要素

类型	文献类型识别标识	识别（检索）要素	显著标志
图书	[M]	书名、作者、出版社名称、ISBN、出版年等	ISBN
期刊	[J]	期刊名称、卷号、期号、出版年、ISSN等	ISSN
专利文献	[P]	专利号、专利名称、发明人、申请人等	Patent
标准文献	[S]	标准名称、标准号、颁布时间等	Standard，Recommendation
会议文献	[C]	会议名称、会址、主办单位、会议录的出版单位等	Proceedings（会后出版物特征词）、Conference（会议）、Meeting、Symposium、Worship、Colloquium、Convention、Paper（会前出版物特征词）
学位论文	[D]	学位名称、导师姓名、作者姓名、学位授予机构等	Ph.D. Dissertation（哲学博士论文）Master Thddsis（硕士论文）
科技报告	[R]	报告名称、报告号、研究机构等	Report
电子文献	[EB/OL]	—	—

四、文献信息的分布规律

文献信息中所含的信息或者情报的汇流称之为文献信息流。文献信息流具有静态和动态两个特征。静态特征反映了文献在空间的分布特性，而动态特征反映了文献随时间而变化的规律。掌握和应用这些规律性，对于确定文献的合理收藏范围、选择核心期刊、计算馆藏的完整性、二次加工情报量、确定文献保存年限等图书情报业务工作，都是十分必要和有益的。

（一）文献信息的时间分布规律

1. 文献信息的增长规律及其数学描述

随着科学技术事业的大规模发展，研究领域的不断扩大，学科分支越来越多，科研队伍不断壮大、科研经费大大增加，使科研战线不断有所发现、有所发明、有所创造、有所前进。而科研成果的大量涌现，势必导致文献的不断增长。

文献增长特性的表达主要有两种方式：一是文献按指数增长的规律性，二是用每年出版的文献数量来衡量，即文献的增长仅仅是算术性的。

(1) 指数增长规律——普赖斯曲线

关于科技文献按指数增长的规律性，首先是由著名科技史学家和情报学家德里克·普赖斯（Derek de Solla Price）提出来的。他考察统计了科学期刊的增长情况，发现科学期刊的数量大约每50年增长10倍。他在《巴比伦以来的科学》（*Science Since Babylon*）一书中指出："似乎没有理由怀疑任何正常的、日益增长的科学领域内的文献是按指数增加的，每隔大约10~15年时间增加一倍，每年增长约5%~7%"。他还以科学文献量为纵轴，以历史年代为横轴，把各个不同年代的科学文献量在坐标图上逐点描绘出来，然后以一光滑曲线连结各点，十分近似地表征了科学文献随时间增长的规律。

通过对该曲线的分析研究，普赖斯最先注意到文献量与时间成指数函数关系，可用下式表示：

$$F(t) = ae^{bt} \quad (a>0, b>0)$$

式中　$F(t)$——表示时刻 t 的文献量；

　　　t——时间，以年为单位；

　　　a——条件常数，即统计的初始时刻的文献量；

　　　e——自然对数的底（$e \approx 2.718$）；

　　　b——时间常数，即持续增长率。

对世界有关文献的统计表明，在过去两个世纪的历史年代里，文献基本上是按指数增长的。

(2) 逻辑增长规律——逻辑曲线

文献的指数增长定律作为一个理想模型，在一定程度上正确反映了文献的实际增长情况，但由于没有考虑许多复杂因素对科学文献增长的限制，在实际应用中，该定律还有许多局限性。鉴于此，有些学者又提出了科技文献按逻辑曲线增长的理论，作为对指数增长的一种补充和修正，其方程式为

$$F(t) = K/(1+ae^{-bt}) \quad (b>0)$$

式中　$F(t)$——表示时刻 t 的文献量；

　　　K——文献增长的最大值。

其逻辑曲线表明，在科学文献增长的初始阶段，是符合指数增长规律的。但这种增长趋势到一定时期将会减弱。当文献增至最大值的一半时，其增长率开始变小，最后缓慢增长，并以 K 为极限。

逻辑曲线在描述科学文献增长规律时，取得了一定成功，但仍存在一些缺陷。后来的学者们关于文献增长规律的研究又有许多新成果，还提出了一些新的定量模型。文献增长研究多姿多彩，广泛应用于知识度量与知识管理、科学评价、科技政策制定和科技管理、信息研究、信息管理当中。

2. 文献信息的老化规律及其数学描述

文献随着其"年龄"的增长，其内容日益变得陈旧过时，失去了作为科学情报源的价值，因此越来越少被科学工作者和专家们所利用。科学文献老化既是一种客观的社会现象，又是一个复杂的动态过程。

研究文献的老化规律，寻求描述文献老化的正确方法和指标，可以揭示文献传播的动态规律，指导文献采购、剔旧、排架等；还能对未来文献的利用情况做出预测，进而对整个文献情报的

组织管理具有一定指导意义。同时还能为科学学及科技史的研究提供定量依据和途径。对文献老化速度的量度主要提出了两个概念，即"半衰期"和"普赖斯指数"。

(1) 半衰期

文献半衰期是指某学科（专业）现时尚在利用的全部文献中较新的一半是在多长一段时间内发表的。文献半衰期不是针对个别文献或某一组文献，而是指某一学科或专业领域的文献总和而言的。

1958年，科学家贝尔纳（J.D.Bernal）首先提出了用"半衰期"来表征文献情报老化的速度，表示已发表的文献情报中有一半已不再使用的时间。此概念被称为"历时半衰期"。

1960年，巴尔顿和开普勒提出，文献半衰期是指某学科（专业）现实上利用的全部文献中较新的一半是在多长一段时间内发表的。此概念被称为"共时半衰期"。

(2) 普赖斯指数

普赖斯指数是普赖斯于1971年提出的。它是一个衡量各个学科领域文献老化量度指标，即指在一个具体学科内，把对年限不超过5年的引文数量与引文总数之比当作一个指标，用以量度文献的老化速度与程度。自然，普赖斯指数越大，文献老化越快。

普赖斯指数 =（近五年的被引用的文献数量 / 被引用的文献总量）× 100%

普赖斯指数即可用于某一领域的全部文献，也可用于评价某种期刊、某一机构、某一作者和某篇文章。

半衰期与普赖斯指数这两个指标是按不同方式反映了影响老化因素的相关关系。把半衰期作为一个常量来计算时，采用的是某一年中所有的引文一半，并以其出版的年度作为引文年龄。当把普赖斯指数作为一个常量计算时，采用的是不超过5年的引文，并计算这部分引文占全部引文的百分比。

（二）文献信息的空间分布规律

1. 布拉德福文献分布规律

布拉德福定律是由英国文献学家布拉德福（S.C.Bradford）在1934年首先提出。它是定量描述科学论文在相关期刊中集中 – 分散状况的一个规律。

布拉德福定律也称文献分散定律。经过后来的许多研究者的修正和研究，发展成为著名的文献分布理论。布氏定律的文字描述为"如果将科学期刊按其刊载某个学科领域的论文数量以递减顺序排列起来，就可以在所有这些期刊中区分出载文量最多的'核心'区和包含着与核心区同等数量论文的随后几个区，这时核心区和后继各区中所含的期刊数成 $1:a:a^2$ ……的关系（a>1）。"

2. 布拉德福定律的应用

布拉德福定律主要反映的是同一学科专业的期刊论文在相关的期刊信息源中的不平衡分布的规律。布拉德福定律的应用研究也获得了许多切实有效的成果，应用于指导文献情报工作和科学评价：①选择和评价核心期刊；②考察专著的分布；③改善文献资源建设的策略，确立入藏重点，指导期刊订购工作，维护动态馆藏；④了解读者阅读倾向，指导读者利用重点文献；⑤用于文献检索，确定检索工具的完整性；⑥比较学科幅度；⑦评价论文的学术价值；⑧节约经费、节约时间，切实提高文献信息服务和信息利用的效率和科学评价的科学性。

第二节　文献信息检索原理

案例导入1

美国普林斯顿大学物理系一个年轻大学生名叫约翰·菲利普，在图书馆里借阅有关公开资料，仅用4个月时间，就画出一张制造原子弹的设计图。他设计的原子弹，体积小（棒球大小）、重量轻（7.5kg）、威力大（相当广岛原子弹3/4的威力）、造价低（当时仅需两千美元），致使一些国家（法国、巴基斯坦等）纷纷致函美国大使馆，争相购买他的设计拷贝。

案例导入2

20世纪70年代，美国核专家泰勒收到一份题为《制造核弹的方法》的报告，他被报告中论述精湛的技术设计所吸引，惊叹地说："至今在我看到的报告中，它是最详细、最全面的一份。"但使他更为惊异的是，这份报告竟出自哈佛大学经济专业的青年学生之手，而这个400多页的技术报告的全部信息又都是从图书馆那些极为平常的、完全公开的图书资料中所获得的。

案例导入3

美国在实施"阿波罗登月计划"中，对阿波罗飞船的燃料箱进行压力实验时，发现甲醇会引起钛应力腐蚀，为此付出了数百万美元来研究解决这一问题。事后查明，早在10多年前，就有人研究出来了，方法非常简单，只需在甲醇中加入2%的水即可，检索这篇文献的时间只有10多分钟。在科研开发领域里，重复劳动在世界各国都不同程度地存在。据统计，美国每年由于重复研究所造成的损失，约占全年研究经费的38%，达20亿美元之巨。日本有关化学化工方面的研究课题与国外重复，大学占40%、民间占47%、国家研究机构占40%，平均重复率在40%以上。

从以上案例中，我们可以得出信息检索的重要性和必要性，概括起来为以下几点：①信息检索是获取知识的捷径；②信息检索是科学研究的向导；③信息检索是终身教育的基础。同时，UNESCO提出，教育已扩大到一个人的整个一生，唯有全面的终身教育才能够培养完善的人，可以防止知识老化，不断更新知识，适应当代信息社会发展的需求。因此学校培养学生的目标是学生的智能，包括自学能力、研究能力、思维能力、表达能力和组织管理能力。

一、文献信息检索的概念和类型

1. 定义

信息检索一词出现于20世纪50年代，又称信息存储与检索、情报检索，是指将信息按一定的方式组织和存储起来，并根据信息用户的需要找出有关的信息的过程和技术。也就是说，包括"存"和"取"两个环节和内容。狭义的信息检索就是信息检索过程的后半部分，即从信息集合中找出所需要的信息的过程，也就是我们常说的信息查询（Information Search 或 Information Seek）。

广义的信息检索如图1-5所示，它包括信息的存储和检索两个过程（Storage and Retrieval）。信息存储包括三个步骤。

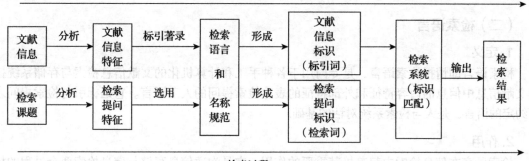

图1-5　信息存贮、检索流程图

第一步：信息的选择与收集。它是指检索系统根据本系统的服务目的，确定信息收集、处理的原则，对分布在各处的离散的信息进行收集加工。

第二步：信息的标引。标引是信息加工人员对收集到的信息内容特征进行分析之后，对每条信息加上系统能够识别的检索标识的过程。

第三步：形成大量有序可检的信息集合。工作人员将标引后的信息条目录入，并将其按照一定的顺序排列起来，形成有序的信息集合即数据库，从而为信息检索奠定基础。

由此可见，信息的检索过程是信息存储的逆过程。信息用户根据自己的需求对主题和概念进行认真分析后，将自己的信息需求转化为检索表达式，该检索表达式与系统标识的比较匹配过程就是检索的过程。

2. 种类

文献信息检索从不同的角度有不同的类型。

1）按存储与检索对象划分，信息检索可以分为：文献检索、数据检索、事实检索。这三种类型的主要区别在于：数据检索和事实检索是要检索出包含在文献中的信息本身，而文献检索则检索出包含所需要信息的文献即可。

2）按存储的载体和实现查找的技术手段为标准划分：手工检索、机械检索和计算机检索。其中发展比较迅速的计算机检索是"网络信息检索"，即网络信息搜索，是指互联网用户在网络终端，通过特定的网络搜索工具或是通过浏览的方式，查找并获取信息的行为。

3）按检索途径划分：直接检索和间接检索。

二、文献信息组织与检索语言

（一）信息组织（Information Organization）

信息组织也称信息整序，是利用一定的规则、方法和技术对信息的外部特征和内容特征进行揭示和描述，并按给定的参数和序列公式排列，使信息从无序集合转换为有序集合的过程。序是事物的一种结构形式，是指事物或系统的各个结构要素之间的相互关系以及这种关系在时间和空间中的表现。当事物结构要素具有某种约束性且在时间序列和空间序列呈现某种规律性时，这一事物就处于有序状态；反之，则处于无序状态。

信息组织活动是随着信息规模的增长和信息检索需求的变化而不断产生和发展的。信息组织的目的可以概括为"实现无序信息向有序信息的转换"。具体地说，信息组织的目的主要包括四个方面：一是减少社会信息流的混乱程度，二是为了提高信息产品的质量和价值，三是可以建立信息产品与用户的联系,四是可以节省社会信息活动的总成本。

(二)检索语言

1. 定义

检索语言即情报检索语言,是专门用于各种手工和计算机化的文献信息检索与存储系统描述文献信息中信息的内容特征和外部特征的表达检索提问的人工语言。它是标引与检索提问之间约定的语言,是人与检索系统对话的基础。

2. 作用

检索语言在信息检索中起着极其重要的作用,它是沟通信息存储与信息检索两个过程的桥梁。在信息存储过程中,用它来描述信息的内容和外部特征,从而形成检索标识;在检索过程中,用它来描述检索提问,从而形成提问标识;当提问标识与检索标识完全匹配或部分匹配时,结果即为命中文献。

3. 类型

检索语言简言之是用来描述信息源特征和进行检索的人工语言,检索语言一般来说由语词和词表两部分构成。语词也称检索标识,是表达主题概念的名词术语或逻辑分类的分类号及代码。如分类号(F23)、关键词(计算机)、叙词(计算机应用);词表是指汇集了各种语词,并按一定规则排列的系统化词表,如《中国图书资料分类表》《汉语主题词表》等。

目前,世界上的信息检索语言有很多种,依其划分方法的不同,其类型也不一样。就其描述文献的有关特征而言,可分为描述文献外表特征的检索文和描述文献内容特征的语言范畴。这两大范畴有可细分为若干具体的语言,见表1-4。

表1-4 检索语言体系

			题名	书名,篇名
(书目引文语言)外表特征语言			著者姓名	—
			文献序号	如专利号、报告号、ISBN、ISSN等
			书目引文	—
			出版事项	—
			文献类型	—
内容特征语言	非句法语言	分类语言	体系分类语言	—
			组配分类语言	—
			混合分类语言	—
		主题语言	关键词语言	固定词汇的关键词、自由关键词
			单元词语言	—
			标题词语言	—
			叙词语言	—
	句法语言		加标识的叙词	—
			组面词	—
			短语	—
			文献全文的自然语言	纯自然语言

不同的检索语言构成不同的标识和索引系统,提供用户不同的检索点和检索途径。检索语言种类很多,本节介绍最常用的两种:分类语言和主题语言。

(1) 分类语言

分类语言是指以数字、字母或字母与数字结合作为基本字符，采用字符直接连接并以圆点（或其他符号）作为分隔符的书写法，以基本类目作为基本词汇，以类目的从属关系来表达复杂概念的一类检索语言。分类语言又可分为体系分类语言、组配分类语言和混合分类语言。《国际专利分类表》《中国图书馆图书分类法》等都是分类法的工具书。我国先后出版了30多种综合性和专门性的体系分类法，如《中国人民大学图书馆图书分类法》（简称《人大法》）《中小型图书馆图书分类表草案》《中国科学院图书馆图书分类法》（简称《科图法》）《中国图书馆分类法》（简称《中图法》）等。其中使用最普遍的是《中国图书馆图书分类法》。

《中国图书馆分类法》原名《中国图书馆图书分类法》，始编于1971年，先后出版了4版。1999年起更名为《中国图书馆分类法》，英文译名为 Chinese Library Classification，英文缩写为 CLC，是我国规定图书馆和情报单位使用的一部综合性的分类法。

《中国图书馆分类法》是在科学分类的基础上，结合图书的特性所编制的分类法。它将学科分5个基本部类、22个大类。采用汉语拼音字母与阿拉伯数字相结合的混合号码，用一个字母代表一个大类，以字母顺序反映大类的次序，在字母后用数字作标记。为适应工业技术发展及该类文献的分类，对工业技术二级类目，采用双字母。

基本序列是：马列毛思想、哲学、社会科学、自然科学、综合性图书。

基本大类及二级类目等类号见表1-5。

表1-5 《中国图书分类法》简表

基本序列	基本大类	二级类目
马克思主义、列宁主义、毛泽东思想邓小平理论	A 马克思主义、列宁主义、毛泽东思想	1 马克思、恩格斯著作 /2 列宁著作 3 斯大林著作 /4 毛泽东著作 /
哲学	B 哲学	0 哲学理论 /1 世界哲学 /2 中国哲学 /3 亚洲哲学 /4 非洲哲学 /5 欧洲哲学 /6 大洋洲哲学 /7 美洲哲学
社会科学	C 社会科学总论	0 社会科学理论与方法论 /1 社会科学现状、概况 /
	D 政治、法律	0 政治理论 /3 共产主义运动、共产党 /4 工人、农民、青年、妇女运动与组织 /7 各国政治 /6 中国政治 /8 外交、国际关系 /9 法律
	E 军事	0 军事理论 /1 世界军事 /2 中国军事 /3/7 各国军事 /8 战略、战役、战术 /9 军事技术
	F 经济	0 政治经济学 /1 世界各国经济概况、经济史、经济地理 2 经济计划与管理 /3 农业经济 /4 工业经济 /5 交通运输经济 /6 邮电经济 /7 贸易经济 /8 财政、金融
	G 文化、科学、教育、体育	0 文化理论 /1 世界各国文化事业概况 /2 信息与知识传播 /3 科学、科学研究 /4 教育 /8 体育
	H 语言、文字	0 语言学 /1 汉语 /2 中国少数民族语言 /3 常用外国语 /4 汉藏语系 /7 各个语系
	I 文学	0 文学理论 /1 世界文学 /2 中国文学 /7 各国文学
	J 艺术	0 艺术理论 /1 世界各国艺术概况 /2 绘画 /3 雕塑 /4 摄影艺术 /5 工艺美术 /6 音乐 /7 舞蹈 /8 戏剧艺术 /9 电影、电视艺术
	K 历史、地理	0 史学理论 /1 世界史 /2 中国史 /3 亚洲史 /4 非洲史 /5 欧洲史 /6 大洋洲史 /7 美洲史 /81 传记 /9 地理

（续）

基本序列	基本大类	二级类目
自然科学	N 自然科学总论	—
	O 数理科学和化学	—
	Q 生物科学	—
	R 医药、卫生	1 预防医学、卫生学 /2 中国医学 /3 基础医学 /4 临床医学 /5 内科学 /6 外科学 /9 药学
	S 农业科学	
	T 工业技术	TB 一般工业技术　TD 矿业工程　TE 石油、天然气工业　TF 冶金工业 TG 金属学、金属工艺 TH 机械、仪表工业　TJ 武器工业 TK 动力工程 TL 原子能技术 TM 电工技术　TN 无线电电子学、电信技术 TP 自动化技术、计算技术　TQ 化学工业 TS 轻工业、手工业 TU 建筑科学 TV 水利工程
	U 交通运输	1 综合运输 /2 铁路运输 /4 公路运输 /6 水路运输
	V 航空、航天	—
	X 环境科学、安全科学	—
综合性图书	Z 综合性图书	

目前，我国各大文献数据库《中国科学引文数据库》《中国学术期刊综合评价数据库》以及数字化图书馆、中国期刊网等都要求学术论文按《中国图书分类法》标注中图分类号。

(2) 主题语言

主题语言是指以自然语言的字符为字符，以名词术语为基本词汇，用一组名词术语作为检索标识的一类检索语言。主题语言表达的概念比较准确，具有较好的直观性、灵活性和专指性，满足用户从主题概念角度检索新兴专业学科、交叉学科文献信息的要求。

主题语言可按规范化程度来划分，分为规范性主题语言和非规范性主题语言。常见的规范性主题语言主要有叙词语言、标题词语言及单元词语言三种。其中叙词语言是应用最为广泛、最为先进的一种语言。

1) 叙词语言。叙词法综合了多种信息检索语言的原理和方法，具有多种优越性，现已占据主题检索语言的主导地位，非常适用于计算机检索。

叙词语言有一套严格完整的参照系统。参照系统把各个分散的独立的叙词字语义逻辑上构成一个有机整体。它一般由叙词的等同关系、属分关系、相关关系三类组成，见表1-6。此外，其他还有一些符号如：CC—磁带服务机构分类代码；FC—输入数据库的全写形式分类代码；DI—输入数据库的日期；PT—输入数据库以前的曾用词。

表1-6　叙词语言参照系统

参照系统	参照项	符号	含义	作用	英文符号	英文名
等同关系	用项	Y	用	用于将非叙词指向叙词	USE	Use
	代项	D	代	指明所代替的非叙词	UF	Used for
属分关系	分项	F	分	狭义（下位）词	NT	Narrow term
	属项	S	属	广义（上位）词	BT	Broad term
	族项	Z	族	最上位叙词（族首词）	TT	Top term
相关关系	参项	C	参	相关叙词	RT	Related term

通过参照系统可以帮助我们合理地选用叙词，并可自主地扩大或缩小检索范围。《CA》《EI》等著名检索工具都采用了叙词法进行编排。中文叙词语言检索工具的典型代表则是《汉语主题词表》。

2）标题词语言。标题词是主题语言系统中最早的一种类型，它通过主标题词和副标题词固定组配来构成检索标识。由于标题词语言只能选用"定型"标题词进行标引和检索，反映文献主题概念必然受到限制，不适应时代发展的需要，目前已较少使用。

英国的《科学引文索引》中的"轮排主题索引"、美国《工程索引》中的《SHE》（Subject Headings for Engineering）就是典型的标题词语言。

3）单元词语言。单元词语言多用于机械检索，适于用简单的标识和检索手段（如穿孔卡片等）来标识信息。《化学专利单元词索引》和《世界专利索引（EPI）——规范化主题词表》等就是典型的单元词语言词表。

4）关键词语言。关键词是指出现在文献标题、文摘、正文中，对表征文献主题内容具有实质意义的语词，对揭示和描述文献主题内容是重要的、关键性的语词。关键词不受词表控制，适合于计算机自动编制各种类型的关键词索引（这种索引称为关键词索引）。常用的检索工具如《科学引文索引》中的"轮排主题索引"等。

5）纯自然语言。纯自然语言完全使用自然语言，即对一条完整的信息中任何词汇都可以进行检索。它采用全文匹配法检索，主要运用于计算机全文数据库和网络信息检索。

关键词语言和纯自然语言属于非规范性主题语言，也称自然语言，是目前使用最频繁、最广泛的一种检索语言。它具有不编制词表、选词灵活多变、标引和检索速度快、及时反映事物发展变化、准确表达新概念等优点，但其缺陷也是十分明显的，即误检率非常高。

三、文献信息检索工具、检索系统及检索途径

（一）检索工具

1. 定义

文献信息检索工具是指以压缩形式存储、报道和查找文献信息的工具，它是按照一定规则和方式，将分散、无序数量庞大的原始文献信息，加以压缩、组织、存储而形成的文献信息著录的集合。在这个集合中，所收录的信息的外部特征和内部特征都按照需要有着详略不同的描述，每条描述记录都标有可供检索用的标识，并按照一定的序列编排，科学地组织成一个有机的整体。它具有报道文献、存储文献、检索文献三大基本功能。

从定义中可见：文献、检索语言、文献条目是检索工具的三个基本要素。其中，文献是构成检索工具的主体，检索语言为文献的组织方式，文献条目则是文献的存在方式，如名称、作者、时间、机构、文献出处、简介等。

2. 类型

文献信息检索从检索工具的著录特征、报道范围、载体形式和检索手段等特征的不同，检索工具可以分为不同的类型。从载体形式的角度划分为：书本式检索工具、缩微检索工具、卡片式检索工具和磁性检索工具；从收录内容的角度划分为综合型和专业型两种；从检索手段的角度划分为手工检索工具、计算机检索工具和网络检索工具等类型。

手工检索时代，检索工具是指各种印刷版的检索工具，按照编制特点主要有包括书目、文摘、索引、参考工具书等。参考工具书又包含有类书、政书、百科全书、手册、字典、词典、年鉴、名录、表谱、图集、丛集、汇要等。在计算机检索时代，检索工具就是各种检索系统，其核心是各种数据库。网络检索是计算机检索发展的新阶段，在网络检索时代诞生了各种新型的检索

工具，如搜索引擎，它的检索原理还是以手工检索和计算机检索原理为基础的，在此基础上发展而成。

下面介绍最常见的分类方式，即按著录信息特征的方式进行划分。

(1) 目录 (Catalog)

目录以单独出版物为报道单位（按"本"报导文献），揭示外表特征的检索工具。目录是图书、期刊或其他出版物外部特征的揭示和报道，它不涉及书中的具体文章，一般只记录外部特征，如书名（刊名）、著者、出版项和载体形态等。因此目录的著录项目有：书名、刊名、著者或编者、出版项、页数等。

目录的种类主要有篇名目录、著者目录、分类目录和主题目录等。常见的目录有：国家书目、出版发行目录、馆藏目录、联合目录以及专题文献目录和引用出版物目录等。

(2) 题录 (Title)

题录是以单篇文献作为报道单位（按"篇"报道文献），揭示文献外表特征的检索工具。题录报道信息的深度比目录大，信息检索的功能比目录强，是用来查找最新文献的重要工具。

题录报道周期较短，收录范围广，著录较为简单。著录项目通常有文献号（题录号）、文献篇名、作者及工作单位、原文出处（包括刊名、出版年、卷号、期次、起止页码）等，但没有内容摘要。

(3) 文摘 (Abstract)

文摘是以单篇文献作为报道单位，揭示外表特征和内容特征的检索工具。检索者通过阅读文摘内容就可以很快地掌握文献的基本内容，从而决定文献的取舍，起到筛选文献的作用。因此文摘是存储和检索文献的主要工具，是检索工具的主体，是二次文献的核心。

文摘的著录项目是在题录基础上增加了内容摘要项。因此，文摘的检索功能较之题录要强一些。每条文摘款目都是由题录和文摘正文两部分组成。

国际上著名的《工程索引》和《科学文摘》就是典型的文摘检索工具。

(4) 索引 (Index)

索引揭示具有重要检索意义的内容特征标识或外部特征标识，按照一定顺序排列，并注明文献条目线索的检索工具。如按照主题词字顺排列的主题索引等，但是索引也只是一种附属性的检索工具，主要起检索作用。其系统的完善性是衡量一个检索工具质量高低的重要标志。它不但广泛应用于各种类型的文献中，也广泛应用于各种检索工具中。索引常常附于检索工具的后部，但也有的工具本身全部是由索引构成，如美国的《科学引文索引》(SCI) 等。

索引由索引款目和参照系统两大部分构成。索引款目是索引的主要组成部分。每条索引款目 (Index Entry) 通常包括三项：标目 (Headings)、材料出处 (Reference) 或地址 (Location)、说明语 (Modifications)，其中前两项必备。

(5) 参考工具书 (Reference)

参考工具书是分析和著录大量具体常用的科学数据与事实，以备查找各种常用工具书的总称。这类工具书包括字典、词典、百科全书、年鉴、手册、指南、名录等。

(6) 搜索引擎

搜索引擎是以网页为著录单元，在 Web 中自动搜索信息并将其自动索引的 Web 服务器。索引信息包括文档的地址，每个文档中单字出现的频率、位置等。网络搜索引擎很多，如比较著名的英文搜索引擎 AltaVista、Lycos、Gopher 等；中文的搜索引擎如百度、搜狐、网易、新浪等。

（二）检索系统

1. 定义

文献检索系统是指按某种方式、方法建立起来的供读者查检信息的一种有层次的体系，是表征有序的信息特征的集合体。在这个集合体中，对所收录的信息的外部特征和内容特征都按需要有着详略不同的描述，每条描述记录（即款目）都标明有可供检索用的标识，按一定序列编排，科学地组织成一个有机的整体，同时应具有多种必要的检索手段。其中二次文献信息或三次文献信息是文献信息系统的核心和概括。

2. 类型

1）按照文献存储与检索所采用的设备和手段，可分为手工信息检索系统和计算机信息检索系统两种类型。

①手工信息检索系统。手工信息检索系统主要包括书本式和卡片式两种。它是在电子数据库及因特网出现以前进行文献信息检索的主要检索工具，一般由使用说明、目次表、正文、辅助索引、附录等五个部分组成。

使用说明（Guide，Sample）：使用说明是对检索工具所做的必要说明，包括该工具的编辑内容、著录标准、代号说明、编排体例、使用方法等。

目次表或分类表（Classification Table）和主题词表（Thesaurus）：目次表（有的称目录或分类表）作为其组织编排正文文献条目的依据。目次表反映了检索工具结构的概貌，同时它是引向正文的线索，目次表可视为正文的分类目录，作为从分类入手检索文献的一种途径。

主题词表用于主题标引和检索，多数是单独出版的。

正文部分（Main Section）：正文部分是检索的对象，是检索工具的主体，是众多文献条目（即文献线索）的集合体。

辅助索引（Auxiliary Index）：辅助索引将文献中所包含的知识单元，按一定的编排方式标明所在地址，便于检索。

附录或资料来源索引（Source Index）：它是被检索工具摘录过的依次文献的清单，描述每种期刊（或其他出版物）的简称与全称、代码及收藏等情况，为用户获取原文提供方便。

②计算机信息检索系统。计算机信息检索系统主要由计算机硬件及软件系统、数据库、数据通信等设施组成。根据其内容的不同，计算机信息检索系统又可分为以下几种。

a. 计算机光盘检索系统。光盘检索系统是以大容量的光盘存储器为数据库的存储介质，利用计算机和光盘驱动器进行读取和检索光盘上的数据信息。它只能满足较小范围的特定用户的信息检索需求。

b. 计算机联机检索系统。计算机联机检索系统是由大型计算机联网系统、数据库、检索终端及通信设备组成的信息检索系统。它能满足较大范围的特定用户的信息检索需求。

c. 计算机网络检索系统。计算机网络信息检索系统包括局域网络信息检索系统（如图书馆管理系统）和广域网络Internet信息检索系统。尤其是后者，可以支持因特网用户的信息检索需求。

2）按揭示信息内容的程度，可分为书目、题录、文摘、全文数据库。

①书目。按揭示信息对象的不同，书目还可划分为图书出版发行目录、图书馆馆藏目录、

全国（或地区、行业图书馆文献资料）联合目录等。书目揭示信息的单元是种/册，其主要作用是帮助检索者了解某种文献的出版情况或了解某种（某类）图书、期刊在有关文献收藏单位是否订购及是否有收藏。

书目系统的载体也是多样的，手工信息系统有卡片目录、书本目录等。提供计算机检索的电子版目录包括机读目录 MARC 以及在网络上运行的联机公共检索目录 OPCA 等。

②题录。题录揭示一篇文章的题目，是一种提供信息详细程度高于书目的检索系统。题录的作用是帮助人们查找并掌握某篇文章的标题、作者及准确的信息出处（线索）等。

③文摘。文摘是在题录基础上增加了文章的摘要的检索系统。同题录一样，主要为人们提供有关文献的准确出处（线索），但是它所提供的信息的详细程度大大高于题录。因此，通过文摘来判断某篇文章是否有参考作用或作用大小比通过题录进行判断把握要大得多。阅读一些编制优秀的文摘可以代替看原文，使科研工作者在寻找和选择文献时避免消耗大量时间。

④全文数据库。全文数据库是计算机检索系统诞生以后出现的，它是一种不仅具有其他类型检索系统的检索功能，还能揭示文献全貌的检索系统。它是计算机检索系统中的佼佼者，满足了人们方便、快速地检索到原始文献信息的需求。

（三）检索途径

文献信息检索途径与文献信息检索系统（信息检索工具）的组织编制方法相对应，并受其制约。文献检索系统在加工时，利用各种索引语言，对文献的外部特征和内容特征进行描述，从而产生不同的文献标识。大量的文献标识，按照字顺的次序或逻辑的次序排列起来，就产生了系列化的、可供检索的文献描述体（书目文档）——这就是各种类型的索引。信息用户在检索时，把所需信息的某种特征标识转换为文献标识，以此为入口进行检索。这个检索入口就叫作检索途径。多种多样的索引就可以提供多种多样的检索途径，见表1-7。

表 1-7 文献信息检索途径

文献特征	文献标识	索引类别	检索途径
描述文献外部特征	书名、篇名	书名索引 篇名索引 题名索引	书名检索途径、篇名检索途径或题名检索途径
	著者名称	著者索引	著者、检索途径
	文献序号	序号索引	号码检索途径
	引用文献	引文索引	引文检索途径
描述文献内容特征	学科分野	分类索引	分类检索途径
	研究对象	主题索引	检索途径
	所包含的关键词	关键词索引	关键词检索途径
	分子式、结构式	分子式索引 结构式索引	分子式检索途径 结构式检索途径
	地理位置等特种内容	经纬度索引	经纬度等特种检索途径

一般来讲，常用的、重要的检索途径主要是以下几种。

1. 主题途径

主题途径是文献检索的一种主要的检索途径，是指通过文献资料的内容主题进行检索的途径，它依据的是各种主题索引或关键词索引，检索者只要根据项目确定检索词（主题词或关键词），便可以实施检索。

从主题途径查找文献的关键是在于分析项目、提炼主题概念，运用词语来表达主题概念，选准主题词。

主题途径检索步骤

【1】分析课题，提取检索关键词。
【2】用《科学文摘主题词表》核对主题词，确定可使用的主题词。
【3】选定主题词，利用主题索引查找，得到文献线索——文摘号。
【4】利用相关主题词进一步查找。
【5】根据所查得的文摘号查找文摘正文，找到课题所需的文摘款目。
【6】根据文献出处索取阅读原文。

2. 分类途径

分类途径是以知识体系为中心分类排检，按学科分类体系来检索文献。因此，分类途径体现学科系统性，反映学科与事物的隶属、派生与平行的关系，便于从学科所属范围来查找文献资料，并且可以起到"触类旁通"的作用。从分类途经检索文献资料，主要是利用分类目录和分类索引。

从分类途径检索文献，首先要明确检索对象的学科属性、分类等级，获得相应的分类号，然后逐类查找。

3. 著者途径

著者途径是指根据已知文献著者来查找文献的途径，许多检索系统备有著者索引、机构（机构著者或著者所在机构）索引，专利文献检索系统有专利权人索引，利用这些索引从著者、编者、译者、专利权人的姓名或机关团体名称字顺进行检索的途径统称为著者途径。

以著者为线索可以系统、连续地掌握他们的研究水平和研究方向，因此可以说著者途径能满足一定的族性检索功能。

4. 题名途径

题名途径指通过文献的题名来查找文献的途径。题名包括文献的篇名、书名、刊号、标准号、数据库名等，检索时可以利用检索工具的书名索引、刊名索引、会议论文索引等进行。

5. 代码途径

代码途径是通过信息的某种代码来检索信息的途径。例如，图书的 ISBN 号、期刊的 ISSN 号专利号、报告号、合同号、索书号等。

6. 其他途径

其他途径包括利用检索工具的各种专用索引来检索的途径。专用索引的种类很多，如号码索引（如专利号、入藏号、报告号等）；专用符号代码索引（如元素符号、分子式、结构式等）；专用名词术语索引（如地名、机构名、商品名、生物属名等）。

四、文献信息检索技术

计算机信息检索的过程实际上是将检索提问词与文献记录标引词进行对比匹配的过程，为了提高检索效率，计算机检索系统常采用一些运算方法，从概念相关性、位置相对性等方面对检索提问进行技术处理。常用的信息检索技术方法主要有：布尔逻辑检索、截词检索、位置算符、限制检索、词组检索、括号检索、加权检索及全文检索等。

（一）布尔逻辑检索

所谓布尔逻辑检索（Boolean Logical），是用布尔逻辑算符将检索词、短语或代码进行逻辑组配，指定文献的命中条件和组配次序，凡符合逻辑组配所规定条件的为命中文献，否则为非命中文献。它是机检系统中最常用的一种检索方法。逻辑算符主要有：and/ 与、or/ 或、not/ 非，分述如下。

1. 逻辑"与"

运算符为 and 或 *。检索词 A 和检索词 B 用"与"组配，检索式为：A and B 或者 A*B，它表示检出同时含有 A、B 两个检索词的记录。逻辑与检索能增强检索的专指性，使检索范围缩小，此算符适于连接有限定关系或交叉关系的词。

2. 逻辑"或"

运算符为 or 或 +。检索词 A 和检索词 B 用"或"组配，检索式为：A or B 或者 A+B 它表示检出所有含有 A 词或者 B 词的记录。逻辑或检索扩大了检索范围，此算符适于连接有同义关系或相关关系的词。

3. 逻辑"非"

运算符为 not 或 –。检索词 A 和检索词 B 用"非"组配，检索式为：A not B 或者 A–B 它表示检出含有 A 词，但同时不含 B 词的记录。逻辑"非"和逻辑"与"运算的作用类似，可以缩小检索范围，增强检索的准确性。此运算适于排除那些含有某个指定检索词的记录。但如果使用不当，将会排除有用文献，导致漏检。

上述三种逻辑运算的关系如图 1-6 所示，对于一个复杂的逻辑检索式，检索系统的处理是从左向右进行的。在有括号的情况下，先执行括号内的运算；有多层括号时，先执行最内层括号中的运算，逐层向外进行。在没有括号的情况下，and、or、not 的运算次序，在不同的系统中有不同的规定，例如 DIALOG 系统中依次为 not → and → or；STAIRS 系统和 ORBIT 系统中依次为 and 和 not 按自然顺序执行，然后执行 or 运算。检索时应注意了解各机检系统的规定。

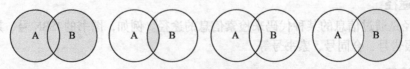

图 1-6 布尔逻辑关系图

（二）截词检索

截词检索（Truncation）是指用给定的词干做检索词，查找含有该词干的全部检索词的记录，也称词干检索或字符屏蔽检索。它可以提高查全率，减少检索词的输入量，节省检索时间，降低检索费用等作用。

截词的方式有多种，按截断部位可分为右截断、左截断、中间截断、复合截断等；按截断长度可以分为有限截断和无限截断。

1. 右截断

截去某个词的尾部，是词的前方一致比较，也称前方一致检索。例如：输入 geolog?（? 为截断符号），将会把含有 geological、geologic、geologist、geologize、geology 等词的记录检索出来。若输入 PY=199?，会把 20 世纪 90 年代的记录全部查出来。

2. 左截断

截去某个词的前部，是词的后方一致比较，也称后方一致检索。例如：输入 ? magnetic 能够检出含有 magnetic、electromagnetic、paramagnetic、thermo-magnetic 等词的记录。

3. 中间截断

截去某个词的中间部分，是词的两边一致比较，也称两边一致检索。例如：输入 organi?ation 可以检出 organization、organisation；输入 f? ?t 可查出 foot、feet。

4. 复合截断

复合截断是指同时采用两种以上的截断方式。例如 ?chemi? 可以检出 chemical、chemist、chemistry、electrochemistry、electrochemical、physicochemical、thermochemistry 等。

5. 有限截断

是指允许截去有限个字符。例如 "acid??" 表示截去一个字符，它可检出 acid、acids，但不能检出 acidic、acidicity、acidity 等词。又如 comput???? 可检出 compute、computer、computers、computing 等词，不能检出 computable、computation、computerize 等词。注意：词干后面连续的数个问号是截断符，表示允许截去字符的个数，最后一个问号是终止符，它与截断符之间要有一个空格，输入时一定要注意。

6. 无限截断

无限截断是指允许截去的字符数量不限，也称开放式截断。上面右截断、左截断所举的例子均属此类型。

任何一种截词检索，都隐含着布尔逻辑检索的"或"运算。不同的机检系统使用的截词符不同、各数据库所支持的截断类型也不同，例如 DIALOG 系统和 STN 系统用 "?"、ORBIT 系统用 "："、BRS 系统用 "$"、ESA-IRS 系统用 "+" 等。

（三）位置算符

当检索的概念要用词组表达，或者要求两个词在记录中位置相邻/相连时，可使用位置算符（Proximate），以提高检准率。机检系统中常用的位置算符（按限制强度递增顺序排列）如下。

1.（f）算符 Field

要求被连接的检索词出现在同一字段中，字段类型和词序均不限。例如，happiness（f）sadness and crying；又如 pollution（f）control / ti, ab。

2. (s)算符 Sub-field / Sentence

要求被连接的检索词出现在同一句子（同一子字段）中，词序不限。例如，machine（s）plant。

3. (n)算符 Near

(n) 要求被连接的检索词必须紧密相连，词之间除允许有空格、标点、连字符外，不得夹单词或字母，词序不限；(Nn) 表示两个检索词之间最多可以夹 N 个词（N 为自然数 1、2、3…），且词序任意。例如，information（n）retrieval 可以检出 information retrieval 和 retrieval information；又如，econom???（2n）recovery 可以检出 economic recovery、recovery of the economy、recovery from economic troubles。

4. (w)算符 With

(w) 要求检索词必须按指定顺序紧密相连，词序不可变，词之间除允许有空格、标点、连字符外，不得夹单词或字母；(Nw) 表示连接的两个词之间最多可夹入 N 个词（N 为自然数），词序不得颠倒。例如，input（w）output 可检出 input output，而 wear（1w）materials 可检出 wear materials、wear of materials european（w）economic（w）community（f）patio, redwood（3n）deck?（s）(swimming（w）pool?）。

但需要需要说明的是，不同的机检系统，位置检索的功能及算符不同，应参看各系统的说明。

（四）限制检索

限制检索（Range）是通过限制检索范围，达到优化检索结果的方法。限制检索的方式有多种，例如，进行字段检索、使用限制符、使用限制指令等。

1. 字段检索

字段检索是最主要的限制检索技术。字段检索是把检索词限定在某个/些字段中，如果记录的相应字段中含有输入的检索词则为命中记录，否则检不中。各种字段标识如下。

(1) 主题字段

标题——Title
主题词——Controlled
关键词——Keyword
文摘——Abstract
分类号——Classification code

(2) 非主题字段

作者——Author
作者工作单位——Author affiliation
连续出版物编号——ISSN
文献类型——Document
语言——Language
出版者——Publisher

例如：查找微型机和个人计算机方面的文章。要求"微型机"一词出现在叙词字段、标题字段或文摘字段中，"个人计算机"一词出现在标题字段或文摘字段中，检索式可写为：

microcomputer??/de，ti，ab OR personal computer/ti，ab。又如，查找 wang wei 写的文章，可以输入检索式：au=wang wei。

2. 使用限制符

使用限制符就是用表示语种、文献类型、出版国家、出版年代等的字段标识符来限制检索范围。例如，要查找 1999 年出版的英文或法文的微型机或个人计算机方面的期刊，则检索式为：（microcomputer??/de，ti，ab OR personal computer/ti，ab）AND PY=1999 AND（LA=EN OR FR）AND DT=Serial。

3. 使用范围符号

使用范围符号有：Less than、Greater than、From to 等。例如，查找 1989～1999 年的文献，可表示为: PY=1989：1999 或者 PY=1989 to PY=1999；又如查找 2000 年以来的计算机方面的文献，可表示为: computer?? And Greater than 1999；若查找在指定的文摘号范围内有关地震方面的文献，可表示为：earthquake?/635000-800000。

4. 使用限制指令

限制指令可以分为：一般限制指令（Limit，它对事先生成的检索集合进行限制）、全限制指令（Limit all，它是在输入检索式之前向系统发出的，它把检索的全过程限制在某些指定的字段内）。

例如，Limit S5/328000-560000 表示把先前生成的第 5 个检索集合限定在指定的文摘号内。又如，Limit all/de，ti 表示将后续检索限定在叙词和题名字段。

上述几种限制检索方法既可独立使用，也可以混合使用。

限制检索的另一种常见形式就是"二次检索"，即用户可在检索结果中进行再次检索，使检索结果更加准确、专指性更强。

（五）词组检索

将一个词组或短语用双引号（""）括起作为一个独立运算单元，进行严格匹配，以提高检索准确度。如"Global Positioning System"，只检索出规定字段中包含完整词组的记录。

（六）括号检索

用于改变运算的先后次序，括号内的做优先运算。用"（ ）"可以表示优先级。如比较：
（GPS OR GIS）AND China
GPS OR GIS AND China

（七）加权检索

加权检索是指根据检索词对检索课题的重要程度，事先指定不同的权值。检索时，系统先查找这些检索词在数据库记录中是否存在，并对存在的检索词计算它们的权值总和；凡是在用户指定的临界值（称阈值）之上者作为命中记录被输出。阈值可视命中记录的多寡灵活地进行调整，阈值越高，命中记录越少。

（八）全文检索

全文检索也称词位检索，它是以数据库原始记录中的检索词之间特定位置关系为对象的运算,是针对自然语言文本中检索词之间特定位置关系而进行的检索匹配技术。

全文检索的特点是用一种位置符来表达检索词与检索词之间的关系,并可以不受词表的限制,直接使用自由词进行检索。

五、文献信息检索方法与检索步骤

(一) 检索方法

检索方法 (Retrieval methods) 是为实现检索方案中的检索目标所采用的具体操作方法和手段的总称。选择检索方法的目的在于寻求一种高效查找文献资料的有效快捷的方法。检索方法很多,在检索过程中应根据检索系统的功能和检索者的实际需求,灵活运用各种检索方法,以达到满意的检索效果。下面介绍几种常用的方法。

1. 常用法

常用法又称直接法,是指直接利用检索工具(系统)检索文献信息的方法,这是文献检索中最常用的一种方法,可分为顺查法、倒查法和抽查法。

(1) 顺查法

顺查法是指按照时间的顺序,由远及近地利用检索系统进行文献信息检索的方法。这种方法能收集到某一课题的系统文献,适用于较大课题的文献检索。例如,已知某课题的起始年代,现在需要了解其发展的全过程,就可以用顺查法从最初的年代开始,逐渐向近期查找。顺查法的优点是漏检、误检率低;缺点是劳动量大。

(2) 倒查法

倒查法是由近及远,从新到旧,逆着时间的顺序利用检索工具进行文献检索的方法。这种方法的重点是在近期文献上,因此可以最快地获得最新资料。如进行新课题立项前的调研就可用此法。使用这种方法劳动量虽小,却容易造成漏检。

(3) 抽查法

抽查法是指针对检索课题的特点,选择有关该课题的文献信息最可能出现或最多出现的时间段,利用检索工具进行重点检索的方法。它适于检索某一领域研究高峰很明显的、某一学科的发展阶段很清晰的、某一事物出现频率在某一阶段很突出的课题。这是一种检准率较高、又比较省时的方法。

2. 追溯法

追溯法是指利用已经掌握的文献末尾所列的参考文献,进行逐一地追溯查找"引文"的一种最简便的扩大情报来源的方法。它还可以从查到的"引文"中再追溯查找"引文",像滚雪球一样,依据文献间的引用关系,获得越来越多的内容相关文献。

3. 综合法

综合法又称为循环法,它是把上述两种方法加以综合运用的方法,也是实践中采用较多的一种方法,它兼有常用法和追溯法的优点,可以查到较为全面而准确的文献。

(二) 检索步骤

文献检索工作是一项实践性和经验性很强的工作,检索程序与检索的具体要求有密切关系,对于不同的项目,可能采取不同的检索方法和程序。文献信息检索大致可分为四个步骤,具体检索步骤如图 1-7 所示。

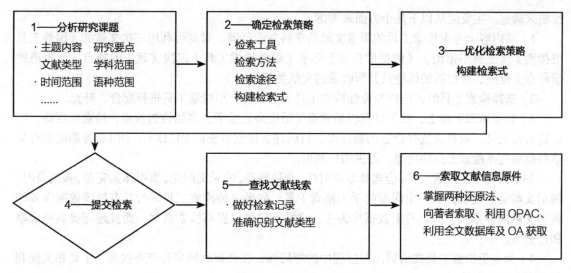

图1-7 具体检索步骤

1. 分析研究课题

分析研究课题的目的就在于明确课题所要解决的问题，把握关键，有的放矢，这是检索效率高低或成败的关键。

1）首先应分析课题的内容实质、所涉及的学科范围及其相互关系，明确所要检索的文献内容、性质等，根据检索课题的要点抽提出能准确反映课题核心内容的主题概念，明确主要概念与次要概念，并初步确定出逻辑组配。

2）根据检索课题的检索目的和要求，确定检索年限、语种，文献类型等。

确定检索年限主要根据研究课题的背景信息如起始年代和研究的高峰期等来确定。一般来说，检索的时间范围应根据检索课题的具体情景而定。如进行查新检索时，就需要检索最近10年的文献，若是纯属掌握动态或解决某一个问题，则以满足需要为准，时间可长可短。

检索语种的范围主要是依据课题的检索范围。

确定文献类型时应在主题分析的基础上，根据检索目的和要求，明确课题对检索深度的要求。如果课题属于探讨基础理论性的，则所检索的文献类型应以期刊论文、会议文献的一次文献为主；如果课题属尖端科技，则应侧重于查科技报告等；如果需要查新，则应以检索专利文献为主等。

3）分析用户对检索的评价指标是查新还是查全，或是查准？用户需要提供的是题录、文摘还是全文？根据用户的检索要求，再进行归纳课题已知的检索线索，如专业名词、术语、分类号、主题词、著者姓名等，为下一步检索实践提供准确可靠的依据。

2. 确定检索策略

检索策略的好坏，直接影响相关文献的查全率和查准率，关系检索的效果。检索策略具体表现为检索提问逻辑表达式，即在分析用户信息提问实质的基础上，确定检索途径与检索用词，并明确各主题词之间的逻辑关系与查找步骤的安排。

制定检索策略，优化检索过程，主要涉及三个方面的问题。

（1）选择检索工具

选择恰当的检索工具，是成功实施检索的关键。选择检索工具一定要根据检索课题的内容、性质来确定。主要应从以下几个方面来考虑。

1）从内容上考虑检索工具的报道文献的学科专业范围。对此可利用三次文献如《国外工具书指南》《工具书指南》《数据库目录》等来了解各检索工具（二次文献）的特点、所报道的学科专业范围、所包括的语种及其所收录的文献类型等。

2）选择检索工具时，应以专业性检索工具为主，综合型检索工具进行配合、补充。

3）在技术和手段上，由于计算机检索系统适应多点检索、多属性的检索，检索精度高，应首选机检工具，而且应选择合适的数据库，目前许多检索系统如 DIALOG、OCLC 等都提供有从学科范畴选择检索工具的功能，可供用户利用。

如果只有手工检索工具，应选择专业对口，文种熟悉、收录文献光，索引体系完善，报道及时，揭示文献信息准确，有一定深度的手工检索工具；如果一种检索工具同时具有机读数据库和印刷型文献两种形式，应以检索数据库为主，这样不仅可以提高检索效率，而且还能提高查准率和查全率。

4）为避免检索工具在编辑出版过程中的滞后性，在必要时则应补充查找若干主要相关期刊的现刊，以防漏检。

（2）确定检索途径

检索工具确定后，就需要根据具体的检索工具来确定检索点，即检索途径。一般的检索工具都根据文献的内容特征和外部特征提供多种检索途径。各种检索途径都有各自的特点和长处，选用何种检索途径，应根据检索课题的要求及所包含的检索标识和检索系统所提供的检索途径来确定。当检索课题内容涉及面广、文献需求范围较宽、泛指性较强时，宜选用分类途径；当课题内容较窄，文献需求的专指性较强时，宜选用主题途径；当只知道物质分子式时，宜选用分子式途径，当选用的检索系统提供的检索途径较多时，各种检索应综合应用，互相补充，避免单一种途径不足所造成的漏检。

（3）优选检索方法

优选检索方法的目的在于寻求一种快速、准确、全面地获得文献信息的检索效果。

（4）制定、调整检索策略

检索工具、检索途径、检索方法确定后，就需要制定一种可执行的方案。手工检索系统的检索策略由于检索系统的限制，每次检索只能从一个检索点出发，因此也就只能一边检索，一边分析取舍，从而获得用户所需要的文献信息。在计算机检索的条件下，由于信息提问与文献标识之间的匹配工作是计算机进行的，因此，构造精确的检索式是执行计算机检索的前提。它能将各检索单元之间的逻辑关系、位置关系等用检索系统规定的各种组配符连接起来，实施有效检索。但这个检索式不是一成不变的，要把检索结果与用户需求不断地进行判断、比较之后，对检索式进行相应的修改和调整。

3. 查找文献线索

在明确了检索要求，确定了检索系统，选定了检索方法之后，就可以应用检索工具实施检索，所获得的检索结果即为文献线索，对文献线索的整理、分析、识别是检索过程中极其重要的一个环节。需要作好以下几个方面的问题。

（1）做好检索记录

做好检索记录的目的在于必要时进行有效核对。包括记录好使用检索工具的名称、年、卷、期、文献号（索引号）；文献题名（书名）、著者姓名及其工作单位、文献出处等。

(2) 准确识别文献类型

检索工具中，文摘、题录所著录的文献出处，是索取原始文献的关键因素。在检索工具中，文献出处项对摘录的文献类型不加明显区分，需由检索者自己进行辨别。只有识别出文献类型，才能确定该文献可能收藏在何处，查何种馆藏目录，如何借阅和复制。识别文献类型是根据各种类型文献在检索工具中的著录特征项。各种文献的著录及其识别特征见上文表1—3。

4. 索取原始文献信息

信息检索的最终目的就是获取原始文献。当检索到文献线索并识别文献类型以后，即可根据不同的文献类型和语种索取原始文献。传统的原文的获取方法是根据检索到的文献线索，再利用馆藏目录查找收藏单位、收藏点，采取借阅或复制等方式获取原始文献。但是，随着网络技术的飞速发展和全文数据库的兴起，原始文献信息的获取方式变得多种多样。归纳起来，原始文献的获取方法有如下几种。

（1）掌握两种还原法

一是出版物缩写换全称。外文检索工具，其出版物名称多为缩写，应使用相应检索工具所附的"引用出版物目录""出版物一览表"或"来源索引"等来还原出版物的全称。二是非拉丁语系出版物名称的还原。当使用西文检索工具得到的文献语种为非拉丁语系文种（如俄文、日文）时，需用音译或字译的规则还原原文语种名称。检索者可利用《俄文字母和拉丁文字母音译对照表以及日文和拉丁文字母音译对照表》等进行还原。

（2）向著者索取原始文献

根据文献线索所提供的著者姓名及其工作单位等可直接与作者联系，索取原始文献。

（3）利用馆藏目录、公共查询系统、联合目录获取原始文献

查到本馆文献检索者可利用馆藏目录，但是独立的一个馆，其馆藏毕竟有限。检索者需要的文献若是本馆没有收藏的，就需要借助OPAC和联合目录实施馆际互借，或者通过文献传递获取。

（4）利用网上全文数据库获取原始文献

现在有许多全文数据库可以为用户提供直接检索。提供中文期刊全文的数据库如"维普中文科技期刊数据库""中国期刊全文数据库""万方数字化期刊"等；提供中文图书全文的数据库如"书生之家""超星数字图书馆""方正Apabi"；外文全文数据库如"IEEE/IEE Electric Library""Kluwer Journal on Line"EBSCO（http://search.china.epnet.com）Ovid系统（http://gateway–di.ovid.com/autologin.html）等。

（5）利用网上全文传递服务检索原始文献

为了满足日益增长的文献需求，文献传递服务应运而生。如"国家科技图书文献中心"（简称 NSTL：http://www.nstl.gov.cn）"OCLC""UNCOVER""Pub–Med/Order"（http://www.ncbi.nlm.nih.gov/PubMed）等均建立了文献传递服务。

（6）利用网上出版社、杂志

网上有许多提供电子期刊的网站，如著名的Springer出版社提供电子全文期刊439种（近400种英文刊）。另外还有Amide group：http://freemedicaljournals.com，提供了约990种免费医学期刊；High Wire Press的电子期刊：http://intl.highwire.org，其免费标识为"free site""free trial""free issue" Pub–Med Central：http://www.pubmedcentral.com；Nature：http://www.nature.com；BM：http://bmj.com；Science：http://china.sciencemag.org 等。

(7) 利用文摘数据库的原文服务

许多文摘数据库虽然不能直接得到原始文献，但是许多著名的文摘类的检索型数据库如"EI COMPEDEX""PQDD"等都可以提供他们收藏的文献的全文链接，向数据商提出请求即可获得原始文献。

以上四个步骤是文献信息检索的一般程序，对于一些研究范围固定的研究人员，他们常常跨越几个步骤，直接利用已熟悉的检索工具或机检系统查找文献线索，或直接利用核心期刊来查找所需文献信息。另外需要强调的是，利用文献传递系统、文摘数据库的全文服务、网上全文数据库检索，实施馆际互借等大都是需要预付款的。用户在有检索需求时，最好委托情报检索的专门机构进行检索，既省事又省钱。

六、文献信息检索效果评价

检索效果是指利用检索系统（或工具）开展检索服务时所产生的有效结果。判定一个检索系统的优劣，主要用检索效率来评价。评价检索效率的指标包括质量、费用和时间三个方面。质量标准主要通过查全率、查准率、误检率与漏检率等进行评价。费用标准即检索费用是指用户为检索课题所投入的费用。时间标准是指响应时间，包括检索准备时间、检索过程时间、获取文献时间等。查全率和查准率是判定检索效果的主要标准，而后两者相对来说要次要些。

1. 查全率

查全率是指系统在进行某一检索时，检出的相关文献量（W）与系统文献库中相关文献总量（X）的比率，它反映该系统文献库中实有的相关文献量在多大程度上被检索出来。

$$查全率(R) = [检出相关文献量(W) / 文献库内相关文献总量(X)] \times 100\%$$

例如，要利用某个检索系统查某课题。假设在该系统文献库中共有相关文献为 40 篇，而只检索出来 30 篇，那么查全率就等于 75%。

2. 查准率

查准率是指系统在进行某一检索时，检出的相关文献量（W）与检出文献总量（M）的比率，它反映每次从该系统文献库中实际检出的全部文献中有多少是相关的。

$$查准率(P) = [检出相关文献量(W) / 检出文献总量(M)] \times 100\%$$

如果检出的文献总篇数为 50 篇，经审查确定其中与项目相关的只有 40 篇，另外 10 篇与该课题无关。那么，这次检索的查准率就等于 80%。显然，查准率是用来描述系统拒绝不相关文献的能力，有人也称查准率为"相关率"。

查准率和查全率结合起来，描述了系统的检索成功率。

3. 误检率和漏检率

在实际检索中，由于种种原因，总会出现一些误差，即漏检或误检，从而影响检索效果。漏检和误检的比率可用下列公式计算：

$$误检率(N) = 1 - W/M; \quad 漏检率(O) = 1 - W/X$$

因此检索效率的高低，不仅与检索系统的服务性能的优劣有关，同时还与用户的检索技能有关。随着科学技术的不断进步与发展、文献信息系统自动化程度的提高、计算机信息检索的普及、用户检索文献信息技能的提高，检索效率也将会随之提高。

第三节　文献信息检索应用

一、文献调研检索

文献调研指的是为了进行某项科学研究而进行的信息检索和信息利用活动。科学研究中，科研人员在科研课题开题之前，为了确定课题研究方向、研究重点和研究的技术路线，首先要熟悉所选课题领域的研究现状，掌握研究动向。因此，必须要进行文献调研，收集整理大量的文献信息。根据不同的科研阶段，文献调研分为泛调研、精调研两种。

文献调研检索则是指在科学研究、技术研究、论文撰写等过程中，为了解有关科学技术研究的历史、现状、趋势、现有技术方案、流派观点等情况而进行的检索。其目的在于获取与研究内容相关的文献信息，以达到提高研发水平，避免重复研究目的。文献调研检索的步骤如图 1-8 所示。

文献调研检索的主要包含以下几个方面的内容。

1）主题分析，确定检索词和检索边界。
2）数据源选择，如搜索引擎、文献数据库、门户网站、专业数据库等。
3）检索策略制定，根据检索需求制定检索表达式。
4）文献采集与整理，针对不同数据源，执行相应检索式，采集并整理所获取文献。
5）文献阅读，针对不同的需求采取不同的阅读方法。对一般文献采取泛读加重点阅读相结合的方法，阅读文章的摘要和结论；对综述性文献则一般采取重点阅读方法，获取研究领域内的主要研究成果、最新进展、研究动态、前沿问题或历史背景、前人工作、争论焦点、研究现状和发展前景等内容。精调研时应精选文献，注重分析与研究项目相关的文献内容，提高对研究帮助的方法和观点。

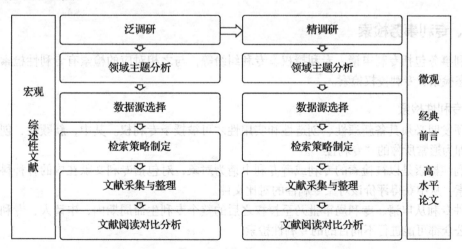

图 1-8　文献调研检索的步骤

综述性文献具有综合性、描述性、扼要性、评价性等特征，常常包含了大量参考文献，在泛调研和精调研阶段均应作为起步文献加以利用。

二、科技查新检索

科技查新是指具有查新业务资质的查新机构,根据查新委托人提供的需要查证其新颖性的科学技术内存,按照《科技查新规范》进行操作,并做出结论。

这里的新颖性是指在查新委托日以前查新项目的科学技术内容部分或者全部没有在国内外出版物上公开发表过。

科技查新与一般的文献检索有较大差别,文献检索对具体课题的需要,仅提供文献线索和文献,对课题不进行分析和评价,侧重于对相关文献的查全率。科技查新则是文献检索和情报调研相结合的情报研究工作,它以文献为基础,以文献检索和情报调研为手段,以检出结果为依据,通过综合分析,对查新项目的新颖性进行情报学审查,写出有依据、有分析、有对比、有结论的查新报告。因此,查新有较严格的年限、范围和程序规定,有查全、查准尤其是查准率的严格要求,要求给出明确的结论,查新结论具有鉴证性。这些都是单纯的文献检索所不具备的。

科技查新一般可分为立项查新、成果查新、专利查新三种。其中专利查新类似于专利性检索。科技查新一般用于专利申请;科技项目立项;博士论文开题;科技成果鉴定、验收、评估、转化等四个方面。

三、论文收录引用检索

论文收录引用检索是指通过检索科研论文在 SCIE、SSCI、EI、ISTP(CPCI-S)以及 CSCD(《中国科学引文索引》)、CNKI(《中国知网》)等国内外著名检索工具中的收录和引用情况,达到科研论文质量评估的目的。

论文收录引用检索方法还常常被用于申报两院院士、国家自然科学基金、杰出青年基金等国家各类教育科研基金或高校及科研院所研究人员的科研产出评估、职称评审、引进人才的科研实力评估,以及实验室、专业、机构的学术水平评估以及科研竞争力评估。

四、专利事务检索

专利事务包括专利申请、专利授权、专利纠纷等,与之相对应的检索有专利性检索、专利法律状态检索、专利侵权检索。

1. 专利性检索

一项发明必须具备新颖性、创造性和实用性才可被授予专利权。其中,新颖性、创造性和实用性即为通常所称的"专利性"。

专利性检索是以被检索的专利或者专利申请为对象,对包括专利文献在内的各种科技信息进行检索,从中获得评价该对象专利性的对比文件。

一件专利从申请、专利局审批乃至授权之后的整个专利生命周期内,申请人、专利审查员和社会公众都可能进行不同目的的专利性检索。

2. 专利法律状态检索

专利法律状态检索属于比较简单和客观的检索,可分为专利有效性检索和专利地域性检索。

1)专利有效性检索是指对一项专利或专利申请当前所处的法律状态进行的检索,其目的是了解该项专利申请是否被授权,授权专利是否有效。

2)专利地域性检索是指对一项发明创造都在哪些国家和地区申请了专利所进行的检索,其目的是确定该项专利申请的地域范围。

3. 专利侵权检索

侵权检索是为做出专利权是否被侵权的结论而进行的检索，一般是指为确定所生产的产品或者所使用的工艺等是否纳入已授权的专利权的保护范围以内而进行的检索，属于一种与专利技术的应用有关的检索种类。根据侵权方、被侵权方与检索者的关系，侵权检索包括防止侵权检索和被控侵权检索。

防止侵权检索是指为避免发生侵权纠纷而主动针对某一新技术新产品进行的专利文献检索，其目的是要找出可能侵犯了专利权保护范围的专利。

被控侵权检索是指在被别人指控侵权时为进行自我防卫而进行的专利检索，其目的在于找出请求宣告被控侵犯的专利权无效或不侵权的证据。

五、技术贸易检索

技术贸易检索是指在技术贸易过程中，通过文献信息检索了解有关技术的发展进程，专利申请及保护情况，以便切实掌握实际情况。

技术贸易检索目的在于评估技术贸易收益，规避贸易风险。技术贸易检索是一种集技术信息、产业信息与法律信息于一体的综合性检索，包括查新检索、专利有效性检索、防止侵权检索、产业调研/分析检索。

六、产业调研/分析检索

产业调研/分析检索是指在产业调研、分析过程中，为了解有关产业发展现状、竞争者分布与竞合关系、技术发展进程与趋势、研发团队/人员情况等而进行的检索。产业调研/分析检索目的在于从现有公开文献中挖掘出有利于制定产业/技术发展战略的情报。

Chapter Two

第二章
因特网信息检索

第一节　因特网信息资源概述

互联网的出现，改变了人们获取信息资源的方式。人们从传统的通过图书馆来获取信息，发展到后来的联机检索和光盘检索，到现在的网络检索。如今，人们的生活、工作、学习已离不开网络。网络信息越来越广泛地渗透到社会生活的方方面面，网络用户获取网络信息资源的需求不断提高，网络信息检索已经受到了越来越多的信息检索研究者和网络用户的重视。

本章主要介绍网络信息资源的相关概念，网络信息检索的工具、途径，以及搜索引擎的应用等知识，以使读者对网络信息资源和搜索引擎有比较系统的了解。

一、网络信息资源的类型

网络信息资源也称虚拟信息资源，它是以数字化形式记录的，以多媒体形式表达的，存储在网络计算机磁介质、光介质以及各类通信介质上的，并通过计算机网络通信方式进行传递信息内容的集合。简而言之，网络信息资源就是通过计算机网络可以利用的各种信息资源的总和。目前网络信息资源以因特网信息资源为主，同时也包括其他没有连入因特网的信息资源。

网络信息资源以其内容丰富、形式多样著称。根据不同的分类标准，可以将网络信息资源分为不同的类型。

1）按信息源提供信息的加工深度分，可分为一次信息源、二次信息源、三次信息源。

2）依据信息源的信息内容，可将网络信息资源分为以下类型：一是联机数据库，即各类数据库是联机存储电子信息源的主体；二是联机馆藏目录；三是电子图书；四是电子期刊；五是电子报纸；六是软件与娱乐游戏类；七是教育培训类；八是动态性信息。

3）按对网络信息资源的可使用程度以及网络信息资源的安全级别划分，可以将它分为三类。

①完全公开的信息资源：这一类信息资源每个用户均可使用，例如各类网站发布的新闻和可以通过免费注册而获得的信息等。

②半公开的信息资源：这一类信息资源可以有条件的获得，比如通过注册以后，缴纳一定的费用，才可以获得的较有价值的、符合你自己需要的信息资源等。

③不对外公开的信息资源（机密信息资源）：这一类信息资源只提供给有限的、具有一定使用权限的高级用户使用，例如军事机构和跨国公司等内部的通过网络交流的机密情报和信息等。

4）按网络信息资源的主题对其进行划分，介绍人们日常生活、学习和工作中经常使用的网络信息资源。

①政府信息资源：是指政府中与信息采集能力、信息处理能力、信息利用能力以及信息交

流能力有关的一切资源。政府信息资源是互联网中一种具有公共产品特性的特殊信息资源，其生产者为政府，使用者包括了广大公众。

②商业信息资源：是互联网上又一重要的资源。互联网上的企业名录、产品信息、商贸信息、金融信息和经济统计信息是一个企业获取商业信息的重要来源。

③法律信息资源：互联网上具有大量免费的法律法规文献。人们可以通过互联网了解国家最新的立法，并可以通过互联网获取法律咨询服务。网络法律信息资源将是人们生活工作中的一种重要资源。

④学术信息资源：主要是收录高质量学术期刊的网络全文数据库、网上免费的电子期刊，以及用于网上学术交流的 Working Paper 和 E-Print。这类信息资源主要针对大学及研究机构。

⑤新闻信息资源：互联网的出现改变了人们获取新闻信息的方式，互联网在同一时间向全世界范围内传播最新发生的新闻，人们可以不受地域限制获取世界上任何地区的新闻。世界各国主要的新闻网站是人们获取网络新闻信息的主要途径。

⑥文化娱乐信息资源：互联网上有许多休闲娱乐信息，包括电影、音乐游戏、足球、购物信息和旅游信息等。这类信息已经成了人们日常生活中的一部分。

总之，互联网上的信息资源可以说是包罗万象，人们总能发现自己需要的信息资源。

二、网络信息检索的特点

1. 检索对象丰富，覆盖因特网上所有资源

网络环境下，信息的组成体系发生了变化，网络资源的内容和形式均较传统的信息资源丰富了许多，信息量大，信息的形式更加多样。其检索的范围覆盖了整个互联网这一全球性的网络，为访问和获取广泛存在于世界各地、成千上万的服务器和主机的信息提供了可能。

随着互联网的发展，特别是 Web 2.0 的出现，可共享的信息越来越多。网络数据库的突飞猛进的发展，也为我们提供了大量的电子期刊、报纸、论文等。

传统的信息资源系统几乎都是单语言环境，而网络信息资源面对的是不同类型的信息资源，互联网信息检索使用不同的自然语言描述各种信息，形成了不同语种的信息检索系统。

2. 传统检索方法与全新检索技术相结合，检索空间得到了极大的扩展

互联网的出现，将全球联系到了一起，也将全球的信息资源汇集成了一个巨大的全球信息资源宝库，网络信息资源检索将面对的是全球的信息资源。

传统的信息资源在很大程度上受到了地域空间的限制，现代信息资源检索则冲破了空间的局限性，大大扩展了检索空间。它可以检索网上的各类信息资源，而无需提前知道各种资源的地址。

3. 用户界面友好，检索趋于简单方便

网络信息检索一改以往信息检索专业性强的特点，以简单方便的检索方式受到了广大用户的欢迎。

Internet 的超文本超媒体技术为用户提供了超链接的浏览方式，用户可以采取直接浏览的方式，获取自己所需要的信息。

网络信息检索在用户检索界面、检索结果的提供方式等方面都体现了良好的交互性，具有较好的反馈功能。

自然语言在网络检索中的广泛应用，使得网络检索变得日益简洁；关键词检索在网络信息检索中的普遍使用和智能信息技术的发展，使得用户在信息检索过程变得轻松、随意，无需考虑烦琐的检索规则。与之相关的交互性也进一步提高。

三、网络信息检索模型

1. 布尔逻辑模型

布尔型信息检索是最简单的信息检索模型，用户利用布尔逻辑关系构造查询并提交，搜索引擎根据事先建立的倒排文件确定查询结果。

布尔型信息检索模型的查全率高，查准率低。标准布尔逻辑模型为二元逻辑，并可用逻辑符"and""or""not"来组织关键词表达式。目前大多搜索引擎均使用布尔逻辑检索模型，查询结果一般不进行相关性排序。

2. 模糊逻辑模型

这种模型在查询结果处理中加入模糊逻辑运算，将检索的数据库文档信息与用户的查询要求进行模糊逻辑比较，按照相关的优先次序排列查询结果。

3. 向量空间模型

向量空间模型用检索项的向量空间来表示用户的查询要求和数据库文档信息。查询结果是根据向量空间的相似性而排列的。

向量空间模型可方便地产生有效的查询结果，能提供相关文档的文摘，并对查询结果进行分类，为用户提供准确的信息。

4. 概率模型

基于贝叶斯概率论原理的概率模型，利用相关反馈的归纳学习方法，获取匹配函数，这是一种较复杂的检索模型。

四、网络信息检索方法

欲获取 Internet 上的信息，就必须知道信息的存储地，也就是说首先知道提供信息的服务器在 Internet 上的地址，然后通过该地址去访问服务器提供的信息。据此，网络信息检索方法主要有以下四种方法：漫游法、网络地址法、搜索引擎法、网络资源指南法。

1. 漫游法

漫游法，也称浏览式检索，是 Internet 上检索信息的原始方法，类似于"追溯检索"。这种方式没有很强的目的性，具有很大程度的不可预见性和偶然性，用户可能在较短的时间内检出大量相关信息，但也可能偏离检索目标而一无所获。

2. 直接查找法

直接查找法，也称网络地址法，是在已知信息可能存在的网络地址而进行的检。这种方法适合于经常上网漫游的用户。其优点是节省时间、目的性强、节省费用；缺点是信息量少。

3. 搜索引擎法

这种方法是当前最为常规、普遍的网络信息检索方法。搜索引擎又称 www 检索工具，是 www 上的一种信息检索软件。www 检索工具的工作原理与传统的信息检索系统类似，都是对信息集合和用户信息需求集合的匹配和选择。

4. 网络资源指南法

这种方法是利用网络资源指南进行查找相关信息的方法。网络资源指南类似于传统的文献检索工具——书目之书目（Bibliography of Bibliographies），或专题书目，国外有人称之为 Web of Webs，Webliographies，其目的是可实现对网络信息资源的智能性查找。

五、网络信息检索技术

信息检索技术是指在计算机检索过程中为提高检索词与系统标引词的匹配效果而采用的相关技术。目前实践中常用的信息检索技术有布尔逻辑检索技术、截词检索技术、加权检索技术、限定检索技术、全文检索技术、超文本检索技术以及智能检索技术等。

1. 布尔逻辑检索技术

布尔逻辑检索技术是利用布尔逻辑算符对多个检索词进行逻辑组配，有利于对复杂课题进行快速检索，是目前运用最广的检索技术，也是构造检索表达式最基本最简单的匹配模式。布尔逻辑算符有三种：逻辑"与"，用"and"或"*"号表示；逻辑"或"，用"or"或"+"号表示；逻辑"非"，用"not"或"-"号表示。

2. 截词检索技术

截词检索技术是一种常用的检索技术，是防止漏检，扩大检索范围，提高查全率的有效工具，主要用于检索词的单复数、词性的词尾变化、词根相同的一类词，以及同一词的拼法变异等。其作用是减少检索词的输入以保证相关检索概念的涵盖，同时也方便解决语言文字拼音方面的差异（如词干相同、词义相近的检索词，或者同一词的单数、复数形式，动词、名词形式，英美拼音等）。

截词检索按截断的位置来分，截词可有后截断、前截断、中截断、复合截断四种类型。不同的系统所用的截词符也不同，根据截断的数量不同，可分为有限截词（一个截词符只代表一个字符）和无限截词（一个截词符可代表多个字符）。不同的系统所用的截词符也不同，常用的有"?" "$" "*"等。"?"代表一个字母，是有限截断；"*代表两个或两个以上字母，是无限截断。截词检索技术的详细介绍请参见第一章第二节。

3. 加权检索技术

加权检索是某些检索系统中提供的一种定量检索技术。加权检索同布尔检索、截词检索等一样，也是文献检索的一个基本检索手段，但与它们不同的是，加权检索的侧重点不在于判定检索词或字符串是不是在数据库中存在、与别的检索词或字符串是什么关系，而在于判定检索词或字符串在满足检索逻辑后对文献命中与否的影响程度。

加权检索的基本方法是：在每个提问词后面给定一个数值表示其重要程度，这个数值称为权，在检索时，先查找这些检索词在数据库记录中是否存在，然后计算存在的检索词的权值总和。权值之和达到或超过预先给定的阈值，该记录即为命中记录。

加权检索有其优点，它只需要接触检索词，不需编制提问式，通过加权可以明确各检索词的重要性，是一种缩小检索范围、提高检准率的有效方法，但并不是所有的系统都能提供加权检索技术，能提供加权检索的系统，对权的定义、加权方式、权值计算和检索结果的判定等方面，又有不同的技术规范。

随着计算机技术的不断发展和信息数量的快速增长，计算机信息检索技术也不断发展。目前，信息检索技术正向两个方向发展：一是在深度上提高管理和组织信息的能力，从传统信息检索正向全文本、多媒体、多载体、跨平台等新型信息检索发展。二是在广度上提高管理和组织信息的能力。信息检索技术已取得了突破性的发展，基于概念、超文本信息和多媒体信息的检索技术越来越活跃。

4. 限定检索技术

限制检索泛指检索系统中提供的缩小或精确检索结果的检索方法。常见的方式有如下几种。

（1）字段限制检索

字段限制检索是指对检索词出现的字段范围进行限制，并通过检索系统的限制符号或限制命令来实现。在专业数据库中，限制字段检索通常存在两种不同的形式：一是采用下拉式选择框，将可选择的检索字段全部列出，供用户自行选择；二是使用检索字段符，检索字段符分为后缀式和前缀式两种：后缀式对应基本索引，反映文献的主题内容，用"/"连接；前缀式对应辅助索引，反映文献的外部特征，用"="相连。

指定检索词出现的字段，可以有效提高检索效率和查准率。在检索过程中，检索字段可以几个字段同时使用，通常出现在数据库的"高级检索"功能中。但不同的检索系统，其基本索引字段与辅助索引字段的代码、数目不完全相同。

（2）范围限制检索

除上述限制检索以外，一些检索系统还提供了范围限制检索功能，用以对数字信息进行限制检索。常用检索符有"："""-"">""<""-"">=""<-"等。

（3）高级检索与二次检索

现在的一些检索系统一般具有高级检索功能，不仅可以实现多字段、多检索式的逻辑组合检索，而且可以进一步提高检索结果的精准性。此外，为得到更加理想的检索结果，二次检索是基于一次检索的范围内所展开的再次检索。如 CNKI（中国知网）系统、维普信息资源系统等均具备此功能。

5. 全文检索技术

全文检索技术不依赖主题词表而直接使用原文中的自由词进行检索，是以原始记录中词与词之间特定位置关系为检索对象的运算。与其他检索技术相比，全文检索技术的新颖之处在于可以使用原文中任何一个有实际意义的词作为检索入口，而且得到的检索结果是该文献而不是文献线索。全文检索技术中的"全文"，表现在它的数据源是全文，检索对象是全文，采用的检索技术是全文，提供的检索结果也是全文信息。

因为全文检索技术通过位置算符来确定词与词之间的特定位置关系。因此，全文检索的运算符也可以通称为位置运算符、相邻度检索符、原文检索符，它是为了弥补有些提问检索表达式难以用逻辑运算符准确表达提问要求的缺陷，避免误检，同时为了提高检索深度而设定的。位置算符还可用来组配带有逻辑算法的检索表达式，带有前缀和后缀的检索词等。常用的位置算符有 with 和 near 等。

全文检索可分为词位置检索、同句检索、同字段检索和记录检索。

（1）词位置检索

词位置算符是要求检索词之间的相互位置满足某些条件而使用的检索算符，如下所述。

（W）与（nW）-（W）算符是"word"或"with"的缩写，表示此算符两边的检索词词序不能颠倒，两个词之间可有一个空格、或一个标点符号、或一个连接号；（nW）则表示两个检索词之间最多嵌入 n 个词。

例如，检索"CD-ROM"，则可用 CD（W）ROM；而用 price（2W）inflation，则可能检出 price levels and inflation。

（N）与（nN）-（N）算符是"near"的缩写，表示此算符两边的检索词必须紧密相连，此间不允许插入其他单词或字母，但词序可以颠倒；而（nN）算符则表示在两个检索词之间最多插入 n 个单词，且词序可以颠倒。如 econom??（2N）recovery，可以检出 economic recovery、recovery of the economy、recovery from economic troubles 等。

（x）与（nx）-（x）算符要求其两边的检索词完全一致，并以指定的顺序相邻，中间不允许插入任何单词或字母；而（nX）算符则表示两边的检索词之间最多可以插入几个单元词，但两边的检索词也必须一致。

词位置检索是很有用的检索技术，它可以规定词组中各词的前后顺序，防止错误的搭配和输出；它也可以替代词组中的禁用词。DIALOG 系统有 9 个禁用词：AND、FOR、THE、AN、FORM、TO、BY、OF、WITH，如果在编制检索表达式时碰到禁用词，就要用词位置算符代替它。

(2) 同句检索

要求参加检索运算的两个词必须在同一个自然句中出现，其先后顺序不受限制，可用算符（S）。

（S）中的 S 是 Sentence 的首字母。同句检索放宽了词位置检索的要求，使表达同一概念但不满足词位置条件的文献也可以被检索出来，从而提高了查全率。

例如（business or trand or market）（S）（information OR intelligence）相当于下面 6 个同句检索式，凡满足下述 6 种条件之一的，即为命中文献：business（S）information、business（S）intelligence、trand（S）information、trand（S）intelligence，market（S）information，market（S）intelligence。

(3) 同字段检索

对同句检索条件进一步放宽，可以用算符（F）、（L）进行同字段检索。

（F）（"Field"的首字母）表示各检索词必须同时出现在文献记录的某个或某些字段中。词序不变，字段类型可用后缀符限定。例如 "? select market?（F）information/DE，T"，说明 market? 和 information 两个词必须同时出现在叙词字段或题名字段中。

（L）（"Link"的首字母）要求检索词同在叙词字段（DE）中出现，并且有词表规定的等级关系。因此该算符只适用于有正式词表、且词表中的词具有从属关系的数据库，如 iron（L）corrosion 表示 corrosion（腐蚀）是 iron（铁）的下属词。

(4) 记录检索

用位置算符（C）要求它两侧的检索词在同一条数据库记录中出现，如 A（C）B，其检索效果与布尔算符的检索表达式 A AND B 相同。

6. 超文本检索技术

(1) 超文本概述

超文本（Hypertext），是对原有的单向线性工作、单值媒体或单值排列的一种扩充和开拓，实质上是对"文本"的一种扩充，它既是一种信息的组织形式，也是一种信息获取技术。超文本检索技术作为一项综合性的技术，涉及数字处理技术、通信技术、计算机窗口技术、数据库技术、数据存储技术、计算机输入输出技术以及人工智能的知识表达技术和传递激活技术等数字处理技术，包括数模转换技术、音频、视频信息的编码和解码技术、音频、视频信息的压缩和解压缩技术等，用于对超文本的处理对象，即文字图形声音、动画等信息进行转换和处理。

(2) 超文本检索系统的分类

对超文本检索系统的分类还没有一致的标准，根据 Carison 的观点，超文本检索系统可以分为基于浏览的检索系统、基于提问的检索系统以及智能检索系统。

1）基于浏览的检索系统（Navigation-based）：这是最一般的超文本检索系统模式，表达了现有超文本系统信息存储与检索的特点。基于浏览的超文本系统的最主要检索方式，即浏览检索方式，指通过跟踪信息节点间的链路，在网络中移动获得所需信息。通过对系统包含内容的浏览，可以了解信息单元本身的内容、数据库的组织方式、信息之间的相关程度、信息的查询路径等，用户可以据此调整检索策略甚至检索目标。

2）基于提问的检索系统（Query-based）：可以看作一种双层结构模型，其中辅助数据集合和语义链构成检索系统的概念层，信息集合与结构链构成检索系统的文献层，连接链则贯穿于两个层面之间，具有实现两个层次的切换沟通作用。

3）智能型检索统：它实质上是基于导航浏览和提问系统的逻辑功能的延伸。

7. 智能检索技术

智能化检索是集中融合传统检索技术和人工智能技术建立的新一代智能化检索，能以自然语言方式接受检索课题，并像人工那样进行课题的分析与设计，全过程自动地完成课题的检索。

智能检索系统的核心是必须具有智能化人机接口，从而使用户在求解问题过程中能发挥更恰当的作用；同时必须具备系统推理能力，以此来确定用户及其提问和数据库文档之间的关系，它可以通过启发式的推理处理来完成。

从理论上讲，一个智能型信息检索系统一般应由如下几部分组成。

1）知识获取及加工系统。该系统完成对计算机专家、信息检索专家以及其他相关领域专家相关知识的获取和加工，并以适当的方式存储在知识库的相应文档中，以此构成检索系统运行的智能基础。

2）信息资料获取及加工系统。它完成对各种文献型及非文献型信息资料的获取及加工，也以适当的形式将其存放在知识库中的相应文档中，以此构成检索系统运行的物质基础。

3）知识库。这是该智能信息检索系统的核心部分之一，它主要存放来自知识获取及加工系统的分析方法集、检索策略集，以及来自信息资料获取与加工系统的信息资料集（各种数据库）等。

4）知识库管理系统。它完成对知识库的日常管理和维护。

5）搜索机。这是智能信息检索系统的又一核心部分，它负责接受用户提问，借助知识库完成相应的检索，并以适当的方式将检索结果提供给用户。

6）输入/输出接口。用户据此向系统提出自己的检索课题，并得到课题检索结果。这里用户的检索提问可以是已准备好的检索提问式，也可以是用自然语言描述的检索意图、具体要求和检索有关的一些参数信息。输入/输出接口将会把用户自然语言或非标准化检索语言表达的问题转换成系统能够理解并处理的表达形式。

六、网络信息检索策略

所谓检索策略，就是在分析检索提问的基础上，确定检索的数据库、检索的用词，并明确检索词之间的逻辑关系和查找步骤的科学安排。在构造检索策略过程中，要涉及许多方面的知识与技能，因此制定检索策略是一种全面的知识与技能，也是一种经验。掌握了这种技能和经验，再通过广泛实习，可以获得比较好的检索效果。制定检索策略的基本步骤如图2-1所示。

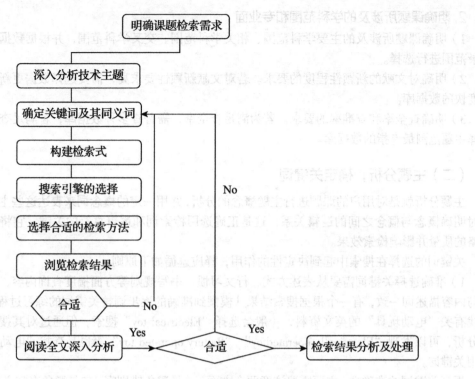

图 2-1 制定检索策略的基本步骤

（一）明确课题需求

检索过程中的首要环节就是要明确课题需求。在检索前，必须对自己的需求，特别是潜在的、模糊的需求进行分析，以求得一个完整而明确的表达。在需求分析中，应着重明晰以下问题。

1. 分析课题检索的目的

综合日常的工作和学习，检索目的概括起来主要有以下这些类型。

1）开始某一项科学研究或承接某项工程设计，需要对课题进行全面的文献普查，并从中筛选出所需的资料，用以编写可行性报告、计划任务书等。对这样的课题，应选择一个年限比较长的、收录比较广泛的相关专业的二次文献数据库，在全面回溯检索的基础上，选出相关的文献，再获取一次文献。

2）为解决某个技术难题，查找关键性的技术资料。对这样的课题，应选择工程和技术类数据库或专利数据库。

3）为贸易与技术引进、合资谈判，了解国外市场、产品与公司行情。对这类课题，应查找科学数据库以了解技术的先进性，查找市场、产品、公司等商情数据库以了解对方情况。

4）为申报专利或鉴定成果，查找参考依据。对这样的课题，以选择国内外专利数据库为主。

5）为某项决策查找有关情报。对这样的课题，根据决策的不同性质，进行综合性的全面文献调研。

6）为撰写论文查找相关文献等。对这样的课题，应以查找期刊论文、学位论文等学术研究性的数据库为主。

2. 明确课题所涉及的学科范围和专业面

1) 明确课题所涉及的主要学科范围、相关学科范围、交叉学科范围，并根据数据库的主题收录范围进行选择。

2) 明确对文献的新颖性程度的要求。若对文献新颖性要求高，需要选择数据更新周期短、速度快的数据库。

3) 明确查全率和查准率的要求。若为满足查全率，需普查多种数据库，若满足查准率，应选择主题范围最专指的数据库。

（二）主题分析，确定关键词

主题分析就是对用户的课题进行主题概念的分析，并用一定的概念词来表达这些主题内容，同时明确概念与概念之间的逻辑关系，这是正确选用检索词和逻辑算符的关键，它将决定检索策略的质量并影响检索效果。

关键词的选择在搜索中起到决定性的作用，择应遵循如下原则。

1) 准确选择关键词需要从表述方式、行文习惯、书写规则等方面揣度查询内容，力求关键词与内容描述词一致，有一个根据搜索结果从模糊到准确的逐步调整关键词的练习过程。例如，查找有关"电动玩具"的英文资料，一般会选择"Electrical toy"搜索，但通过对其搜索结果进行分析，可以发现"Electrically operatedtoy""Battery operated toy"等也是查找"电动玩具"的必用关键词。

提高关键词的准确性，主要需要注意两个方面：一是避免错别字；二是避免有歧义的字、词。对于简单、通俗、容易产生歧义的关键词，应采取添加一些限制性的修饰词，将搜索目的表述完整。同时注意检索词的同义词、单复数、拼写变异、单词结尾的不同。

2) 把最重要的概念定为检索关键词。选择最具代表性和指示性的关键词。最具代表性和指示性的关键词对提高搜索效率至关重要。所谓关键词"具有代表性"，是指关键词要能成为被查询事物的典型标志。时间、人物、地点一般可以成为增加关键词代表性的有效限制因素。例如，查找职称外语考试的考纲，如果直接把关键词定为"职称外语考试大纲"，百度搜索引擎检索的结果是 62 100 篇信息；如果加上一个时间限制词"2007 年"，加上一个地域限制词"全国"，再加上一个特性限制词"专业技术人员"，最后把关键词改写成由双引号限定的"2007 年全国专业技术人员职称外语考试大纲"，百度搜索的结果就只有 3 850 篇了。

3) 找出隐含的重要概念。因为在标引时常使用比较专指的词，用户对标引规则不甚了解，往往会列出比较抽象的概念，而忽略了较专指的概念。例如"智力测试"，隐含着"能力测试""态度测试""创造力测试"等概念。

4) 确定包含检索主题的较广的类别，这对于应用分类方法检索信息很有用。如：Business— Companies—Food or Science Nutrition。

5) 明确概念组面之间的交叉关系，减少甚至排除掉无关概念组面，简化逻辑关系。即明确逻辑"与""或""非"的关系。

6) 找出可能包含检索注意的组织或机构，此种方法可以扩大检索范围。

（三）构建检索式

所谓检索式就是指搜索引擎能够理解和运算的查询串，由关键词、逻辑运算符、搜索指令等构成。关键词是检索式的主体，逻辑运算符和搜索指令根据具体的查询要求从不同的角度对关键词进行搜索限定。

（四）检索工具的选择

工欲善其事，必先"选"其器，在明确了搜索意图和制定了搜索策略之后，搜索工具选择得当，能够收到事半功倍的效果。

选择搜索工具前，首先要了解各种工具的特点、性能等，其次是分析检索主题，根据需求，结合各类搜索工具的特点来选择。

1. 族性检索

族性检索是对具有某种共同性质或特征的众多事物、概念的检索，即类以求，触类旁通是分类搜索引擎的天然优势和显著特征。分类搜索适合查询具有同一特征的多个目标和主题范围广、概念宽泛的问题。因此，分类搜索引擎就是族性检索的首选工具。

目前常用的分类搜索引擎的分类体系各有不同，当难以把握浏览路径时，可以借助其"所有目录（the Directory）"和"此目录下（this Category）"的关键词搜索功能，根据结果页面的路径指示，在相关类目中查找。

2. 特性检索

特性检索是指对特定事物或概念的检索，关键词搜索引擎多用于查找主题范围较小、明确具体的信息和交叉性、细节性问题。因此，关键词搜索引擎是特性检索的首选工具。

3. 专题检索

所谓专题是指范围较小、体裁单一、具有相同性质和专门用途的信息或资源，专题检索主要使用站内搜索工具。专题检索不同于学科或主题搜索，它是指经过网站人工整理、编辑，并为特定用途发布的信息或资源，如"北京申奥""2005年我国洪涝灾情"主题教育推荐书目、特定事件的专题新闻等。

4. 数据库检索

在线数据库是一种特殊形式的网络资源，一般的搜索引擎难以寻觅其踪迹，即使是专门的数据库网站也多有授权限制而不提供免费使用，但是专业内容就必须使用专业搜索引擎或数据库。

（五）检索方法的选择

确定检索工具后，接下来就是运用何种方法实施检索。下面介绍几种检索方法。

1. 多元引擎检索

多元引擎检索是检索信息的首选。它同时搜索几个独立的引擎，并把结果显示在同一页面上，是通过关键词和一些常用的运算符完成检索过程的。应用多元引擎加快了检索的全过程，且返回相对较少无关站点是其优点。缺点是当进行复杂检索时有时不能有效地执行，可能产生一些奇怪的结果。代表站点是 Inference Find 和 Metacrawler。

2. 关键词检索

若需要查找的一个特定信息或所用的引擎数据库容量很大时，应用关键词查询数据库。该类搜索引擎的优点是数据库更新快，检索的结果新，缺点是索引不太精确。

3. 分类目录检索

分类目录检索是一种可供检索和查询的等级式主题目录，以超文本链接的方式将不同学科、专业、行业和区域的信息按照分类或主题的方式组织起来，适用于分类明确的信息查找。这类搜索引擎检索的结果质量较高，条理性较强。缺点是采集信息的速度远远跟不上网络资源增长的速度，数据库往往较小，检索到的文献数有限。代表站点是 Yahoo! 和 Infoseek。

4. 分类目录加关键词联合检索

当我们难以确定是分类检索好还是关键词检索好时，应用"分类目录 + 关键词"联合检索。例如，在 Yahoo! 上查找儿科肿瘤方面的信息，就可从 Yahoo! 主页逐层单击 Health 直到 Pediatrics，然后在该页查询框内键入关键词 oncology，就可找到相关信息。该方法的优点是检索范围更窄，结果更精确有效，但缺点是对于较难的检索不易选择适合的关键词。

（六）检索结果的分析与处理

利用搜索引擎检索，其信息"噪声"太大，检索结果并不满意，要么太多，要么太少或未能找到相关信息，遇到这些问题，我们可以从以下几个方面进行处理。

1）选择搜寻结果的前面几条信息阅读。因为大多数搜索引擎都将最符合要求的网页列在前面，虽然返回的搜索结果成千上万，但经常是需要的网页地址就在最前面的一页。

2）缩小搜索的范围。当返回的网页太多，而需要的网页不在最前面的几页时，可通过改变关键词、改变搜索范围、使用逻辑符"and"及引号等方法缩小查询范围。

3）找不到网页的对策。首先检查是否有拼写错误，接着看搜索关键词之间有没有自相矛盾的地方，如果仍不能成功地搜索，可换一种搜索引擎，也许会得到所期望的结果。因为每个搜索工具功能虽大体相同，但检索方式和拥有资料的侧重点不同。

4）如果用上述策略仍不能找到所需网页，可以选择链接相近的网页，也许能找到理想目的地的链接，或直接与已搜索到的主页管理者写 E-Mail 寻求帮助。

第二节 因特网信息检索工具

因特网蕴含着海量信息，丰富的信息资源只有通过开发和利用才能充分体现其价值。在因特网信息开发利用的过程中，信息查询是首要的、关键的步骤。

因特网检索工具就是指在因特网上提供信息检索服务的计算机系统，其检索对象是存在于因特网信息空间中各种类型的网络信息资源。

当前，以超文本技术建立起来的 Web 已成为因特网信息资源的主流形式。Web 检索工具既以 Web 形式提供服务，又以 Web 资源为主要检索对象，而且检索范围还涉及其他网络资源形式，如 Usenet、Gopher、FTP 等。因此，Web 检索工具显得格外重要，并成为人们获取因特网信息资源的主要检索工具和手段，也几乎成了网络检索工具的代名词。

一、网络信息检索工具的类型

网络信息检索工具是指在因特网上提供信息检索服务的计算机系统，其检索的对象是存在于因特网信息空间中各种类型的网络信息资源。

为了使数字化和网络化的信息真正贡献于人类，人们对网络信息检索技术的研究日趋活跃，出现了大量、多种检索工具。如何适应网络信息交流、查询的新特点，熟练使用网络上各种检索工具，形成较为合理、有效的网络信息检索模式，网络工作者先后开发了多种网络信息检索工具，如 HYTELNET、Archie、Veronica、Jughead、Gopher Jewels、Search Engineers 等。这些工具按检索项、检索方式及对应检索资源可分为远程登录类检索工具、FTP 检索工具、Gopher 检索工具、WAIS 检索工具、Archie 检索工具与万维网 WWW 检索工具。

1. 远程登录类检索工具

远程登录是因特网提供的基本服务之一，它在 Telnet 通信协议支持下，使用户的计算机暂时成为远程另一台计算机的仿真终端，实现实时访问和运行远程计算机中的程序、信息以及其他相关资源。Telnet 是一个强有力的资源共享工具。许多大学图书馆都通过 Telnet 对外提供联机检索服务，一些政府部门、研究机构也将它们的数据库对外开放，用户可通过 Telnet 进行检索。合法用户在远程主机上使用开设了的账号和密码登录远程计算机，就可以实时使用该系统对外开放的功能和资源，如查询图书馆目录、检索商业性数据库等。

2. FTP 检索工具

FTP（File Transfer Protocol）是因特网使用的文件传输协议，主要用于传送程序软件和多媒体信息。它采用万维网作为用户界面，以大容量和高速度为特点，是获取免费软件和共享软件资源必不可少的工具。它有两种不同的工作方式，一种是在因特网任意两个账户之间传送文件，这要求知道两个账户的口令；另一种是匿名 FTP，匿名 FTP 网点允许任何人连入此系统并下载文件，在匿名 FTP 中包含了庞大的有用信息，从中可以找到研究论文、免费软件、会议记录及其他信息。

3. Gopher 检索工具

Gopher 是基于菜单驱动的因特网信息检索工具，深受用户欢迎。Gopher 可协助用户按照菜单逐层检索到跨越多个计算机系统的信息，可以进行文本文件信息查询、电话簿查询、多媒体信息查询、专有格式的文件查询等。Gopher 也可以访问 FTP 服务器，查询校园名址服务器中的电话号码，检索学校图书馆藏书目录，以及进行任何基于远程登录的信息查询服务。

Gopher 服务器的检索型工具有三种：Veronica、Jughead 和 Gopher Jewels。其中 Veronica 和 Jughead 定期或不定期地标引一定范围内的 Gopher 服务站目录和文件名，然后汇集在一起，检索出来的结果内容有菜单、目录和文档，结果是以菜单形式给出，故而被称为检索型检索工具；Gopher Jewels 则属于目录型检索工具，分门别类地罗列主要的 Gopher 服务站信息资源。

4. WAIS 检索工具

WAIS 全称 Wide Area Information System，即广域信息查询系统，于 1991 年由 Brewster Kahle 发明，并由 Thinking Machines 公司发布，它是一种数据库索引查询服务。

WAIS 是基于 Z39.50 标准的一种分布式文本搜索系统，它只检索信息文档的内容而非标题（文件名），工作中 WAIS 对内容进行自动搜索，将网络上的文献、数据做成索引，用户只要在 WAIS 上给出的信息资源列表中用光标选取希望查询的信息资源名称并键入查询关键词，系统就会自动进行远程查询。因 WAIS 是基于全文检索技术的，故而其检索词按照相关性排序，相关性越大，权值也越高，在文献序列中越靠前排列呈现。

由此可见，WAIS 对于根据索引材料查询和按内容查找文章具有较强的功能。因此，如果打算寻找包含在某个或某些文件中的信息，WAIS 便是一个较好的选择。

5. Archie 检索工具

Archie 是因特网上用来查找其标题满足特定条件的所有文档的自动搜索服务的工具。Archie 文档搜索系统是检索匿名 FTP 资源的工具。为了从匿名 FTP 服务器上下载一个文件，必须知道这个文件的所在地，即必须知道这个匿名 FTP 服务器的地址及文件所在的目录名。Archie 就是帮助用户在遍及全世界的千余个 FTP 服务器中寻找文件的工具。

Archie Server 又被称作文档查询服务器。用户只要给出所要查找文件的全名或部分名字，文档查询服务器就会指出在哪些 FTP 服务器上存放着这样的文件。

6. 万维网 WWW 检索工具

万维网 WWW 是 World Wide Web 的简称，也称为 Web、3W 等。WWW 是基于客户机/服务器方式的信息发现技术和超文本技术的综合。WWW 服务器通过超文本标记语言（HTML）把信息组织成为图文并茂的超文本，利用链接从一个站点跳到另一个站点。这种由超文本链接相互指引而形成的信息网络使用户可以在因特网上自由游弋。

从 20 世纪 90 年代中期出现的检索 WWW 信息资源的搜索引擎技术，以及由此构造的检索各类网络信息的集成化检索工具实现了网络信息检索的快速化，搜索引擎真正成为"大海捞针的工具"。由于搜索引擎的发展远远超过了上述其他网络信息检索工具，因此人们把非万维网检索工具称为传统的因特网信息检索工具。目前因特网最常用的就是基于 Web 的搜索引擎。

二、网络信息检索工具的构成

1. 自动索引程序

大多数网络检索工具一般采用一种被称为 Robot（又名 Spider、Crawler、Worms、Wanders 等）的网络自动跟踪索引程序。它实际上是一个在网络上检索文件，且自动跟踪该文件的超文本结构并循环检索被参照的所有文件的软件。它穿行于网络信息空间，访问网络中公共区域的各个站点，记录其网址，标引其内容，并组织建立索引文档，形成供检索的数据库，同时还继续跟踪这个网页内链接的其他网页，确认链接的合法性。

2. 数据库

数据库是按照数据结构来组织、存储和管理数据的仓库，自动索引程序将采集和标引的信息汇集成数据库，作为某一网络检索工具提供检索服务的基础。不同网络检索工具的数据库收录范围不一样，有的收录 Web 及 Usenet 新闻组资源，有的收集 Web、FTP 和 Gopher 等资源类型。不同网络检索工具的标引方式也不同，有的索引软件标引主页全文，有些则只标引主页的地址、题目、特定的段落和关键词。因此，数据库的内容一般有网站的名称、标题、网址 URL、网页的长度、相关的超文本链接点、内容简介或摘要等。不同数据库的规模差异也很大，如 Baidu 收录索引了一亿多个中文网页，AltaVista 收录了 3000 万个网页。可见，数据库规模的大小也就决定了查询到的信息是否全面。

3. 检索代理软件

检索代理软件负责处理用户的检索提问，并将检索结果提交给用户。检索软件功能的强弱直接影响检索效果。当用户提出查询要求时，由检索软件负责代理用户在数据库中进行检索，不同的网络检索工具采用的检索机制和检索软件不同，提供的检索功能、支持的检索技术不同，对检索结果的处理方式不同。

布尔逻辑检索是采用比较普遍的一种检索机制，即按照检索项间的逻辑关系使用布尔逻辑符 and、or、not 等来组合检索项，形成检索式来提交查询。除此以外，自然语言检索也是一种常见的检索机制，即允许用户以短语、句子等自然语言的形式输入检索提问式。而检索软件可根据其中的语义关系进行分析、判断后形成检索策略检索。检索软件功能强弱的判定，主要是看检索界面是否友好、检索技术是否灵活多样、检索途径多少等几方面。

有关各网络检索工具的收录范围、标引方式、数据库规模及所采用的算法、检索式的组织和处理等信息，可以在提供该网络检索工具的主页上单击 About us、FAQ 等项获得。

三、网络信息收集的途径

网络信息收集是指采取一定的策略，在适当的网站中发掘可利用的资源。随着互联网技术的不断发展，信息的载体、传播媒介等都发生了巨大变化，网络信息的数量越来越多，更新速度也越来越快，信息资源的获取渠道也越来越多。除了传统的书刊、报纸、广播、电视等传统媒体外，网络、数字资源等成为新的更为重要的信息来源。这一变化一方面提高了信息的可获取性，另一方面又增加了信息收集的难度，致使"信息爆炸"的状况日趋严重。因此，采用科学的途径，准确、完整、及时、高效地从各个渠道获取信息成为信息时代每个人必备的技能。

随着数据库技术和检索技术的发展与进步，信息以多种形式呈现，不同类型、不同载体、不同内容的信息往往有不同的流通渠道和分布范围，信息收集的途径也越来越多。网络信息收集的途径主要包括搜索引擎、发现服务系统、门户网站、网络信息数据库、开放获取等。

1. 搜索引擎

搜索引擎是指根据一定的策略，运用特定的计算机程序从互联网上采集信息，在对信息进行组织和处理后，为用户提供检索服务，将检索的相关信息展示给用户的系统。搜索引擎是基于互联网上的一门检索技术，它根据用户需求与一定算法，运用特定策略从互联网检索信息反馈给用户，旨在提高人们获取搜集信息的速度，为人们提供更好的网络使用环境。

搜索引擎从功能和原理上被分为全文搜索引擎、元搜索引擎、目录搜索引擎和垂直搜索引擎四大类。

1）全文搜索引擎的主要代表为：Baidu 等。
2）元搜索引擎的主要代表为：InfoSpace、Bbmao 等。
3）目录搜索引擎的主要代表为：搜狐、新浪、网易分类目录等。
4）垂直搜索引擎的应用方向很多，比如企业库搜索、供求信息搜索、购物搜索、房产搜索、人才搜索、地图搜索、mp3 搜索、图片搜索、工作搜索、交友搜索等，几乎各行各业、各类信息都可以进一步细化成各类垂直搜索引擎。比较有代表性的如豆丁网、豆瓣电影、Molget 化工搜索引擎、职友网等。

毫无疑问，搜索引擎是目前因特网上查询信息的首选途径，但是由于因特网信息实在庞大，任何搜索引擎都无法全面覆盖所有站点，网罗所有信息。有统计表明，目前最出色的搜索引擎也仅仅覆盖了因特网信息的 16%。因此，用户还应通过更广泛的途径多方查询。

2. 发现服务系统

发现服务系统是一个通过对海量的来自异构资源的元数据和部分对象数据以抽取、映射收割、导入等手段进行预收集，并通过归并映射到一个标准的表达式进行预聚合，形成统一的元数据索引，通过单一的功能强大的搜索引擎向终端用户提供基于本地分布或者远程中心平台的统一检索和服务的系统内建海量数据的元数据仓，整合各种图书馆资源，包括内部的、外部的、纸质的、电子的、自有的、许可的以及可自由获取的数据源，使用统一标引的数据格式，提供简单、单一的检索入口，通常是类似 Baidu 的一框式搜索，通过检索预先设定的元数据仓来快速返回结果，通过链接解析器链接到全文，提供分面和高级检索功能。

发现服务系统自 2008 年面世后，发展很快。下面以目前市场活跃的三个国外产品进行比较研究，分别是 Serials solutions 的 Summon（2009 年 7 月发布）、EBSCO 的 EBSCO、Discovery Service（EDS，2010 年 1 月发布）、Alibris 的 Primo central（Primo，2010 年 6 月发布），国内则有超星发现系统等。

（1）Summon

Summon 数据集成了 39 个开发获取（OA）数据库及平台，可检索并访问来自 73 个机构的 257 个特藏数据库，收录范围包括 9000 多种出版商的内容，超过 60 家内容提供商，近 15 万种期刊文章，绝大多数可提供全文检索。

（2）EDS

美国 EBSCO 公司出品的 EDS 资源发现系统是一个简单易用、功能强大的整合平台，通过一个统一的检索界面，用户可以迅速获取所需的文献。该系统覆盖全球约 2 万家期刊出版社及 7 万家图书出版社，资源出版总量达到 7.5 亿多条，学术期刊超过 17.7 万，全文资源近 7000 万，学术资源的语言种类有近 200 种，非英语的出版社资源超过 3000 家，中文资源总量也达到近 2 亿条，期刊论文篇目数据达到 8000 万，书目信息资源达到 800 万条，电子书资源达到 300 万种，图书超过 12000 万种，1100 多种 OA 资源。

（3）Primo

Primo 资源发现与获取系统是 EX Libris 公司开发的功能强大的图书馆统一资源发现与获取门户系统，是目前正在构造的下一代数字图书馆服务系统平台中的两大核心之一。Primo 索引记录超过 5 亿，包含 3600 多万条中文期刊全文记录；覆盖 152 家数据库资源供应商，涵盖期刊 10 万多种、图书 800 余万种。数据深度：89% 包含完整元数据（包括主题或关键词），其中 36% 含文摘，49% 含文摘和全文，集成了 83 种 OA 资源数据库及平台，包括 HathiTrust。

（4）超星发现系统

超星发现系统建立在日益增长的海量数字资源基础之上，其宗旨在于打破以往的书刊目录发现和文献全文发现，为读者提供具备完善的知识挖掘与情报分析功能的中文发现系统。该系统以数据挖掘的相关技术为支撑，对这些文献资源进行数据关联与情报分析处理，深入发现隐藏在大量数据背后的信息，从而建立功能强大的新一代学术资源发现平台，帮助读者简捷获得所有需要的知识。例如，用一个检索词可以在期刊、报纸、学位论文、会议论文、标准、专利、科技成果、法律法规等多种文献类型中检索，并且可以根据它们提供的一些功能，逐步接近检索目标。

3. 门户网站

门户网站是指根据一定的策略、运用特定的计算机程序搜集互联网上的信息，在对信息进行组织和处理后，为用户提供检索服务的系统。按照主体性质分为政府网站、商业网站、企业网站和个人网站四类。

1）政府网站：政务公开化的体现，政府公务、职能、机构信息公开。
2）商业网站：网上从事商业活动的网站，通过各种职能获取利润。
3）企业网站：由各企业自身建立的网站。
4）个人网站：个人在互联网建立的网站。

4. 网络信息数据库

网络信息数据库不同于各种搜索引擎及免费数据库，它具有数据来源可靠、格式规范、信息量大、更新快、品种齐全、内容丰富、数据标引深度高、检索功能完善等特点。它们收录时间范围不同,学科领域不同,且数据经过专业加工和人工筛选,检索途径众多,检索手段丰富,是获取信息尤其是文献信息的一个有效途径。网络信息数据库包括综合数据库和专业数据库,文摘数据库和全文数据库等,这些数据库有收费和免费之分。收费数据库一般需要购买使用权,如万方数据知识服务平台、维普数据库、中国知网等国内大型综合数据库,Web of Science 综合数据库以及 SciFinder 专业数据库等。免费数据库主要是专利、标准、政府出版物等。免费数据库一般是由政府、学会、非营利性组织创建并维护。

5. 开放获取

美国研究图书馆协会在相关文件中认为,开放获取是指创建的作品用于教育与科研,并不期望得到直接的金钱回报,读者不需要任何费用就可以在公共网络上获取文献的一种模式。开放获取是一个通过互联网让科研成果能够自由传播的运动,可以让用户把经过同行评议的学术论文放到互联网上,有利于学术成果的快速传播。

开放获取不考虑版权和授权限制,打破了传统学术出版的模式,倡导学术资源的平等、免费获得。虽然只有近 20 年时间,但开放获取资源学术信息已成为学术研究不可或缺的资源,资源的数量与质量都得到了前所未有的提高,已经覆盖了几乎全部的学科领域。一方面,开放获取期刊和论文的数量迅速增加;另一方面,开放获取期刊的影响力不断增强,汤森路透公司《期刊引证报告》(Journal citation Reports,简称 JCR)显示,越来越多的开放获取期刊被科学引文索引(Science citation index,简称 SCI 收录)。

开放获取一般有两种途径:金色道路(开放获取期刊)和绿色道路(作者自存档)。金色道路是采用作者付费、读者免费的获取方式;绿色道路是作者向传统期刊投稿的同时,将自己的论文以电子档的形式存放在专门的开放获取知识库(知识机构库)中供读者阅读。

(1)国内主要开放获取资源

1)中国科技论文在线,如图 2-2 所示。

图 2-2 中国科技论文在线首页

中国科技论文在线于 2003 年上线,利用现代信息技术手段,打破传统出版物的概念,免去传统的评审、修改、编辑、印刷等程序,给科研人员提供方便、快捷的交流平台,提供及时发表成果和新观点的有效渠道,从而使新成果得到及时推广,科研创新思想得到及时交流。

在检索框内输入需要查找或者感兴趣的内容，可以是论文的题目（完整题目或者题目中的某个词汇）、作者（全部作者或合作作者中的某位）、作者单位，也可以是摘要、关键词，甚至是全文中的某个词汇，单击"搜索"，即可得到检索结果。

2）中国学术会议在线。

中国学术会议在线为用户提供学术会议信息预报、会议分类搜索、会议在线报名、会议论文征集、会议资料发布、会议视频点播、会议同步直播等服务，涉及全学科。中国学术会议在线提供了检索功能，检索途径包括模糊检索、会议检索、视频检索以及会议论文摘要检索。

3）中国预印本服务系统。

中国预印本服务系统于 2003 年开通，由中国科学技术信息研究所与国家科技图书文献中心联合建设，是一个以提供预印本文献资源服务为主要目的的实时学术交流系统。该系统完全按照文责自负的原则进行管理，在该系统发表的文章版权归作者本人所有。中国预印本服务系统涉及自然科学、医药科学、人文与社会科学、工程与技术科学、农业科学等领域，并提供分类浏览，关键词检索等方式查找文献。

(2) 外文开放获取期刊

1）DOAJ（Directory of Open Access Journals）。

DOAJ 由瑞典 Lund 大学图书馆创建和维护。该系统收录的文章都是经过同行评议或严格评审的，质量高，与期刊发行同步，且都能免费下载全文。DOAJ 不仅提供了期刊的字顺浏览及主题学科浏览功能，还提供了关键词检索，用户可通过输入期刊名称或文章题名的方式检索所需文献，并且允许用户推荐期刊。

2）HighWire Press 数据库。

HighWire Press 提供免费全文，是全球最大的学术文献出版商之一，于 1995 年由美国斯坦福大学图书馆创立。最初，仅出版著名的周刊 *Journal of Biological Chemistry*，通过该网站还可以检索 Medline 收录的 4500 余种期刊中的 1200 多万篇文章，可看到文摘题录。

HighWire Press 收录的期刊覆盖了以下学科：生命科学、医学、物理学、社会科学。HighWire Press 根据收录的期刊种类，设立了生物学、人类学、医学、物理学和社会学五个学科。除了提供按题名、出版者、学科浏览的功能外，还提供关键词检索，其提供的论文并非全部都是免费的开放获取资源，其中包含了一部分收费资源。在资源的组织与分类上，部分直接链接到论文全文。

6. 网络论坛

网络论坛是一个和网络技术有关的网上交流场所，一般就是大家口中常提的 BBS。BBS 的英文全称是 Bulletin Board System，翻译为中文就是"电子公告板"。

BBS 是早期 Internet 最普遍的应用之一，既有一些综合的论坛如天涯社区、猫扑、新浪论坛、搜狐论坛等，也有一些专业性的论坛，如瑞丽女性论坛、人民网强国论坛、各个大学的论坛和讯股吧、铁血军事论坛等。这些论坛为广大网友提供一个交流空间，至今仍然广泛使用，虽然信息质量参差不齐，但网络论坛内容源能有效解决网站内容日益同质化的问题。

7. 微博

微博（Weibo）是指一种基于用户关系信息分享、传播以及获取的、通过关注机制分享简短实时信息的广播式的社交媒体、网络平台，允许用户通过 Web、Wap、Mail、App、IM、SMS 等方式，以及 PC、手机等多种移动终端接入，以文字、图片、视频等多媒体形式，实现信息的即时分享、传播互动。微博具有发布信息快速等特点。

8. RSS 订阅

RSS（Really Simple Syndication 或 Richsite Summary）也称"简易信息聚合"。它是一种信息聚合的技术，是某一站点和其他站点之间共享内容的一种简易信息发布与传递的方式，使得一个网站可以方便地调用其他提供 RSS 订阅服务的网站内容，从而形成非常高效的信息聚合，让网站发布的内容在更大的范围内传播。

9. 邮件列表

邮件列表（Mailing List）是互联网上最早的社区形式之一，也是 Internet 上的一种重要工具，用于各种群体之间的信息交流和信息发布。

邮件列表起源于 1975 年，是指建立在互联网上的电子邮件地址的集合。利用这一邮件地址的集合，邮件列表的使用者可以方便地利用邮件列表软件将有关信息发送到所有订户的邮箱中。国内提供邮件列表服务的网站，如希网、索易等，此外，百度等网站也提供分类或关键词邮件新闻订阅等服务。

第三节　搜索引擎与应用

搜索引擎是如何工作的？人们又是如何表达信息需求的？为什么搜索引擎回答我的问题时千差万别，甚至风马牛不相及？为什么在不同的搜索引擎中查找的信息会差别很大？这些问题在实际检索活动中常常出现在我们的脑海里。本节试图解释这些问题出现的原因，及在检索过程中如何降低偏差，提高搜索的效率。

一、搜索引擎概述

搜索引擎的始祖是加拿大麦吉尔大学的艾伦·安塔吉（Alan Emtage）等三名学生在 1990 年发明的程序阿奇（Archie），可以用文件名搜索散布在各个 FTP 主机中的文件。而我们现在熟悉的搜索引擎，则出现于 1994 年 7 月。美国卡内基梅隆大学教授莫尔丁（Michael Mauldin），利用"蜘蛛爬行"技术创造了网站查询软件 Lycos，而"网络蜘蛛"也成为各个搜索引擎提供信息时最常使用到的程序。网络蜘蛛是自动搜索并撷取互联网上 HTML 页面的信息搜集器，可以把网站及网页内容全部抓回来，再把不相干或重复的信息去掉，送进资料库。而"蜘蛛"浏览的动作，也被称为"爬取"资料。

1. 搜索引擎的定义

搜索引擎（Search Engine）是基于 WWW 的信息处理系统，用来对网络信息资源标引、管理和检索的一系列软件，是一种在因特网上查找信息的工具。

搜索引擎是指根据一定的策略、运用特定的计算机程序搜集互联网上的信息，在对信息进行组织和处理后，为用户提供检索服务的系统工具。

简单地说，搜索引擎是通过因特网接受用户的问询指令，并通过一定的机制和方法对网络信息进行搜索，它将搜索的信息进行理解、提取、组织和处理之后快速返回一个与用户输入内容相关的信息列表。这个列表的每一个条目代表一个相关的网页，每个条目一般来说至少包含以下三个元素：①标题，网页内容的标题，一般情况下是网页 HTML 源码中标签 <TITLE> 和 </TITLE> 之间的内容；② URL，对应网页的网址；③摘要，以某种方式获得的网页内容的摘要。

由此可见，搜索引擎既是用于检索的软件，又是提供问询、检索的网站。所以，搜索引擎也可称为因特网上具有检索功能的网页。

2. 搜索引擎的分类

随着搜索引擎的数量剧增，其种类也越来越多。本书侧重介绍具有普遍意义的类型。

(1) 全文搜索引擎（Full Text Search Engine）

全文搜索引擎是面向网页的全文检索服务，通常称为索引服务（Indexing Service）。从搜索结果来源的角度，全文搜索引擎又可细分为两种，一种是拥有自己的检索程序（Indexer），俗称"蜘蛛"（Spider）程序或"机器人"（Robot）程序，并自建网页数据库，搜索结果直接从自身的数据库中调用；另一种则是租用其他引擎的数据库，并按自定的格式排列搜索结果，如Lycos引擎。

国外具代表性的有Fast/AllTheWeb、AltaVista、Inktomi、Teoma、WiseNuti等，国内知名的有百度（Baidu）。

(2) 目录式搜索引擎（Search Index/Directory）

目录式搜索引擎提供了一份按类别编排的因特网网站目录，各类下边排列着属于这一类别的网站的站名和网址链接，有些搜索引擎还提供了各网站的内容提要。因此从严格意义上说，目录式搜索引擎算不上是真正的搜索引擎。

目录索引中最具代表性的是雅虎，其他著名的还有Open Directory Project（DMOZ）、LookSmart、About等。国内的搜狐、新浪、网易搜索也都属于这一类。

(3) 多元搜索引擎（Meta Search Engine）

多元搜索引擎又称集成搜索引擎，它是将多个独立搜索引擎集合在一起，提供一个统一的检索界面，当用户提出检索提问后，由统一的元搜索引擎接口对用户提交的查询请求进行处理，分别将其转换为符合底层搜索引擎查询语法要求的子查询发送给多个搜索引擎，同时检索多个数据库，并进行相关度排序后，将结果显示给用户。多元搜索引擎可分为串行处理和并行处理两种。著名的多元搜索引擎有InfoSpace、Dogpile、Vivisimo、Meta Crawler、Savvy Search、Search Spanniel等。搜星搜索引擎是中文元搜索引擎中的代表。

(4) All-in-One 集成搜索

All-in-One 集成搜索是指通过一个网站，即可选择多个搜索引擎依次进行搜索。这与多元搜索引擎的工作方式有些相似，只是多元搜索引擎只要一次性输入检索要求，就可以同时让多个搜索引擎一起或分别进行搜索，并对搜索结果进行分析整理；而All-in-One通常是逐一输入检索要求（可以相同，也可以不相同），然后从搜索引擎列表中每次选择一个进行检索，一般不对搜索结果进行处理。

(5) 特殊用途的搜索引擎

特殊用途的搜索引擎是专门为某一特殊用途或某一特定目标而设立的，如科学信息的搜索引擎Scirus，全球华人寻人搜索引擎Look 4 U，软件搜索引擎SOFT Seek和Download Power

Search，图形、图像搜索引擎 Image Surfer，支持自然语言的搜索引擎 Ask Jeeves 等。

除上述这些类型的引擎外，还有些门户搜索引擎、免费链接列表等非主流形式的引擎，由于上述网站都为用户提供搜索查询服务，为方便起见，我们通常将其统称为搜索引擎。

3. 搜索引擎的体系结构

搜索引擎主要由搜索器（Spider 或 Crawler）、索引器（Indexer）、检索器（Searcher）和用户接口（UI）四部分组成。系统首先由搜索器收集网页的内容，然后由索引器将收集回来的内容进行分析、处理，建立索引数据库，再由检索器响应用户的检索请求，用户输入关键字后，检索器要用这个检索词与建立的索引器匹配，匹配后作相关性排序，最后通过用户接口将排序结果送给用户。其基本结构如图 2-3 所示。

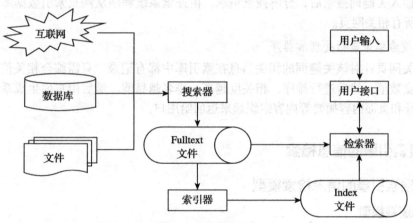

图 2-3　搜索引擎基本结构图

4. 搜索引擎的工作原理

本书主要针对全文检索搜索引擎的系统架构进行说明，下文中提到的搜索引擎如果没有特殊说明也是指全文检索搜索引擎，结合前面讲解的系统结构的内容，搜索引擎的实现原理可以归纳为四步，如图 2-4 所示，即从互联网上抓取网页→建立索引数据库→在索引数据库中搜索→对搜索结果进行处理和排序。

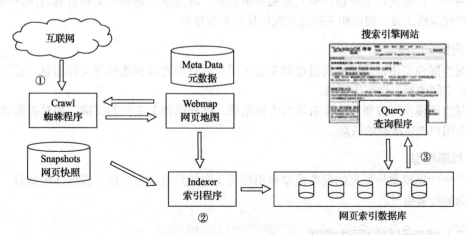

图 2-4　搜索引擎搜索原理图

(1) 从互联网上抓取网页

利用能够从互联网上自动收集网页的网络蜘蛛程序，自动访问互联网，并沿着任何网页中的所有 URL 爬到其他网页，重复这个过程，并把爬过的所有网页收集到服务器中。

(2) 建立索引数据库

由索引系统程序对收集回来的网页进行分析，提取相关网页信息（包括网页所在 URL、编码类型、页面内容包含的关键词、关键词位置、生成时间、大小、与其他网页的链接关系等），根据一定的相关度算法进行大量复杂的计算，得到每一个网页针对页面内容中及超链中每一个关键词的相关度（或重要性），然后用这些相关信息建立网页索引数据库。

(3) 在索引数据库中搜索

当用户输入关键词搜索后，分解搜索请求，由搜索系统程序从网页索引数据库中找到符合该关键词的所有相关网页。

(4) 对搜索结果进行处理和排序

所有相关网页针对该关键词的相关信息在索引库中都有记录，只需综合相关信息和网页级别形成相关度数值，然后进行排序，相关度越高，排名越靠前。最后由页面生成系统将搜索结果的链接地址和页面内容摘要等内容组织起来返回给用户。

二、搜索引擎的信息检索

（一）搜索引擎的信息检索模型

1. 布尔逻辑模型

布尔型信息检索是最简单的信息检索模型，用户利用布尔逻辑关系构造查询并提交，搜索引擎根据事先建立的倒排文件确定查询结果。

布尔型信息检索模型的查全率高，查准率低。标准布尔逻辑模型为二元逻辑，并可用逻辑符"and""or""not"来组织关键词表达式。目前大多搜索引擎均使用布尔逻辑检索模型，查询结果一般不进行相关性排序。

2. 模糊逻辑模型

这种模型在查询结果处理中加入模糊逻辑运算，将检索的数据库文档信息与用户的查询要求进行模糊逻辑比较，按照相关的优先次序排列查询结果。

3. 向量空间模型

向量空间模型用检索项的向量空间来表示用户的查询要求和数据库文档信息。查询结果是根据向量空间的相似性而排列的。

向量空间模型可方便地产生有效的查询结果，能提供相关文档的文摘，并对查询结果进行分类，为用户提供准确的信息。

4. 概率模型

基于贝叶斯概率论原理的概率模型利用相关反馈的归纳学习方法，获取匹配函数，这是一种较复杂的检索模型。

（二）搜索引擎的语法规则

搜索引擎是基于一些基本的查询规则来实现查询条件的，但各种搜索引擎所采用的查询规则又不尽相同。搜索引擎的语法规则主要有：基本数学规则、基本搜索语法、限制搜索语法、辅助搜索命令以及布尔逻辑算符等。布尔逻辑算符在第二章第一节有详细介绍，在此不再赘述。

1. 基本数学规则

在进行搜索时，我们需要了解一些基本的数学规则，使搜索结果更加准确。例如使用"＋"、"－"、连接号、逗号、括号或引号进行词组查找。"＋"表示强制搜索，"－"表示排除检索。"（ ）"表示优先搜索，""""表示精确搜索，"～"为同义词搜索。表 2-1 仅介绍了主要搜索引擎中的这些规则。

表 2-1 搜索引擎的数学命令

命令	符号		支持命令的搜索引擎
包含条件	＋		除 LookSmart 外的所有引擎
排除条件	－		除 LookSmart 外的所有引擎
词组	" "		除 LookSmart 外的所有引擎
符合任意条件		Auto	AltaVista, Excite, GoTo, Go, LookSmart, Netscape, Snap, WebCrawler, Yahoo
		Menu	AOL Search, HotBot, Lycos, MSN Search
		Other	Northern Light（使用 OR）
符合所有条件		Auto	AOL Search, HotBot, Lycos, MSN Search, Northern Light
		Other	使用加号或菜单选择时全部支持

2. 基本搜索语法

（1）通配符

搜索引擎最常用的通配符有星号"＊"和问号"？"等，通常星号"＊"表示替代若干字母，而问号"？"表示替代一个字母。例如：Compu＊ 可以代表 Computer、Compulsion、Copunication 等，但星号"＊"不能用在单词的开始或中间。

（2）截词检索

截词检索（Truncation）是网络搜索的常用方法，它使用"词间通配符"，用截断的词的一个局部进行的检索。例如，"wom?n"可以搜索到包含 woman、women、womyn、womin 等单词的网页，"Comput＊"对 Computer、Computing、Computation 等以 Comput 开头的单词进行搜索。

提示：搜索引擎多支持中截断和后截断检索，而且搜索引擎对截词检索的支持程度和通配符的规定多有不同，了解和使用通配符，还需参阅各搜索引擎的帮助文件。

（3）NEAR 操作符

用 NEAR/n（n 为 1，2，3…）能精确控制检索词之间的距离，表示检索词的间距最大不超过 n 个单词。例如：检索式"Computer near/10 Network"，可查找出 computer 和 Network 两词之间插入不大于 10 个单词的文献，检索结果输出时，间隔越小的排列位置越靠前。

（4）使用百搭命令"＊"

百搭命令主要用在查询一个关键词的基础上，查询由此关键词变化而来的其他词，它与延伸搜索条件功能类似。如：sing＊ 即可查找符合 singing 及 sings 的网页；theat＊ 即可查找符合 theater 及 theatre 的网页。

以上是使用各种搜索引擎的基本语法，但也有例外，具体可参考每种搜索引擎的在线帮助。基本搜索命令见表2-2。

表2-2 基本搜索命令

命 令	符 号	支持命令的搜索引擎
	title	AltaVista、GoTo、HotBot、Go、MSN Search、Northern Light、Snap
	other	some above via menus、Lycos（通过菜单搜索）、Yahoo（t:）
	None	AOL Search、Excite、LookSmart、Netscape、WebCrawler
网站搜索	domain	GoTo、HotBot、MSN Search、Snap
	other	AltaVista（host:）、Go（site:）、Lycos（通过菜单搜索）
	None	AOL Search、Excite、LookSmart、Northern Light、Netscape、WebCrawler、Yahoo
URL Search	url	AltaVista、Go、Northern Light
	other	Lycos（通过菜单搜索）、Yahoo（u:）
	None	AOL Search、Excite、GoTo、HotBot、LookSmart、MSN Search、Netscape、Snap、WCrawler
链接搜索	Link	AltaVista、Go
	link domain	GoTo、HotBot、MSN Search、Snap（仅用于根目录URL，搜索次目录URL时使用菜单命令）
	None	AOL Search、Excite、LookSmart、Netscape、WebCrawler、Yahoo（n/a）
百搭命令	*	AOL Search、AltaVista、HotBot、MSN Search、Northern Light、Snap、Yahoo
	None	Excite、GoTo、Go、LookSmart、Lycos、WebCrawler

3. 限制搜索语法

限制搜索语法是从不同角度限定网络搜索的功能性词语和符号，对搜索结果起着定向和控制的作用，主要有以下几种。

（1）标题搜索（Title Search）

[title:]AltaVista、AllTheWeb、Inktomi、MSN、一搜……。

[intitle:]Teoma、yahoo、百度……。

（2）网站搜索（Site Search）

[host:] AltaVista……。

[hostname:] Yahoo……。

[site:] Excite、Netscape、Yahoo、Teoma、百度、一搜、中搜……。

[domain:] Inktomi、HotBot、iWon、LookSmart、MSN、AltaVista、百度、一搜……。

（3）网址搜索（URL Search）

[url:] AltaVista、Excite、yahoo（需要带 http://）、一搜……。

[url.all:] AllTheWeb、Lycos……。
[inurl:] yahoo、Teoma、百度……。
[originurl:] Inktomi、AOL、GoTo、HotBot、一搜……。
[url.domain:] Alltheweb……。
[url.host:] AllTheWeb、Lycos……。

(4) 链接搜索（Link Search）

[link:] AltaVista、yahoo（需要带 http://）……。
[linkdomain:] Inktomi、AOL、HotBot、iWon、MSN、yahoo、一搜……。
[link.all:] AllTheWeb、Lycos……。
[inlink:] Teoma……。
[link.extension:] AllTheWeb……。

(5) 锚点搜索（Anchor Search）

[anchor:] AltaVista……。

(6) 文件搜索（filetype Search）

[filetype: 文件类型后缀]（如 pdf、doc、swf 等）iWon、AOL、Netscape、百度、中搜……。
[feature: 文件类型名称]（acrobat、activex、audio、embed、flash、frame、audio、video 等）Yahoo、MSN、HotBot、overture……。

(7) 临近搜索（Proximity Searching）

[NEAR] AltaVista、Lycos、WebCrawler、AOL……。
[BEFORE] Lycos……。
[FAR] Lycos……。
[ADJ] Lycos、AOL……。

4. 辅助搜索命令

(1) 辅助搜索功能

其各项功能见表 2-3。

表 2-3 辅助搜索功能

功　能	支　持	不支持	备　注
相关搜索	AltaVista, AOL Search, Excite, HotBot, Go, GoTo, Snap, Yahoo	其他引擎	
搜索结果重组	AltaVista, Go, HotBot, GoTo, MSN Search, Northern Light	其他引擎	Excite 有部分搜索结果重组功能
相近搜索结果	AOL Search, Excite, Go	其他引擎	
延伸搜索条件	Go, Lycos, Northern Light	其他引擎	在 HotBot, MSN Search, Snap 中是通过表格实现此项功能
日期范围	AltaVista, HotBot, MSN Search, Northern Light, Snap, Yahoo	其他引擎	

(续)

功能	支持	不支持	备注
Within 搜索	Go, Lycos, HotBot	其他引擎	
搜索条件敏感度	AVista, Go, 部分支持的是：HotBot, NLight	其他引擎	参阅搜索引擎与字母大写
按知名度排名	HotBot, LookSmart, Lycos, MSN Search, Snap	其他引擎	

(2) 结果显示功能

其各项功能见表 2-4。

表 2-4 结果显示功能

功能	支持	不支持	备注
按日期排列	Go, MSN Search, Northern Light	其他引擎	
显示日期	AltaVista, HotBot, Go, Light	其他引擎	
搜索结果增加的数量	Excite, HotBot, Go, Lycos, MSN earch, WebCrawler	AltaVista, AOL Search, GoTo, Netscape Search, NLight	Snap, LookSmart 及 Yahoo 对此项功能没有明确说明

（三）搜索引擎的检索方式

1）简单检索（Simple Search）：直接输入一个关键词，提交搜索引擎查询，这是最基本的查询方式。

2）词组检索（Phrase Search）：输入两个单词以上的词组（短语），当作一个独立运算单元提交搜索引擎查询。也叫短语检索。

3）语句检索（Sentence Search）：输入一个多词的任意语句，提交搜索引擎查询（字、词、句子）。这种方式也叫任意查询。

4）高级检索（Advance Search）：用布尔逻辑组配方式查询，这种方式也叫定制搜索。

5）目录检索（Catalog Search）：按照搜索引擎提供的分类目录逐级查询，用户一般不需要输入检索词，而是按照查询系统提供的几种分类项目，选择类别进行查询，这种方式也叫分类检索。

三、常用搜索引擎

（一）百度（Baidu）

1. 百度概述

百度（https://www.baidu.com/）公司于 1999 年底成立于美国硅谷，于 2000 年 1 月由李彦宏与徐勇共同创立于北京中关村。

百度的起名来源于"众里寻他千百度，蓦然回首，那人却在灯火阑珊处"的灵感，创立之初，百度就将自己的目标定位于打造中国人自己的中文搜索引擎。目前，百度为中国最受欢迎、影响力最大的中文网站，也是全球最大的中文搜索引擎。

百度的使命是让人们最便捷地获取信息，找到所求，是集新闻、网页、MP3. 图片、视频、百科等搜索为一身的综合性搜索引擎。图 2-5 所示为百度的首页，界面简洁、明晰，主要由功能模块、检索输入框、检索按钮三部分组成。

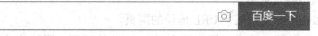

图 2-5　百度检索界面

2. 百度的检索方法

（1）简单搜索

在百度进行简单搜索时，用户只需在图 2-5 中单击搜索框上的按钮来选择类目，并在搜索框内输入检索词，单击右方的"百度一下"按钮即可。

（2）高级搜索

百度高级搜索可以使用户更轻松地限定要搜索的网页的时间、语言、文档格式、关键词位置、站内搜索等。单击百度主页搜索框右边的"高级"按钮即可进入高级检索界面，如图 2-6 所示。

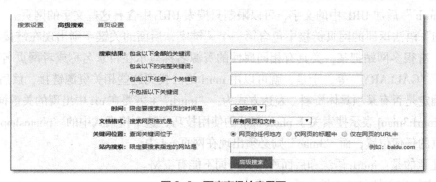

图 2-6　百度高级检索界面

（3）高阶检索

如果不利用百度的高级搜索界面，用户也可以直接在简单搜索界面中，运用搜索语法进行检索。

1）布尔逻辑检索

百度搜索引擎支持逻辑"与""或""非"运算。

逻辑"与"的运算符为"空格"或"+"。百度默认的逻辑运算为逻辑"与"。

逻辑"非"运算表示排除含有某些词语的资料。执行逻辑"非"运算检索，用于有目的地减除无关资料，缩小检索范围。逻辑"非"关系的运算符为"-"，语法是"A 空格 –B"。提示："-"号前后必须留一个空格，否则视为无效字符，执行默认的逻辑"与"关系检索。

逻辑"或"运算表示包含关键词 A，或者包含关键词 B 的网页，实现并行检索。逻辑"或"的运算符为"|"，语法是"A|B"。

2）字段限定检索

百度搜索中，可以限定在网站内、标题中、URL 中查找所要的信息。

① site：把搜索范围限定在指定网站内

在一个网址前加"site:"，可以限制只搜索某个具体网站、网站频道或某域名内的网页。Site 语法的格式为：关键词 site: 网址。但是需要注意的是：关键词与 site: 之间须留一个空格隔开；site 后的冒号":"可以是半角":"也可以是全角"："。但是"site:"后不能有 http://，前缀或"/"后缀，网站频道也只局限于"频道名.域名"，不能是"域名/频道名"方式。另外，site: 和站点名之间不能有空格。

② link：链接到某个 URL 地址的网页。

"link:"用于搜索链接到某个 URL 地址的网页。语法格式为：link: 网址。使用 link 语法可以了解有哪些网页把链接指向你的网页。例如，"link:www.ycwb.com"表示搜索有链接指向《羊城晚报》的网页，需要注意的是 link 的冒号。

③ intitle：把搜索范围限定在网页标题中

在一个或几个关键词前加"intitle:"，可以限制只搜索网页标题中含有这些关键词的网页。例如：[intitle: 核泄露] 表示搜索标题中含有关键词"核泄漏"的网页；[intitle: 百度 互联网] 表示搜索标题中含有关键词"百度"和"互联网"的网页。

需要注意的是：intitle: 和后面的关键词之间，不能有空格。

④ inurl——把搜索范围限定在 URL 链接中。

在"inurl:"后加 URL 中的文字，可以限制只搜索 URL 中含有这些文字的网页。

"inurl"语法返回的网页链接中包含第一个关键字，后面的关键字则出现在链接中或者网页文档中。有很多网站把某一类具有相同属性的资源名称显示在目录名称或者网页名称中，例如"MP3""GALLARY"等，于是，就可以用 inurl 语法找到这些相关资源链接，然后，用第 2 个关键词确定是否有某项具体资料。表达方式为："inurl:"+需要在 url 中出现的关键词。例如：[photoshop inurl:3niao] 表示搜索关于 photoshop 的使用技巧，这个检索式中的"photoshop"，可以出现在网页的任何位置，而"3niao"则必须出现在网页 url 中。

需要注意的是：inurl: 语法和后面所跟关键词不能有空格。

3）搜索特定文件名的文件（filetype）

filetype 的作用就是限定在一些特定类型的文件中搜索，其语法格式为

【关键词 filetype: 文件后缀名】 或者【filetype: 文件后缀名 关键词】

filetype 常见的用法是 Office 文件搜索，当然也支持 zip、swf、rar、exe、rm、mp3，mov 等文档的搜索。目前百度支持的文档类型包括 pdf、doc、rtf、xis、ppt、rtf、all（其中 all 表示搜索百度所有支持的文档类型）。举例如下。

查找论文范本关键词实例：数学论文 filetype:all。

查找软件教程关键词实例：ppmate filetype:all。

又如想搜索文献检索方面的幻灯片，在检索框中直接输入"文献检索 filetype:ppt"，即可获得直接线索。若不仅需要关于文献检索的幻灯片，还需要 PDF 文档的，构建检索式，则为

文献检索 filetype:PDF | 文献检索 filetype:ppt

通过检索，即可获得如图 2-7 所示的检索结果。

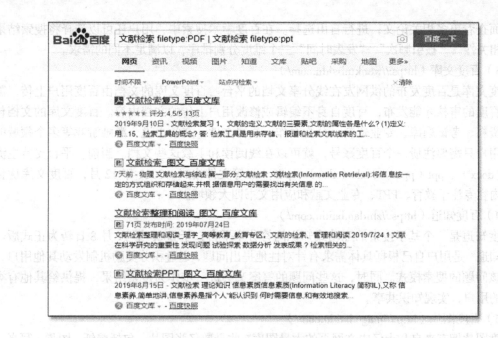

图 2-7　filetype 检索示例

3. 百度的特色功能

百度提供百度百科、百度学术、百度知道、百度快照、图片、视频、MP3、文库等特色服务。

（1）百度百科（https://baike.baidu.com/）

百度百科是一部内容开放、自由的网络百科全书。百度百科所提供的是一个互联网所有用户均能平等地浏览、创造、完善内容的平台。它强调用户的参与和奉献精神，充分调动互联网所有用户的力量，汇聚上亿用户的头脑智慧，积极进行交流和分享。同时，百度百科实现了与百度搜索、百度知道的结合，从不同的层次上满足用户对信息的需求。

（2）百度学术（http://xueshu.baidu.com）

百度学术搜索于 2014 年 6 月初上线，涵盖了各类学术期刊、会议论文，收录了包括知网、维普、万方、Elsevier、Springer、Wiley、NCBI 等的 120 多万个国内外学术站点，索引了超过 12 亿学术资源页面，建设了包括学术期刊、会议论文、学位论文、专利、图书等类型在内的 4 亿多篇学术文献，成为全球文献覆盖量最大的学术平台，在此基础上，构建了包含 400 多万个中国学者主页的学者库和包含 1 万多中外文期刊主页的期刊库。

百度学术搜索频道还是一个无广告的频道，页面简洁大方，保持了百度搜索一贯的简单风格。百度学术搜索可检索到收费和免费的学术论文，并通过时间筛选、标题、关键字、摘要、作者、出版物、文献类型、被引用次数等细化指标提高检索的精准性。目前提供以下两大类服务：①学术搜索：支持用户进行文献、期刊、学者三类内容的检索，并支持高校&科研机构图书馆定制版学术搜索。②学术服务：支持用户"订阅"感兴趣的关键词、"收藏"有价值的文献、对所研究的方向做"开题分析"、进行毕业论文"查重"、通过"单篇购买"或者"文献互助"的方式获取所需文献、在首页设置常用数据库方便直接访问。

在百度搜索页面下，用户可以选择查看学术论文的详细信息，也可以选择跳转至百度学术搜索页面查看更多相关论文，进行自由选择。在百度学术搜索中，用户还可以选择将搜索结果按照"相关性""被引频次""发表时间"三个维度分别排序，以满足不同的需求。

（3）百度文库（https://wenku.baidu.com/）

百度文库是百度发布的供网友在线分享文档的平台。百度文库的文档由百度用户上传，需要经过百度的审核才能发布，百度自身不编辑或修改用户上传的文档内容。百度文库的文档包括教学资料、考试题库、专业资料、公文写作、法律文件、文学小说、漫画游戏等多个领域的资料。用户只需要注册一个百度账号，就可以在线阅读和下载这些文档。当前，平台支持主流的 doc（docx）、ppt（pptx）、xls（xlsx）、pdf、txt 等文件格式。2011 年 12 月，百度文库优化改版，内容专注于教育、PPT、专业文献和应用文书四大领域。

（4）百度知道（https://zhidao.baidu.com/）

百度知道是一个基于搜索的互动式知识问答分享平台，于 2005 年 11 月 8 日转为正式版。"百度知道"是用户自己根据具体需求有针对性地提出问题，通过积分奖励机制发动其他用户，来解决该问题的搜索模式。同时，这些问题的答案又会进一步作为搜索结果，提供给其他有类似疑问的用户，实现知识共享。

（5）百度图片（http://image.baidu.com/）

百度图片拥有来自几十亿中文网页的大量图库，收录数亿张图片，包括壁纸、图腾、写真、动漫、表情、素材等各类图片，并在不断增加中，是世界上最大的中文图片搜索引擎。

百度识图（http://image.baidu.com/?fr=shitu）是百度图片搜索推出的一项功能，它基于相似图片识别技术，让用户通过上传本地图片或者输入图片的 URL 地址之后，百度再根据图像特征进行分析，进而从互联网中搜索出与此相同或相似的其他图片资源，同时为用户找到这张图片背后的相关的信息。但需要注意的是，用户上传本地图片时，图片的文件要小于 5M，格式可为 jpg、jpeg、gif、png、bmp 等图片文件。

（6）百度快照

每个未被禁止搜索的网页，在百度上都会自动生成临时缓存页面，称为"百度快照"。当遇到网站服务器暂时故障或网络传输堵塞时，可以通过"快照"快速浏览页面文本内容。

4. 其他搜索小技巧

百度在搜索中除了使用以上搜索语法进行精确检索之外，还有一些小窍门。

（1）使用双引号""

用户查找一个词组或多个汉字时，最好的办法就是使用双引号，这样得到的结果最少、最精确。需要注意的是：双引号必须是英文状态下的双引号。

例如，搜索完整的"成都航空职业技术学院"的相关信息，如果不加双引号，其结果就是分散的如"成都""航空""航空职业技术学院"……，如果加上双引号获得的结果就完全符合要求了。

（2）使用书名号《》

书名号是百度独有的一个特殊查询语法。在其他搜索引擎中，书名号会被忽略，而在百度，中文书名号是可被查询的。加上书名号的检索词，有两层特殊功能，一是书名号会出现在搜索结果中；二是被书名号括起来的内容，不会被拆分。

书名号在搜索书籍、电影、绘画等文艺作品时的作用最大。例如查找电影"手机"，如果不加书名号，检索结果大多是通信工具"手机"，而加上书名号后，搜索结果就都是关于电影《手机》的信息了。

(3) 使用方头括号【】

用于查找原创帖子。

(4) 使用省略号……

用于查找保守内容。

(5) 使用直行文稿引号『』或者「」

用于查找论坛版块。

(6) 相关检索

当无法确定输入什么关键词才能找到满意的资料，可以利用百度提供的相关检索功能，即先输入一个简单词语搜索，然后，百度搜索引擎就会提供"其他用户搜索过的相关搜索词"作参考。单击任何一个相关搜索词，都能得到那个相关搜索词的搜索结果。

(7) 个性设置

使用百度时，可以根据自己的需求进行个性设置。百度的个性设置的种类主要有以下几种。
1）搜索结果条数设置。可以设置搜索结果是显示 10 条、20 条还是 50 条。
2）设置是否在新窗口打开网页还是在同一窗口打开。
3）设置是否在百度网页搜索结果中显示相关的新闻等。

（二）常用的英文搜索引擎

国外著名的英文搜索引擎很多，包括 AltaVista、Excite、Infoseek、Lycos 和 Yahoo 等。总的来说，Infoseek 又快又好，Yahoo 在目录搜索和易用性方面首屈一指，HotBot 和 AltaVista 的高级搜索优良，Excite 具有智能拓检能力，Lycos 有 Top 5%，NLSearch 有定制搜索文件夹，WebCrawler 的任意查询较佳，用户完全可以根据自己的需要选用。下面主要介绍几个功能较完善、性能较优良、较有实用价值的搜索引擎。

1. Excite（http://www.excite.com）

（1）Excite 的基本情况

Excite 是因特网上的一个经典的搜索引擎，也是最受欢迎的搜索引擎之一，它是由斯坦福大学 1993 年 8 月创建的 Architext 扩展而成的万维网搜索引擎。

Excite 的网页索引是一个全文数据库。它的特点是：对查出信息的组织精良，自身提供的信息优良，尤其是具有智能拓检功能，能为简单搜索返回很好的结果，并能提供一系列附加内容，尤其适合经验不多的用户使用。

（2）搜索语法与检索功能

1）Excite 要求人名和公司名等专有名词第一字母必须大写。
2）Excite 可以使用布尔逻辑运算符以及括号构成复杂的检索表达式。

布尔逻辑组配包括逻辑"与"（用 and）、逻辑"或"（用 or）、逻辑"非"（用 not）。值得注意的是 Excite 中 and、or、not 不能小写。任意搜索时缺省的逻辑组配关系为 or，即它搜索含有指定的任一单词。同时，它支持用括号来构成逻辑组。

3）可以使用"+"与"−"指定或排除某个单词。
4）Excite 支持自然语言查询。
5）不能使用通配符。
6）Excite 最大的特色是具有一定"智能"，表现在找到一个所需条目时，选击其下方的 More Link This：右边下划线部分，即可以以此条目为模本拓检。

2. Lycos（http://www.Lycos.com）

（1）Lycos 的基本情况

Lycos 创立于 1995 年，是因特网上资格最老的搜索引擎之一。它的特点是功能强大，搜索范围广。Lycos 几乎覆盖了因特网上 90% 的主页，可以进行包括 WWW、FTP 与 Gopher 等多种服务的搜索。由于 Lycos 的学术背景，它可以搜索到其他搜索引擎找不到的偏僻站点，比如一些面向教育或非营利组织的站点。

（2）搜索语法与检索功能

1）Lycos 使用 $ 作为通配符，不支持 +、- 词操作，但提供英文句号（.）作为禁扩符，输入词后加 . 表示要求完全匹配，如 gene. 就只查 gene，排除查其他词。

2）Lycos 建立标题字段，显示主页的所有标题。

3）Lycos 支持自然语言查询和全部的布尔逻辑运算，而且增加了 Before，Far 两种运算。如果想有效地使用 Lycos，就必须了解 Lycos 提供的各种操作符及其他们的功能。

4）Lycos 提供关键词和主题查询（主题查询叫作目录服务）。Lycos 的查询速度快、使用简便、索引很大，但对于最新新闻的搜索却很差。Lycos 有一个下拉菜单，允许选择搜索 Web、图片、声音、"TOP 5%" Web 网点或个人页面。

5）Lycos 系统的一个特点是对提问可选择五种不同的匹配命中级别：松匹配、一般匹配、良好匹配、紧密匹配和强匹配。允许指定查询中的任意或所有的词，并可以指定返回结果的显示方式。显示控制包括 or（缺省）、and 等；每页显示检索结果的数量可选择每次显示 10、20、30 或 40 个检索结果；显示结果的格式分为标准型、小结型和详细型等。

6）Lycos 最大的优势和特色即是具有 Top 5% 功能。Lycos 专门整理了一份占前 5% 的热门网址，在其主页右上方单击 "Top 5% Sites" 即可进入。

3. Altavista（http://www.altavista.com/）

（1）Altavista 基本情况

AltaVista 是 DEC 公司于 1995 年 12 月推出的万维网搜索引擎，是因特网最大的搜索引擎，其特色和优势是：信息范围广泛，查全性能较好，提供多语种信息查询支持。但也有不足的地方，那就是 AltaVista 虽有 Usenet 搜索能力，但误检率高、性能较差。

（2）Altavista 的搜索语法与功能

1）无论是简单搜索还是高级搜索，Altavista 都允许将搜索限制到页面元素，例如标题（页名）或 url，或者甚至可以限制到某个域（系统名）或 Web 网点。

2）AltaVista 使用 * 作为通配符；支持 +、- 词操作，允许包含或者排除关键词；在高级搜索功能中提供了大量的选项，包括布尔逻辑运算符、嵌套、近似搜索和有日期限制的搜索等。如果使用括号将运算符组合使用，则可以使布尔逻辑表达式更加丰富。

3）AltaVista 对大小写字母敏感，当输入的查询词是大写字母时，AltaVista 只查大写字母；而当输入的查询词是小写字母时，AltaVista 同时查大小写字母。

（3）Altavista 检索方式

Altavista 主页提供两种检索模式：分类目录检索和关键词检索。关键词检索模式又分为简单检索与高级检索两种方式。另外，Altavista 不仅支持文本信息的检索，还支持一系列特殊检索方式。

Chapter Three

第三章
常用中文文献信息检索系统

第一节 中国知网（CNKI）

一、中国知网概述

中国知识基础设施工程（China National Knowledge Infrastructure，CNKI）是以实现全社会知识信息资源共享为目标的国家信息化重点工程，由清华大学、清华同方发起，始建于1999年6月。现已建设《中国知识资源总库》及CNKI网络资源共享平台，实现了对各类知识资源的跨库、跨平台、跨地域的检索，实现了我国知识信息资源在互联网条件下的社会化共享与国际化传播，使我国各级各类教育、科研、政府、企业、医院等各行各业获取与交流知识信息的能力达到国际先进水平。CNKI是全球信息量最大、最具价值的中文学术资源网站。据统计，CNKI的内容数量大于目前全世界所有中文网页内容的数量总和，堪称世界第一中文网。

二、中国知网的主要数据库

《中国知识资源总库》深度集成整合了期刊、博硕士论文、会议论文、报纸、年鉴、工具书等各种文献资源，为全社会知识资源高效共享提供了丰富的知识信息资源和有效的知识传播与数字化学习服务。

《中国期刊全文数据库》是目前世界上最大的连续动态更新的中文期刊全文数据库。出版内容以学术、技术、政策指导、高等科普及教育类期刊为主，内容覆盖自然科学、工程技术、农业、哲学、医学、人文社会科学等各个领域。收录国内学术期刊8000种，全文文献总量5400万篇。

《中国优秀博硕士学位论文全文数据库》是目前国内相关资源最完备、收录质量最高、连续动态更新的中国博硕士学位论文全文数据库。收录从1984年至今的博硕士学位论文，目前累积博硕士学位论文全文文献400万篇。内容覆盖基础科学、工程技术、农业、医学、哲学、人文、社会科学等各个领域。

《中国重要会议论文全文数据库》是由国内外会议主办单位或论文汇编单位书面授权并推荐出版的重要会议论文，重点收录1999年以来，中国科协系统及国家二级以上的学会、协会，高校、科研院所，政府机关举办的重要会议以及在国内召开的国际会议上发表的文献，部分重点会议文献回溯至1953年。目前，已收录出版国内外学术会议论文集3万本，累积文献总量300万篇。

《中国重要报纸全文数据库》收录 2000 年以来国内公开发行的 500 多种重要报纸。产品共有十大专辑，包含 168 个专题文献数据和近 3600 个子栏目。至 2012 年 10 月，累积报纸全文文献 1000 多万篇。

三、中国知网数据库的检索

中国知网学术平台整合了期刊、博硕士论文、会议论文、报纸、年鉴、工具书等各种文献资源。平台提供一站式的跨库检索和单库检索两种模式。检索方式有一框式检索（简单检索）、高级检索、专业检索和句子检索。平台访问网址为 https://www.cnki.net。

1. 跨库检索

在 CNKI 平台首页上提供有"跨库检索"选项。跨库检索是指以同一检索条件同时可以检索多个数据库，同时返回多个资源类型的数据结果。首页上的跨库检索只提供简单检索方式。

如图 3-1 所示，可以在跨库检索列表（学术期刊、博硕、会议、报纸、专利等）提供的数据库中选择需要的数据资源类型，可以同时勾选一项或多项，在检索框输入检索词，提供跨库资源的一键式检索。

图 3-1　CNKI 数据库首页"跨库检索"界面

2. 知识元检索

在 CNKI 平台首页上提供有知识元的检索功能，是对百科、词典、图片库等知识库提供的检索点，但不支持同时勾选多库的跨库功能，如图 3-2 所示。其中"知识问答"功能实现了学术数据库利用自然语言检索的突破，满足人们使用搜索引擎的习惯，可以输入自然语言。

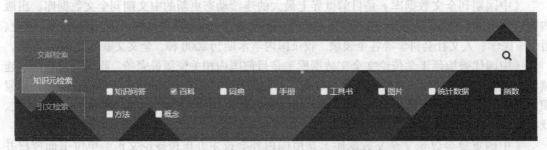

图 3-2　CNKI 数据库首页"知识元检索"界面

例如在"知识问答"中输入"石墨烯的发展前景"，平台利用数据挖掘功能在文献池中挖掘检索，返回多文献中的知识综述，如图 3-3 所示。"知识问答"检索可用于查阅综合文献，以初步了解相关学术问题。

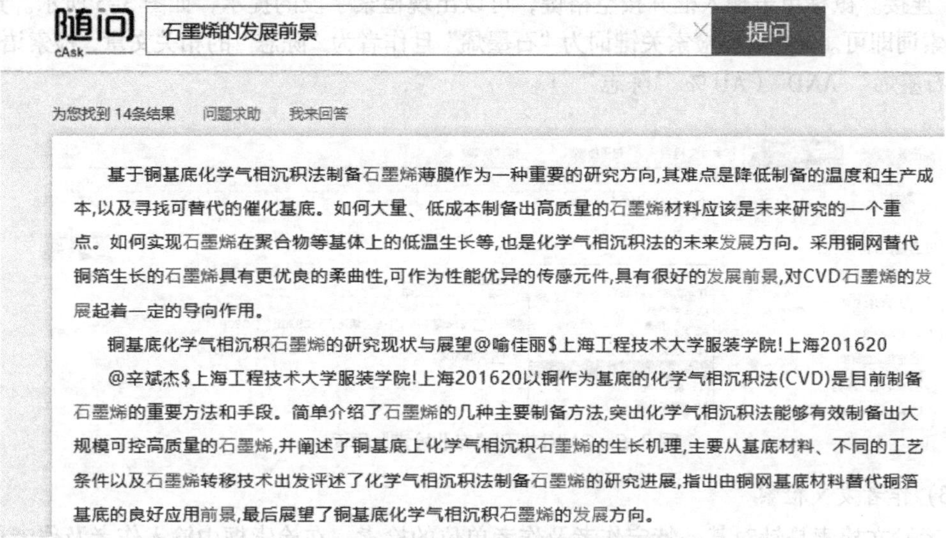

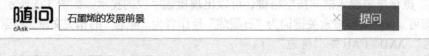

随问
cAsk
石墨烯的发展前景
提问
为您找到 14条结果
问题求助
我来回答
基于铜基底化学气相沉积法制备石墨烯薄膜作为一种重要的研究方向,其难点是降低制备的温度和生产成本,以及寻找可替代的催化基底。如何大量、低成本制备出高质量的石墨烯材料应该是未来研究的一个重点。如何实现石墨烯在聚合物等基体上的低温生长等,也是化学气相沉积法的未来发展方向。采用铜网替代铜箔生长的石墨烯具有更优良的柔曲性,可作为性能优异的传感元件,具有很好的发展前景,对CVD石墨烯的发展起着一定的导向作用。
铜基底化学气相沉积石墨烯的研究现状与展望@喻佳丽$上海工程技术大学服装学院!上海201620
@辛斌杰$上海工程技术大学服装学院!上海201620以铜作为基底的化学气相沉积法(CVD)是目前制备石墨烯的重要方法和手段。简单介绍了石墨烯的几种主要制备方法,突出化学气相沉积法能够有效制备出大规模可控高质量的石墨烯,并阐述了铜基底上化学气相沉积石墨烯的生长机理,主要从基底材料、不同的工艺条件以及石墨烯转移技术出发评述了化学气相沉积法制备石墨烯的研究进展,指出由铜网基底材料替代铜箔基底的良好应用前景,最后展望了铜基底化学气相沉积石墨烯的发展方向。

图 3-3 CNKI“知识问答”检索结果界面

3. 单库检索

网站的首页实现文章的简单检索，要实现更精准的复杂检索建议进入各单库界面进行。单击首页上各数据库名称，例如“学术期刊”“博硕”“会议”“专利”等名称即可进入各单库检索界面。单库的检索功能可以分为“高级检索”“专业检索”“作者发文检索”“句子检索”“一框式检索”。各文献类型检索设定大同小异，略有差异，下面以“期刊”为例说明单库的检索方法。

（1）高级检索

高级检索可进行多检索词的组配检索。如图 3–4 所示，首先在检索界面左侧勾选文献分类目录，然后在右侧输入检索条件。检索条件界面的“+”与“–”可以设定增加检索词或者减少检索词。多检索词之间的逻辑关系可以选择：“并含”“或含”“不含”，设定好各检索条件后，单击“检索”按钮，即可进行检索。

中国知网
cnki.net
文献
期刊
博硕士
会议
报纸
图书
年鉴
百科
词典
专利
标准
成果
更多>>
新型出版模式介绍
高级检索
专业检索
作者发文检索
句子检索
一框式检索
文献分类目录
全选 清除
基础科学
工程科技Ⅰ辑
工程科技Ⅱ辑
农业科技
医药卫生科技
哲学与人文科学
社会科学Ⅰ辑
社会科学Ⅱ辑
信息科技
经济与管理科学
输入检索条件:
主题
词频
并含
精确
并且
关键词
作者
中文名/英文名/拼音
作者单位:
全称/简称/曾用名
模糊
从 不限 年 到 不限 年
指定期:
更新时间:
不限
来源期刊:
期刊名称/ISSN/CN
来源类别:
全部期刊
SCI来源期刊
EI来源期刊
核心期刊
CSSCI
CSCD
支持基金:
包含资讯
网络首发
增强出版
数据论文
中英文扩展
同义词扩展
检索

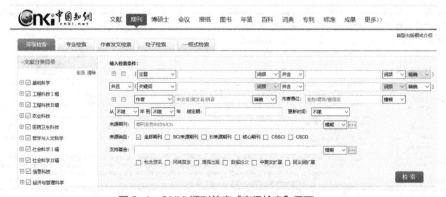

图 3–4 CNKI 期刊单库“高级检索”界面

（2）专业检索

专业检索是直接输入 SQL 检索语句的检索方式，需要熟悉 SQL 检索语句的格式及检索字段的字母缩写。主要检索字段的字母缩写为：SU= 主题，TI= 题名，KY= 关键词，AB= 摘要，FT= 全文，AU= 作者，AF= 作者单位，CLC= 中图分类号，SN=ISSN，CN=CN 号。多检索词之间用

"and"连接。鼠标单击输入框并按空格键,可以出现检索字段的提示,如图3-5所示。选择并输入检索词即可。例如,要检索关键词为"石墨烯"且作者为"陈志"的相关文章,检索语句为:KY='石墨烯' AND (AU % '陈志')。

图3-5 CNKI期刊"专业检索"界面

(3) 作者发文检索

作者发文检索是针对某一特定作者及作者单位的检索,在检索框中输入作者及作者单位即可。检索界面如图3-6所示。

图3-6 CNKI期刊"作者发文检索"界面

(4) 句子检索

句子检索是针对文献中一句话或者一段文字进行两个词的综合分析检索,要求必须同时输入两个检索词,检索才可进行,检索结果返回文献中包含检索词的文字内容。检索界面如图3-7所示。

图3-7 CNKI期刊"句子检索"界面

(5) 一框式检索

一框式检索即设定单一检索项,输入检索词的简单检索功能。

四、文献的下载与使用

在输入检索条件后，一般会在页面下方列表显示检索结果的文献内容，以"大数据分析"检索为例说明文献的下载与使用方法。检索结果界面如图 3-8 所示。

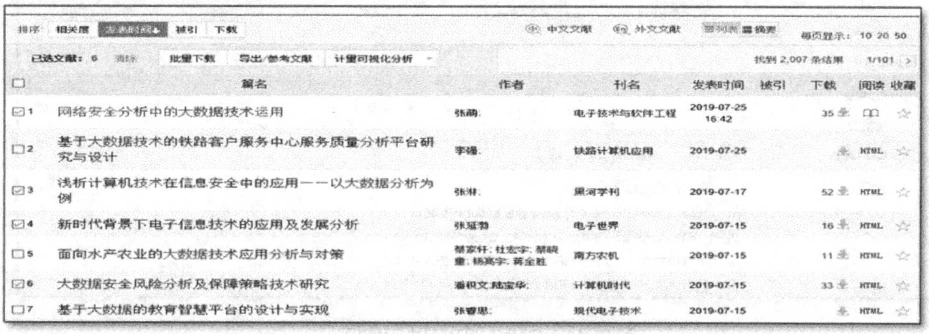

图 3-8　CNKI 期刊检索结果界面

1. 下载文章

单击检索结果列表中文章名称，会弹出文章介绍页面，同时附有文章的下载链接。CNKI 提供"HTML 在线阅读""CAJ 下载""PDF 下载"三种阅读方式，如图 3-9 所示。HTML 在线阅读为网页在线阅读方式。CAJ 为 CNKI 期刊数据库独有的文件格式，需要在 CNKI 网站首页下方下载 CAJViewer 阅读器方可阅读。PDF 为通用文件格式，使用通用 PDF 阅读器即可阅读。

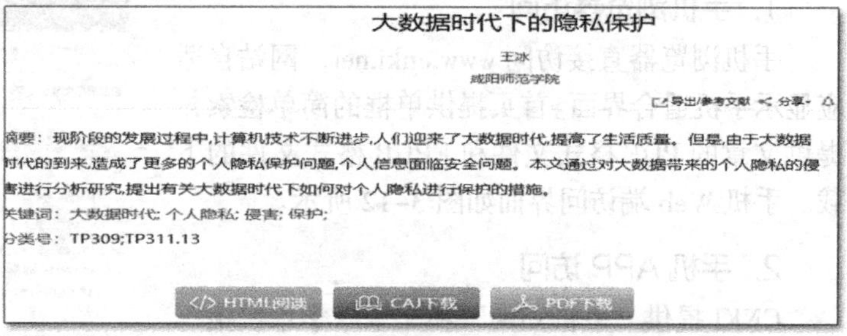

2. 导入文献管理中心

在结果列表中勾选需要的

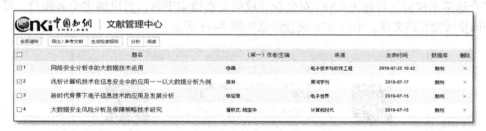

图 3-9　CNKI 期刊文献下载界面

文章可以导入到个人文献管理中心，如图 3-10 所示。在个人文献中心可以选择将文章导入到 EndNote、NoteExpress 等文献管理软件，也可以导入到 CNKI 的 E-study 文献管理软件进行后续分析与研究，或者对多文献进行阅读分析，生成检索报告等。

图 3-10　CNKI 文献管理中心

3. 文章的延伸检索

利用 CNKI 提供的知识网络可以进行学术问题的延伸检索，为科研资料的获取提供更深、更广的途径。利用引文网络图可以进行当前文章的参考文献、共引文献、相似文献的获取，单击"参考文献"或者"共引文献"即可在下方显示文献列表，如图 3-11 所示，单击文章名称即可进入到参考文献的下载界面。

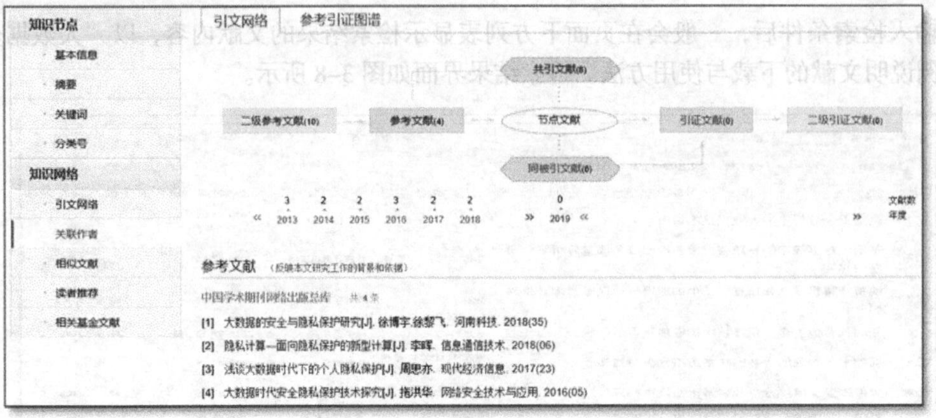

图 3-11　CNKI 期刊引文网络图

五、移动阅读

CNKI 除了提供电脑网站的访问还支持移动设备访问，提供手机浏览器访问、手机 APP 访问两种方式。

1. 手机浏览器访问

手机浏览器直接访问 www.cnki.net，网站自适应显示手机适合界面。首页提供单框的简单检索，提供文章的 PDF 格式文件和 EPUB 格式文件的下载。手机 Web 端访问界面如图 3-12 所示。

2. 手机 APP 访问

CNKI 提供 "手机知网" 和 "全球学术快报" 两种 APP 下载。在安卓或者 IOS 软件市场即可进行下载。"手机知网" 整合了 "品得书院" "大成编客" 等综合性文献平台，可以手机在线浏览各种资源。

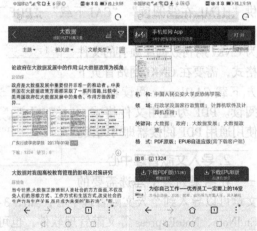

图 3-12　CNKI Web 端访问界面

"全球学术快报" 目前为 CNKI 对公众开放的免费检索平台，可以绑定个人账户，可以和电脑端同步阅读相同文章。手机 APP 阅读步骤如图 3-13 所示。

图 3-13　手机 APP 阅读步骤

第二节 万方数据知识服务平台

一、万方数据知识服务平台概述

万方数据知识服务平台是在中国科技信息研究所多年积累的全部信息服务资源的基础上建立的以科技信息为主，集经济、金融、社会、人文信息为一体的网络化信息资源系统。万方数据的主要内容涉及自然科学和社会科学的各个专业领域，整合数亿条全球优质学术资源，集成期刊、学位、会议、科技报告、专利、视频等十余种资源类型，覆盖各研究层次，万方智搜致力于帮助用户精准发现、获取与沉淀学术精华。

二、万方数据知识服务平台的主要数据库

万方数据知识服务平台集成了期刊、学位论文、会议论文、专利、科技报告、标准、成果、地方志及法规等多种文献资源类型，收录内容丰富。

1. 期刊

期刊资源包括中文期刊和外文期刊，其中中文期刊共 8000 余种，涵盖自然科学、工程技术、医药卫生、农业科学、哲学政法、社会科学、科教文艺等多个学科；外文期刊主要来源于 NSTL 外文文献数据库、数十家著名学术出版机构，以及 DOAJ、PubMed 等知名开放获取平台，收录了世界各国出版的 40 000 余种重要学术期刊。

2. 学位论文

学位论文资源包括中文学位论文和外文学位论文，中文学位论文收录始于 1980 年，年增 30 余万篇，涵盖理学、工业技术、人文科学、社会科学、医药卫生、农业科学、交通运输、航空航天和环境科学等各学科领域；外文学位论文收录始于 1983 年，累计收藏 60 余万篇。

3. 会议论文

会议资源包括中文会议和外文会议，中文会议收录始于 1982 年，年收集 3000 多个重要学术会议，年增 20 万篇论文；外文会议主要来源于 NSTL 外文文献数据库，收录了 1985 年以来世界各主要学协会、出版机构出版的学术会议论文共计 766 万篇全文。

4. 专利

专利资源来源于中外专利数据库，收录始于 1985 年，目前共收录中国专利 2200 余万条；国外专利 8000 余万条。收录范围涉及十一国两组织，最早可追溯到 18 世纪 80 年代。

5. 科技报告

中文科技报告，收录始于 1966 年，源于中华人民共和国科学技术部，共计 2.6 万余份，外文科技报告，收录始于 1958 年，源于美国政府的四大科技报告（AD、DE、NASA、PB），共计 110 万余份。

6. 标准

国内标准资源来源于中外标准数据库，涵盖了中国标准、国际标准以及各国标准等在内的 200 余万条记录，综合了由浙江省标准化研究院、中国质检出版社等单位提供的标准数据。国

际标准来源于科睿唯安 Techstreet 国际标准数据库，涵盖国际及国外先进标准，包含超过 55 万件标准相关文档，涵盖各个行业。

7. 成果

科技成果源于中国科技成果数据库，收录了自 1978 年以来国家和地方主要科技计划、科技奖励成果，以及企业、高等院校和科研院所等单位的科技成果信息，共计 90 余万项。

8. 地方志

地方志，简称"方志"，即按一定体例，全面记载某一时期某一地域的自然、社会、政治、经济、文化等方面情况或特定事项的书籍文献。通常按年代分为新方志、旧方志，新方志收录始于 1949 年，共计 4.2 万册，旧方志收录为新中国成立之前，共计 6500 余种，7 万多卷。

9. 法规

法规资源涵盖了国家法律、行政法规、部门规章、司法解释以及其他规范性文件，信息来源权威、专业。

三、万方数据知识服务平台的文献检索

1. 万方智搜基本检索

万方智搜是万方数据知识服务平台推出的一站式智慧搜索平台，实现了一个页面下搜索全库、单库文献，一个页面下显示文献结果，智能识别搜索文献类别，免去了读者跳转各页面的麻烦，是一款便捷的、智慧的搜索平台。平台访问网址为 http://www.wanfangdata.com.cn。

万方智搜分为简单检索和高级检索两种检索方式，两种方式都支持同页面下自由切换数据库，支持同页面下二次检索功能。鼠标单击检索框，下拉显示检索字段列表，读者自由选择即可，切换数据库时，智搜会智能识别相应字段选项，检索界面如图 3-14 所示。

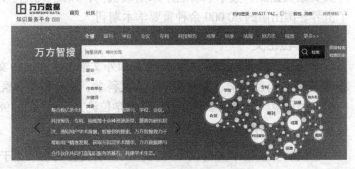

2. 万方智搜高级检索

图 3-14　万方智搜检索页面

万方智搜的一框式检索提供基本检索功能，平台还提供高级检索功能，高级检索可实现多检索词的组配检索，实现文献的更精准查询。单击万方智搜右侧的"高级检索"按钮，即可进入高级检索页面，如图 3-15 所示。

图 3-15　万方智搜"高级检索"页面

(1) 高级检索

高级检索首先需要设定检索的文献类型，如图 3-15 所示，在页面上方单击勾选文献类型，可单选也可勾选多种文献。其次输入检索词，单击页面"+"或"-"号可以增加或减少检索项。多个检索词之间需设定检索词的组配关系，可点选下拉菜单，选择"与""或""非"，设定检索词之间的并列关系，选择关系或者排除关系。点选右侧的"精准"或"模糊"选项，即可进行文献检索。

(2) 专业检索

专业检索可以使用""（双引号）进行检索词的精确匹配限定，支持逻辑运算符、双引号以及特定符号的限定检索，可以使用表 3-1 中的运算符构建检索表达式。

表 3-1 万方智搜支持检索的运算符

运算符	检索含义	检索举例
AND/and/*	逻辑与运算，同时出现在文献中	主题：(信息管理) and 作者：(马赞成)
OR/or/+	逻辑或运算，其中一个或同时出现在文献中	题名：(信息管理) or 摘要：(武汉大学)
NOT/not/^	逻辑非运算，后面的词不出现在文献中	题名或关键词：(信息管理 not 信息服务)
" "	精确匹配，引号中词作为整体进行检索	题名：("信息管理")
()	限定检索顺序，括号内容作为一个子查询	题名：((信息管理 not 信息服务) and 图书馆)

注：① 逻辑运算符存在优先级，优先级顺序 ( ) > not > and > or。
　　② 运算符建议使用英文半角输入形式。

例如，检索题名包含"图书馆"或摘要中包含"图书馆"、作者为张晓琳的文献，检索式可写为题名："图书馆" +（摘要："图书馆" * 作者：张晓琳），检索过程如图 3-16 所示。

图 3-16　万方智搜专业检索

(3) 作者发文检索

输入作者名称和作者单位等字段来精确查找相关作者的学术成果，系统默认精确匹配，可自行选择精确还是模糊匹配。同时，可以通过单击输入框前的"+"号来增加检索字段。若某一行为输入作者或作者单位，则系统默认作者单位为上一行的作者单位。例如，检索武汉大学的同时包含李丽和李伟两个作者的检索结果，检索过程如图 3-17 所示。

图 3-17　万方智搜作者发文检索

3. 资源导航

单击首页中间的资源介绍页面的文献名称，可进入到各文献类型的资源导航页面，单击位置如图 3-18 所示。资源导航中按各文献类型不同显示资源介绍及资源的分类推荐链接，文献类型不同，显示也不同，例如，单击图 3-18 中的"期刊"，关于期刊资源导航页面显示如图 3-19 所示。

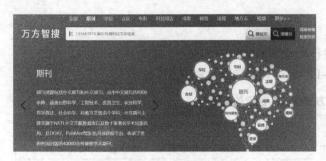 

图 3-18　万方平台资源导航链接位置　　　　　图 3-19　万方平台期刊导航

四、万方数据知识服务平台的文献下载与利用

万方数据知识服务平台建立了统一的检索结果显示方式，显示页面如图 3-20 所示。页面上方标签显示文献类型，可单击自由切换，同时支持万方智搜检索。检索结果列表上方支持文献的二次检索功能。

图 3-20　万方数据知识服务平台检索结果页面

显示方式支持读者根据需要自定义。一种是按类聚信息显示，即页面左侧标签显示为文献年份、分类、来源数据库、语种等类聚信息，可按照类聚重新对检索结果分类显示。一种是按相关度、被引量等参数排序。页面中部统一显示检索结果列表，列表可按相关度、被引频次、下载量等参数定义排序，系统默认按相关度排序显示。

单击文献名称可以进入文献介绍页面，页面显示方式如图 3-21 所示。页面上方统一显示文章的主要字段信息，下方显示文章的"相关文献"与"参考文献"等。在文章名称的下方显示文章的"下载""在线阅读""导出""收藏"等链接。

1. 下载

万方数据知识服务平台提供 PDF 的文件格式下载，安装阅读器即可打开阅读。

图 3-21　万方数据知识服务平台文章显示界面

2. 在线阅读

万方数据知识服务平台提供 HTML5 的文献阅读方式，单击"在线阅读"按钮即可实现在线浏览器阅读。

3. 导出

万方数据知识服务平台提供文献导出到主流的文献管理软件，可支持导出的软件如图 3-22 所示。

图 3-22　万方数据知识服务平台文献导出界面

4. 收藏

对于喜欢的文章可以单击文章名称下方的"收藏"按钮，收藏后的文章可以在主页文章收藏界面快速找到并阅读。

五、移动阅读

万方数据提供两种移动阅读方式："万方数据知识服务平台"微信公众号和"万方数据"移动 APP。微信公众号和 APP 中都提供"快看""智搜""我的"三模块功能，登录个人账户可以实现电脑平台、微信公众号和 APP 三方云同步，共享个人阅读空间。

1. 微信公众号

在微信公众号中搜索"万方数据知识服务平台"，点击关注，即可关注万方数据知识服务平台，公众号中"快看"模块提供"小方优选""万览世界""基金会议"等学术信息浏览。"万方智搜"提供文章搜索及文章阅读与下载功能。"我的"为个人空间，登录个人账号可查看个人检索历史、订阅信息等。公众号的"万览世界"和"智搜"结果界面如图 3-23、图 3-24 所示。

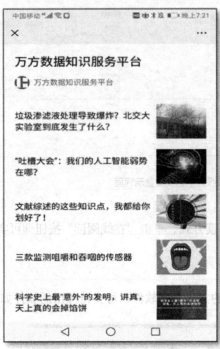
图 3-23　万览世界图

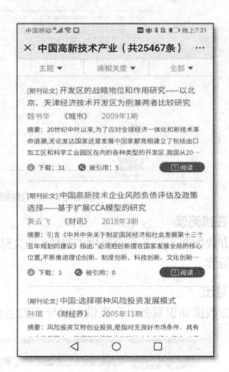
图 3-24　智搜结果界面图

2. 移动 APP

在安卓或 IOS 应用市场搜索 "万方数据" 或者扫描图 3-25 二维码，即可安装万方数据 APP，APP 中的内容模块与公众号相似，提供最新的学术动态推送、科技成果及基金会议的信息浏览和文献智搜功能，如图 3-26、图 3-27 所示。

图 3-25　万方数据 APP 二维码

图 3-26　万方数据信息浏览图

图 3-27　万方数据智搜界面

六、万方数据知识服务学术圈

万方数据知识服务平台推出的学术圈是为读者提供结识学术好友、交流学术心得的分享空间。读者可以定制自己感兴趣的学科话题，系统会根据定制推荐同领域学者、热门学者、当前研究的热门主题。学术圈主页如图3-28所示。

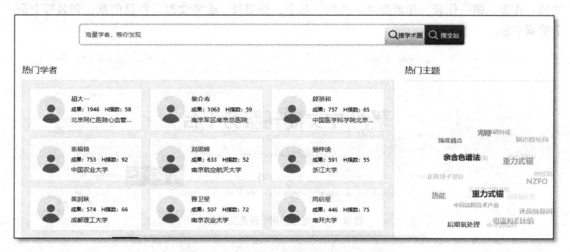

图3-28　万方数据知识服务平台学术圈主页界面

单击学者名称，可进入学者个人信息界面，个人信息界面显示当前学者的主要科研成果及热门文章，显示界面如图3-29所示。

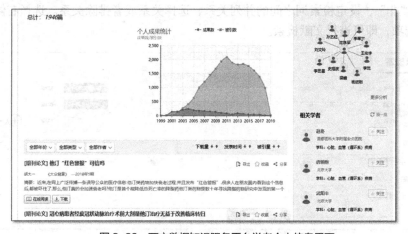

图3-29　万方数据知识服务平台学者个人信息界面

第三节　维普资讯中文期刊服务平台

维普资讯中文期刊服务平台是重庆维普资讯有限公司建立的中文期刊大数据服务平台。平台是以中文期刊资源保障为核心，以数据检索应用为基础，以数据挖掘与分析为特色，面向教、学、产、研等多场景应用的期刊大数据服务平台。

一、期刊文献检索

期刊平台访问地址为 http://qikan.cqvip.com，首页显示界面如图 3-30 所示。平台默认使用一框式检索，用户在首页检索框中输入检索词，单击"检索"按钮即可获得检索结果。用户还可以通过设定检索命中字段，从而获取最佳检索结果。平台支持题名或关键词、题名、关键词、文摘、作者、第一作者、作者简介、机构、基金、分类号、参考文献、栏目信息、刊名等十余个检索字段。

图 3-30　维普期刊平台首页界面

1. 高级检索

高级检索提供多检索词的组配检索，用户可以运用布尔逻辑运算，进行多条件组配检索，一步获取最优检索结果，检索界面如图 3-31 所示。单击页面右侧页面"+"或"-"号可以增加或减少检索项。多个检索词之间需设定检索词的组配关系，可点选下拉菜单，选择"与""或""非"，设定检索词之间的并列关系，选择关系或者排除关系。选择右侧的"精准"或"模糊"选项，即可进行文献检索。

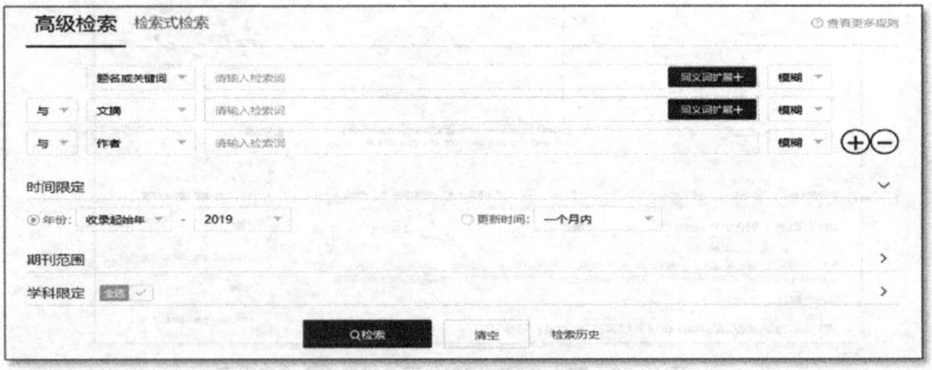

图 3-31　维普期刊平台高级检索界面

2. 检索式检索

检索式检索提供给专业级用户的数据库检索功能。用户可以自行在检索框中书写布尔逻辑表达式进行检索。同样支持用户选择时间范围、期刊范围、学科范围等检索限定条件来控制检索命中的数据范围。

例如：查找文摘中含有机械，并且关键词中含有 CAD 或 CAM，或者题名中含有"雷达"，但关键词不包含"模具"的文献，检索式可书写为：（K=（CAD OR CAM）OR T=雷达 AND R=机械 NOT K=模具，如图 3-32 所示。

图 3-32 维普期刊平台检索式检索界面

二、期刊文献的下载与利用

维普期刊服务平台对期刊的检索结果加入了引用分析和统计分析功能，为读者的学术研究提供了更多的参考，并支持对结果的二次检索功能。检索结果显示界面如图 3-33 所示。

图 3-33 维普期刊检索结果显示界面

显示方式支持读者根据需要自定义，主要有以下三种方式。

一种是列表的显示风格自定义，可按右上角的"列表""文摘""详细"三种样式自定义检索结果的显示方式。第二种是按类聚信息排序显示，页面左侧标签显示为文献年份、分类、来源数据库、语种等类聚信息，可按照类聚重新对检索结果分类显示。第三种是按相关度、被引量等参数排序，页面中部统一显示检索结果列表，列表可按相关度、被引频次、下载量等参数定义排序，系统默认按相关度排序显示。单击列表的文章名称，可进入文章的详细信息界面，界面显示文章的摘要、作者、刊名等信息，同时在下方显示有文章的参考文献、引证文献、共引文献、同被引文献等文章列表。显示界面如图 3-34 所示。

图 3-34　维普期刊平台文章信息界面

读者可以直接下载文章阅读或者对多条记录进行分析研究。

1. 下载

文章支持在线阅读或者 PDF 文件的下载。

2. 结果分析

读者可以在结果列表勾选多条记录，单击"统计分析"按钮可以对结果进行进一步的分析，帮助读者更深入地了解当前学术成果的发展状况。结果分析界面如图 3-35 所示。

图 3-35　维普期刊平台结果分析界面

三、期刊导航

《维普中文科技期刊数据库》诞生于 1989 年，累计收录期刊 14000 余种，现刊 9000 余种，文献总量 6000 余万篇。是我国数字图书馆建设的核心资源之一，是高校图书馆文献保障系统的重要组成部分，也是科研工作者进行科技查证和科技查新的必备数据库。其"期刊导航"界面如图 3-36 所示。

图 3-36　维普期刊平台"期刊导航"界面

1. 按学科分类

页面中部显示学科分类信息，读者可以单击学科名称查看该学科下包含的期刊名称。

2. 按中文核心期刊分类

中文核心期刊是中文期刊的重要参考标准，维普期刊收录的核心期刊包括有：北大核心、CSCD 核心、CSSCI 核心（来源、扩展、集刊）。

3. 按国内外数据库收录分类

分列了国内外重要期刊数据库收录的分类，包含有化学文摘、工程索引等。

4. 按地点分类

按刊物的办刊地点进行分类。

5. 按主题分类

按刊物的主题进行分类。

四、期刊评价报告

维普期刊平台对维普中文科技期刊数据库收录的重要期刊的被引次数、影响因子、立即指数、发文量、被引半衰期、引用半衰期、期刊他引率、平均引文率等十项期刊的评价指标做了综合展示，如图 3-37 所示。被引次数、影响因子是衡量期刊质量的重要参考指标，维普中文期刊平台的期刊导航为科研工作者提供了期刊衡量的重要参考工具。

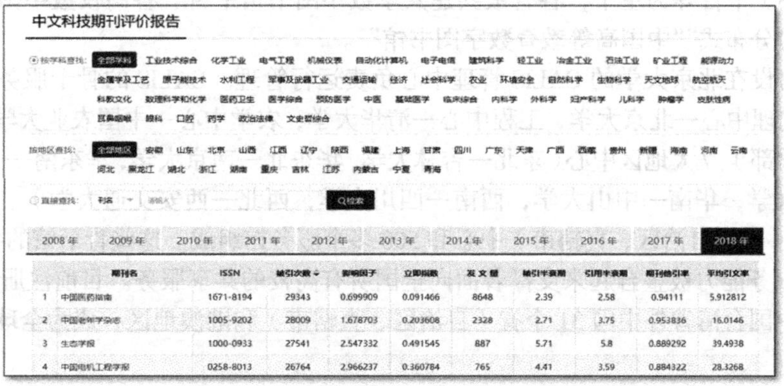

图 3-37　维普中文期刊平台期刊评价界面

五、期刊开放获取

开放获取是当今备受关注的期刊获取方式,被认为是期刊行业的发展方向。维普中文期刊平台整合了一些开放获取的期刊列表和期刊开放获取平台,如图 3-38 所示。

图 3-38　维普中文期刊平台开放获取期刊界面

第四节　中国高等教育文献保障系统(CALIS)

一、CALIS 概况

"中国高等教育文献保障系统"(China Academic Library & Information System,简称 CALIS)是教育部"九五""十五"和"三期""211 工程"中投资建设的面向所有高校图书馆的公共服务基础设施,通过构建基于互联网的"共建共享"云服务平台——中国高等教育数字图书馆,制定图书馆协同工作的相关技术标准和协作工作流程,培训图书馆专业馆员,为各成员馆提供各类应用系统等,支撑着高校成员馆间的"文献、数据、设备、软件、知识、人员"等多层次共享,已成为高校图书馆基础业务不可或缺的公共服务基础平台,并担负着促进高校图书馆整体发展的重任。

CALIS 从 1998 年 11 月正式启动建设。至 2012 年,国家累计投资 3.52 亿元建设资金,建成以 CALIS 联机编目体系、CALIS 文献发现与获取体系、CALIS 协同服务体系和 CALIS 应用软件云服务(SaaS)平台等为主干,各省级共建共享数字图书馆平台、各高校数字图书馆系统为分支和叶节点的分布式"中国高等教育数字图书馆"。

CALIS 由设在北京大学的 CALIS 管理中心负责运行管理。CALIS 的骨干服务体系,由 4 大全国中心(文理中心—北京大学,工程中心—清华大学,农学中心—中国农业大学,医学中心—北京大学医学部)、7 大地区中心(东北—吉林大学,华东北—南京大学,华东南—上海交通大学,华中—武汉大学,华南—中山大学,西南—四川大学,西北—西安交通大学)、除港澳台之外的 31 个省级(省、自治区、直辖市)中心和 500 多个服务馆组成。这些骨干馆的各类文献资源、人力资源和服务能力被整合起来支撑着面向全国所有高校的共享服务。目前注册成员馆逾 1800 家,覆盖除中国台湾省外中国 31 个省(自治区、直辖市)和港澳地区,成为全球最大的高校图书馆联盟。

二、CALIS 主要服务平台

1. 采编一体化服务平台

采编一体化服务平台是专为高校图书馆开展采访与编目业务设计的互联网平台，提供征订书目、馆藏查重、在线选书、下单审核、资源收登、资源编目、费用结算与发票管理的全流程服务系统。

2. 编目服务

包括联机合作编目、小语种文献联机合作编目、古籍联机合作编目、名称规范控制、书目质量控制、编目业务咨询与培训、编目员资格认证等服务。

3. 资源发现系统

包括高校图书馆馆藏资源发现平台——e 读、外文期刊服务平台——外文期刊网、高校古文献资源库、学位论文数据库等。

4. 馆际互借与文献传递

"e 得"提供 1300 多所高校图书馆以及 NSTL、国家图书馆、上海图书馆、香港 JULAC 联盟、美国哈佛大学等机构的馆际互借与文献传递服务。

5. 查收查引系统

基于北京大学图书馆查收查引业务流程设计，内置多种先进检索与过滤技术，具有高标准的查全率与查准率，支持 WOS 系列、EI、Scopus、CSCD、CSSCI 等数据库。

6. 图书管理系统

图书馆管理系统是基于 CLSP 研发的云服务平台，支持图书采访、编目典藏、流通管理、期刊管理、大数据分析等业务，可依托 CLSP 进行二次研发和模块扩展。

7. 中文期刊服务平台

中文期刊服务平台是以北京大学核心期刊评价研究为基础研发，目前提供《中文核心期刊要目总览》各版的核心期刊收录情况以及 37000 多种中文期刊的基本信息。

三、CALIS 资源发现系统介绍

1. e 读学术搜索

"开元知海·e 读"（http://www.yidu.edu.cn/）学术搜索旨在全面发现全国高校丰富的纸本和电子资源，它与 CALIS 文献获取（e 得）、统一认证、资源调度等系统集成，打通了从"发现"到"获取"的一站式服务链路，为读者提供全新的馆际资源共享服务体验。

(1) e 读学术搜索特点

1）海量数据：拥有超过 3 亿条数据，包括期刊、学位论文、普通图书、工具书、年鉴、报纸等资源。

2）良好的用户体验：本馆纸本资源可直接链接至图书馆 OPAC 查阅在架状态，电子资源可直接在线阅读，提供章节试读；本馆没有馆藏的资源可通过文献传递获取。

3）免费阅读 36 万册电子书：CALIS 购买的方正电子书，全国高校成员馆均可免费使用。

4）知识服务：在海量数字资源揭示基础上，建立全领域的知识脉络。通过知识图谱、关联图、领域细分等功能帮助读者挖掘知识节点背后的隐含信息。

(2) 服务开通方式

e读平台CALIS成员馆免费使用。通过e读的文献传递服务获取全文时，需开通CALIS馆际互借与文献传递系统，该系统免费使用，因馆际互借与文献传递服务产生的费用由文献申请方承担。

(3) e读平台检索

e读搜索整合图书、电子期刊、学位论文、工具书、报纸文章等资源，支持一框式的简单检索。e读搜索界面如图3-39所示。

图3-39　e读搜索平台访问界面

(4) e读结果获取

e读搜索将平台整合的所有资源，图书、电子期刊、学位论文、工具书、报纸文章等资源统一显示一个界面。页面中间显示检索词的百科解释，左侧显示结果聚类信息，读者可自定义显示结果。如图3-40所示。读者有权限访问的资源可直接在线阅读或者下载全文，对于没有权限访问的资源，可申请文献传递。

图3-40　e读检索结果界面

2. 外文期刊网（CCC）

CALIS外文期刊网（http://ccc.calis.edu.cn）是外文期刊综合服务平台，它全面揭示了高校纸本期刊和电子期刊，为用户提供一站式期刊论文检索及获取全文服务。截止到2019年9月，资源包括：10万多种纸本期刊和电子期刊、4万多现刊篇名目次、近1亿条期刊论文目次数据。外文期刊网为CALIS成员馆免费使用。

(1) 外文期刊网文献的检索

外文期刊网支持"快速检索"和"高级检索"两种检索方式。快速检索界面如图 3-41 所示，直接在检索框输入检索词，选择右侧下拉检索项，即可进行检索。高级检索界面如图 3-42 所示。可以设定篇名、作者等更多检索项，并可以设定时间区间和结果显示方式。

图 3-41　外文期刊网快速检索界面　　　　图 3-42　外文期刊网高级检索界面

(2) 外文期刊网文献获取

例如，检索篇名为"big data"的检索词，获得的检索结果如图 3-43 所示。

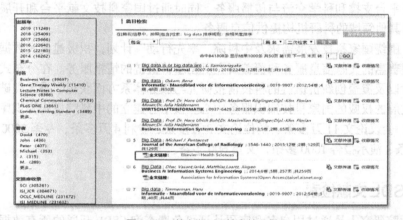

图 3-43　外文期刊网检索结果界面

检索结果界面左侧为所有检索结果的聚类信息，比如"刊名""文摘库收录"等，这些信息也是读者获取文章的重要参考信息，读者可根据左侧分类切换显示内容。

文章的获取分两种方式：对于有权限读者，系统自动显示"全文链接"，链接到原文章提供系统的界面；对于无权限用户，系统显示"原文传递"，CALIS 成员馆的读者可以免费申请文献传递。

3. 学苑古籍数据库

"学苑汲古"高校古文献资源库（http://rbsc.calis.edu.cn:8086/）是一个汇集高校古文献资源的数字图书馆，古籍数据库访问界面如图 3-44 所示。它是高校古文献资源的公共检索与服务平台，并面向全国高校用户提供古文献资源的检索与获取服务。"高校古文献资源库"由北

图 3-44　古籍数据库访问界面

京大学联合国内外高校图书馆合力建设，汇集了中国内地23家与港澳两家高校图书馆、海外3家著名高校东亚图书馆的古文献资源。资源库中的古文献类型目前为各馆所藏古籍和舆图，今后将增加金石拓片等古文献类型。资源库内容不仅包括各参建馆所藏古文献资源的书目记录，而且配有相应的书影或图像式电子图书。截至2018年9月，高校古文献资源库已包含元数据68万余条、书影28万余幅、电子书8.35万册。资源库还试验进行了个别参建馆的文献传递服务。

第五节 中国科学院国家科学图书馆

一、中国科学院国家科学图书馆概况

中科院国家科学数字图书馆（英文缩写：CSDL）立足中国科学院，面向全国，主要为自然科学、边缘交叉科学和高技术领域的科技自主创新提供文献信息保障、战略情报研究服务、公共信息服务平台支撑和科学交流与传播服务，同时通过国家科技文献平台和开展共建共享为国家创新体系其他领域的科研机构提供信息服务。

近年来，围绕国家科技发展需求及中科院"率先行动"计划，积极建设大数据科技知识资源体系，开展普惠的文献信息服务和覆盖研究所创新价值链的情报服务。在分布式大数据知识资源体系建设以及覆盖创新价值链的科技情报研究与服务体系方面获得了重大突破，成为了支持我国科技发展的权威的国家科技知识服务中心。该中心建立的中科院机构知识库涵盖期刊论文64万多条、会议论文11万多条、学位论文8万多条、专利4万多条、专著5000多条、获奖成果5000多条、演示报告1000多条，文集600多条。

二、CSDL文献检索

中国科学院研究人员通过用户名和密码认证可免费查询CSDL开通的所有数据库。普通读者可以登录网站进行检索资源，但不能下载原文。

1. 学术搜索

学术搜索是CSDL的跨库检索系统，一键检索CSDL拥有的图书、期刊、电子图书、学位论文、学术报告等文献，支持简单检索和高级检索。检索界面如图3-45所示。

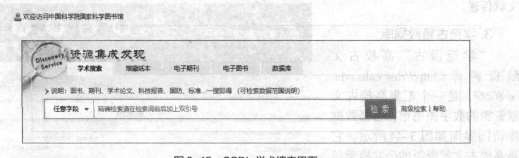

图3-45 CSDL学术搜索界面

检索结果综合显示一个界面，页面左侧列有资源类型分类，如图3-46所示。例如媒体类型分为电子资源和纸本资源；资源类型分为期刊论文、图书、会议论文、学位论文等。每个类别

后面的括号内附有检索出的记录条数，读者可以单击类型分类名称，自由切换显示检索结果。

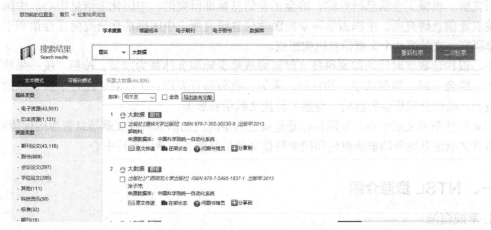

图 3-46　CSDL 学术搜索结果界面

2. 馆藏纸本

馆藏纸本检索功能为检索中科院馆藏的纸本图书和期刊，供中科院的研究人员借阅图书使用。检索界面与结果界面如图 3-47 所示。

图 3-47　馆藏纸本检索界面

3. 电子期刊

电子期刊检索系统主要为中科院收藏期刊的导航系统，可以检索或浏览中科院收藏的期刊列表。

4. 电子图书

电子图书标签提供中科院收藏电子图书的搜索功能，收藏的电子图书数据库包含：方正电子图书、BioOne、NetLibrary 电子图书、Wiley 电子图书、MyLibrary 电子图书、SpringerLink 电子图书。权限用户可以直接在线阅读全文，没有权限的用户可以申请原文传递。

第六节　国家科技图书文献中心

国家科技图书文献中心（National Science and Technology Library，NSTL，以下简称中心）是中华人民共和国科技部联合财政部等六部门，经国务院领导批准，于 2000 年 6 月 12 日成立的一个基于网络环境的科技文献信息资源服务机构。由中国科学院文献情报中心、中国科学技术信息研究所、机械工业信息研究院、冶金工业信息标准研究院、中国化工信息中心、中国农业科学院农业信息研究所、中国医学科学院医学信息研究所、中国标准化研究院标准馆和中国计量科学研究院文献馆9个文献信息机构组成。

中心以构建数字时代的国家科技文献资源战略保障服务体系为宗旨，按照"统一采购、规范加工、联合上网、资源共享"的机制，采集、收藏和开发理、工、农、医各学科领域的科技文献资源，面向全国提供公益的、普惠的科技文献信息服务。

国家科技图书文献中心的发展目标是建设成数字时代的国家科技文献信息资源的保障基地、国家科技文献信息服务的集成枢纽和国家科技文献信息服务发展的支持中心。

一、NTSL 资源介绍

1. 常规资源

NSTL建立了涵盖期刊、学位论文、会议论文、专利等全面的资源中心，包含有期刊2万多篇、会议论文4万多篇、专利8562万项、学位论文463万多篇、标准18万多项、报告近4万个、图书6万多本、文集汇编15 000多条记录。

2. 特色资源

（1）NSTL 回溯资源

为了重点加强结构性缺失的科技文献数字资源建设，加强对低保障资源、低使用率资源的国家保障，国家科技图书文献中心（NSTL）有选择地引进了回溯数据库，以解决尚未被中心覆盖的早期重要科技资源的缺失问题。目前已购买的回溯资源包括：Springer回溯数据库、Nature回溯数据库、OUP（牛津大学出版社）回溯数据库、IOP（英国物理学会）回溯数据库、Turpion回溯数据库，其他回溯数据库的购买协议正在洽谈，回溯数据仍在不断增加中。目前共有1122种期刊，分20大类，文章总数300多万篇。

（2）外文现刊数据库

国外网络版期刊，分为单独购买和联合购买两部分。由NSTL单独购买的部分，面向中国大陆学术界用户开放，用户为了科研、教学和学习目的，可少量下载和临时保存这些网络版期刊文章的书目、文摘或全文。由NSTL与中科院及CALIS等单位联合购买的部分，面向国内部分机构开放。

（3）开放获取资源

NSTL收集了大量的开放获取资料，供用户免费获取，包含期刊文献560多万篇、会议文献15多万篇、报告2400多篇、学位论文8万多篇、图书6600多册。

（4）外文科技图书

提供科技图书、科技报告、工具书等资源的书名、简介、目录及部分专著的内容评介。

二、文献检索与获取

NSTL提供关于期刊、学位论文、会议论文、报告、专利、文集、标准、计量规程几种文献的一键跨库检索，用户可以选择一种文献或多种文献进行检索。检索结果集合显示，支持对结果的二次检索及分类显示，如图3-48所示。

图 3-48 NSTL 文献跨库检索界面

文献的获取分为在线下载和文献传递。有权限用户可以直接在线下载，无权限用户可以提交文献传递申请，普通用户需要付费获取传递文献。付费申请界面如图 3-49 所示。

图 3-49 NSTL 文献传递申请界面

三、特色资源的浏览与获取

NSTL 收集的开放获取资源数量庞大，而且建立了资料数据库，提供用户对开放获取资源的统一检索，大大方便了用户对开放获取资源的使用。开放获取资源库主页如图 3-50 所示。

图 3-50 NSTL 开放获取资源库主页

在检索框输入要检索文章的关键词，即可进行检索。检索结果界面如图 3-51 所示，单击文章标题链接即可进入文章详细界面，如图 3-52 所示。

图 3-51　NSTL 开放获取资源库检索结果界面　　　图 3-52　NSTL 开放获取资源库文章界面

文章详细界面显示了文章的主要字段的信息，如果想要查看原文，可以单击页面的网址链接，该链接为开放获取资源原始网站的地址。如图 3-53 所示，即为"大数据在图书馆的应用：机遇与挑战"这篇文章的原始出版网站。进入开放获取资源原始网站，即可选择文章的在线阅读或者下载全文。

图 3-53　NSTL 开放获取资源原始链接网站

Chapter Four

第四章
常用外文文献信息检索

外文文献信息系统、全面地反映了世界各国科学研究的最新进展和先进水平。外文文献信息的获取是获取文献信息的重要来源，特别是外文期刊，因其出版周期短、内容前瞻性、信息量大等特点，能够帮助检索者获取国外新技术、新信息。

外文文献信息检索系统是获取外文文献信息的重要途径。本章将从常用的外文文献信息检索系统入手，结合信息检索实例，介绍常用的外文文献信息检索系统的使用方法，包括外文综合性文献信息检索系统和外文专业型文献信息检索系统（专科文献信息检索系统、专题文献信息检索系统）。其中外文综合性文献信息检索系统主要介绍了学术资源整合平台 WOS、文摘索引数据 EV 检索平台、联机信息检索 OCLC FirstSearch 检索平台；外文专业型文献信息检索系统则介绍了 BIOSIS Previews（BA 网络版）、ElsevierScience Direct 数据库、Emerald 电子期刊数据库平台、LexisAdvance（法律）数据库。

第一节 学术资源整合平台 WOS

WOS 检索系统核心提示：

【特色】最权威的科技文献检索平台，收录最具有影响力的核心期刊。
【子库】核心集、专科数据库。
【规则】不区分大小写，大写、小写、混合大小写均可。
【附加功能】分析工具。
【URL】http://www.webofknowledge.com/

一、Web of Science 检索系统的概况

Web of Science 检索系统以下简称 WOS，是权威性、综合性的外文文献信息检索系统。WOS 由 The Thomson Corporation 的下属公司 Information Sciences Institute（ISI）出版。WOS 检索系统以 WOS 核心集合为核心，整合了学术期刊、发明专利、会议录文献、化学反应和化合物、学术专著、研究基金、免费网络资源、学术分析与评价工具、学术社区及其他信息机构出版的重要学术信息

资源等,提供了自然科学、工程技术、生物医学、社会科学、艺术与人文等多个领域的学术信息。

目前,检索者可通过 WOS 平台检索关于自然科学、社会科学、艺术与人文学科的文献信息,包括国际期刊、图书、专利、会议录、网络资源等,可以同时对多个数据库(包括专业数据库、多学科综合数据库及"中国科学引文数据库")进行单库或跨库检索,并可以使用分析工具,同时利用书目信息管理软件建立个人文献数据库。

(一)发展历程

1955 年 Eugene Garfield 博士在 *Science* 上发表了一篇文章,首先提出了将引文索引应用于科研检索,随后他创建了美国科技信息研究所(ISI);1963 年出版了科学引文索引 SCI,之后又出版了 SSCI,AHCI 等;1997 年,结合新兴的互联网技术,三大引文索引有了网络版,这就是著名的 Web of Knowledge;1997 年由 ISI 推出引文索引的网络版本;2014 年 1 月 12 日,原 Web of Knowledge 平台更名为 Web of Science,原 Web of Science 更名为 Web of Science Core Collection(WOS 核心合集)。

(二)资源情况

WOS 平台以 WOS 核心集为核心资源,其中 WOS 核心集主要包括了自然科学、工程技术、生物医学、社会科学、艺术与人文等领域 18 000 多种高影响力的学术期刊。数据每周更新。WOS 核心集由三个引文数据库、两个会议论文数据库、两个化学数据库和 ESCI 组成。WOS 检索平台基本资源情况见表 4-1。

表 4-1 WOS 检索平台基本情况一览表

学科		自然科学、工程技术、生物医学、社会科学、艺术与人文	
期刊		18 000 多种高影响力学术期刊	
更新		每周	
子库	核心集	期刊引文子数据库	SCIE
			SSCI
			A&HCI
		会议论文引文子数据库	CPCI-S
			CPCI-SSH
		图书引文数据	BKCI-S
			BKCI-SSH
		化学数据库	Current Chemical Reactions
			Index Chemicus
		ESCI	3 个引文数据库的有益补充
	专科数据库	Derwent Innovations Index	专利信息
		Inspec	物理等领域的期刊、会议综合索引
		KCI-Korean Journal Database	韩国学术论文
		MEDLINE	NLM 生命科学数据库
		Russian Science Citation Index	俄罗斯学术文献
		SciELO Citation Index	拉美、葡、西、南非学术文献

1. SCIE（Science Citation Index Expanded）收录文献覆盖自然科学、工程技术、生物医学等 150 个学科领域，数据库每周更新。

2. SSCI（Social Sciences Citation Index）为多学科综合性社会科学引文索引，数据库每周更新。

3. A&HCI（Arts & Humanities Citation Index），收录 1998 年至今设计艺术及人文科学等多学科领域的引文索引，数据库每周更新。

4. CPCI-S（Conference Proceedings Citation Index – Science）：科技会议录引文索引数据库，涵盖了所有科技领域的会议文献，收录范围为 1998 年至今。

5. CPCI-SSH（Conference Proceedings Citation Index – Social Science & Humanities）：社会科学及人文学科会议录引文索引，收录范围为 1998 年至今。

6. BKCI-S（Book Citation Index – Science），BKCI-SSH（Book Citation Index – Social Sciences & Humanities）两个图书引文数据库，数据来源于 8 万多种 2005 年至今出版的、从全球甄选的学术专著和丛书，数据库每周更新。

7. Current Chemical Reactions 收录 1993 年至今来自重要期刊的，以及 39 个专利组织的专利所报导的一步或多步新合成方法。

8. Index Chemicus 收录 1984 年至今世界上重要期刊发表的新颖有机化合物的结构及其重要数据。

9. ESCI（Emerging Sources Citation Index）关注重点为一些区域的重要期刊、新兴研究领域以及交叉学科。

10. Derwent Innovations Index，将 Derwent World Patent Index（1963 年至今）中超过 50 个专利发布机构索引的高附加值专利信息与 Derwent Patents Citation Index（1973 年至今）中索引的专利引用信息进行组配。

11. Inspec，物理、电气/电子工程、计算、控制工程、机械工程、生产与制造工程以及信息技术领域的全球期刊和会议文集综合性索引。

12. KCI-Korean Journal Database，对 KCI 所包含的多学科期刊中的文献提供访问，包含了在韩国出版的学术文献的题录信息；以朝鲜语或英语检索。

13. MEDLINE 涵盖关注生物医学和生命科学、生物工程、公共卫生、临床护理和动植物科学领域。

14. Russian Science Citation Index，俄罗斯核心科学、技术、医学和教育期刊上发表的学术性文献。

15. SciELO Citation Index 提供拉丁美洲、葡萄牙、西班牙及南非等国在自然科学、社会科学、艺术和人文领域的前沿公开访问期刊中发表的权威学术文献。

二、WOS 的检索指南

（一）检索规则

WOS 在区分大小写、通配符、短语检索、括号、撇号、连字号等方面的检索规则详见表 4-2。

表 4-2 WOS 检索规则一览表

大小写	不区分大小写					
检索运算符	不区分大小写	AND	OR	NOT	NEAR	NEAR/x	SAME
		"出版物名称""来源出版物"字段不能用	—	—	出版年字段不能用	指定数量的单词	只能用在地址字段
通配符	大多数检索式中都可以使用通配符（*＄?）；通配符的使用规则会随着字段的不同而有所区别					
	星号（*）		问号（?）		美元符号（$）	
	表示任何字符组，包括空字符		表示任意一个字符		表示零或一个字符	
短语检索	引号短语		精确查找			
	短语		检索包含所输入的所有单词			
			可能连在一起出现，也可能不连在一起出现			
括号	用于将合成布尔运算符进行分组					
撇号	撇号被视为空格，是不可检索字符					
连字号	输入带连字号或不带连字号的检索词可以检索用连字号连接的单词和短语					

（二）检索字段

WOS 的检索字段及使用规划如下。

1）主题字段：输入"主题"检索词，检索记录中的以下标题、摘要、作者关键词、Keywords Plus 字段。

2）标题字段：标题是指期刊文献、会议录论文、书籍或书籍章节的标题。其中期刊标题应该选择"出版物名称"字段。

3）作者：作者字段可以检索：书籍作者、团体作者、书籍团体作者、发明人。应该首先输入姓氏，再输入空格和作者名字首字母。姓用全称在前，名在后可以用全称，也可以用缩写。例如：yu beili；yu bei li；yu bl；yu b l。

4）出版物名称：输入出版物名称，可以检索记录中的"来源出版物"字段。产品检索英语和原语种标题出版物名称。输入时可以通过系统提供的索引选择。

5）出版年：输入四位数的年份或年份范围。例如：2017 或者 2012-2017。

6）地址字段：在作者地址中输入机构和/或地点的完整或部分名称。地址字段的书写一般用简称，词的形式采用数据库的规范形式，也可以用全称。

三、检索方法与技巧

WOS 是整个平台的入口，采用"一站式"服务，提供高质量的学术信息和研究工具。其平台首页如图 4-1 所示。界面左上侧为选择数据库界面，可以选择 WOS 收录的核心集在内的 15 个数据库，检索方式包括基本检索、引文检索、高级检索等检索方式，包含检索词输入框和检索条件控制项和年代控制项等。

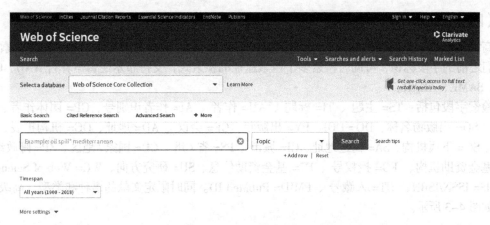

图 4-1　WOS 平台首页

（一）检索界面语言选择

在 WOS 系统首页右上角，可以选择界面语言，可以选择的语言类型包括中文、英文、日语、韩语等。值得注意的是，选择的界面语言决定了用户界面和帮助信息的显示语言，但是检索式必须始终为英文形式，检索结果也始终为英文形式。

（二）基本检索

基本检索可以在主题（包括篇名、关键词、文摘）中进行检索；可以在输入框中输入检索词、词组；可以使用布尔逻辑运算符（AND，OR，NOT，SAME）连接它们；可以使用各种截词符（例如：*，?，$）；不可以使用字段代码和等号。基本检索的默认字段为"主题"。

【示例】输入检索词：xie heping；xie he ping；xie hp；xie h p，如图 4–2 所示。

作者检索技巧：检索姓名是姓在前，名在后，可以用全称，也可以用缩写。有时名会被当成姓放在前面。所以检索姓名的形式比较多，应尽量写全。

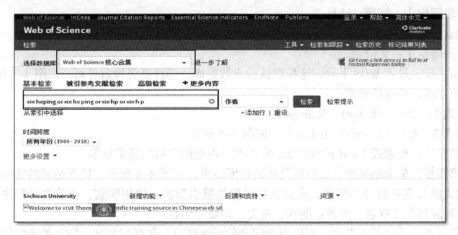

图 4-2　WOS 检索系统基本检索功能

（三）引文检索

引文检索包含以下检索字段包括，被引作者、被引著作、被引年份、被引 DOI、被引卷、被引期、被引页。检索方式包含基本检索、被引参考文献检索、高级检索三种检索方式。引文检索的具体使用方法参见本书第六章第一节的相关内容。

(四) 高级检索

高级检索用于对已经创建检索式进行组合检索，通常以至少两个检索开始，包含检索词以及它们之前的字段标识，可同时检索多个检索途径的检索式，支持布尔逻辑运算符 AND、OR、NOT、SAME、NEAR。

检索字段包括：TS= 主题、TI= 标题、AU= 作者、AI= 作者识别号、GP= 团体作者、ED= 编者、SO= 出版物名称、DO= DOI、PY= 出版年、CF= 会议、AD= 地址、OG= 机构扩展、OO= 机构、SG= 下属机构、SA= 街道地址、CI= 城市、PS= 省／州、CU= 国家／地区、ZP= 邮政编码、FO= 基金资助机构、FG= 授权号、FT= 基金资助信息、SU= 研究方向、WC= Web of Science 分类、IS= ISSN/ISBN、UT= 入藏号、PMID= PubMed ID。同时限定文献的语种和类型，高级检索界面如图 4-3 所示。

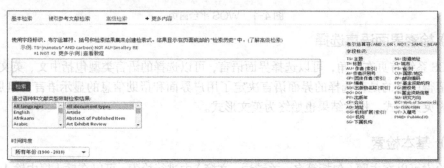

图 4-3 高级检索界面

(五) 检索实例

【检索需求】：检索"标题"中出现 cell death 或 apoptosis 且"地址"字段中出现 China 或 Indian 的近五年的文献。

【研究主题】：cell death 或 apoptosis。

【字段限定】：标题、地址。

【检索方式】：高级检索。

【时间限定】：无限制。

1) 第一步：进入 WOS 平台，选择默认检索数据库，选择高级检索界面，如图 4-3 所示。

2) 第二步：构造检索式。

检索式 1：TI=（cell death OR apoptosis）。

检索式 2：AD=（China OR Indian），如图 4-4 所示。

3) 第三步：检索式 1 and 检索式 2，图 4-5 可得到组配后的检索结果。

4) 第四步：单击结果数字可得到具体的检索结果，如图 4-6 所示。检索结果的排序默认方式为对发表的日期进行降序排序，检索系统另提供被引频次、使用次数、相关性等排序方式。检索结果列表包含文章名、作者、期刊、全文、摘要等信息。

5) 第五步：通过单击期刊，可以查看期刊的详细信息，包括期刊名、期刊的影响因子、期刊在 JCR 的类别、同类中的排名、在 JCR 的分区情况、期刊出版刊号和关注的研究领域等信息。通过单击"查看摘要"，如图 4-7 所示，阅读、判断是否需要全文，需要全文时可以单击"SCU Full Text""出版商处的免费全文"。

6) 第六步：单击获取全文，可得如图 4-8 所示的第一条检索结果的全文界面。

7) 第七步：阅读全文，如图 4-9 所示。

图 4-4　检索历史组

图 4-5　组配后得到的结果

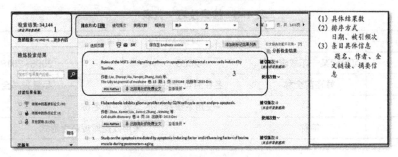

图 4-6　检索结果界面

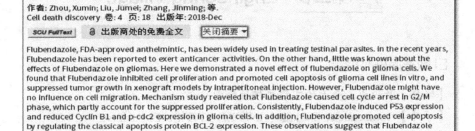

图 4-7　摘要信息

图 4-8　全文获取信息界面

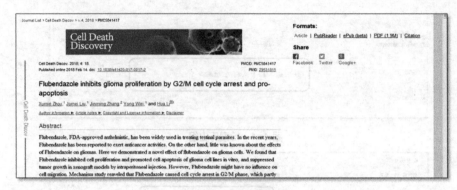

图 4-9 全文阅读界面

（六）检索技巧

学术资源整合平台 WOS 的检索方式较多，检索途径全面。在检索时，检索者可以借助以下检索技巧进行检索，具体见表 4-3。

表 4-3 检索技巧一览表

标题（题名）	只输入实词，虚词省略		
出版年	可检索某一年或者几年	2008	2008-2018
姓名	姓在前全称	名在后可全可略	尽量列举全
出版物	使用系统提供的列表中的名称		
地址	简称	采用数据库规范之形式	

第二节　Engineering Village

EI 数据库核心提示

【特色】最权威、全面的工程文摘性检索平台。
【子库】Compendex、Backfile、INSPEC、NTIS、EI Patents…
【规则】合理使用截词检索和精确短语检索，提高查准率。
【URL】http://www.engineeringvillage.com/

一、Engineering Village 平台概述

Engineering Village 平台，以下简称 EV（1884 年—），由美国工程信息公司（Engineering Information Inc）公司开发，是全球最全面的工程领域二次文献数据库，侧重提供应用科学和工程领域的文摘索引信息。EV 是目前全球最全面的工程领域二次文献数据库。数据库每年增加大约 25 万条新记录。数据每周更新，以确保用户掌握最新信息。

（一）发展历程

1884 年，美国华盛顿大学工程教授博特勒·约翰逊博士编辑出版工程技术索引《索引摘录》。
1969 年，开始提供 Engineering Index（EI）Compendex 数据库服务。
1995 年，EI 开发了称为"EI Village"系列产品，包含 EI compendex 数据库服务。
2000 年，EI Village 改称 EI Engineering Village。
2001 年，系统改版，更名为 EI Engineering Village2。
2007 年，改名为 Engineering Village（简称 EV）。
2010 年 5 月，EI 中国镜像站关闭，中国用户均通过 EV 国际站点访问。

（二）资源情况

EV 检索平台主要收录理工类的文献资源，涵盖 3000 多种工程类期刊、90000 多种会议录以及 ProQuest 学位论文，包含若干个子数据库，具体情况见表 4-4。

表 4-4　EV 检索系统资源一览表

学科	核技术、生物工程、交通运输、化学和工艺工程、照明和光学技术、农业工程和食品技术、计算机和数据处理、应用物理、电子和通信、控制工程、土木工程、机械工程、材料工程、石油、宇航、汽车工程	
资源	3000 多种工程类期刊、90000 多种会议录以及 ProQuest 学位论文	
更新	每周	
子库	Compendex	包含 190 种工程领域学科
		超过 55 个国家的出版物
		每周更新
	INSPEC	超过 80 个国家的出版物
		每周更新
	NTIS	政府研究报告
		每周更新
	Referex Engineering	工程电子书
	GeoBase	地球科学领域文献
	GeoRef	地质学相关文献
	USPTO / EPO 专利	美国专利局全文专利
		每周更新

1）EI Compendex，对应的印刷版检索刊为《工程索引》，是最常用的文摘数据库之一，侧重于工程技术领域的文献的报道，涉及核技术、生物工程、交通运输、化学和工艺工程、照明和光学技术、农业工程和食品技术、计算机和数据处理、应用物理、电子和通信、控制工程、土木工程、机械工程、材料工程、石油、宇航、汽车工程以及这些领域的子学科。EI 收录 3000 多种工程类期刊、90000 多种会议录以及 ProQuest 学位论文，每周更新。

2）INSPEC，对应的印刷版检索刊为《科学文摘》，数据来源于全球 80 个国家出版的 4000 多种科技期刊、2200 多种会议论文集以及其他出版物的文摘信息。收录资料的时间范围为 1969 年至今，该数据库收录全球电子工程、电子学、物理学、控制工程、信息科技、通信学、电子计算器等科学文献数据，每周更新。

3）NTIS，全称为 National Technical Information Service Database（简称 NTIS），收录自 1899 年至今的数据资源，包含美国太空总署（NASA）、能源部（DOE）及其他政府部门提供的各类

研究报告，涵盖建筑工业技术、化学、能源与能量、环境保护与控制、工业与机械工程、材料科学、自然资源、动力与燃料等学科，数据每周更新。

4）Referex Engineering 电子书，收录工程专家 1600 多本优质工程电子书，内容从工程概论书籍到深度专业参考书。

5）GeoBASE，收录自 1980 年至今的数据资源，横跨地球科学各个领域并将其研究文献编入索引的数据库。学科主要为地质学、人文地理学、环境学、海洋学和地质力学。

6）GeoRef，收录 1933 年至今（全球地区信息）和 1785 年至今（北美地区信息）的数据资源。学科为地质学和其相关科目。

7）USPTO / EPO 专利，收录自 1970 年至今的数据资源。主要收录美国专利商标局提供全文专利数据，数据每周更新。

二、Engineering Village 检索指南

（一）检索规则

EV 检索系统的检索规则主要包括逻辑运算符、字段检索、截词限制符、词根符号、短语检索等，具体的检索规则详见表 4-5。

表 4-5 EV 检索系统检索规则一览表

逻辑运算符	不分大小写	AND	OR	NOT	XOR	优先级别相同，按照从左到右顺序运算
字段限制符	wn	X wn Y，其中 X 为检索词，Y 为字段码，即字段名称缩写，一般为两个字母					
截词限制符	*	comput*					
词根符号	$	$management					
短语检索	" " { }	"oil and gas" {oil and gas}					

（二）检索字段

EV 检索平台可以检索以下字段。

1）所有字段（All fields）：对标记了的全部的记录进行检索。

2）主题/标题/文（Subject/ Title/Abstract）：对收录的文献内容进行检索。

3）文摘（Abstract）：在收录文献的摘要字段中进行检索。

4）作者（Author）：对收录文献的作者字段进行检索。

5）作者机构（Author Affiliation）：对收录文献的作者所属机构和地址检索。

6）EI 分类码（EI Classification code）：检索 EI 对文献分类后给予的分类码。

7）期刊编码（CODEN）：期刊的编码为 6 位字，表示期刊的简写。

8）会议信息（Conference）：会议名称、举办日期、举办地点、会议编码。

9）EI 主标题词（EI main heading）：受控词，用其标引和排列文献。

10）出版单位（出版单位）：检索出版物的出版单位。

11）出版物题名（Serial title）：刊名，会议录名，专著名。

12）标题（title）：文献标题。

13）EI 受控词（Ei controlled term）：EI 词典包括 1.8 万受控词。

三、检索技巧与方法

EV 检索平台页面如图 4-10 所示,提供了三种检索方式:快速检索、专家检索、叙词表检索。首页提供了检索方式的选择、数据库的选择、日期、语种的限制条件和快速检索方式。

图 4-10　EV 检索平台页面

(一)快速检索

快速检索方可选择检索字段,进行字段之间的逻辑运算,选择要检索的各个项,对检索范围进行限制,包括文献类型限制、文献内容限制、文献语言限制、文献出版时间限制和检索结果排序的功能,如图 4-11 所示。

(二)专家检索

专家检索可根据需要,自行编写检索表达式,增加了检索的灵活性。利用专家检索可以进行任意多字段和任意多个检索词之间的逻辑运算。在专家检索方式下,系统仍然提供了限制出版时间、选择输出结果排序的类型的功能。

图 4-11　EV 检索平台快速检索界面

专家检索相对于快速检索而言,提供更强大而灵活的功能。检索者可根据检索的需要使用复杂的布尔逻辑运算。检索者可采用"within"命令(wn)和字段码在特定的字段内进行检索;可以采用布尔运算符(AND,OR,NOT)连接检索词;可使用括号指定检索的顺序;也可使用多重括号等检索技术。

(三)叙词表检索(Thesaurus Search)

用叙词(Descriptors)检索,可提高查全率和查准率。EV 平台提供了 EV 精选的 1.8 万受控词,可通过叙词表检索检验拟定的检索词,核对是否为标准受控词,如果输入的词不是系统的受控词,系统把与非受控词相关受控词调出,以提供标准受控词检索途径。

叙词表检索具有检索（Vocabulary Search）、精确查找（Exact term）、浏览（Browse）三种查找词语的功能。

1）Vocabulary Search：在检索框中输入 EV 检索词，然后进行选择 Search index，进行提交，显示结果为用户所输入的检索词在叙词表（受控词表）中的位置，及其上位词、下位词和相关词。

2）Exact term：在检索框中输入用户知道的叙词（受控词），然后选择 Exact term，并提交，显示结果为用户所输入的叙词在叙词表（受控词表）中的位置，及其上位词、下位词和相关词。

3）Browse：在检索框中输入用户检索词，选择 Browse，然后提交，系统将会按字母顺序扫描叙词表，显示结果为含有检索词的条目。

叙词表检索的结果除了提供输入了的检索词外，同时提供上位概念词（broader terms）、下位概念词（narrower terms）、相关概念词（related terms），用以扩大或缩小检索结果的范围，可以选择多个受控词，并可设定检索时受控词间的逻辑运算关系，默认为"或"运算。叙词表浏览需要输入一个词，浏览显示该词前后的几个受控词，这些受控词按照字母排列，与词义无关。

（四）检索实例

查找铝型材焊接相关的技术文章。

【研究主题】：铝型材 aluminum section and "焊接" soldering。

【检索方式】：快速检索。

【字段限定】：主题 / 标题 / 文（Subject/title/Abstract）字段。

【时间限定】：无限制。

1）第一步：确定关键词为"铝型材" aluminum section "焊接" soldering。检索字段为主题 / 标题 / 文（Subject/ Title/Abstract）字段，对文章的内容进行检索。如图 4-12 所示。

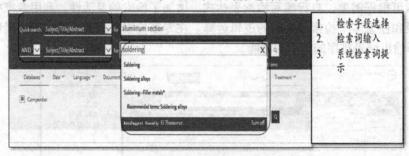

图 4-12　快速检索检索词输入界面

2）第二步：输入对应检索词时，会弹跳出对应的受控词。单击相应的受控词，得到与其相关的检索 180 篇。如图 4-13 所示。

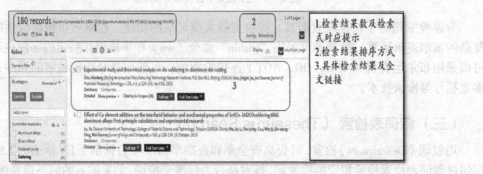

图 4-13　快速检索结果界面

3）第三步：单击标记有全文链接，则获得全文下载界面，如图4-14所示。

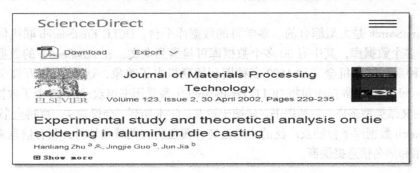

图4-14　快速检索全文下载界面

（五）检索技巧

1）提高查全率：放宽检索条件或检索有不同拼写方法的同一个词，可以用布尔运算符 OR 将词连接起来。

2）缩小检索范围：可用布尔运算符 AND 将词连接起来，同时还可用布尔运算符 NOT 删除包含某些词的检索结果。

3）截词：截词命令使检索结果控制在以截词符止的前几个字母相同的所有词，符号（*）为右截词符。

4）精确短语检索：输入短语若不带括号或引号，系统默认将检索结果按相关性排序，因此可以得到比较理想的检索结果。但是，如果需要做精确匹配检索，就应使用括号或引号。

5）复位（Reset）：开始一次新的检索，请单击"reset"按钮，清除前面的检索结果。

第三节　OCLC First Search

OCLC FirstSearch

核心提示：

【特色】大型综合、多学科数据库平台。

【学科】各个领域和学科。

【说明】实现成员之间的资源共享。

【URL】http://www.oclc.org/

一、平台概述

OCLC FirstSearch 检索平台是由 OCLC（Online Computer Library Center,Inc. 即联机计算机图书馆中心）推出的，总部位于美国俄亥俄州的都柏林，是全球最大的联机文献信息服务机构之一。OCLC 作为面向全球图书馆的非营利组织，其目的是推动更多的人检索世界上的信息，实现资源共享、降低信息使用费用。目前的用户已经遍布全球 86 个国家和地区的 7 万多个图书馆。

OCLC FirstSearch 是大型综合的、多学科的数据库平台，OCLC FirstSearch 联机信息检索服务可检索 80 多个数据库，其中有 30 多个数据库可检索到全文，在 FirstSearch 的数据库中总计包括 11 660 种期刊的联机全文和 4500 多种期刊的联机电子映象，达 1000 多万篇全文文章。OCLC FirstSearch 基本组数据库包将 OCLC FirstSearch 中最受图书馆欢迎的 13 个子数据库整合在一起，涵盖的文献类型多样，包括图书、硕博士论文、学术期刊、会议论文、百科全书、年鉴等。OCLC FirstSearch 数据库平台涉及广泛的主题范畴，覆盖所有领域和学科，所有信息来源于全世界知名图书馆和知名信息提供商。

（一）发展历程

1991 年，OCLC 推出 FirstSearch。

1999 年 8 月，OCLC 完成了新版的 FirstSearch（New FirstSearch）。

2000 年 2 月，OCLC FirstSearch 正式使用。这些数据库涉及的主题范畴，覆盖了各个领域和学科。

（二）资源情况

OCLC FirstSearch 涵盖 12 个子库，其主要资源情况见表 4-6。

表 4-6 OCLC FirstSearch 资源一览表

数据库	主要内容
Article First	登载在期刊目录中的文章所作的索引
ClasePeriodica	在科学和人文学领域中的拉丁美洲期刊索引
Ebooks	OCLC 为世界各地图书馆中的联机电子书所编纂的目录
ECO-Index	OCLC 的学术期刊索引（浏览期刊）
ERIC	以教育为主题的期刊文章及报道
MEDLINE	所有的医学领域，包括牙科学和护理学
OAIster	全球联合机构知识库
PapersFirst	OCLC 为在世界各地会议上发表的论文所编纂的索引
Proceedings First	OCLC 为世界各地的会议录所编纂的索引
SCIPIO	艺术品和珍本拍卖目录数据库
WorldCat	OCLC 为世界各国图书馆中的图书及其他资料所编纂的目录
WorldCatDissertations	WorldCat 中所有硕士和博士论文的数据库，约 800 万篇

1）ArticleFirst 综合类学术期刊索引数据库，收录自 1990 年以来的数据资源。数据范围收录来自世界各地 16000 多种各大出版社的期刊目次表页面上的各项内容，涵盖商业、人文学、医学、科学、技术、社会科学、大众文化等。数据库每天更新。

2）ClasePeriodica 拉美学术期刊文摘数据库，由 Clase 和 Periodica 两部分组成。Clase 是对专门登载社会科学与人文科学的拉丁美洲期刊中的文献所作的索引，该数据库每三个月更新一次。

3）EBooks 电子书书目数据库，收录了 OCLC 成员图书馆编目的所有电子书的书目信息，

1800多万种,涉及所有主题,涵盖所有学科。收录日期从公元前1000年至今。该数据库每天更新。

4) ECO-Index 学术期刊索引数据库,收录自1995年以来自世界上70多家出版社的5000多种期刊,总计680多万条记录,涉及几乎所有学科。该数据库每天更新一次。

5) ERIC 教育学数据库,涵盖了从1966年到现在的有关教育方面的几乎所有资料。该数据库每月更新一次。

6) MEDLINE 医学期刊数据库,标引了国际上出版的近2万种期刊,相当于印刷型的索引。主题涵盖了所有医学领域。该数据库每天更新。

7) OAIster 全球联合机构知识库,全球最大的开放档案资料数据库,为研究者提供多学科数字资源。数据库每三个月更新一次。

8) PapersFirst 会议论文索引数据库,在世界范围召开的大会、座谈会、博览会、研讨会、专业会、学术报告会上发表的论文的索引。收录自1993年以来所有来自于大英图书馆文献供应中心的发表过的研讨会、大会、博览会、研究讲习会和会议的资料。该数据库每两周更新一次。

9) ProceedingsFirst 会议录索引数据库,是 PapersFirst 的相关库,是一部在世界范围召开的大会、座谈会、博览会、研讨会、专业会、学术报告会上发表的会议录的索引。该数据库每周更新两次。

10) SCIPIO 艺术品和珍本拍卖目录数据库,世界上唯一一个在线的艺术品和珍本拍卖目录数据库。该数据库每天更新。

11) WorldCat 联机联合目录数据库世界上最大的书目记录数据库,包含 OCLC 近两万家成员馆编目的书目记录和馆藏信息。该数据库平均每十秒更新一次。

12) WorldCatDissertations 学位论文数据库,收集了 WorldCat 数据库中所有硕博士论文和以 OCLC 成员馆编目的论文为基础的出版物,涉及所有学科,涵盖所有主题。其资源均来自世界一流高校的图书馆。该数据库每天更新。

二、OCLC FirstSearch 检索指南

(一) 检索规则

OCLC FirstSearch 检索平台的检索规则主要包括布尔逻辑运算符、截词检索、通配符、字段限制、禁用词、复数等,具体检索规则见表4-7。

表4-7 OCLC FirstSearch 检索规则一览表

布尔逻辑运算符	And	OR	NOT	
截词	* 代表截断			
通配符	# 代表通配符			
字段限制	w	wN	n	nN
禁用词	a, an, are, as, at, be, but, by, for, from, had, have, he, her, his, in, is, it, of, on, that, the, this, to, was, which, with, you			
复数	+ 代表复数 (s 和 es)			

(二) 检索字段

检索字段主要有:关键词、著者、首页、期号、期号识别符、OCLC号码、出版社、出版日期、

资料来源、资料来源词组、标准号码、题名、提名词组、卷号等。有些字段标识符在不同的数据库中，所代表的字段不同，可通过"Help"文件了解。

三、检索技巧与方法

OCLC FirstSearch 检索系统首页如图 4-15 所示，在检索文献之前，首先应该选择数据库。数据库可以从所有数据库、按主题分类的数据库与推荐最佳数据库三个方面进行选择。在首页还可以通过选择对应的检索主题进行快速检索。

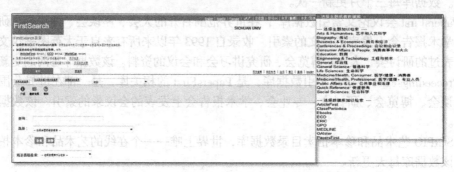

图 4-15 OCLC FirstSearch 检索首页

（一）基本检索

基本检索界面可从关键词、著者、题名、资料来源、年份五个检索途径进行检索。在输入检索词或检索式时，如果要检索一个准确短语，应用引号将短语包围起来，还可使用系统支持的逻辑算符和位置算符。

（二）高级检索

"高级检索"界面如图 4-16 所示。"高级检索"有 3 个检索输入框，可在一个或多个框选择限制项或输入限制信息（如限制检索年代、文献类型、文献语种等，限制检索因数据库不同而有所差异）；并从对应的检索框右侧的下拉菜单中选择检索途径，以及选择各检索框之间的逻辑算符最后执行"检索"。

图 4-16 "高级检索"界面

（三）专家检索

专家检索适用于熟练运用逻辑算符、位置算符、字段代码的检索者。运用专家检索可以更好地表达检索课题中检索词之间的关系。这里只有一个检索输入框，供输入复杂的检索式，检索式可使用系统支持的所有检索算符来构造。可从"索引项目"后面的下拉菜单了解可检途径，单击"检索"按钮执行检索。

（四）检索实例

检索 2008 年至今铝型材方面的资料。

【研究主题】："铝型材"aluminum section。

【字段限定】：关键词。

【检索方式】：最佳数据库——基本检索。

【时间限定】：2008 年至今。

1）第一步：确定检索词："铝型材"aluminum section。

2）第二步：利用推荐最佳数据库功能，输入检索词 aluminum section，如图 4-17 所示。

3）第三步：系统推荐相关数据库，界面提示预计结果条数、相关数据库、数据库概述、数据库更新时间、数据库相关信息、是否有全文等，如图 4-18 所示。

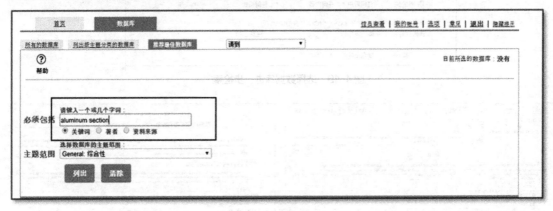

图 4-17　推荐最佳数据库界面

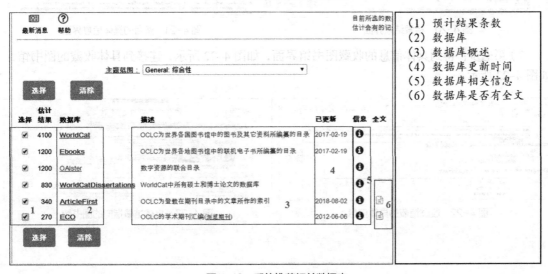

图 4-18　系统推荐相关数据库

4)第四步:根据推荐选择相关数据库并进一步限制检索的条件,如图 4-19 所示。

5)第五步:得到检索结果,可以看到检索的条目数、具体的检索结果列表包含题名、作者、语言、文献类型等相关信息,如图 4-20 所示。

6)第六步:单击感兴趣的检索结果的收藏图书馆,可以看到对应结果的收藏图书馆和作者信息,如图 4-21 所示。

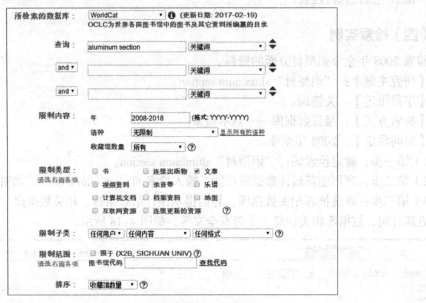

图 4-19 选择数据库进一步检索

图 4-20 检索结果界面

图 4-21 条目的具体信息界面

7)第七步:得到具体信息的收藏图书馆界面,如图 4-22 所示,连接到具体收藏的图书馆,如图 4-23 所示。

图 4-22 收藏馆藏的具体信息

图 4-23 具体馆藏指向的图书馆

第四节 BIOSIS Previews

BIOSIS Previews（BA 网络版）

【特色】世界上最大的关于生命科学的文摘索引数据库。
【说明】该数据库需先行注册，通过邮箱激活后，方可使用；进行结构检索、反应检索需下载 java 插件。
【URL】http://ovidsp.uk.ovid.com/sp-3.31.1b/ovidweb.cgi

一、数据库概况

BIOSIS Previews（BA 网络版）简称 BP，是由美国生物科学信息服务社（BIOSIS）出版，是世界上最大的关于生命科学的文摘索引数据库，也是目前世界上规模较大、影响较深的著名检索工具之一。BIOSIS Previews 收录内容涵盖了生物学（植物学、生态学、动物学等）、解剖学、细菌学、行为科学、生物化学、生物工程、生物物理、生物技术、植物学、临床医学、实验医学、遗传学、免疫学、微生物学、营养学、职业健康、寄生虫学、病理学、公共卫生、药理学、生理学、毒理学、病毒学、农学、兽医学及交叉科学（生物化学、生物医学、生物技术等）和诸如仪器和方法等相关研究的广泛的研究领域。内容偏重于基础和理论方法的研究，可以使用户对生命科学和生物医学文献进行深入的调研。

BP 数据库的数据来源于 100 多个国家和地区的 6500 多种生命科学方面的期刊和 1500 多个国际会议、综述文章、书籍、专利信息等。BIOSIS 所具有的关系检索（Context-Sensitive Indexing）可以帮助用户提高检索效率。数据库每周更新，每年新增记录约 56 万条。

BP 数据库利用基于 ISI Web of Knowledge 平台而建立的 BIOSISPreviews，可与全世界的同行在同一时间检索这一著名的生命科学信息数据库，并且无需支付昂贵的国际流量费与硬件的投资与维护费用。BP 利用 ISI Web of Knowledge 平台所建立的快速、灵活和先进的信息检索技术和资源整合能力，可以帮助检索者更深入、更迅速、更全面地获取生命科学及其相关领域的学术信息。

BP 数据库基本信息详见表 4-8。

表 4-8 BP 数据库基本信息一览表

数据库类型	文摘索引数据库		
包含期刊	《生物学文摘》 Biological Abstracts	《生物学文摘/综述、报告和会议》 Biological Abstracts/RRM	《生物研究索引》 BioResearch Index
文献类型	期刊、会议、综述文章、书籍、专利信息、参考文献		
学科	生命科学领域	生物化学、生物工程、植物、临床和实验医学等	
更新周期	每周更新		

二、数据库检索指南

(一)检索规则

BIOSIS Previews(BA 网络版)适用的检索规则包括逻辑运算符、截词检索、主题词等,具体详见表 4-9。

表 4-9 BP 检索规则一览表

逻辑运算符	AND	OR	NOT
截词	$	#	?
	在字尾有不同变化的同一个字根上	检索词中间或后面,代替一个字符。此位置必须出现字符	检索词中间或者后面,代替一个字符。此位置可出现或不出现字符
主题词	提供主题词检索工具,主题词表等提高查准率		

(二)检索字段

检索字段包括主题、著者来源、出版物、地址检索、生物物种分类及生物系统代码、主要概念、概念代码/标识、化学和生物化学、专利权人、会议信息检索、识别编码检索等,可以基本满足命科学文献的检索要求。

三、检索方法与技巧

首先进入 Ovid 平台主页,如图 4-24 所示,在主页的数据库选项中勾选 BOSIS Previews,进入 BIOSIS Previews 主页。主页提供基本检索、常用字段检索、检索工具、字段检索、高级检索、多个字段检索途径,提供常用的限制,包括语种限制、出版年份控制等,如图 4-25 所示。

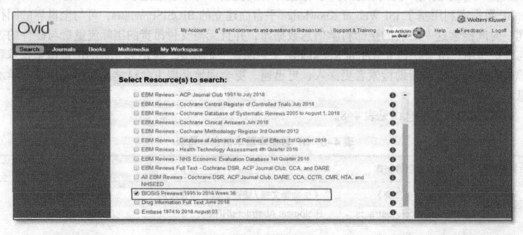

图 4-24 Ovid 平台主页

第四章 常用外文文献信息检索

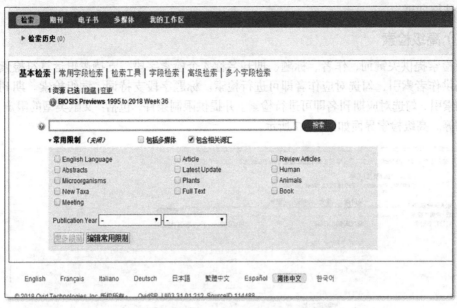

图 4-25 BIOSIS Previews 主页图

（一）基本检索（Basic Search）

基本检索是 BP 平台默认的检索界面。在检索框内输入词、词组或短语即可进行检索，可以限定检索文献语种、文献类型、摘要、更新日期、出版日期等。

（二）常用字段检索

常用字段检索项包括：文章标题、期刊名称、作者姓氏、出版年份、期刊的卷期、文章首页、出版社、Ovid 唯一标识、DOI 数字对象唯一标识符。可在一个字段或多个字段中进行检索。

（三）检索工具

检索工具包含五种检索途径：主题匹配、树型图、轮排索引、主题词说明、扩展检索，如图 4-26 所示。

图 4-26 检索工具界面

（四）字段检索

Ovid 提供的字段有作者 / 编者 / 发明者、摘要、获取号、书名、国别、篇名、期刊名、ISSN、机构名、国别、语种、基因名称、专利号、化学物质登记号等。查找时，勾选对应字段前面的勾选框即可。

(五) 高级检索

高级检索提供关键词、作者、标题、期刊名称4个检索字段。支持逻辑运算符检索式。作者字段提供作者索引,勾选对应作者即可进行检索。标题字段支持词、词组检索。期刊名途径提供期刊索引,勾选对应期刊名即可进行检索。并提供限制条件,包括:文献类型的限定、语言、更新日期等。高级检索界面如图4-27所示。

图4-27 高级检索界面

(六) 多个字段检索

多个字段检索支持多个字段(包含文章标题、期刊名称、作者姓氏、出版年份、期刊的卷期、文章首页)之间的逻辑关系(AND,OR,NOT)匹配检索。

(七) 检索实例

检索"等位基因"方面的文章。

【研究主题】:基因等位 Allele 或者 allelomorph。

【字段限定】:字段检索,基因名称检索。

【检索方式】:字段检索。

【时间限制】:无限制。

1)第一步:选择检索功能,选择字段检索。

2)第二步:分别输入检索词,Allele 或者 allelomorph。

3)第三步:在常用字段中,勾选基因名称选项,如图4-28所示。

图4-28 检索词输入界面

4）第四步：由于两个检索词之间的关系为"或"，因此组配两个检索词之间的逻辑关系"OR"，界面提示两个检索词之间组配关系得到的检索数，如图 4-29 所示。

5）第五步：获取检索结果，选择对应的检索结果如图 4-30 所示。

6）第六步：选择对应的检索结果结果，单击相应链接获取全文，如图 4-31 所示。

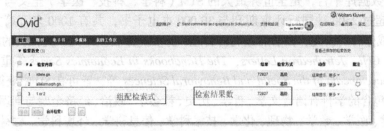

图 4-29　组配检索式得到相应结果界面

图 4-30　检索结果界面

图 4-31　全文获取界面

（八）检索技巧

1）使用主题词检索功能，提高查全率和查准率。

2）为了保证查全率，检索者可以使用截词符 $。

3）使用规范化的主题词，勾选扩展检索可以在数据库中同时检索勾选的主题词及其所有的狭义词，可以提高查全率。

第五节　Elsevier Science Direct

Elsevier Science Direct（SD）数据库

【特色】世界上最大的科学、技术和医学文献数据库。

【学科】科学、技术、医学领域。

【说明】Science Direct 不再支持 IE8 浏览器的访问。

【URL】https://www.sciencedirect.com/

一、数据库概况

Elsevier Science Direct 简称 SD 数据库,是世界著名的出版集团 Elsevier 的核心产品,Elsevier 科学出版公司是世界著名的出版公司,已有 100 多年的历史。

SD 是全文数据库平台,是全世界最大的 STM(科学、科技、医学)全文与书目电子资源数据库,包含超过 2500 种同行评审期刊与 30 000 本电子书,共有 1000 多万篇文献。这些文章是来自于权威作者的研究,由著名编辑群管理,并受到来自全球的研究人员的阅读和青睐,如 *The Lancet*,*Cell*,*Tetrahedron Letters*,*The Handbooks in Economics Series* 等重要期刊,以及 *International Encyclopedia of the Social and Behavioral Sciences* 等,皆可在 SD 中获得。

SD 数据库包含的学科有语言文学、哲学、历史、社会学、政治、经济金融与管理、法律、教育、新闻、生命科学、医学、数学、物理、化学、技术科学、信息科学、环境科学、材料等 24 个学科。数据每周更新。

SD 数据库概况详见表 4-10。

表 4-10　SD 数据库概况一览表

数据库类型	全文数据库	
特色	大部分期刊被 SCI、SSCI、EI 收录,图书经过同行评审并获得国际奖项	
文献类型	期刊、电子图书、回溯文档	
学科	24 个学科	科学、技术、医学
更新周期	每周更新	

二、数据库检索指南

(一)检索规则

SD 数据库支持逻辑运算符、截词、位置运算等,具体见表 4-11。

表 4-11　BP 检索规则一览表

逻辑运算符	AND		OR	NOT
截词	*		检索与输入词起始一致的词	
位置运算		完全一致	""	
		类似词组	ADJ	
		单词插入	NEAR 或 NEAR(n)	
		同音词拼写	[]	
		拼写词	TYPO[]	

(二)检索字段

检索字段包括全文字段(除参考文献)(Full-text Except the Reference Section)、期刊名/书名(Journal or Book Title)、出版年(Year(s))、作者(Author(s))、作者单位(Author Affiliation)、题名(Title)/摘要(Abstract)/关键词(Keywords)、参考文献(References)、卷(Volume(s))、期(Issue(s))、页(Page(s))、出版物识别码(DOI)/国际标准期刊号(ISSN)/国际标准书号(ISBN)。

三、检索方法与技巧

SD 数据库主页如图 4-32 所示,访问用户只能使用快速检索功能,正式用户方能使用全部的检索功能。

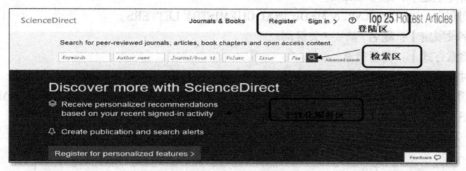

图 4-32 SD 数据库主页

(一)快速检索

快速检索提供简单的检索框和若干个供选择的检索字段,快速检索方式在页面的上方。用户可以随时在对应的检索框内输入关键词(Keywords)、作者姓名(Author Name)以及刊名/书名(Journal/Book Title)、卷(Volume)、期(Issue)、页码(Pages)关键词等进行查询。

(二)高级检索

高级检索提供的检索字段包括:全文字段(除参考文献)(Full-text Except the Reference Section)、期刊名/书名(Journal or Book Title)、出版年(Year(s))、作者(Author(s))、作者单位(Author Affiliation),包括可限制所需文献/文章类型、时间限定等检索选项。高级检索界面如图 4-33 所示。

图 4-33 高级检索界面

(三)浏览检索

浏览检索功能提供按照出版物的首字母的浏览功能。浏览检索功能可限定浏览的文献类型,包括图书(Books)、期刊(Journals)、手册(Handbooks)、参考工具书(Reference works)、丛书(Book series)。文献来源包含开放获取资源(Open access)、开放访问(Contains open access)。

（四）检索实例

检索 2008 年以来，在 *BIOORGANIC & MEDICINAL CHEMISTRY LETTERS* 杂志上发表的关于疱疹 herpes 方面的文章。

【研究主题】：疱疹 herpes。
【期刊】：BIOORGANIC & MEDICINAL CHEMISTRY LETTERS。
【字段限定】：题名 / 摘要 / 关键词。
【检索方式】：高级检索。
【时间限定】：2008 年。

1）第一步：输入检索项目，依次输入期刊名称"BIOORGANIC & MEDICINAL CHEMISTRY LETTERS"、年份"2008"、检索词"herpes"。如图 4-34 所示。

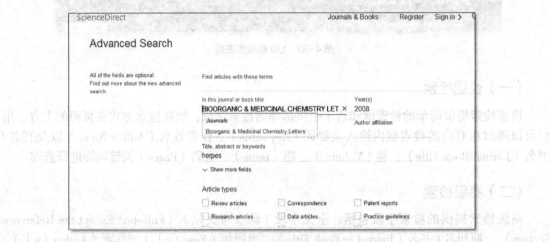

图 4-34　检索字段及控制项

2）第二步：得到检索结果，共计 4 条。

3）第三步：根据需要，筛选需要的条目，检索结果界面提供排序方式包括相关性、日期排序，提供批量下载。结果列表提供文章的具体信息包括题名、作者、摘要和全文链接。如图 4-35 所示。

图 4-35　检索结果列表

4）第四步：进入下载界面进行下载。如图 4-36 所示，界面右上方提供 PDF 原文下载，右侧提供参考文献链接和引证文献链接。

图 4-36　具体文章界面

第六节　Emerald 平台

Emerald 平台

【特色】理论研究、实际案例。
【学科】管理学、图书馆学、工程学。
【说明】可选择"My subscribed content"进行检索，以确保检索结果均可下载。
【URL】https://www.emeraldinsight.com/

一、数据库平台概述

（一）基本情况

Emerald 平台是由 Emerald 公司出版的，Emerald 公司成立于 1967 年，由来自世界著名百所商学院之一 Bradford University Management Center 的学者建立，总部位于英国，并在世界各国设立办公室。从 2008 年开始，著名出版集团 Elsevier 在版的经济管理学、社会科学方面的系列书，转由 Emerald 出版和发行，这进一步巩固了 Emerald 在管理学、人文社科领域的领先出版地位。Emerald 的出版物有 130 多种，包括 80 种管理学期刊和 25 种图书馆信息学期刊。提供两种类型（全文、文摘）共 6 个数据库的服务。Emerald 平台收录来自 100 余种权威管理及相关学科期刊的 42000 余篇文献全文及部分文摘，涵盖的学科范围包括：管理学、工程学、计算机科学、图书馆学和信息管理学。全文可回溯至 1994 年，文摘可回溯至 1967 年。Emerald 出版物不仅注重理论研究，而且包含大量实践内容，有效搭起了学术研究领域和决策实践领域的桥梁。

Emerald 平台资源情况见表 4-12。

表 4-12 Emerald 平台资源情况一览表

数据库类型	全文、文摘数据库
特色	不仅注重理论研究，而且包含大量实践内容，有效搭起了学术研究领域和决策实践领域的桥梁
文献类型	期刊、电子图书、案例集、回溯文档
学科	主专业出版管理学、图书馆学、工程学等专业 具体涵盖：会计金融和法律，经济和社会政策，健康护理管理，工业管理，企业创新，国际商务，管理科学及研究，人力管理，质量管理，市场学，营运与后勤管理，组织发展与变化管理，财产与不动产，策略和通用管理，培训与发展，教育管理，图书馆管理与研究，信息和知识管理，先进自动化，电子制造和包装，材料科学与工程
更新周期	每月更新

（二）资源情况

Emerald 平台主要包括管理学全文期刊库、工程学全文期刊库、电子书和辅助资源，具体如下。

1）Emerald 管理学全文期刊库：包含 281 种专家评审的管理学术期刊，提供最新的管理学研究成果和学术思想。学科覆盖：会计金融与经济学、健康与社会关怀、人力资源与组织研究、商业管理与战略、图书馆研究、信息与知识管理、旅游管理、市场营销。包含的知名期刊，如：*European Journal of Marketing*（《欧洲营销杂志》）、*Management Decision*（《管理决策》）等。

2）Emerald 工程学全文期刊库：收录 26 种高品质的同行评审工程学期刊，21 种被 SCI/EI 收录，所有期刊均回溯至第一期第一卷。学科覆盖：材料科学与工程、计算机工程计算、先进自动化、电子制造与封装、机械工程、航空航天工程。

3）Emerald 电子书：包含《工商管理与经济学》和《社会科学》两个专集，涉及 150 多个主题领域。《工商管理与经济学》专集涵盖经济学、国际商务、管理学、领导科学、市场营销学、战略、组织行为学、健康管理等领域内容；《社会科学》专集涵盖社会学、政治学、心理学、教育学、残障研究、图书馆科学、健康护理等领域。

4）Emerald 平台辅助资源：学习案例集（Case Study Collection）：包括 2000 多个精选案例研究，来自 Coca-Cola，IBM，Toyota，Glaxo Smith Kline，Hilton Group 等知名企业；学术评论集（Literature Review Collection）：包括来自领域内权威学术出版物 700 多篇学术评论文章；访谈集（Interview Collection）：包括 500 多个全球商业和管理大师的思想库，提供"商界风云人物"的访谈记录；管理学书评（Book Review Collection）：包括 2600 多篇特别为学生、教师和研究学者撰写的深度书评。

二、数据库检索指南

（一）检索规则

Emerald 平台提供逻辑运算符、位置运算符、通配符等检索规则，具体详见表 4-13。

表 4-13 Emerald 平台检索规则一览表

逻辑运算符	AND	OR	NOT
位置运算符	NEAR NEAR/N	检索词之间可以包含其他词	
	ADJ	词组检索	
	W/n	两个词之间的相对顺序	
通配符	*	多字符通配符，代表零个或若干个字符	
	?	单字符通配符，代表一个字符	
	+	格式替换符，包括一个单词的不同形式	
	#	不做词干检索	

（二）检索字段

Emerald 平台的检索字段主要包括：任何字段（Anywhere）、作者（Author）、摘要（Abstract）、出版物名称（Publication title）、标准期刊号/卷名（SP Issue/Vol title）、内容项目标题（Content Item title）、关键词（Keywords）、卷（Volume）、国际标准期刊号/书号/电子书号（ISSN/ISBN/EISBN）、文章起始页码（Page）、章（Caption）。

三、检索方法与技巧

Emerald 首页如图 4-37 所示，该检索平台主要检索方式为基本检索（Basic Search）和高级检索（Advanced Search），此外，还提供分学科浏览的功能，界面右上角提供注册和个性化服务。

图 4-37　Emerald 检索首页

（一）基本检索

基本检索提供对文章/章节（Article and Chapters）、案例研究（Case studies）的检索。输入检索词，选择对应的检索字段，即可进行检索。

（二）高级检索

高级检索界面如图 4-38 所示，提供的检索字段包括任何字段（Anywhere）、作者（Author）、摘要（Abstract）、出版物名称（Publication title）、标准期刊号/卷名（SP Issue/Vol title）、内容项目标题（Content Item title）、关键词（Keywords）、卷（Volume）、国际标准期刊号/书号/电子书号（ISSN/ISBN/EISBN）、文章起始页码（Page）、章（Caption）。此外支持布尔逻辑运算，可以限定检索结果的类型、出版时间等控制项。

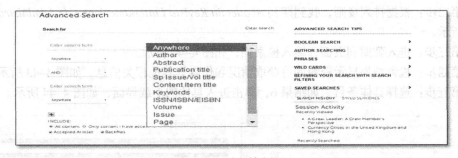

图 4-38　高级检索界面

（三）浏览功能

Emerald 提供两种浏览途径，按照资源类型浏览和按照学科进行浏览。以按照学科浏览为例，选择 Business，Management & Strategy 进入浏览界面，如图 4-39 所示，根据文献的字顺进行排序，同时可看到资源的可获取情况。

图 4-39　学科浏览界面

（四）检索实例

检索在 Academia Revista Latinoamericana de Administración 杂志上发表的关于领导力 leadership 方面的文章。

【研究主题】：领导力 leadership。

【期刊】：Academia Revista Latinoamericana de Administración。

【字段限定】：关键词 keywords。

【检索方式】：浏览功能。

【时间限定】：无。

1）第一步：选择首页导航栏，浏览功能选择"JOUENAL&BOOKS"，如图 4-40 所示。

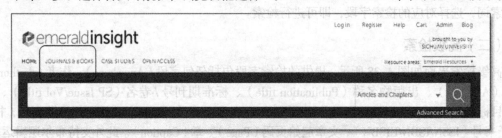

图 4-40　选择期刊浏览功能

2）第二步：根据排列规则，找到期刊 Academia Revista Latinoamericana de Administración，图 4-41 所示。

3）第三步：进入到期刊页面并输入检索词，如图 4-42 所示。

4）第四步：检索结果显示资源的可获取情况和作者等其他相关信息，如图 4-43 所示。

5）第五步：选择具体条目，如结果 6，单击进入具体的下载界面，如图 4-44 所示。

图 4-41　期刊列表　　　　　　　　　图 4-42　输入检索词

图 4-43　结果列表

图 4-44　条目六的具体界面

第七节　Lexis® Advance

Lexis® Advance 数据库

核心提示

【特色】全球最大的法律资料库。
【学科】法律领域学科。
【说明】法学研究者一站式的文献检索数据库。
【IIRI】http://www.lexis.com

一、数据库概况【4-03】

Lexis® Advance 数据库是全球收录最全的法律资料库之一，是美国 Lexis Nexis 公司（LN）法律方面的旗舰数据库，也是全球领先的专业法律信息数据库。全面收集了以美国、英国、加拿大、澳大利亚等国为主的全球 151 个国家及地区的法律法规、案例、专题论文、期刊、法学著作、法律报告、法律新闻/评论等全面的法律专业资源。涵盖 62 个法律领域：行政管理法、海事法、反托拉斯和商务法、银行法、破产法、宪法、商法、建筑法、合同法、公司法、版权法、刑法、网络安全法、电子商务法、人力资源法、移民法、保险法、国际法、国际贸易法、金融法、劳动与就业法、诉讼法、医疗法、公司兼并法等。同时还收录了 900 多种全球的法律期刊及评论，以及法律百科、法学专著、专家分析、法律重述、持续法律学习课程材料等多种类型的、能帮助用户深入学习与了解法律问题的二次法律资料。Lexis® Advance 所覆盖资源以法学学科为主，金融、财税、商业、经济、新闻等学科同样适用，也有公共管理、政府、信息技术、互联网、交通运输、建筑、医学等类型资源，可供学术参考。

Lexis® Advance 为法学研究者提供一站式的快速文献检索，便于研究者迅速、准确地找到相关领域英美法的前言文献和权威分析，缩短文献检索和阅读理解的时间。

Lexis® Advance 数据库情况见表 4-14。

表 4-14　Lexis® Advance 数据库情况一览表

数据库类型	全文数据库
特色	全球收录最全的法律资料库
文献类型	法律法规、案例、专题论文、期刊、法学著作、法律报告、法律新闻/评论
学科	法律领域学科 行政管理法、海事法、反托拉斯和商务法、银行法、破产法、宪法、商法、建筑法、合同法、公司法、版权法、刑法、网络安全法、电子商务法、人力资源法、移民法、保险法、国际法、国际贸易法、金融法、劳动与就业法、诉讼法、医疗法、公司兼并法等
更新周期	每日更新

二、检索指南

（一）检索规则

Lexis® Advance 数据库支持逻辑运算符、位置运算符、通配符等检索规则，具体见表 4-15。

表 4-15　Lexis® Advance 数据库检索规则一览表

逻辑运算符	AND	OR	NOT	AND NOT
				排除关键字
位置运算符	W/N　/N	限定两个关键字出现的距离		
	PRE/N	限定两个关键字同时出现在文件的位置关系		
	W/S　/S	限定关键字要出现在同一个句子的位置关系		
	W/P　/P	限定关键字要出现在同一个段落的位置关系		
通配符	！	取代同一个字根后无限的字母		
	*	用于取代某个单个字母		

（二）检索字段

Lexis® Advance 不同于其他外文数据库，没有预设的特定检索字段。一般检索和高级检索只设 everything 字段。检索者可以通过使用引证号、常用法律名称或案件名称搜索，即可瞬间获得所需的全文文件；亦可通过使用自然语言搜索，或者通过键入检索式进行高级搜索。

三、检索方法与技巧

Lexis® Advance 数据库首页如图 4-45 所示，首页设置导航栏可以在检索模式和浏览模式之间进行切换。注册登录个人账户可以看到检索历史，设置个性化服务等。无论在哪一个页面，只要单击页面上 Lexis® Advance 标识，即可回到首页。

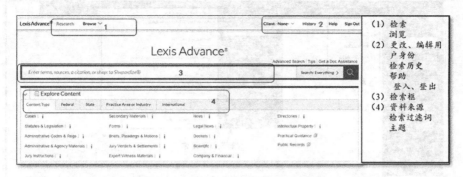

图 4-45　Lexis® Advance 数据库首页

（一）基本检索

基本检索界面可输入检索关键字、检索词及连接词、引证号、部分或完整资料名称、热门判例、法规名称等，再单击 Search 按钮即可检索。在键入的同时，红色检索框会提供建议的检索词汇、文件或资源。

【示例】引证号的输入格式举例：800 f2d 111。
【示例】热门的判例名称举例：roe v. wade。
【示例】法规名称举例：Georgia Lemon Law。

（二）高级检索

高级检索界面如图 4-46 所示，在基本检索的基础上增加检索字段的条数，同样支持关键字、检索词及连接词、引证号、部分或完整资料名称、热门判例、法规名称，同时支持短语和句子检索，可以控制文献的类型和日期。

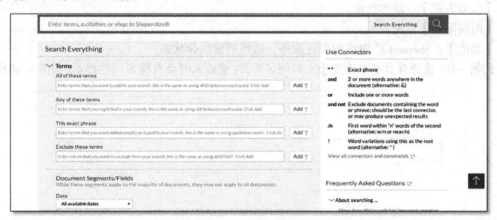

图 4-46　高级检索界面

（三）浏览检索

在首页导航栏选择 Browse 进入浏览主题界面，如图 4-47 所示。单击 Browse 后选择 search for a source，可根据资源的类型进行检索例，如目录、判例、出版商。选择 Topics 就可检索特定主题或浏览整个法律主题分类层级。输入要检索的关键字后单击 Search 就可检索特定的主题，单击执业领域后选择一个主题，可浏览法律主题分类层级的信息。

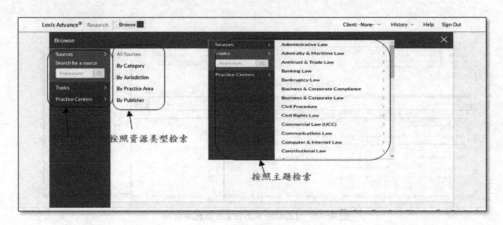

图 4-47 浏览检索界面

（四）谢泼德引证分析

通过谢泼德引证服务可以了解后续的法律处置状态。该服务功能主要包括：①快速导览。可以了解上诉历史、后续援引本案的判决、其他的引证资料来源，例如条约等。②建立贴心警示。当谢泼德法律状态变更时，即可自动取得更新。③依特定法律处置、特殊判例注解、司法管辖层级、时间范围或讨论深度进行检索，可快速过滤引证文献，查找到重要判例。

（五）检索实例

检索 Roe v. Wade，410 U.S. 113 判例的后续法律处置状态。

【研究主题】：Roe v. Wade，410 U.S. 113。
【资源类型】：判例。
【字段限定】：everything。
【检索方式】：基本检索。
【时间限定】：无。
【功能】：Shepard's® 谢泼德引证服务，追踪后续法律状态。

1）第一步：选择首页基本检索输入判例名称，注意输入时会有检索词的提示。如图 4-48 所示。

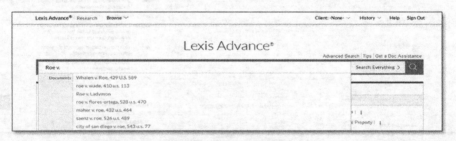

图 4-48 检索词输入界面

2）第二步：进入结果界面。如图 4-49 所示。

3）第三步：选择页面右侧的 Shepard's®。透过检视 Shepard's Signal Indicators 来查看引用的判例其后续的处置情况，如图 4-50 所示。可以通过快速导览查看上诉历史、后续援引本案判决以及其他引证资料。亦可通过限缩检索控制依特定法律处置、特殊判例注解、司法管辖层级、时间范围或讨论深度快速过滤引证文献查找到重要判例。

图 4-49　检索结果界面

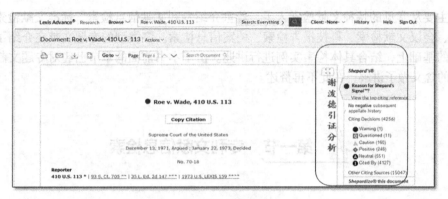

图 4-50　判例界面

（六）检索技巧

1）利用谢泼德引证服务（Shepard' Citations Service）可以帮助了解所引用案例的真实法律效力，同时查找案例、法规所涉及的其他相关资料。

2）选择邮件提醒服务，可以确保检索者更新信息不会遗漏。

3）检索者可以通过保存历史研究记录，杜绝遗漏任何步骤。

Chapter Five

第五章
专题文献信息检索

本章主要从常见的特种文献检索入手，着重介绍专利文献信息检索、标准文献检索、学位论文检索、会议文献检索、科技报告检索、档案信息检索。多类型的专题文献在介绍了相关的检索工具的基础上，结合具体检索实例进行讲述。由于本书前面的章节已经对专题文献的各种文献类型的含义做了讲解，在此不再赘述。

第一节 专利文献信息检索

一、专利文献检索概述

专利文献多种多样，包括专利说明书（图5-1为一项发明专利的专利申请书）、专利公报、专利文摘、专利索引、专利题录、专利分类表、申请专利时提交的各种文件（如请求书、专利要求书、有关证书等）、与专利有关的法律文件和诉讼资料等。

专利说明书是专利文献检索的核心，通常所说的专利文献就是检索专利说明书。专利说明书是专利文献的核心。专利说明书是指由扉页、专利要求书、说明书和附图四部分组成，用以描述发明创造内容和限定专利保护范围的一种官方文件或其出版物。

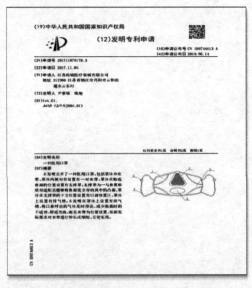

图 5-1 专利文献——专利申请书举例

本节介绍专利文献的检索系统可分为国内外免费专利检索系统和商业专利检索系统的免费部分。每个检索系统各有特点，不同的专利检索系统的检索界面、浏览界面、分析功能差异较大。一般的检索需求通过免费的检索系统即可得到满足，检索时可以根据自己的需求选择相应的检索系统。

二、专利文献检索途径

根据专利文献的构成要素，专利文献的主要检索途径（表5-1）主要包括：名称、摘要、申请号、专利号、公开（公告）号、申请日、颁证日、IPC分类号、申请（专利权）人、发明（设计）人、专利代理机构、代理人。

表5-1 专利文献的主要检索途径

检索途径	具体含义	检索途径	具体含义
名称	专利名称	摘要	专利内容摘要
公开（公告）号	在专利的公开或公告之后给出的编号	专利号	在专利授权之后给出的编号
申请日	受理专利申请的日期	申请号	在受理专利申请之后给出的编号
代理人	代理申请专利的人	颁证日	批准颁发专利证书的日期
IPC分类号	专利在国际分类表中的分类号	申请（专利权）人	专利的申请人
发明（设计）人	专利的发明人	专利代理机构	代理申请专利的机构

三、专利文献的检索

由于篇幅有限，本节对相关数据库的介绍有所侧重，重点介绍免费的专利检索系统。

（一）国内专利检索系统

1. 国家知识产权局专利数据库

（1）基本情况

国家知识产权局专利数据库是由中华人民共和国知识产权局提供的网络免费检索数据库，国家知识产权局专利数据库收录自1985年9月10日以来公布的全部中国专利信息，包括发明、实用新型和外观设计三种专利的著录项目及摘要，并可浏览到各种说明书全文及外观设计图形。国家知识产权局专利数据库收录了103个国家、地区和组织的专利数据，以及引文、同族、法律状态等数据信息。主页情况如图5-2所示。网址：http://psssystem.cnipa.gov.cn/。

图5-2 国家知识产权局专利数据库检索入口

(2) 检索功能

国家知识产权局专利数据库的检索功能有：①常规检索，采用自动识别模式，可通过逻辑检索式检索；②高级检索，提供多个检索入口，包括英文检索入口、地址检索入口等，在页面右侧提供可供"配置"检索的选项，左侧的范围选可限制检索的地域；③导航检索，用于检索分类号含义并直接依分类号检索；④药物专题检索，提供高级检索、方剂检索、结构式检索并提供中药词典和西药词典；⑤热门工具检索，包括同族专利查询、引证/被引证查询、法律状态查询、国别代码查询、关联词查询、双语词典、分类号关联查询、申请（专利权）人别名查询八个功能；命令行检索。

2. 中国知识产权网专利信息服务平台

(1) 基本情况

1999年由知识产权出版社开发了中国知识产权网CNIPR专利信息服务平台，该平台包含98个国家和地区的专利数据信息。平台的检索的免费部分提供在线检索、在线分析、定期预警和机器翻译等功能。该平台也有收费检索部分。其主页如图5-3所示。网址：http://search.cnipr.com/。

图5-3 CNIPR专利信息服务平台界面

(2) 检索功能

中国知识产权网CNIPR专利信息服务平台提供了简单检索、高级检索（图5-4）、法律状态检索、失效专利检索、运营信息检索等检索方式。其检索结果可以提供列表显示、专利文本显示、全文图像显示三种方式。

图5-4 CNIPR专利信息服务平台高级检索界面

3. 国家重点产业专利信息服务平台

(1) 基本情况

国家重点产业专利信息服务平台由国家知识产权局开发。重点行业分别为汽车产业、钢铁产业、电子信息产业、物流产业、纺织产业、装备制造产业、有色金属产业、轻工业产业、石油化工产业、船舶产业。其主页如图 5-5 所示。网址：http://chinaip.sipo.gov.cn/。

图 5-5　国家重点产业专利信息服务平台

(2) 检索功能

该数据库提供了表格检索、命令检索、IPC 分类检索、法律状态检索四种检索方式。以汽车电池为例检索相关专利，展示检索结果：列表显示、命令检索、IPC 分类检索、法律状态检索。

4. 中国专利信息中心专利之星数据库

(1) 基本情况

该数据库是在国家知识产权局专利局审查员专用的 CPRS 专利检索系统的基础上，开发的一款集专利文献检索、统计分析、机器翻译、定制预警等功能于一体的多功能综合性专利检索系统。与国家知识产权提供的中国专利公布布告系统相比，专利之星由中国专利信息中心主办，可检索中国专利、世界专利。其主页如图 5-6 所示。网址：https://www.patentstar.com.cn/。

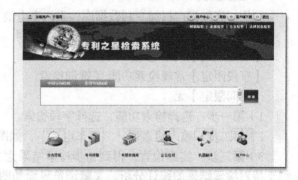

图 5-6　专利之星检索系统界面

(2) 检索功能

专利之星数据库提供了基本检索、智能检索、表格检索、法律状态检索等检索方式。其检索结果提供了列表显示、专利文本显示、全文图像显示三种方式。

5. 其他专利检索系统

(1) 上海市知识产权信息平台

上海市知识产权信息平台由上海市知识产权局开发，提供中国和外国专利电子数据库，用户进行注册和登录后，可免费进行专利检索和专利分析。检索主要分为简单检索、表格检索、高级检索等。网址：http://www.chinaip.com.cn/。

(2) INNOJOY 专利搜索引擎

INNOJOY 专利搜索引擎提供专利检索、专利分析、定期预警及其翻译等功能，有免费和收费的用户端。该专利数据库可以检索的专利范围涵盖了 100 多个国家和组织。网址：http://www.innojoy.com。

(3) SOOPAT 专利平台

SOOPAT 专利平台免费开放的功能可满足一般的检索者检索中国专利的需求，且具备一定的专利分析功能，针对申请日、公开日、申请人、发明人等类别提供统计图表。网址：http://www.soopat.com。

(4) 佰腾专利检索

佰腾专利检索提供国内外专利免费检索。网址：https://www.baiten.cn/。

(5) CNKI 中国知网专利数据库

CNKI 中国知网专利数据库是中国知网 CNKI 平台下专利数据库检索数据库，可以通过申请号、申请日、公开号、公开日、专利名称、摘要、分类号、申请人、发明人、优先权等检索项进行检索，国内专利可一次性下载专利说明书全文，国外专利说明书全文链接到欧洲专利局网站。网址：https://kns.cnki.net/kns/brief/result.aspx?dbprefix=SCOD。

(6) 万方数据知识服务平台专利数据库

万方数据知识服务平台专利数据库的专利资源来源于中外专利数据库，收录始于 1985 年，目前共收录中国专利 2200 余万条，国外专利 8000 余万条。收录范围涉及十一国两组织，最早可追溯到 18 世纪 80 年代。网址：http://www.wanfangdata.com.cn/index.html。

6. 检索实例

利用国家知识产权局专利数据库检索汽车电池方面的专利。

【检索需求】检索"汽车电池"方面的专利。

【研究主题】汽车电池。

【字段限定】常规检索功能 关键词检索。

【时间限定】无。

1）第一步：选择检索功能，选择字段检索。

2）第二步：输入检索词，"汽车电池"，如图 5-7 所示。

3）第三步：实施检索，得到初步检索结果为 7102 条。图 5-8 结果界面保留检索历史。左侧支持对检索结果的统计分析。文献浏览界面如图 5-9 所示。文献的浏览页面提供中国专利的全文 HTML 文本，允许复制粘贴，可以使用左侧的工具栏的"收藏"和"+分析库"对文件进行收藏和分析，"审查"所提供的链接。右侧的"法律状态""引证"信息、"同族"信息可直接浏览，并提供进一步的链接。

4）第四步：文献下载界面如图 5-10 所示。提供专利文献的免费下载。

图 5-7 检索词输入界面

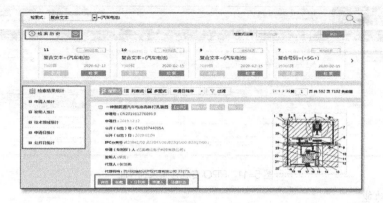

图 5-8　检索结果界面

图 5-9　文献浏览界面

图 5-10　文献下载界面

（二）国外专利检索系统

1. EPO 专利检索系统

（1）基本情况

EPO 专利检索系统由欧洲专利局（EPO）自 1998 年开始提供世界专利信息检索应用，涵盖多个成员的公开专利，其中 EPO、美国、英国、法国、德国、世界专利组织等 20 多个国家、组织的专利可获取 PDF 格式全文，全文可存盘和打印，数据库每周更新一次，不同国家、地区、专利组织的专利时差不同，主要取决于数据传送至 EPO 的速度，欧美等主要国家的专利更新更为及时。其主页如图 5-11 所示。网址：https://worldwide.espacenet.com/。

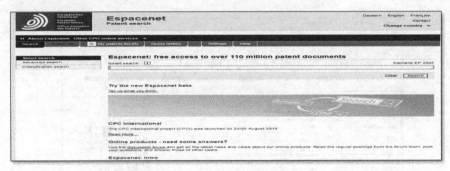

图 5-11　EPO 专利检索系统界面

（2）检索功能

检索方式/功能：快速检索（Quick Search）、高级检索（Advanced Search）、号码检索（Number Search）、分类号检索（Classification Search）。

2. USPTO 专利检索系统

（1）基本情况

USPTO 是美国负责专利和商标事务的行政机构，该机构研制开发的专利检索系统涵盖了 1790 年至今所有的美国公开专利数据，提供 1976 年 1 月以后的美国专利文本全文检索，数据库每周更新一次，1976 年以后的专利全文有 HTML 和 TIFF 两种格式，全文可存盘和打印。检索方式中，高级检索（Advanced Search，又称 Manual Search）具有相当的灵活性，允许限定字段和逻辑组配，是非常实用与复杂的专利检索。全文有 31 个检索字段，如果不限定字段，将在整个专利范围内检索。其主页如图 5-12 所示。网址：https://www.uspto.gov/patent。

（2）检索功能

USPTO 提供的检索方式/功能有：快速检索（Quick Search）、高级检索（Advanced Search）、号码检索（Patent Number Search）；其检索结果默认的显示方式为：按照专利文献公布日期排列，部分有专利全文文本。

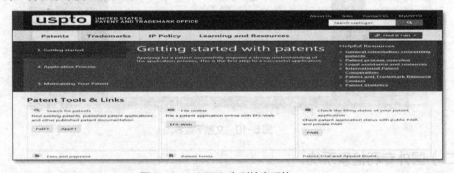

图 5-12　USPTO 专利检索系统

3. 加拿大专利局专利检索系统

（1）基本情况

加拿大专利局专利检索系统是加拿大知识产权局专门为世界各国的用户检索加拿大专利设立的。检索系统涵盖了 1920 年以后的 140 万件加拿大专利文档，主要包括专利的题录数据、专利的文本信息、专利的扫描图像。数据库每周更新一次。其主页如图 5-13 所示。网址：http://www.ic.gc.ca/Intro.html。

图 5-13　加拿大专利局专利检索系统

(2) 检索功能

加拿大专利局专利检索系统提供的检索方式/功能有：基本检索、专利号检索、布尔逻辑检索、高级检索等四种。

4. 检索实例

检索 5G 方面的 EPO 专利。

【检索需求】检索 "5G" 方面的 EPO 专利。

【研究主题】5G。

【字段限定】快速检索，关键词 "5G"。

【时间限定】无

1）第一步：选择快速检索功能。

2）第二步：输入检索词，如图 5-14 所示。

3）第三步：获取检索结果，得到检索结果列表，界面左侧为对结果的二次检索，可以进一步筛选结果。检索结果默认按照相关度排序（Relevance），单击相关度的专利标题即可在右侧生成相应的专利详细介绍，如图 5-15 所示。

4）第四步：单击详细介绍中的 Global Dossier 链接，即可进一步查找到专利的预览或者下载界面，并非所有专利都可以链接原文，具体视情况而定。例如，检索结果中的第一条记录就无法查看，如图 5-16 所示。

图 5-14　快速检索方式下检索词的输入

图 5-15　检索结果列表界面

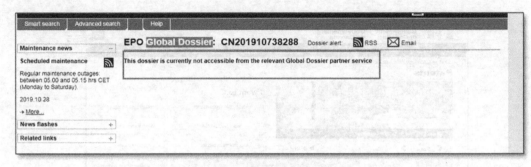

图 5-16　专利原文链接界面

四、专利分析

（一）专利分析的概念

专利分析（Patent Analysis）是指对来自专利文献中蕴含的技术、法律和商业信息等内容，进行筛选、标引及组合，利用统计方法和数据处理手段，结合产业、技术等信息，经分析、解读形成具有较高技术与商业价值的专利情报，服务各类科技决策的过程。

专利分析的内容通常包含技术分析、申请人分析、地域性分析等。专利分析的结果主要以数据、图表、报告等形式展示，亦被称为专利地图。专利分析的主要对象为发明专利和实用新型专利。

（二）专利分析的方法及主要指标

根据分析对象和分析的程度，专利分析方法可分为定量分析和定性分析两大类。定量分析主要是通过专利文献的外部特征进行数据统计，结合相关因素对有关数据的变化进行解释，揭示动态发展趋势。例如，通过不同年代的专利申请量的变化分析技术发展趋势，通过对申请人拥有的专利申请数量的统计分析来研究主要市场主体等。定量分析具体内容见表 5-2。定性分析是以专利技术为依据，按照技术特征来归纳并使其有序化。例如，对专利技术进行技术/功效分析、对竞争对手的专利申请进行技术检测分析等。

表 5-2　定量分析一览表

主要指标	指标的作用
专利数量	某一技术类别的专利数量可以用于衡量这一技术领域技术活动的水平
同族专利数量	某一发明的同族专利数反映了这个公司专利申请地域的广度，也反映了此发明的潜在价值——由于需要翻译和专门的法律帮助等费用，在国外申请专利比在自己国家要昂贵得多，只有那些被公司认识到最有商业价值的发明才会在多国申请专利，以便保护今后的投资和产品输出的独占权
专利被引次数	某一专利被后续专利引用的次数可以反映此专利的重要程度，因为一项重要的专利出现以后，会伴随出现大量的改进专利，这项重要专利会被改进专利重复引用
专利成长率	专利成长率测算的是专利数量成长随时间变化的百分率，可显现技术创新随时间的变化是增加还是迟缓
科学关联性	科学关联性测算的是专利（标的专利）所引证的科研学术论文或研究报告数量，该指标衡量的是专利技术和前沿科学研究关系
技术生命周期	技术生命周期测算的是企业的专利在其申请文件扉页中所引证专利技术年龄的平均数

（续）

主要指标	指标的作用
专利效率	专利效率测算的是一定的研发经费支出所创造的专利数量产出,此项指标用来评估企业在预定时间内专利数量产出的科研能力和成本效率
专利实施率	专利实施率能否被有益地实施、能否带来科技创新对于那些还未实施的专利技术来说还是一个未知数
产业标准化指标	在跨产业横向比较的时候,产业之间的差异给不同产业之间的专利指标数值的比较带来了麻烦,为此需要使用产业标准化指标

（三）专利分析工具

专利分析工具主要指专利分析的软件,目前国内外专利分析软件种类繁多,各有特点,主要实现专利数据监测、采集、清洗、加工标引、统计、文本挖掘、信息挖掘、信息可视化。各种分析工具的特点是不同的,应结合确定的分析目标、涉及的范围来确定分析的软件,本节还将介绍一些专利数据库中的分析功能。专利分析工具主要有以下几种。

1. PLAS 专利分析系统

PLAS 专利分析系统是由国家知识产权出版社开发的专利分析系统,该系统利用数据统计原理和软件技术设计,能够对专利信息进行二次加工,便于对技术发展趋势、申请人状况、专利保护地域等专利战略要素进行定性、定量分析。该系统可以实现从国内外相关专利网站批量下载数据,并导入数据库内进行专利分析。

2. 中国专利技术开发公司专利分析系统

中国专利技术开发公司专利分析系统将专利信息进行数据规范化处理后,可对专利数据的原始著录项目、自定义标引项及分析要素进行任意组合的统计分析,整理出直观易懂的结果,行程图标。该系统具有数据导入、数据库扩充、检索和分析等功能。

3. M.CAM

M.CAM 系统是由东方灵顿与美国 M.CAM 公司合作汉化的语言分析系统。该系统可以进行关键词和分类检索,具备独特的语言分析查询、分析相关信息的功能,其特点是强调分析不同时期专利之间的相关性,展示专利所在领域的综合发展态势及各项专利的相关性、独立性和相互依赖性。

4. PatentEX

大为 PatentEX 专利信息创新平台,数据来源于中国、美国、欧洲官方免费专利数据库,也可以扩展到日本、WIPO 官方免费数据库。分析功能有技术生命周期分析、根据逐年专利申请数和专利申请人（发明人）数量生成技术生命周期分析图等。

5. Patent Guider

Patent Guider 软件将世界主要专利数据库整合至同一接口,方便用户获取世界各国的专利数据。分析功能主要是:专利量分析、雷达分析、国别分析、引证率分析、发明人分析、IPC 分析、公司分析、UC 分析,并可针对分析主题形成分析地图。

6. 专利检索系统中的分析功能

除了上述的专业专利分析软件外,很多专利检索系统都提供了专利分析的功能,检索者在实行检索的同时可以根据自己的需求进行专利分析。此类专利分析工具的优势在于，直接基于现有的检索结果进行专利分析，不用处理数据。例如中国知识产权局专利数据库，如图5-17所示，分析功能包括申请人分析、发明人分析、区域分析、技术领域分析、中国专项分析、高级分析。CNPIR专利检索数据库分析功能，如图5-18所示，分析功能包括趋势分析、区域分析、申请人分析、技术分析、发明人分析和聚类分析。

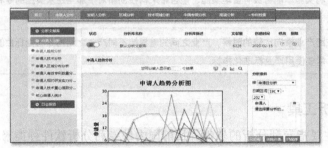

图5-17 中国知识产权局专利数据库

图5-18 CNPIR专利检索数据库分析功能

（四）专利分析应用举例

基于上述专利分析工具的特性，以中国知识产权局专利数据库的检索数据为基础，演示专利分析的过程。

【专利分析实例】

分析本节中在中国知识产权局专利数据库检索以"汽车电池"为检索项的专利文献。

【分析专利主题】汽车电池相关的7089条专利文献结果。

【功能选择】中国知识产权局专利数据库分析功能。

【样本量】7089条专利文献（图5-19），合并为6328条（原因分析：同一专利不同公布级的合并）

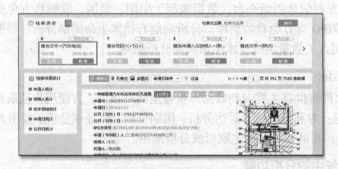

图5-19 结果显示界面

1）第一步：在结果界面右侧单击"全部加入分析库"，如图5-20所示，为6328条。

2）第二步：选择分析功能，包括申请人分析、发明人分析、区域分析、技术领域分析、中国专项分析、高级分析。

3）第三步：注意查看分析结果。申请人分析如图5-21所示；发明人分析如图5-22所示；区域分析如图5-23所示；技术领域分析如图5-24所示；专利类型分析如图5-25所示；高级分析如图5-26所示。

4）第四步：记录分析结果并撰写分析报告。

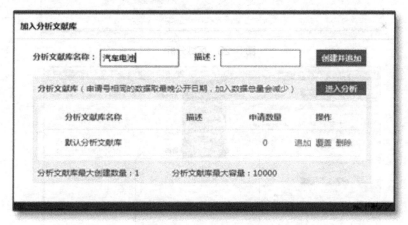

图5-20　建立分析样本

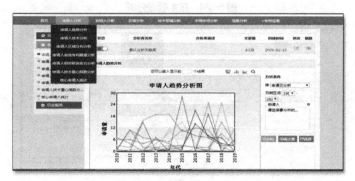

图5-21　申请人分析

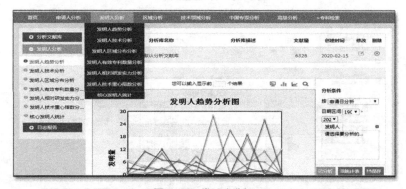

图5-22　发明人分析

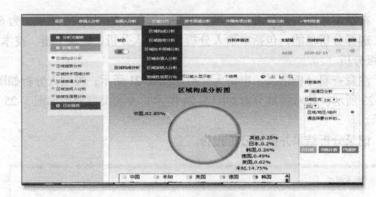

图 5-23　区域分析

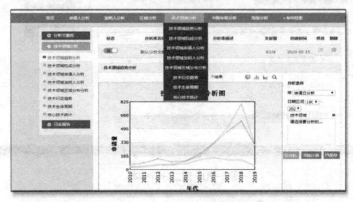

图 5-24　技术领域分析

图 5-25　专利类型分析

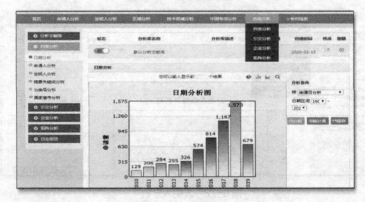

图 5-26　高级分析

第二节　标准文献检索

一、标准文献检索概述

标准在日常生活和生产建设中起着重要作用，推行生产标准化，有利于合理利用资源，节约原材料，提高技术和劳动生产率，保证产品质量。标准不仅仅是商品检验的依据，通过它还可以了解和研究国内外工农业产品、工程建设的特点和技术发展水平，这对于开发新产品、改进老产品有着重要的参考作用。

标准文献一般指与技术标准、生产组织标准和经济管理标准有关的文献，也包括国家颁布的环境保护法、森林法、消费品安全保障法、药典、政府标准化管理机构的有关文件以及与标准化工作有关的其他文献。中国标准文献封面如图5-27所示。

标准文献的检索可以通过标准机构服务站点和数据库来实现。无论是机构服务站点或者数据库，大部分都需要先注册，后登录，免费检索。检索结果可获得标准题目、标准号、起草日期、颁布日期等，大部分不提供全文。若想获取全文，必须支付费用，如购买其数据库或购买阅读卡等方式。

图5-27　中国标准文献封面

二、标准文献的检索

（一）国内标准检索

1. 中国知网（CNKI）标准数据库

中国知网（CNKI）《标准数据总库》是国内数据量最大、收录最完整的标准数据库，收录了所有的中国国家标准（GB）、国家建设标准（GBJ）、中国行业标准的题录摘要等标准数据，并收录了世界范围内重要标准，如国际标准（ISO）、国际电工标准（IEC）、欧洲标准（EN）、德国标准（DIN）、英国标准（BS）、法国标准（NF）、日本工业标准（JIS）、美国标准（ANSI）、美国部分学协会标准（ASTM，IEEE，UL，ASME）等标准的题录摘要数据，提供基本检索、高级检索、专业检索、一框式检索。该数据库可以免费检索，但若需要下载则需要购买。

网址：https://kns.cnki.net/kns/brief/result.aspx?dbprefix=CISD。

2. 国家标准文献共享服务平台

国家标准文献共享服务平台是国家级标准信息服务门户，是由中国技术监督情报研究所和国家信息中心合作开发的标准信息资源网站，是世界标准服务网在中国的网站。其标准信息主要来自国家标准化管理委员会、中国标准化研究员标准馆及科研部门、地方标准化研究院（所）和国内外相关标准化机构。网站采用会员制服务方式，非会员和免费注册会员只能查到相关的题录信息，只有注册交费后才能浏览全文。其主页如图5-28所示。检索方式主要包括基本检索、高级检索（图5-29）、专业检索、分类检索、批量检索（必须注册用户才能使用）。

网址：http://www.nssi.org.cn/。

图 5-28　国家标准文献共享服务平台主页

图 5-29　国家标准文献共享服务平台高级检索界面

3. 中国标准服务网 CSSN

中国标准服务网 CSSN 提供了国家标准数据，经过加工处理，包括英文标题、中英文主题词、专业分类等信息；提供当年颁布和实施的最新国家标准以及行业标准，是进行我国标准文献检索以及传递标准化信息最快捷的工具之一；提供标准动态跟踪、标准文献检索、标准文献全文传递和在线咨询等功能。其主页如图 5-30 所示。CSSN 提供了三种检索方式：基本检索、高级检索、批量检索。

网址：http://www.cssn.net.cn/。

图 5-30　中国标准服务网 CSSN 检索界面

4. 其他标准检索系统

中国标准化协会，【网址】：http://www.china-cas.org/。

中国质量协会，【网址】：http://www.caq.org.cn/。

5. 检索实例

结合新型冠状病毒期间防护服的重要作用，本次检索以"医用防护服"为主题，基于中国标准服务网 CSSN 进行检索。

【检索主题】医用防护服。

【检索功能】高级检索。

【时间限定】无。

【标准分类限定】C 类"医药、卫生、劳动保护"。

1）第一步：选择检索功能，高级检索，如图 5-31 所示。

2）第二步：输入检索词："防护服"。选择中国标准分类 C 类"医药、卫生、劳动保护"分类下的前四种分类，如图 5-32 所示。

3）第三步：获取检索结果，得到分类检索结果，如图 5-33 所示。

4）第四步：具体结果显示英文名称、标准号、标准来源、适用范围、替代的标准等相关信息，右侧的信息栏中提供了"同一标准下的其他标准"以供检索者查阅，如图 5-34 所示。

图 5-31　检索界面

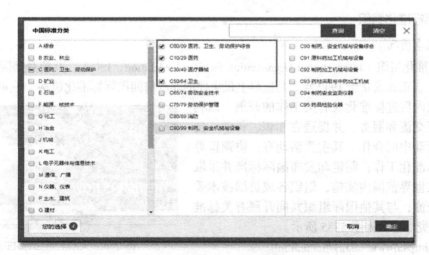

图 5-32　标准分类选择界面

图 5-33　检索结果界面

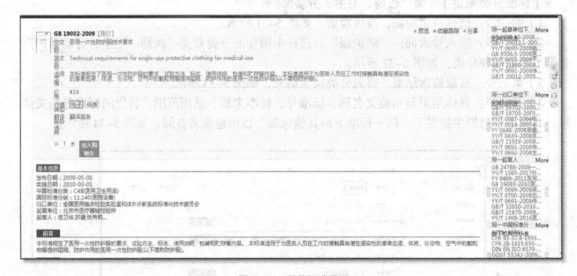

图 5-34　具体标准界面

（二）国外标准检索

1. 国际标准化组织

（1）基本情况

国际标准化组织（International Organization for Standardization，ISO），其前身是国际标准化协会（ISA），正式成立于 1947 年，是世界上最主要的非政府间国际标准化机构。它的宗旨是：在世界范围内促进标准化及有关工作的开展，以利于国际物资交流和服务，并促进在知识、科学、技术和经济活动中的合作。其主要活动有：协调世界范围内的标准化工作；制定和发布国际标准并采取措施以便在世界范围内实施；组织各成员国技术委员会进行交流；与其他国际组织共同开展有关标准化课题的研究。主页如图 5-35 所示。

网址：https://www.iso.org/home.html。

图 5-35　ISO 标准化组织主页

(2) 检索功能

检索功能：ISO 国际标准化组织数据库有基本检索、高级检索、全文检索和浏览目录三种方式，主页右上角为"Search"即为"基本检索"，输入检索词单击 Search 按钮即可实现基本检索。输入多个检索词时，系统默认检索词之间的逻辑关系为"or"，如果是多个检索词之间是包含关系则需要输入"and"，系统对检索词之间的匹配关系是任意的。系统支持检索语法双引号""精确匹配和截词检索。

"高级检索"（Advanced search for standards）在初级检索界面右侧，检索界面如图 5-36 所示，高级检索支持对词和短语等标准的关键词进行检索，同时支持对语言、时间等条件的限制检索。其中检索范围的选定（Scope）提供已经出版（Published）、正在制定（Under development）、撤销的标准（Withdrawn）、最近一年删除的标准（Deleted（last 12 months））。高级检索支持标准状态查询（Stage code）查询，标准状态查询是指采用 ISO 标准制定过程中的 4 位有效状态代码进行检索，该检索项不能独立作为检索条件，必须与其他检索项共同使用。

"全文检索（FULL TEXT SEARCH）"和"浏览目录（STANDARDS CATALOGUE）"在基本检索界面的最下角右侧如图 5-37 所示。

图 5-36　高级检索界面

图 5-37　全文检索和浏览目录界面

全文检索支持对标准的所有具有检索意义的检索项进行检索，包括全文字段（ALL）、标准名称（Stands）、标准号（Collections）、出版物（Pulications）等项目的检索。

ICS 国际标准分类浏览支持根据国际标准分类号浏览对应分类类目下的相关 ISO 标准。

TC 技术委员会分类浏览支持相应技术委员会制定的相应标准的浏览。

2. IEC 标准检索

(1) 基本情况

IEC（国际电工委员会）成立于 1906 年，是世界上成立最早的国际标准化组织。IEC 负责编制出版电气、电子及相关技术的国际标准。IEC 主页提供两种检索方式，如图 5-38 所示。

图 5-38　IEC 主页

(2) 检索功能

IEC 主要提供了基本检索和高级检索（如图 5-39 所示）。主要支持对关键词（Key words）、委员会（Committee）、出版物（Publications）等的检索，并提供限制条件，如时间（Date range）、标准的状态（Work areas）。

图 5-39　高级检索界面

3. 其他国际 / 国家标准检索

其他国外常用的是标准化机构的服务站点见表 5-3，包括国际电信联盟（ITU）、美国国家标准学会（ANSI）、德国标准化学会（DIN）、法国标准化协会（AFNOR）等。

表 5-3　国家标准化组织一览表

标准化组织	简称	网址、主要内容
国际电信联盟 （International Telecommunication Union）	ITU	联合国负责国际电信事务的专门机构，是世界上历史最悠久的国际组织。主要职责是实现国际电信联盟有关电话标准化的目标，使全世界的电信完成标准化。网址：https://www.itu.int/en/pages/default.aspx
国际性的电子技术与信息科学工程师的协会 （Institute of Electrical and Electronics Engineers）	IEEE	IEEE 致力于电气、电子、计算机工程和与科学有关的领域的开发和研究，在太空、计算机、电信、生物医学、电力及消费性电子产品等领域已制定了 900 多个行业标准，现已发展成为具有较大影响力的国际学术组织。网址：http://www.ieee.org
美国国家标准学会 （American National Standards Institute）	ANSI	非营利性质标准化团体，国家标准化中心。致力于国际标准化事业和消费品方面的标准化。网址：https://www.ansi.org/

(续)

标准化组织	简称	网址、主要内容
德国标准化学会 （Deutsches Institut für Normung e.V）	DIN	德国最大的具有广泛性的公益性标准化民间组织，制定和发布德国标准及其他标准化工作成果。网址 https://www.din.de/de
法国标准化学会 （DES SOLUTIONS POUR FAIRE LA DIFFÉRENCE）	AFNOR	根据法国民法成立，并由政府承认和资助的全国性标准化机构。按政府指示组织和协调全国标准化工作，代表法国参加国际和区域性标准化机构的活动。网址：https://www.afnor.org/
日本工业标准调查会 （Japanese Industrial Standard Committee）	JISC	制定日本工业标准，由日本标准协会负责发行。在国际上，JISC代表日本参加国际标准化活动。网址 https://www.jisc.go.jp

除了上述国际/国家的标准化组织的外，还有一些较知名数据库和行业标准机构可以检索相关标准。

1）ILI 标准数据库，综合性的国际题录标准数据库，其工业和军用标准合为一个信息源。收录世界上各标准机构出版的 35 万件标准文献，内容包括引用的等同标准、替代标准、更新标准、参考标准及修订中的标准，涉及的国家和国际性组织有英国、美国（包含军用标准）、德国、法国、荷兰、比利时、加拿大、日本、瑞典、意大利、澳大利亚以及 ISO 标准组织、IEC 标准组织和欧洲标准管理机构。该数据库虽为题录型，但有近一半的记录附有 200 字左右的摘要。数据内容每季度更新，为了便于检索，对新修订的标准记录都做有标记。ILI 标准数据库为 EI 公司的合作产品，在 Internet 上借助 EI 公司主页，提供标准文献检索服务。网址：http://www.ei.org。

2）PERINORM 标准数据库，提供了 45 万余条工业技术标准文献及规范，其中包括 ISO、ETSI、ASTM、ASME、IEEE 等组织制定的标准，并有简要说明和订购价格，其中约 5000 条标准为 PDF 格式的标准全文，可直接下载。网址：https://www.perinorm.com。

3）ASTM（美国材料与试验学会）标准，美国材料与试验学会是著名的学术团体，下设 132 个技术委员会，负责制定工业用材料和产品性能方面的 ASTM 标准，现已颁布有关标准 1 万余件。据统计，现行的 ANSI 标准中约有 50% 为 ASTM 标准。因此，利用该主页可检索到该学会所出版的标准，标准年鉴及标准汇编等。网址：https://www.astm.org/。

4）美国汽车工程师学会标准，网址：https://www.sae.org/。

5）美国机械工程师学会标准，网址：https://www.asme.org/。

4. 检索实例

【检索需求】检索 "High-voltage alternating current circuit-breakers"（高压交流断路器）标准。

【研究主题】High-voltage alternating current circuit-breakers。

【字段限定】出版物 关键词字段。

【时间限定】无。

1）第一步：选择检索功能，选择高级检索中 Publications /Work in progress（出版物检索/项目）。

2）第二步：输入检索词：High-voltage alternating current circuit-breakers。

3）第三步：在 Work areas（标准的状态）字段中，勾选 Publications，如图 5-40 所示。

4）第四步：单击检索获取检索结果，如图 5-41 所示。

5）第五步：单击进入详细介绍页，主要包括摘要（Abstract）、其他相关信息（Additional

information)、相关标准(Related publications)等,如图 5-42 所示。

6)第六步:单击进入标准预览页面,如图 5-43 所示。

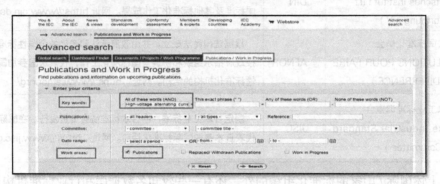

图 5-40　检索词输入界面

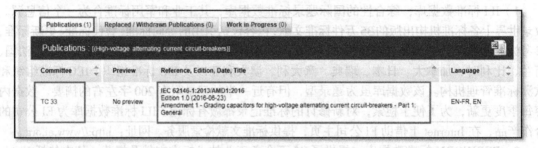

图 5-41　检索结果列表

图 5-42　详细介绍页

图 5-43　检索结果预览页面

第三节　学位论文检索

一、学位论文检索概述

学位论文（图5-44）一般分为：封面、版权声明、题目、摘要（中文、英文）、关键词、目录、序言（或绪论、导论）、正文、注释、结论、参考文献、附录、作者的致谢、附录、学位论文原创性声明和授权使用说明、封底。

通过论文答辩的学位论文的内容专业性强、学术水平高、内容相对可靠且翔实具体、参考文献丰富、信息量大。已经通过论文答辩的学位论文一般在学位授予单位收藏，绝大多数不公开发表或者出版，不通过一般的商业性出版物的流通渠道发行。由于学位论文收藏单位比较分散，因此学位论文的收集保存单位不一。以下将分别介绍国内外比较著名的学位论文数据库。学位论文示例如图5-44所示。

图5-44　学位论文示例

二、学位论文数据库及其检索

（一）国内学位论文数据库

1. 中国知网优秀博硕士论文数据库

中国知网优秀博硕士论文数据库是目前国内相关资源最完备、高质量、连续动态更新的中国优秀博硕士学位论文全文数据库。收录自从 1984 年至今的博硕士学位论文，主要是全国 483 家培养单位的博士学位论文和 766 家硕士培养单位的优秀硕士学位论文。主要学科涵盖基础科学、工程技术、农业、医学、哲学、人文、社会科学等各个领域。检索功能包括：基本检索、高级检索、专业检索、句子检索、一框式检索。

网址：https://kns.cnki.net/kns/brief/result.aspx?dbprefix=CDMD。

2. 万方中国学位论文全文数据库（CDBB）

万方中国学位论文全文数据库（China Dissertation Database，简称 CDBB）学位论文资源包括中文学位论文和外文学位论文，中文学位论文收录始于1980年，涵盖理学、工业技术、人文科学、社会科学、医药卫生、农业科学、交通运输、航空航天和环境科学等各学科领域；外文学位论文收录始于 1983 年。检索功能包括：基本检索、高级检索、专业检索、作者发文检索。

网址：https://www.wanfangdata.com.cn/index.html。

3. CALIS 学位论文中心服务系统

CALIS 学位论文中心服务系统是由 CALIS 全国工程文献中心（清华大学图书馆）组织建设的包括清华大学、北京大学等著名大学在内的百所高校的博硕士学位论文文摘数据库，如图 5-45 所示。该系统收录自 1995 年以来的学位论文，将论文按照工学、农学、理学、医学、

图5-45　Calis学位论文中心服务系统

哲学、经济学、法学、历史学、军事学、管理学、教育学、文学划分为 12 个学科类别。此外，还提供论文前 16 页预览以及馆际互借、下载等服务。检索功能为简单检索。

网址：http://etd.calis.edu.cn/。

4. 国家科技图书文献中心（NSTL）学位论文库

该数据库包括中文学位论文数据库和外文学位论文数据库。数据库主要收录 1984 年至今高等院校及研究生院发布的硕士、博士和博士后论文，学科范围涉及自然科学各专业领域、社会科学和人文科学。外文学位论文收录美国 PQDT 数据库的博硕士论文资料库中 2001 年以来的优秀博士论文近 20 万篇，学科范围涉及自然科学各个专业领域，并兼顾社会科学和人文科学。每年递增。从首页即可进入到学位论文数据库，如图 5-46 所示。提供中英文互译功能，方便检索者翻译并切换中英文检索。检索功能包括：基本检索、二次检索和高级检索，高级检索提供分列导航。

网址：https://www.nstl.gov.cn/。

图 5-46　国家科技图书文献中心（NSTL）学位论文库界面

5. 中国台湾学术文献数据库（airiti Library）硕博士论文库

中国台湾学术文献数据库（airiti Library）硕博士论文库收录 2004 年以来中国台湾顶尖校系与重点校院学位论文，包括公立大学、私立大学、技职院校和海外合作院校的硕博士论文数据库。查找学位论文时可通过院校进行浏览或者实施检索。该论文库界面如图 5-47 所示。

网址：http://www.airitilibrary.cn/。

图 5-47　中国台湾学术文献数据库（airiti Library）硕博士论文库界面

6. 检索实例

【检索需求】在中国台湾学术文献数据库（airiti Library）硕博士论文库检索中国台湾地区有关"大数据"的学位论文。

【研究主题】"大数据"。

【字段限定】题名、关键词、摘要（数据库提供的检索字段）。

【检索功能】字段检索。

【时间限定】无。

1）第一步：选择检索功能，选择字段检索。
2）第二步：输入检索词：大数据。
3）第三步：在地区字段中，勾选台湾，图 5-48 所示。

图 5-48　检索结果界面

4）第四步：实施检索，在结果界面选择学位论文，共计 222 条相关结果。左侧对 222 条相关检索结果进行分类聚类，包括学校、授予学位类别等，检索结果条目显示相关学位论文的标题、作者信息、关键词等，如图 5-49 所示。

5）第五步：获取检索结果举例，显示详细的摘要、参考文献等相关信息，如图 5-50 所示。

图 5-49　中国台湾学术文献数据库（airiti Library）硕博士论文库检索界面

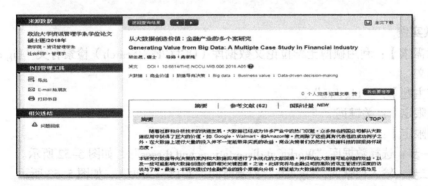

图 5-50　中国台湾学术文献数据库（airiti Library）硕博士论文库详细结果界面

（二）国外学位论文数据库

1. PQDT 学位论文数据库

美国 ProQuest 公司出版的 PQDT（ProQuest Dissertation Theses）学位论文数据库，收录 1861

年以来的欧美2 000余所大学270万篇学位论文的文摘信息，涵盖文、理、工、农、医等各个学科领域，每年新增论文条目约7万多篇，数据每周更新。PQDT提供英、法、日、韩等18种检索界面语言，可与PQDT平台的其他数据库进行跨库检索。此外，系统还提供按学科专业、按国家和地区进行浏览的功能，并提供内容提示、建立订阅等个性化服务。

目前"ProQuest学位论文全文中国集团"在国内建立了两个镜像站，可登录任一网站检索并下载全文。检索功能：基本检索、高级检索、分类导航，见图5-51。网址：http://www.pqdtcn.com/。

图5-51　ProQuest学位论文全文库（CALIS镜像）

2. 硕博士学位论文数据库（OCLC/FirstSearch）

WorldCat Dissertations and theses 硕博士学位论文数据库收集了WorldCat数据库中所有硕博士论文，数据库最突出的特点是其资源均来自世界一流高校的图书馆，如美国的哈佛大学、耶鲁大学、斯坦福大学、麻省理工学院、哥伦比亚大学、杜克大学、西北大学以及欧洲的剑桥大学、牛津大学、帝国理工大学、欧洲工商管理学院、巴黎大学、柏林大学等，共有1 800多万条记录，其中100多万篇有全文链接，可免费下载，是学术研究中十分重要的参考资料。该数据库每天更新。检索功能：基本检索、高级检索、专家检索、历次检索。网址：https://firstsearch.oclc.org。

3. 美国博士论文档案数据库（EBSCO-American Doctoral Dissertations）

美国博士论文档案数据库是一个开放获取的数据库，涵盖EBSCO发布的美国博士论文中1933—1955年的论文文献，并提供由美国高校遴选出的其他论文元数据。收录自1902年至今的172 000多篇论文，且针对这些论文新增近100 000笔引文数据。网址：https://search.ebscohost.com/。

4. 检索实例

【检索需求】：利用硕博士学位论文数据库（OCLC/FirstSearch）检索有关"big data"近5年的学位论文。

【研究主题】："big data"。
【字段限定】：关键词。
【时间限定】：2015—2020。

1）第一步：选择数据库"WorldCat dissertations and theses"，如图5-52所示。
2）第二步：输入检索词：big data。控制时间"2015—2020"，如图5-53所示。
3）第三步：实施检索，得到检索结果3 932条。将检索结果分类，包括互联网、图书、计算机、档案、文章等，如图5-54所示。
4）第四步：获取检索结果举例，选择第一条检索结果，单击题名进入结果详细页。显示文章的详细链接，如图5-55所示。
5）第五步：单击文章的详细链接，进入全文界面，如图5-56所示。

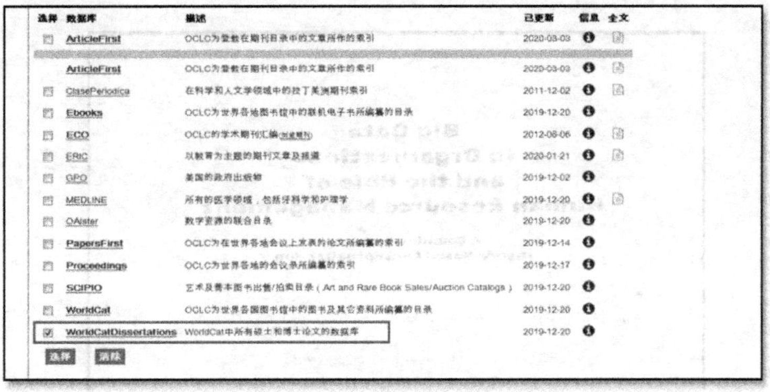

第五章 专题文献信息检索

图 5-52 选择数据

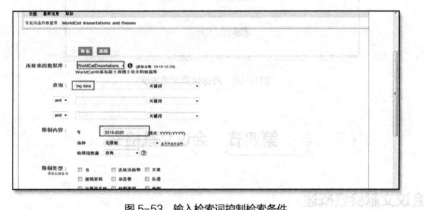

图 5-53 输入检索词控制检索条件

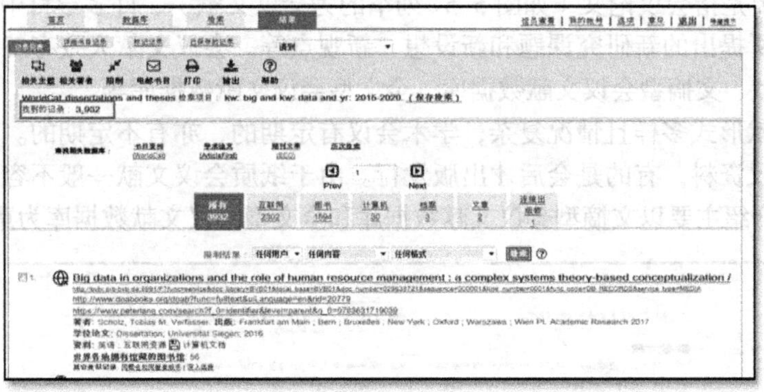

图 5-54 检索结果界面

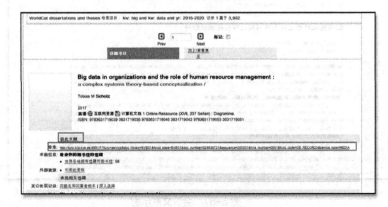

图 5-55 具体结果详细页

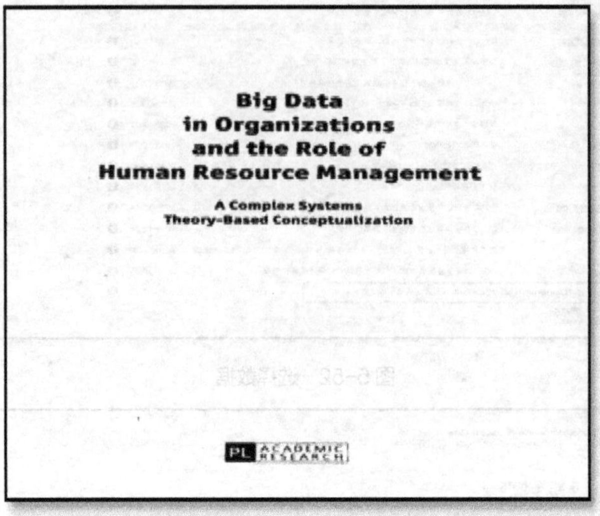

图 5-56 具体结果浏览界面

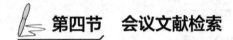

第四节 会议文献检索

一、会议文献检索概述

会议文献主要是指会议论文（如图 5-57 列举的为会议文献）、许多学科中的新发现、新进展、新成就以及所提出的新研究课题和新设想、新观点等。会议文献大致有三种载体，包括纸质出版的会议文献、文摘型会议文献数据库、全文型会议文献数据库等。

由于会议文献形式多样且情况复杂，学术会议有定期的，亦有不定期的。有的是会前就形成正式的出版会议资料，有的是会后才出版发行。由于纸质会议文献一般不容易获取，本节对会议文献检索的介绍主要以文摘型会议文献数据库和全文型会议文献数据库为重点。

《中国医学装备》杂志社 20180707　　中国医学装备大会暨第27届学术与技术交流年会论文汇编

参考文献

[1]春慧平,卢晓欣,汤水景,等.高压氧舱内监护仪在一氧化碳急救中的应用[J].医师进修杂志, 2005.

[2]中华医学会高压氧学分会.医用高压氧舱安全管理与应用规范[S],2015.

[3]罗毅.无线遥测心电监护仪在高压氧治疗中的应用[J].医疗设备信息,2002.

[4]郑进克.基于紫蜂技术的高压氧舱专用生理监护仪的研制[J].中国医疗器械杂志,2008.

作者简介：王旭,男,1990,本科,初级工程师

院内高危科室工作人员医用口罩使用现状综述

王天阳① 李绘鹏① 隋东明①*

①吉林大学第一医院 吉林 130021

【摘要】佩戴医用口罩是医院预防交叉感染的重要防护措施，目前医护人员佩戴口罩的依从性较低。本文主要对高危科室使用医用口罩的现状进行综述，分析消毒供应室、检验实验科室、肿瘤专科、手术室、口腔科、感染科、呼吸科、急诊、ICU 等高危科室医护人员口罩使用情况，从而对医院感控部门提出相关建议，以有效预防和控制医院感染。

【关键词】院内感染；高危科室；医用口罩；使用现状

随着传染病流行态势和疾病谱的改变，新发传染病不断出现，医护人员长期处于高危工作环境，职业暴露的危险性不断增大，佩戴口罩在预防和控制院内感染中必不可少。医用口罩阻隔体液、血液、分泌物喷溅，通过阻隔部分细菌、病毒和有害气体，保护医护人员及患者。但目前医护人员医用口罩使用依从性并不规范，分析并指导院内感染高危科室工作人员正确使用至关重要。

1 消毒供应室工作人员口罩使用现状

消毒供应室承担医院医疗器械的清洗和消毒工作，工作人员在洗消过程中易沾染迸溅出的分泌物、血液等污物，使用高压水枪冲洗内镜管道时更容易吸入微生物气溶胶而造成感染。且消毒需要用到具有强烈刺激性、腐蚀性，挥发性的化学消毒剂，如戊二醛、甲醛、环氧乙烷等，吸入后会造成呼吸道损伤。

王云[1]调查某医院供应室工作人员职业危害因素及防护措施时发现，面对粉尘吸入、气溶胶吸入、消毒液挥发等职业危险因素，工作人员中了解清洗回收器械时必须戴口罩、手套、眼罩的比例只有 65.3%，

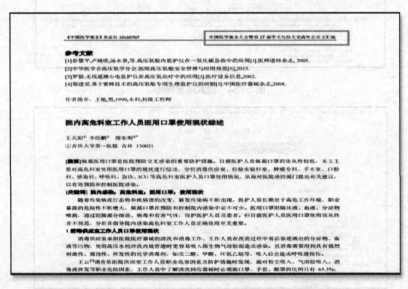

图 5-57 会议文献示例

二、会议文献的检索

（一）文摘型会议文献数据库

1. 国家科技图书文献中心中外文会议库（NSTL）

国家科技图书文献中心中外文会议库（NSTL）是中国科学院文献中心、中国科学技术信息研究所、机械工业信息研究院、冶金工业信息标准研究院、中国化工信息中心、中国农业科学院农业信息研究所、中国医学科学院医学信息研究所、中国标准化研究院标准馆和中国计量科学研究院文献馆所收藏中外文会议录的题录信息，如图5-58所示。主要收录了1985年以来国内及世界各主要学协会、出版机构出版的学术会议论文，部分文献有少量回溯。学科范围涉及工程技术和自然科学各专业领域。每年增加论文约20余万篇，每周更新。检索功能主要有三种：基本检索、高级检索、会议录检索。

网址：https://www.nstl.gov.cn/。

图5-58　国家科技图书文献中心中外文会议库界面

2. 上海图书馆上海科学技术情报研究所会议资料数据库

该数据库由上海图书馆上海科学技术情报所承办，包括国内各科学技术机构、团体和主管机关举办的专业性学术会议，是科技交流的重要渠道，这些会议资料集中反映了科技最新成果和发展趋势，是重要的科技情报来源，深受广大科技研究和教育人员重视。1995年与上海图书馆合并的上海科技情报所自1958年起征集入藏各种科技会议文献，形成专业收藏。现提供1986年至今约40万件资料网上篇名检索服务，以后每年新增数据3万条。读者可按照篇名、作者、会议名、会议地名、会议时间等进行检索，并且提供全文复印服务。如图5-59所示。上海科学技术情报研究所会议资料数据库提供一种检索方式，即一框式检索。

网址：http://www.library.sh.cn/jump/。

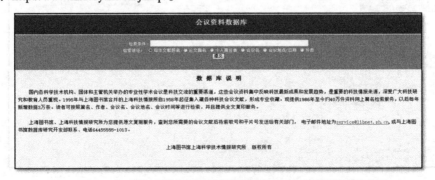

图5-59　上海图书馆上海科学技术情报研究所会议资料数据库界面

3. ISI Proceedings

(1) 基本情况

原科技会议录索引 ISTP 和社会科学及人文科学会议录索引 ISSHP 都是由美国 ISI 编辑出版的查阅各种会议录的网络数据库，汇集了世界上最新出版的会议录资料，包括专著、丛书、预印本以及来源于期刊的会议论文，涉及自然科学和工程技术、社会科学、艺术及人文科学所有领域，包括农业、生物化学、生物学、生物工艺学、化学、计算机科学、工程、环境科学、内科学、物理、艺术、经济学、历史、文学、管理学、哲学、心理学、公共卫生学和社会学等。其检索界面如图 5-60 所示。

图 5-60　ISI Proceedings 检索界面

(2) 检索功能

检索功能有一般检索（Search）、高级检索（Advanced Search）两种检索方式。

用户通过 Topic 字段可在会议论文的标题、关键词或文摘中进行检索。通过 Author 字段可从会议论文的作者名或会议录的编者名进行检索。通过 conference 字段可从会议名称进行检索。检索方法已于第四章中提及，在此不再举例。

4. First Search Proceedings

FirstSearch Proceedings 是 OCLC FirstSearch 中的一个子库——国际学术会议论文索引。该库收录了世界各地学术的会议论文，是一部在世界范围召开的大会、座谈会、博览会、研讨会、专业会、学术报告会上发表的会议录的索引，共有近 46 万条记录。它涵盖了英国图书馆文献供应中心所出版过的会议论文及资料。其检索界面如图 5-61 所示。每两周更新一次。检索功能包括基本检索、高级检索、专家检索、历次检索。检索方法已于第四章中提及，在此不再举例。

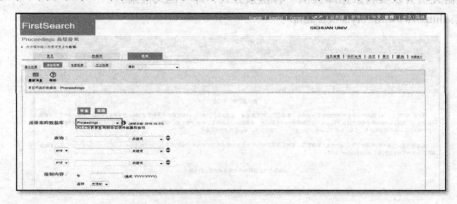

图 5-61　FirstSearch Proceedings 检索界面

5. FirstSearch PapersFirst

FirstSearch PapersFirst 是 OCLC FirstSearch 中的一个子库——国际学术会议录目录、该库收录了在世界范围召开的大会、座谈会、博览会、研讨会、专业会、学术报告会上发表的论文的索引。涵盖了自 1993 年以来所有来自于大英图书馆文献供应中心的发表过的会议的资料，共有 810 多万条记录，所包含的主题就是在所报导的会议中讨论的主题，可通过馆际互借获取全文。其检索界面如图 5-62 所示。该数据库每两周更新一次。检索功能包括基本检索、高级检索、专家检索、历次检索。检索方法已于第四章中提及，在此不再举例。

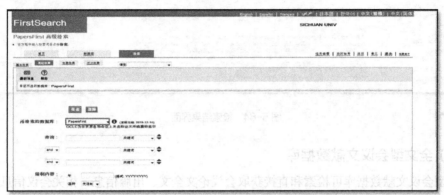

图 5-62　FirstSearch PapersFirst 检索界面

6. 检索实例

【检索需求】以国家科技图书文献中心中外文会议库（NSTL）为基础，检索举办的有关"大数据"的相关会议的会议文献。

【研究主题】大数据。

【字段限定】会议名称检索。

【时间限定】无。

1）第一步：选择检索方式，选择高级检索。
2）第二步：输入检索词"大数据"，如图 5-63 所示。
3）第三步：获取检索结果 734 条信息，界面左侧聚类相关会议录和会议，如图 5-64 所示。

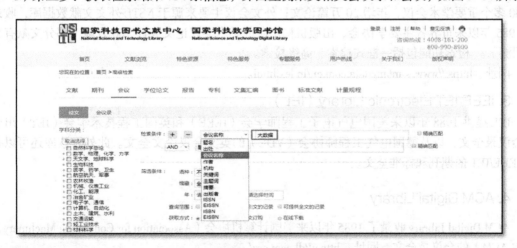

图 5-63　检索图

图 5-64　检索结果界面

（二）全文型会议文献数据库

全文型会议文献数据库可检索和直接获取会议论文全文、出版信息、相关会议信息。

1. 国内外重要会议论文数据库（CNKI）

国内外重要会议论文全文数据库的文献是由国内外会议主办单位或论文汇编单位书面授权并推荐出版的重要会议论文。重点收录 1999 年以来，中国科协系统及国家二级以上的学会、协会、高校、科研院所，政府机关举办的重要会议，以及在国内召开的国际会议上发表的文献。其中，国际会议文献占全部文献的 20% 以上，全国性会议文献超过总量的 70%，部分重点会议文献回溯至 1953 年。检索功能包括高级检索、专业检索、作者发文检索、句子检索、一框式检索。

网址：https://kns.cnki.net/kns/brief/result.aspx?dbprefix=CIPD。

2. 万方会议论文数据库

万方会议论文数据库资源包括中文会议和外文会议，中文会议收录始于 1982 年，年收集 3 000 多个重要学术会议，年增 20 万篇论文；外文会议主要来源于 NSTL 外文文献数据库，收录了 1985 年以来世界各主要学协会、出版机构出版的学术会议论文共计 766 万篇（部分文献有少量回溯）。检索功能包括一框式检索、高级检索。

网址：https://www.wanfangdata.com.cn/index.html。

3. IEEE/IET Electronic Library（IEL）

IEL 提供 1988 年以来美国电气电子工程师学会（IEEE）和英国工程技术学会（IET）出版的会议录全文，以及德国电气工程师协会（VDE）的英文会议论文全文。此外，该库还可以查到 IEEE/IET 的期刊和标准全文。

4. ACM Digital Library

ACM Digital Library 收录了 1985 年以来美国计算机协会（Association for Computing Machinery，简称 ACM）的会议录全文。网址：https://dl.acm.org/。

5. AIAA Electronic Library

美国航空航天学会（American Institute of Aeronautics and Astronautics，AIAA）成立于1963年，其使命是推动航空学和航天学领域中科学、技术、工艺的进步。发展至今，AIAA已经是全球最大的航空航天方面的非政府及非营利的专业学会。AIAA Electronic Library 数据库提供美国航空航天学会每年出版的20~30个会议的会议论文全文约6 000篇。网址：https://arc.aiaa.org。

6. AIP Conference Proceedings

AIP Conference Proceedings 提供美国物理联合会（American Institute of Physics，简称AIP）2000年以来的会议录全文。网址：https://aip.scitation.org/journal/apc。

7. SAE Digital Library

SAE Digital Library 提供美国汽车工程师协会（Society of Automotive Engineers，简称SAE）1990年以来的部分会议录全文。此外，该库还可以查到SAE的技术报告。网址：https://saemobilus.sae.org/search/。

8. SPIE Digital Library

SPIE Digital Library 收录了国际光学工程学会（The International Society for Optical Engineering，简称SPIE）1998年以来的所有会议录全文。网址：https://www.spiedigitallibrary.org/?SSO=1。

9. 检索实例

【检索需求】以国内外重要会议论文数据库（CNKI）为例，检索2015年发表的关于大数据方面的会议文献。

【研究主题】大数据。

【检索方式】高级检索。

【字段限定】主题。

【时间限定】2015.01.01—2015.12.31。

1）第一步：选择检索方式，选择高级检索。

2）第二步：输入检索词"大数据"。

3）第三步：限定时间：2015.01.01—2015.12.31，如图5-65所示。

4）第四步：实施检索。获取检索结果712条相关资源。结果默认按照时间排序，结果显示标题、作者、会议名称等相关信息。通过分组浏览可对712条相关结果进行分组分类，如图5-66所示。

图 5-65　检索界面

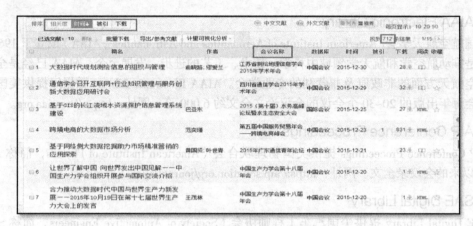

图 5-66　检索结果界面

第五节　科技报告检索

一、科技报告检索概述

科技报告在内容上一般具有一定的保密性，故往往以内部资料的形式出现，或在一定时期后公开发表。根据不同的分类标准可以分为不同的类型（详见表5-4），科技报告示例如图5-67所示。

表 5-4　科技报告分类表

分类标准	类型
形式	报告（Report）：一般公开出版，内容较详尽，是科研成果的技术总结 札记（Notes）：内容不尽完善 备忘录（Memorandum）：内部使用，限制发行 论文（Paper）：指准备在学术会议或期刊上发表的报告，常以单篇形式发表 译文（Translations）：译自国外有参考价值的文献
研究阶段	初期报告（primary Report）：研究单位在进行某研究项目的一个计划性报告 进展报告（Progress Report）：报道某项研究或某研究机构的工作进展情况 中间报告（Interim Report）：报道某项研究课题某一阶段的工作小结以及对下一阶段的建议等 最终报告（Final Report）：科研工作完成后所写的报告
密级	保密报告（Classifical）：按内容分成绝密、机密和秘密三个级别，只供少数有关人员参阅 非保密报告（Unclassifical）：分为非密限制报告和非密公开报告 解密报告（Declassfical）：保密报告经一定期限，经审查解密后，成为对外公开发行的文献

第五章
专题文献信息检索

图 5-67　科技报告示例

二、科技报告的检索

科技报告由于其特殊性,其检索工具相对分散,以下将从国外和国内两个角度介绍科技报告的检索工具。

(一) 国外科技报告的检索

1. 美国四大科技报告检索

美国的四大报告:PB(Office of Publication Board)报告、AD(ASTIA Documents)报告、NASA(National Aeronautics and Space Administration)报告,DOE(U.S. Department of Energy)报告。下面分别介绍四大报告的检索工具。

(1) PB 报告

1945 年美国商务部成立了出版局(Publication Board),负责收集、整理和报道来自德国等二战战败国的科技资料,并逐篇以 PB 字头编号,内部出版发行,统称 PB 报告。随着这批资料整理结束,报告来源逐渐以本国科研机构为主,内容也逐步从军事科学转向民用,并侧重于土木建筑、城市规划和环境污染等方面,每年约发行 1 万件。其报告号由报告代号"PB"+顺序号构成,从 1980 年起,由报告代号"PB"+年号+顺序号构成,如 PB2001-102980。检索工具:美国政府 NTIS 数据库,如图 5-68 所示。

检索网址:http://www.ntis.gov/。

图 5-68　美国政府 NTIS 数据库

(2) AD 报告

AD 报告原为美国武装部队技术情报局(Armed Services Technical Information Agency,简称

ASTIA)收集出版的美国陆海空三军科研机构的报告,故以 AD 字头编号,表示 ASTIADocument 的意思。ASTIA 现已改名为 DTIC(国防技术信息中心),但 AD 报告的工作仍延续了下来。AD 报告除了收集出版本国国防军事科研机构的报告外,也收集来自本国公司企业、外国科研机构和国防组织的研究成果及一些译自苏联的文献,由于密级不同,其编号较为繁杂,1975 年以来 AD 报告编号可归纳为"AD+ 密级 + 流水号"。在 AD 报告中,不同的字母表示不同的密级:A 表示公开报告,B 表示非密限制报告,C 表示秘密、机密报告,D 表示美军专利文献,E 表示临时实验号,L 表示内部限制使用,P 表示专题丛书或会议论文集中的单行本,R 表示属于国防部和能源科技情报联合协调委员会提供的能源科学方面的保密文献。AD 报告均比 PB、NASA 和 DOE 报告重要,控制得更严格。检索工具:美国政府 NTIS 数据库、FedWorld。

检索网址:https://www.ntis.gov/。

(3) DOE 报告

DOE 报告由美国能源部(Department and Energy,简称 DOE)出版发行,又称为 DE 报告,主要涉及能源领域。报告形式为报告号"DE"+ 年号 + 顺序号构成。检索工具:科技信息办公室(OSTI)网站,如图 5-69 所示。

检索网址:https://www.osti.gov/。

图 5-69 科技信息办公室(OSTI)网站

(4) NASA 报告

NASA 报告由美国国家航空航天局(National Aeronautics and Space Administration)收集和出版发行,涉及的主要内容为空气动力学、发动机以及飞行器材、实验设备、飞行器制导及测量仪器等,同时也涉及机械、化工、冶金、电子、气象、天体物理、生物等学科。科技报告的报告号由"NASA"或者"N"+ 年号 + 顺序号构成。检索工具:美国航空咨询委员会(NASA)网站 NTRS 网站,如图 5-70 所示。

检索网址:https://ntrs.nasa.gov/search.jsp。

图 5-70 美国航空咨询委员会(NASA)网站 NTRS 网站

2. 其他检索数据库

(1) GrayLIT Network 数据库

GrayLIT Network 数据库是由美国能源部（DOE）科技信息办公室（OSTI）联合美国国防科技信息中心（DTIC）、美国航空总署（NASA）、美国环保总局（EPA）提供的科技报告数据库。它由以下五个数据库组成：Defense Technical Information Center（DTIC）Report Collection 提供解密文件，超过 42 000 篇全文报告，内容涉及国防研究和基础科学；DOE Information Bridge Report Collection 能够检索并获得美国能源部提供的研究与发展报告全文超过 65 000 篇报告，内容涉及物理、化学、材料、生物、环境科学及能源；EPA—National Environmental Publications Internet Site（NEPIS）提供超过 9 000 篇报告，内容涉及水质、废水、生态问题、湿地等；NASA Jet Propulsion Lab（JPL）Technical Reports 提供超过 11 000 篇报告，内容涉及推进系统、外太空进展、机器人等；NASA Langley Technical Reports 提供超过 2 500 篇报告，内容涉及航天、太空科学等。网址：https://www.osti.gov/。

(2) 美国国家技术情报服务局（NTIS）数据库

NTIS 报道的科技报告主要是美国的四大报告，另外包括美国农业部、教育部、环保局、健康与人类服务部、住房与城市部等的科技报告；同时也收录世界其他许多发达国家，如加拿大、日本和欧洲各国以及一些国际组织的报告。网址：http://www.ntis.gov。

3. 检索举例

【检索需求】检索 NASA 报告中标题中含有"system demonstration problems"的科技报告。

【研究主题】system demonstration problems。

【检索方式】关键词检索。

【字段限定】关键词。

【时间限定】无。

1）第一步：选择初级检索界面，初级检索页面支持关键词检索，在一框式检索框中输入检索词"system demonstration problems"，如图 5-71 所示；

2）第二步：初步检索结果为26 521条，在初级检索界面实施二次检索。在页面右侧，标题（title）限定中再次输入检索词中输入检索词"system demonstration problems"，如图5-72所示；

3）第三步：二次检索后得到相关筛选出 3 篇相关文献，默认按照相关度排序。检索结果显示文献类型（Document Type）、文献编号（Report/Patent Number）等相关信息，如图 5-73 所示。

4）第四步：进入第 1 条科技报告相关界面。显示科技报告的出版机构和作者（Author and Affiliation）、摘要（Abstract）、出版日期（Publication Date）、索取号（Accession Number）、出版年、识别号、编号（Report/Patent Number）等相关信息，如图 5-74 所示。

图 5-71 检索词输入界面

图 5-72 二次检索界面

图 5-73 二次检索结果界面

图 5-74 科技报告界面

(二)国内科技报告的检索

1. 国家科技报告服务系统

国家科技报告服务系统由科技部开发建设,向社会公众提供中国科技报告的免费开放服务;内容包括受科技部、自然科学基金会、交通运输部等国家资助的项目所撰写和呈交的科技报告;分为社会公众、专业人员、管理人员三种界面,分别提供不同的服务;主要提供科学技术部、交通运输部、国家自然科学基金委员会、地方科技报告的检索以及浏览报告摘要等服务,如图5-75所示;浏览报告摘要时无需注册,浏览全文需要实名注册。检索方式:基本检索、高级检索。

检索网址:https://www.nstrs.cn/。

图 5-75　国家科技报告服务系统网站

2. 尚唯科技报告资源服务系统

尚唯科技报告资源服务系统由科技部西南信息中心重庆尚唯信息技术有限公司提供。数据库收录了收录从 1900 年至今的国外科技报告，涉及 5 万余研究机构、6 万余关键词信息，包含 300 多个学科层级分类，内容覆盖科学技术的各个领域，由题录文摘库和全文库两部分组成，提供学科分类导航和服务机构导航，如图 5-76 所示。检索方式：基本检索、高级检索。

网址：http://bg.sunwayinfo.com.cn/。

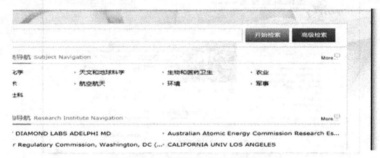

图 5-76　尚唯科技报告资源服务系统

3. 万方数据知识服务平台科技报告检索

万方数据知识服务平台科技报告检索收录 1966 年以来的源于中华人民共和国科学技术部的科技报告。外文科技报告收录美国政府四大科技报告（AD、DE、NASA、PB），共计 110 万余份。检索方式：基本检索、高级检索、专业检索、作者发文检索。

网址：https://www.wanfangdata.com.cn/index.html。

4. 中国知网科技报告检索

中国知网科技报告检索主要可以检索美国四大科技报告，以及俄罗斯、英国、加拿大等国家的科技报告。检索方式：高级检索、专业检索。网址：http://r.cnki.net/KNS/brief/result.aspx?dbPrefix=kjbg。

5. 检索实例

【检索需求】以国家科技报告服务系统为基础，检索关于"防疫"方面的科技报告。

【研究主题】"防疫"为检索词，科技报告为检索文献类型。

【检索方式】基本检索。

【检索字段】关键词。

【时间限定】无。

1）第一步：选择社会公众界面，如图 5-77 所示；

2)第二步:选择检索途径"关键词",输入检索词"防疫",如图 5-78 所示。

3)第三步:得到检索结果 1 条,左侧分类科技报告的"立项/批准年度",结果列表显示"题名""作者单位""计划名称""立项/批准年度",提供在结果中的二次检索,如图 5-79 所示。

4)第四步:进入第 1 条科技报告相关界面。显示科技报告的作者、公开范围、摘要等相关信息,如图 5-80 所示。

图 5-77 国家科技报告服务系统网站社会公众界面

图 5-78 检索界面

图 5-79 检索结果界面

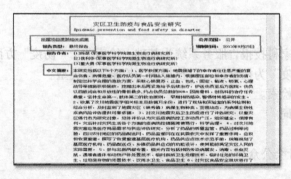

图 5-80 科技报告界面

第六节 档案信息检索

一、档案信息检索概述

档案信息检索是指将档案材料中的情报信息加以存储，编制检索工具，建立检索系统，并按一定的方法查找和利用档案材料的一种档案管理业务活动。档案信息是依附于各种有形的物质载体，反映事物对象的状态、特征及其规律的原始信息。图像档案示例如图 5-81 所示。

根据档案信息检索的途径，档案信息检索途径分为档案内容检索途径和形式检索途径两大类，见表 5-5。

图 5-81 图像档案示例

表 5-5 档案信息的检索途径一览表

检索途径	具体类型	含义
内容	分类途径	档案分类号作为检索入口查档案信息
	主题途径	档案内容主题
	题名途径	在一定程度上指题名
形式	责任者	责任者是档案的形成者，一般为单位或个人
	文号	档案的编号
	人名	档案中涉及的任务，针对特定人物档案的检索
	地名	档案中涉及的地名，针对特定地区的档案
	机构名	档案中涉及的机构特征，针对特定机构的档案

二、档案信息检索系统

传统的纸质档案检索工具由于其特殊性，对于普通的检索者而言很难接触到，随着互联网技术的发展，越来越多的档案信息依托于互联网，实现了在线检索。

（一）国内档案信息检索工具

国内的档案信息检索工具主要以各级档案馆的官方网站为主。目前。国内以国家级档案馆、地方级档案馆、高校档案馆的官方网站为依托，提供一定程度的档案信息检索功能。主要依托网站提供在线查询和预约查询档案服务，其中在线查询多为提供案卷级或文件级档案目录检索，少数网站能提供开放档案的原文检索。

1. 国家级——中华人民共和国国家档案局

中华人民共和国国家档案局官方网站的"法规标准库"栏目包括"档案政策法规库"和"档

案标准库",提供中华人民共和国档案的政策法规查询和档案相关标准的查询。此外还可以通过页面最底端链接到我国各省(直辖市、自治区)的地方档案馆,主页如图5-82所示。其下属的两个档案机构:中国第一历史档案馆、中国第二历史档案馆分别提供在线查档和预约查档服务。网址:http://www.saac.gov.cn/。

图5-82 中华人民共和国家档案局主页

2. 省级档案局网站

我国目前的各级、各地、各类型的档案网站资源处于分散状态,需要登录不同的档案网站,实现检索和获取相应的档案线索、档案原文信息以及电子政务现行文件信息。以四川省档案馆网站为例,如图5-83所示,在"互动交流"栏目,设置了"查档服务",提供部分档案的网络查询。档案信息查询提供查档指南、网上查档、查档预约三项档案信息检索相关的服务。其中网上查档目前只提供部分档案的网上查询服务。网址:http://www.scsdaj.gov.cn/。

图5-83 四川省档案馆查档服务页面

3. 市级档案网站

此外还有以各地市级档案馆网站为依托提供档案检索。以成都市为例,如图5-84所示。"数字档案馆"提供"预约查档""档案查询"功能,提供1949年后档案、民国时期档案的在线检索。提供简单的内容检索功能。

网址:http://171.221.172.49:1800/www2/Pages/File2.aspx?id=4&type=0。

图5-84 成都市档案馆主页截图

（二）国外有代表性的档案信息网站资源

由于档案信息的特殊性加之档案信息没有完全数字化，因此在检索档案时应根据档案信息的特征选取正确的档案信息网站加以检索。以下仅列举国外具有代表性的部分档案信息检索网站。

1. 加拿大国家档案馆档案检索

（1）基本情况

加拿大国家档案馆的任务是收集和保管加拿大的文献档案，其网站界面如图 5-85 所示。加拿大国家图书馆档案馆因为实行了资源整合，所以馆藏量惊人。它的馆藏来自加拿大及世界各地，可以覆盖加拿大整个国家的历史，包括了各种类型、各种格式的与加拿大国家与人民有关的文献资料。经过 140 多年积累的馆藏涉及档案包括：为加拿大文化、社会、经济、政治发展做出贡献的个人和团体的文字档案；排架长度达 250km 的政府及私人文字记录。

检索网址：http://www.collectionscanada.gc.ca/lac-bac/search/arch。

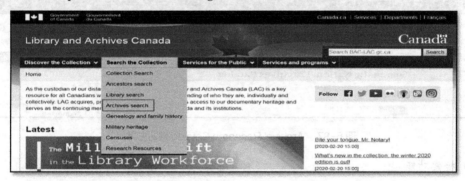

图 5-85　加拿大国家档案馆网站界面

（2）检索功能

检索功能：基本检索（Basic Search）、高级检索（Advanced Search），如图 5-86 所示。两种检索方式都可以限制检索的档案类型和案卷等级水平。可限定的档案类型包括：建筑和技术图纸（Architectural and technical drawings）、艺术品（Art）、地图和制图资料（Maps and catographic material）、文字档案（Textual material）等。

可限制的案卷等级水平（Hierarchical level）包括：档案全宗（fonds/Collections）、系列（Series）、案卷（Files）、项目（Item）等。

检索途径：全文（Any Keyword）、标题（Title Keyword）、人名（Name Keyword）、档案编号（Archiival ref.number）、档案登记号（accession number）等。

图 5-86　高级检索界面

2. 美国国家档案馆档案检索

(1) 基本情况

美国国家档案馆（National Archives of the United States，简称 NARA），是美国保管联邦政府档案文件的机构，是美国负责收存所有官方历史纪录的独立机构，收藏有各种形式的档案，包括：纸张、影片、地图、影像等。美国历史上的重要文献包括独立宣言、美国宪法和人权法案的原件都收藏于此。多年累积下来的档案已经达 90 亿件以上。网站主页如图 5-87 所示。

检索工具：ACR（Archival Research Catalog），NARA 所藏档案的 20% 都能在 ARC 里进行检索。

检索网址：https://www.archives.gov/research/catalog。

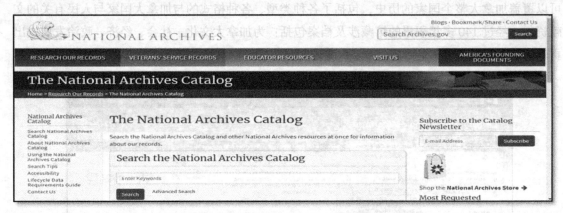

图 5-87　Archival Research Catalog 网站主页

(2) 检索功能

检索功能：基本检索（Basic Search）、高级检索（Advanced search）。其中高级检索提供更多的检索限制条件。可限定的档案类型（Type of Archival Materials），包括：建筑和工程图纸（Architectural and Engineering drawings）、艺术品（Artifacts）、数据案卷（Datas Files）、地图和图表等（Maps and charts）等。

检索结果：检索结果可按时间、形成者、所藏机构、所属卷宗等不同方式进行排序。此外可以通过检索超链接，链接到相关的全文、照片、录音和录像；可链接到文件形成者、文件中涉及的人名、地名、机构。

3. 检索实例

【检索需求】加拿大馆（Canada Pavilion）的邮票档案。

【研究主题】Canada Pavilion。

【字段限定】档案类型勾选"邮票和邮票产品""Stamps and stamp products"。

【时间限定】无。

1）第一步：档案类型勾选"邮票和邮票产品""Stamps and stamp products"。

2）第二步：输入检索词"Canada Pavilion"，如图 5-88 所示。

3）第三步：检索到共计 47 个与加拿大馆有关的邮票和邮票产品。从右侧的检索结果初步统计可以看出，47 个档案信息中，7 个为在线，40 个为非在线档案信息。可以分类是政府档案还是个人档案，其中 Goverment 为 42 个，Private 为 5 个。同时提供时间分类和案卷等级水平

(Hierarchical level)的分类统计,如图 5-89 所示。

4)第四步:选择检索结果 1,单击进入具体结果界面,如图 5-90 所示。显示档案的标题(Title)、排列结构(Arrangement structure)、档案项目(链接)部分(Item (linked) part of)、档案的创始地(Place of creation)、语种(language of material)等档案的具体细节信息。

图 5-88 检索界面

图 5-89 检索结果界面

图 5-90 具体结果界面

Chapter Six
第六章
引文文献检索系统

第一节 引文文献系统概述

引文索引是利用文献的引用和被引用关系建立起来的一种新型索引，20世纪50年代由美国情报学家尤金·加菲尔德（E.Garfield，1925— ）根据法律上的"谢泼德引文"（Shepard's Citation）的引证原理而研制的。它在编制原理、体例结构、检索方法等方面与常规的索引不同，具有独特的性能与功用，是常规索引的一种重要补充。其编制原理是将引文本身作为检索词，标引所有引用过某一引文的文献。检索时，是从被引用文献去检索引用过该文献的其他文献。它能够理顺科学著作之间的"引文网"，揭示文献之间的引证关系，检索到一批相关文献。引文索引既可以用于进行多种类型的检索，也可以通过引文分析成为评价核心期刊、核心出版社，评价科学家、科学团体以至国家的科研能力与水平的工具。引文索引在社会科学和人文科学中的应用，比在大部分自然科学中的应用更为普遍。他主办的费城科学情报研究所（ISI）先后创办了《科学引文索引》（SCI，1963年创刊）、《社会科学引文索引》（SSCI，1973年创刊）和《艺术与人文科学引文索引》（AHCI，1978年创刊）等三种引文索引刊物，并建立了引文索引数据库。

引文索引多用于新兴学科、交叉学科及其他复杂课题的文献检索。通过引文分析，可以揭示一些重要科学发现之间的内在联系，预测科学技术的发展方向。引文分析得到的数据，还可以用于评价科技文献的价值、科技人员及科研机构的工作成绩和水平。引文分析技术为文献计量学、科学计量学的研究提供了新的方法。对于读者来说，通过引文索引系统可以：

1）了解研究课题的总体发展趋势。
2）快速找到某个课题最有影响力的研究论文和文献综述。
3）得知一本书的理论是怎样发展和应用的。
4）了解国家自然基金资助项目的相关信息。
5）随时了解某个课题的最新进展。
6）追踪课题的来龙去脉，激发研究灵感和思路。
7）选择合适的期刊发表文章。

目前，国际著名的引文索引系统有SCI（科学引文索引）、SSCI（社会科学引文索引）、AHCI（艺术与人文科学索引）、EI（工程索引）、ISTP（科技会议录索引）。国内著名的引文索引数据库有CSCD（中国科学引文索引）、CSSCI（中国社会科学引文索引）、CCD（中国引文数据库）等。

第二节 国际著名引文索引系统

一、Web of Science

Web of Science 平台是 Clarivate Analytics 公司的主要索引文献检索平台,平台力求利用功能强大的引文检索功能,访问高质量、全面、多学科的核心期刊信息。

Web of Science 核心合集是平台核心数据库,收录了 256 个学科的 18 000 多种世界权威的、高影响力的学术期刊,内容涵盖自然科学、工程技术、生物医学、社会科学、艺术与人文等领域,最早回溯至 1900 年。Web of Science 核心合集收录了论文中所引用的参考文献,并按照被引作者、出处和出版年代编制成独特的引文索引。关于 Web of Science 的基本情况更详细的介绍请参见第四章,在此不再赘述。

(一)主要索引数据库介绍

1. SCI-E

Science Citation Index Expanded(科学引文索引,简称 SCIE)是世界上最权威的引文索引数据库之一。SCI-E 收录了自然学科领域中最具权威和影响力的 9000 多种学术期刊,涉及自然科学的 177 个学科,收录的内容最早可回溯至 1900 年。SCI-E 还收录了论文中所引用的参考文献,通过独特的引文索引,用户可以用一篇文章、一个专利号、一篇会议文献、一本期刊或者一本书作为检索词,检索它们被引用的情况,轻松回溯某一研究文献的起源与历史,或者追踪其最新进展,可以越查越广、越查越新、越查越深。

2. SSCI

Social Sciences Citation Index(社会科学引文索引,简称 SSCI)是世界上最权威的引文索引数据库之一。SSCI 收录了社会科学领域中最具权威和影响力的 3 300 多种学术期刊,涉及社会科学的 57 个学科,收录的内容可回溯至 1900 年。收录学科领域见表 6-1。

表 6-1 SSCI 收录的学科领域

人类学	经济学	地理学	信息科学和图书馆学
心理学,跨学科	社会科学,跨学科	区域研究	精神病学
教育和教育研究	老年医学	国际关系	心理学,应用
心理学,精神分析	社会科学,数学方法	商业	教育,特殊
健康正常和服务	法学	心理学,生物	心理学,社会
社会福利工作	商业,财经	环境科学	历史
语言学	心理学,临床	公共管理	社会学
通信	人体工程学	历史和科学哲学	管理学
心理学,发展	公共,环境和职业卫生	药物滥用	犯罪学和刑法学

（续）

人类学	经济学	地理学	信息科学和图书馆学
伦理学	社会科学历史	护理	心理学，教育
康复学	运输	文化研究	种族研究
社会问题	规划和发展	心理学，试验	酒店，休闲，运动和旅游
城市发展研究	人口学	家庭研究	劳资关系和劳动力
妇女问题研究	政治学	心理学，数学	社会科学，生物医学

3. A&HCI

Arts & Humanities Citation Index（艺术与人文引文索引，简称 A&HCI）也是世界上最权威的引文索引数据库之一。A&HCI 收录了艺术与人文领域中最具权威和影响力的 1700 多种学术期刊，涉及艺术与人文领域的 28 个学科，收录的内容可回溯至 1975 年。收录学科领域见表 6-2。

表 6-2 A&HCI 收录学科领域

考古学	电影，广播，电视	文学理论和批评	文学，斯拉夫
建筑学	民俗学	文学评论	中世纪和文艺复兴研究
艺术	历史	宗教学	音乐
哲学	亚洲研究	历史和哲学科学	美国文学
古典文学	人文科学，跨学科	英国文学	诗歌
文化研究	语言和语言学	文学，德国，荷兰，斯堪的纳维亚	文学，非洲，澳大利亚，加拿大
舞蹈	文学	罗曼文学	戏剧学

4. CPCI-S

Conference Proceedings Citation Index-Science（会议论文引文索引，简称 CPCI-S）是原科技会议录索引 ISTP 新版，提供 1990 年以来以专著、丛书、预印本、期刊、报告等形式出版的国际会议论文文摘及参考文献索引信息，涉及自然科学和工程技术的所有领域，包括农业、生物化学、生物学、生物工艺学、化学、计算机科学、工程、环境科学、内科学、物理等学科。

（二）Web of Science 引文检索

Web of Science 平台访问地址：https://www.webofscience.com。在 Web of Science 主页面单击"所有数据库"右侧的下拉菜单，可以看到所有可供检索的数据库，单击"Web of Science 核心合集"链接即可，如图 6-1 所示。

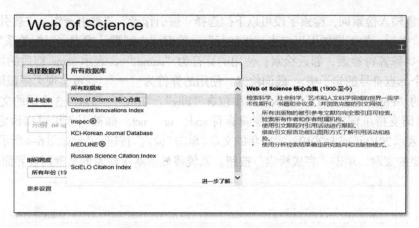

图 6-1　Web of Science 核心合集检索

1. 基本检索

检索特定的研究主题，检索某个作者发表的论文，检索某个机构发表的文献，检索特定期刊特定年代发表的文献等即可用基本检索，检索界面如图 6-2 所示。

1）检索框输入检索词，例如检索"big data"相关主题的文献。

2）单击右侧下拉框，选择检索入口，如主题、标题、作者、出版社等。

3）单击"更多设置"，选择核心集中的 SCI-E、SSCI、A&HCI 或者 CPCI-S 等数据库。可以选择一个或者同时选择两个以上数据库。

图 6-2　Web of Science 基本检索界面

2. 被引参考文献检索

检索某一作者发表文章的被引用情况或者某一主题的文章被引用情况可以使用"被引参考文献检索"。检索界面如图 6-3 所示。

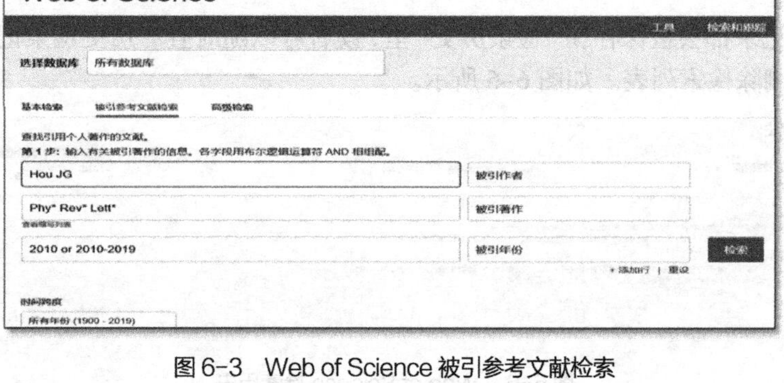

图 6-3　Web of Science 被引参考文献检索

1）检索框输入检索词，检索字段可以下拉选择"被引作者""被引著作""被引年份"等，默认为 3 个检索行，如需增加可以单击"添加行"。检索词之间默认检索词组配关系为"and"。

2）支持特殊算符检索，邻近检索：使用的算符为"same"，表示 same 前后的检索词出现在摘要的两个标点符号的句子中。截词检索：使用的算符为"*"，可实现无限截词检索。比如图 6-3 中的"Phy* Rev* Lett*"表示著作中包含"Phy""Rev""Lett"3 个词的文章。

3）检索词支持单词或多词，支持逻辑算符 and、or、not。如被引年份可以设定成 2010 or 2010—2019，表示 2010 年或者 2010—2019 年的文章。单击"检索"按钮，显示如图 6-4 所示结果列表。勾选需要的文章，单击"完成检索"按钮。系统将显示本次检索的文章列表界面。

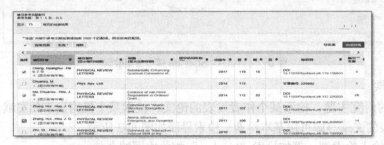

图 6-4　Web of Science 被引文献检索结果列表

3. 高级检索

使用字段标识、布尔运算符、括号和检索结果集来创建检索式，利用检索式进行检索，如图 6-5 所示。高级检索适用于专业用户。高级检索支持的布尔运算符包括：AND、OR、NOT、SAME、NEAR。字段标识为 TS：主题；TI：标题；AU：作者；AI：作者识别号；SO：出版社；PY：出版年；AD：地址；SU：研究方向；DO:DOI 等。例如检索主题为"nanotub* 和 carbon"，并且作者为 Smalley RE 的文献可以表示为：TS=（nanotub* AND carbon）and AU=Smalley RE。

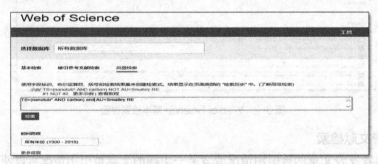

图 6-5　Web of Science 高级检索界面

4. 检索历史

所有的检索记录都会被保存在"检索历史"里，读者可以随时查看历史检索记录及检索结果，也可以编辑或者删除检索列表。如图 6-6 所示。

图 6-6　Web of Science 检索历史

（三）Web of Science 检索结果查看

无论从基本检索、被引文献检索还是高级检索，系统都会指向显示检索结果概览界面。概览界面显示一个检索过程的检索结果列表，如图6-7所示。在检索结果界面，读者可以进行二次检索精简检索结果，可以导出需要文献或者查看文献全文（权限用户）。

图6-7　Web of Science 检索结果列表

1）如果希望将检索结果限定在某个范围内，可以使用"精炼检索结果"功能，也可以直接选择过滤结果集，如选择"高被引论文""热点论文"。

2）排序方式：可以按"日期"查找最近文献，也可以按"被引频次"查找研究领域的被引热门文章。

3）导出：勾选感兴趣的文章，导出到文献管理软件 EndNote、邮件或者直接打印。

4）标记检索结果：对感兴趣的文章可以添加到标记检索结果列表，方便后续复看，编辑检索结果。

单击结果列表文章名称可以进入到文章详细界面，如图6-8所示。文章界面展示文章的作者、出版期刊的卷期、出版时间、出版类型、摘要、参考文献等信息。单击其他链接还可以查看相关信息。

图6-8　Web of Science 文章详细介绍页面

①引文网络：展示文章的被引次数。高次被引论文证明文章的高质量，高度被认可，展现文章对研究领域的影响。

②查看相关记录：查看文章引用的参考文献

③最近最常施引：查看经常引用的作者，文章。

④出版商处的免费全文，查找 PDF：如果读者所在机构有购买此全文的数据库，即可链接到原数据库界面，下载全文。

⑤查看 Web of Science ResearcherID：单击"Web of Science ResearcherID"可以查看此文章

的所有作者的 ResearcherID，如图 6-9 所示。单击 ResearcherID 可以进入作者个人界面，个人界面展示作者发表的所有文章，如图 6-10 所示。

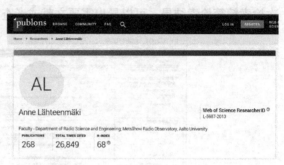

图 6-9　Web of Science ResearcherID 界面　　　图 6-10　Web of Science 作者个人界面

（四）Web of Science 检索结果分析

在检索结果列表界面可以对检索结果进行结果分析或者生成引文分析报告。检索结果分析可以帮助读者了解当前研究主题的研究领域，研究进展情况，当前研究的主要学者等信息。结果分析界面如图 6-11 所示。

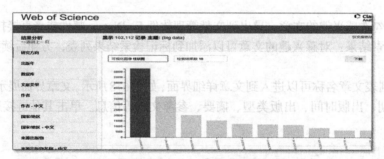

图 6-11　Web of Science 检索结果分析界面

单击左侧的不同类别，可以了解课题的不同方面的进展情况。例如：①研究方向：可以了解某个课题的学科交叉情况或者所涉及的学科范围。②出版年：了解某个研究领域的进展情况。③作者：了解某个研究领域的主要研究人员。④来源出版物：了解该领域的研究论文都发表在哪些期刊上，以便将来找到合适的发表途径。另外也可以对检索结果生成引文报告，如图 6-12 所示。

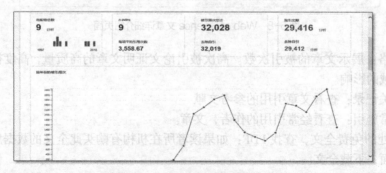

图 6-12　Web of Science 引文报告

二、Scopus

（一）Scopus 数据库简介

Scopus 数据库是目前全球规模最大的文摘和引文数据库，由 Elsevier 出版商在 2004 年底正式推出。该数据库收录了由 5 000 多家出版商出版发行的科技、医学和社会科学方面的 22 000 多种期刊。除此之外，Scopus 还收录了 700 万条会议论文及 12 万册书籍的二次文献数据。相对于其他单一的文摘索引数据库而言，Scopus 的内容更加全面，学科更加广泛，特别是在获取非英语国家的文献方面（中文期刊近 600 种），用户可检索出更多的文献数量和相关的参考文献及引文信息。通过 Scopus，用户可以检索到 1823 年以来的近 5 500 万条摘要和题录信息，以及 1970 年以来所引用的参考文献，并且数据每日更新。

Scopus 的学科分类体系涵盖了 27 个学科领域，这 27 个学科领域被归于四大门类：生命科学（4 300 余种）、社会科学与人文艺术（5 300 余种）、自然科学（7 200 余种）和健康科学（6 800 余种，全面覆盖医学）。

Scopus 为院校的科研人员和学生提供了更加完整的文献索引查询，查询和批量下载院校订购的全文文献往往几个点击之间就能够快速完成，用户界面非常友好，易学易用。另外，Scopus 是唯一全名记录所有研究人员信息的文献引文数据库，且人名经过标准化处理，用户可根据人名直接查询该作者的所有相关文献。

（二）Scopus 数据库检索

输入网址 https://www.scopus.com，进入 Scopus 平台。Scopus 数据库提供文献检索和文献出版物检索两种检索内容。

1. 文献检索

Scopus 网站支持中文显示，单击语言切换按钮可以切换中文、英文、日文等语言，但文献检索只支持英文。

文献检索首页上部显示设置文献词、检索字段，下部分显示文献时间、文献类型等选项。设定好各检索条件，单击"检索"按钮即可进行检索。检索页面如图 6-13 所示。

1）主页默认显示一行检索词，单击"+"增加检索词条框。

2）左侧框输入检索词，两个以上检索词可以下拉选择逻辑关系"and""or""not"。

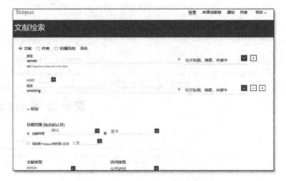

图 6-13　Scopus 文献检索界面

3）右侧下拉框选择检索字段，支持论文标题、摘要、作者等。

4）单击"限制"按钮显示文献的时间和类型设置。

2. 文献检索结果列表

设定好检索条件后，页面返回检索结果界面，如图 6-14 所示。

1）检索结果页面最上方是本次检索的检索式，可以单击"编辑"或"保存"按钮，对检索式更改或者保存。

2）通知设置和 RSS：对于注册用户，可以设置这两个功能，如检索主题有最新文章或方向可以发送邮件通知至个人。

图 6-14 Scopus 文献检索结果界面

3）精简检索结果：可以对检索结果进行二次检索，精简结果范围。
4）访问类型：单击访问类型，可以对检索结果分类显示。检索结果支持的聚类信息有访问类型、文献类型、归属机构、学科等。
5）导出：勾选感兴趣的文章可以导出到文献管理软件。
6）查看施引文献：勾选感兴趣文章，可以查看引用勾选文章的文献，如图 6-15 所示。
7）查看摘要：可以不跳转页面，直接在本页面显示文章摘要，如图 6-16 所示。

图 6-15 Scopus 施引文献界面

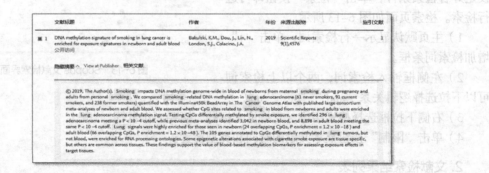

图 6-16 Scopus 文献摘要显示界面

8）相关文献：可以显示文献结果中共引文献的其他文献，如图 6-17 所示。

图 6-17　Scopus 文献结果列表相关文献界面

3. 文章详细信息界面

单击文献结果列表的文献名称，即可进入到文章详细信息界面，详细界面显示文章的作者、出版社、摘要、资助基金、参考文献等信息。在详细信息界面，读者可以选择导出、下载文章，或者查看文章的其他信息，如图 6-18 所示。

图 6-18　Scopus 文献详细信息界面

1）页面右侧显示文章的被引用情况，被引用次数高说明文章被认可度高。

2）导出：对需要的文章可以导出到文献管理软件。导出可以自由设置导出字段，如图 6-19 所示。

3）添加到列表：对需要的文章可以添加到"我的文献列表"，方便后续查看或者进行结果分析。"我的文献列表"如图 6-20 所示。

4）单击文献作者名称，可以查看此作者发表的所有文献，如图 6-21 所示。

图 6-19　Scopus 导出文献设置界面

图 6-20 Scopus 我的文献列表界面

图 6-21 Scopus 作者个人文献结果界面

4. 作者检索

要了解某一学者的所有科研情况，可以使用作者检索，输入作者的姓、名和归属机构即可进行检索。姓名支持简写，如图 6-22 所示。

作者检索结果界面显示作者所有收录的文章、发表论文的归属机构、发表的刊物名称等信息，多著者时显示首作者的机构名称。单击每一个作者名称可以进入作者的个人文献结果界面，单击归属机构名称可进入该机构的详细信息界面。如图 6-23 所示。

图 6-22 Scopus 作者检索界面

图 6-23 Scopus 作者检索结果界面

5. 归属机构检索

归属机构检索可以了解某学术单位的科研情况、科研热门领域、实力学者等信息。机构检索只要输入机构名称即可。例如检索"Xi'an Jiaotong University",返回结果如图 6-24 所示。

1)其他格式名称:系统支持姓名或者机构名称的多种书写方式。

2)页面左侧显示各学科发表的文章数量,右侧饼图显示学科发文量。

3)单击"文献,整个机构"或者"文献,仅限归属机构"可显示该机构的所有文献列表。或者单击学科分类文章数量也可显示该学科的所有文献列表。

单击"作者"下的数量可显示该机构的所有作者。单击其中某一作者名称可进入作者个人文献信息界面。

图 6-24 Scopus 归属机构详情界面

(三)Scopus 文献出版物导航

Scopus 系统提供非常强大的文献出版物导航功能,提供了期刊、图书、会议题录、贸易出版物四种文献类型的导航,同时对每种文献类型做了多种衡量参数的展示,对于学术工作者了解文献、选择文献有很高的参考价值。文献出版物导航页面如图 6-25 所示。

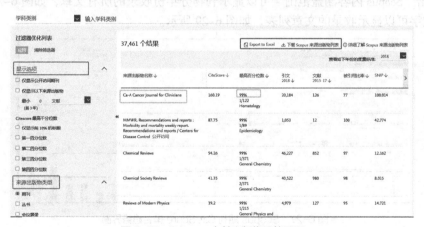

图 6-25 Scopus 文献出版物导航页面

1)导航主页面默认显示所有文献的列表,页面上方可以输入学科类别,显示某学科的文献资源。

2)左侧页面可以定义显示"公开期刊"或者按文献类型显示"期刊"或"图书"等类型文献。

3)对于注册账号用户,登录后可以下载或者导出期刊列表到计算机里。

4)单击来源出版物名称显示文献详情界面。

5)单击"最高百分数"数字可以显示当前期刊的 CiteScore 排名趋势表。

来源出版物详情界面展示当前出版物的详细信息。页面上部展示出版物的基本信息,如出版商、出版时间、ISSN 号等,右侧和下半页展示出版物的各计量信息。如 "Ca-A Cancer Journal for Clinicians" 这本刊的各参数展示如图 6-26 所示。

图 6-26　Scopus 来源出版物详情界面

1）CiteScore 2018：160.19，表示 2018 年刊物的 CiteScore 值为 160.19。CiteScore 以三年为一时段评估期刊的引文影响力。CiteScore2018 表示是期刊在过去三年（2015~2017 年）发表的文章在 2018 年被引用的次数，除以该期刊在这过去三年发表文章总数量的值。

SJR 2018：72.576，表示 SCImago 期刊等级衡量经过加权后的期刊受引用次数。引用次数的加权值由施引期刊的学科领域和声望（SJR）决定。

SNIP 2018。100.014。SNIP 为每篇文章中来源出版物的标准化影响，它将实际受引用情况对照期刊所属学科领域中预期的受引用情况进行衡量。

2）单击"CiteScore 排名趋势"可以展示期刊的排名情况，如图 6-27 所示。

3）单击"Scopus 内容涵盖范围"可以显示刊物分年份收录的所有文章，如图 6-28 所示。单击数字可以显示收录的文章列表，如图 6-29 所示。

图 6-27　Scopus 期刊 CiteScore 排名趋势界面

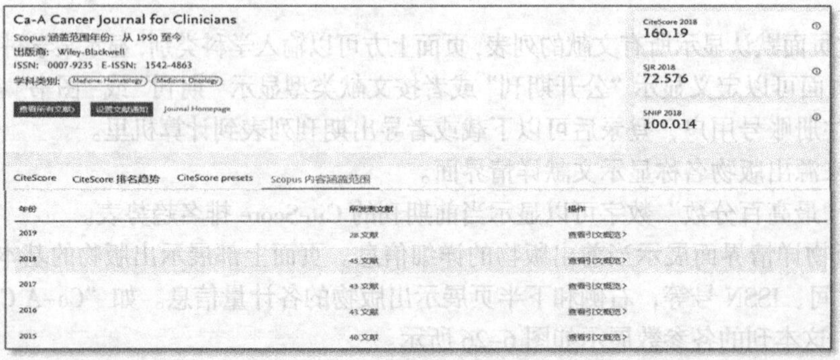

图 6-28　Scopus 期刊内容涵盖范围页面

图 6-29 Scopus 期刊收录列表

第三节 中文引文索引系统

一、中文社会科学引文索引（CSSCI）

（一）中文社会科学引文索引（CSSCI）简介

中文社会科学引文索引英文全称为"Chinese Social Sciences Citation Index"，缩写为 CSSCI，是由南京大学中国社会科学研究评价中心开发研制的数据库，用来检索中文社会科学领域的论文收录和文献被引用情况，是我国人文社会科学评价领域的标志性工程。

"中文社会科学引文索引"（CSSCI）是国家、教育部重点课题攻关项目。CSSCI 遵循文献计量学规律，采取定量与定性评价相结合的方法，从全国 2700 余种中文人文社会科学学术性期刊中精选出学术性强、编辑规范的期刊作为来源期刊。目前收录包括法学、管理学、经济学、历史学、政治学等在内的 25 大类的 500 多种学术期刊。

CSSCI 索引的文献是根据中文社会科学引文索引指导委员会确定的选刊原则和方法遴选并报教育部批准的来源期刊。来源期刊是根据期刊的影响因子、被引总次数等数量指标与各学科专家意见而确定的。确定之后，每年根据期刊质量的情况，增删、调整有关期刊。

1. 确定来源期刊的原则

1）入选的刊物应能反映当前我国社会科学界各个学科中最新的研究成果，是学术水平较高、影响较大、编辑出版较为规范的学术刊物。

2）入选的刊物必须是正式公开出版发行，且具有 ISSN 或 CN 号。

3）入选的刊物其所刊载的学术文章应多数列有参考文献。

4）凡属索引、文摘等二次文献类的刊物不予收入。

5）译丛和以发表译文为主的刊物，暂不收入。

6）通俗刊物，以发表文艺作品为主的个体文艺刊物，暂不收入。参照美国《科学引文索引》（SCI）选用期刊占世界科技期刊总量的比例，与《中国科学引文数据库》（CSCD）选用期刊占我国科技期刊总量的比例，结合我国社科期刊出版发行的情况，确定 CSSCI 的来源期刊数量占我国正式刊行的社科期刊总数的 8%~15%。

2. CSSCI 引文索引的应用

1）对于社会科学研究者，中文社会科学引文索引从来源文献和被引文献两个方面向研究人员提供相关研究领域的前沿信息和各学科学术研究发展的脉搏，通过不同学科、领域的相关逻辑组配检索，挖掘学科新的生长点，展示实现知识创新的途径。

2）对于社会科学管理者，CSSCI 提供地区、机构、学科、学者等多种类型的统计分析数据，从而为制定科学研究发展规划、科研政策提供科学合理的决策参考。

3）对于期刊研究与管理者，CSSCI 提供多种定量数据：被引频次、影响因子、即年指标、期刊影响广度、地域分布、半衰期等，通过多种定量指标的分析统计，可为期刊评价、栏目设置、组稿选题等提供科学依据。CSSCI 也可为出版社与各学科著作的学术评价提供定量依据。

（二）CSSCI 期刊导航

CSSCI 数据库的访问地址为：http://cssci.nju.edu.cn/，CSSCI 期刊分来源期刊或扩展版来源期刊两种。来源期刊为首选期刊，扩展版来源期刊为在来源期刊基础上增选的期刊目录。期刊目录原则上两年一期，个别年份一年一期。CSSCI 主页显示期刊的学科分类，支持文献的简单检索功能。CSSCI 首页期刊导航界面如图 6-30 所示。

图 6-30　CSSCI 首页期刊导航界面

单击"来源期刊（2017—2018）"或者学科名称可显示来源期刊目录，如图 6-31 所示。

单击"扩展版来源期刊（2017—2018）"可显示来源期刊列表；单击页面上的任意一期目录文件名称都可以下载当期目录的 PDF 文件，文件主要显示期刊的名称、学科分类、主办单位信息。

图 6-31　CSSCI 来源期刊目录

（三）CSSCI 来源文献检索

1. 文献检索

CSSCI 来源文献提供简单检索和高级检索两种方式。在 CSSCI 首页即提供简单检索框，首先下拉选择检索字段，可以选择的字段有篇名、作者、关键词、刊名等，然后在右侧文本框输入检索词即可进行文献检索。检索界面如图 6-32 所示。

单击页面"高级检索"，可进入高级检索页面，如图 6-33 所示。

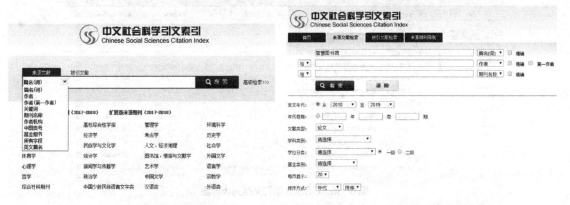

图 6-32　CSSCI 主页简单检索界面　　　图 6-33　CSSCI 来源文献高级检索界面

高级检索可以实现更高效精确的检索。首先选择检索字段，如"篇名""作者""刊名"等，输入检索词，多个检索词请选择左侧下拉框的逻辑关系"and""or"或者"not"。设定发文时间、文献类型等参数，即可进行检索。

2. 文献检索结果

单击高级检索按钮，返回检索结果列表界面，如图 6-34 所示。结果界面左侧显示文献的类聚信息。有学科的分类信息，有按刊名的分类，有按文献类型的分类，读者可以按需要单击分类名称进入各专题分类界面。如单击刊名"图书馆学研究"可显示该刊下所有收录文章，如 6-35 所示。

单击结果列表的文章篇名可进入文章详情界面，如图 6-36 所示。文章详情界面显示文章的各字段信息，比如作者、文献类型、来源期刊、参考文献等。其中蓝色字体字段代表附有超链接，可以单击进入相应的详情界面。

单击文献详情界面的文章名称，链接进入百度学术界面，百度学术显示文章来源数据库的链接，比如"维普期刊数据库""CNKI 知网"，如果读者有访问权限即可进入相应数据库下载全文。如图 6-37 所示。

图 6-34　CSSCI 文献检索结果列表界面

图 6-35　CSSCI 期刊文献列表界面

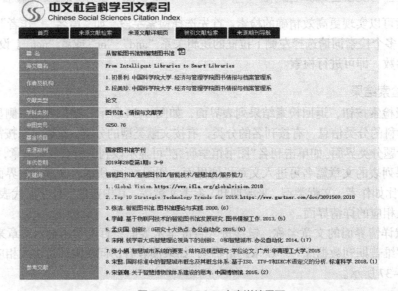

图 6-36　CSSCI 文章详情界面

图 6-37　CSSCI 期刊篇名链接界面

单击文献详情界面的读者名称,可进入作者所有文章页面;单击文献详情界面的机构名称,可进入机构所有学术期刊页面,如图6-38所示。

图6-38 CSSCI作者期刊列表界面

(四)CSSCI被引文献检索

CSSCI被引文献检索主要检索被他人引用过的文献,用以查找学科领域最有参考价值的文章。检索分简单检索和高级检索两种方式。CSSCI主页提供被引文献的简单检索入口,如图6-39所示。设置检索字段,如"被引篇名"或者"被引作者"等,输入检索词即可进行检索。

被引文献检索还提供高级检索功能,图6-40即为高级检索界面。设置各项检索词,比如查看作者"王世伟"有关"智慧图书馆"的文献被引情况,可以如图6-40所示输入检索词,设置时间为2014—2019年,文献类型为"期刊",检索结果如图6-41所示。

单击被引文献列表文章名称进入被引文献详情界面,如图6-42所示。被引文献详情界面展示了引用当前文章的所有文献的列表。被引文献的检索为学术课题的发展追踪提供了关系网展示。

图6-39 CSSCI被引文献简单检索界面

图6-40 CSSCI被引文献高级检索界面

图6-41　CSSCI作者被引文献结果界面

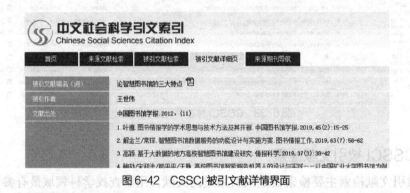

图6-42　CSSCI被引文献详情界面

二、中国科学引文库（CSCD）

（一）中国科学引文库（CSCD）简介

中国科学引文数据库（Chinese Science Citation Database，简称CSCD）创建于1989年，收录我国数学、物理、化学、天文学、地学、生物学、农林科学、医药卫生、工程技术、环境科学和管理科学等领域出版的中英文科技核心期刊和优秀期刊千余种，目前已积累从1989年到现在的论文记录5 259 650条，引文记录71 518 978条。

中国科学引文数据库内容丰富、结构科学、数据准确。系统除具备一般的检索功能外，还提供新型的索引关系——引文索引，使用该功能，用户可迅速从数百万条引文中查询到某篇科技文献被引用的详细情况，还可以从一篇早期的重要文献或著者姓名入手，检索到一批近期发表的相关文献，对交叉学科和新学科的发展研究具有十分重要的参考价值。中国科学引文数据库还提供了数据链接机制，支持用户获取全文。

中国科学引文数据库具有建库历史最为悠久、专业性强、数据准确规范、检索方式多样、完整、方便等特点，自提供使用以来，深受用户好评，被誉为"中国的SCI"。

中国科学引文数据库已在我国科研院所、高等学校的课题查新、基金资助、项目评估、成果申报、人才选拔以及文献计量与评价研究等多方面作为权威文献检索工具获得广泛应用。

（二）CSCD来源文献检索与利用

CSCD数据库访问地址为：http://sciencechina.cn，主页提供四个模块的功能：简单检索、高级检索、来源期刊浏览和检索历史。简单检索和高级检索分别提供对来源文献的检索和引文文献的检索。

1. 检索式确定

CSCD 数据库分简单检索和高级检索两种方式，但 CSCD 的简单检索不是一般数据库的一框式检索，而是向导式检索，为多项检索条件的组合检索。CSCD 的高级检索相当于一般数据库的专业检索，为语句检索。

例如，检索有关大数据方面的文献资料，时间设定为 2010—2018 年，简单检索输入界面如图 6-43 所示。另外支持多个检索词的组配检索，例如设定作者、学科等。

图 6-43　CSCD 来源文献简单检索界面

高级检索输入如图 6-44 所示。检索式可以直接在检索框中输入，如果不了解检索式输入规则，则可以借助页面下方的向导式输入框帮助添加检索词。例如想检索题名为"大数据"方面的文献，在下方的输入框输入"大数据"，选择检索字段为"题名"，单击右侧"增加"按钮，即可在上面检索框输入"SUPERSCRIPTION_CN: 大数据"。增加时间范围，选择下方检索时间范围"2010 年到 2018"，单击右侧"增加"按钮，上面检索框检索式变为："SUPERSCRIPTION_CN: 大数据 AND YEAR:[2010 TO 2018]。"

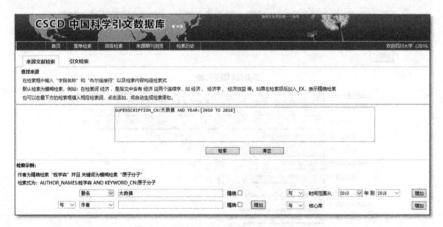

图 6-44　CSCD 来源文献高级检索界面

2. 文献检索结果查看

CSCD 数据库来源文献检索结果列表界面如图 6-45 所示。整个界面分两部分显示，上半部分显示检索结果概览，按来源、年代、作者、学科四个方面展示，读者可以勾选自己感兴趣的学科或作者等，进行结果限定。

页面下半部分显示文章列表。读者可以单击"题名""作者""来源""被引频次"四个标题栏名称，按单击名称的升降序进行列表排序，例如，单击"被引频次"可以将列表内容按被引频次降序排序。

图6-45　CSCD来源文献检索结果列表界面

单击结果列表页面上方"检索结果分析"可以显示检索结果的分析报告，分来源、年代、作者、学科四个方面展示。

例如，想了解"大数据"这个研究课题可以发表在哪些刊物上，可以查看来源结果分析报告，如图6-46所示。

例如，想了解"大数据"研究的发展趋势，可以查看年代分析报告，如图6-47所示。

例如，想了解"大数据"研究领域都有哪些活跃专家、学者，可以查看作者分析报告，如图6-48所示。

例如，想了解"大数据"可以应用在哪些领域，哪些领域是研究热门，可以查看学科分析报告，如图6-49所示。

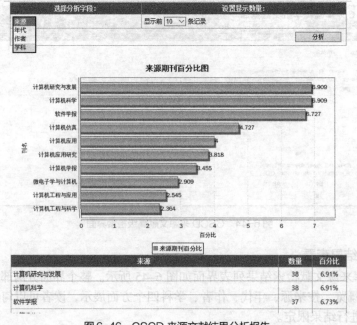

图6-46　CSCD来源文献结果分析报告

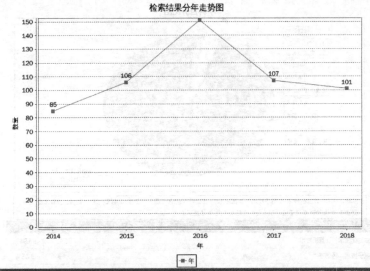

年代	数量	百分比
2016	151	27.45%
2017	107	19.45%
2015	106	19.27%
2018	101	18.36%

图 6-47　CSCD 来源文献年代分析报告

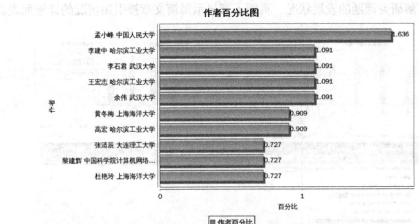

作者	数量	百分比
孟小峰 中国人民大学	9	1.64%
李建中 哈尔滨工业大学	6	1.09%
李石君 武汉大学	6	1.09%
王宏志 哈尔滨工业大学	6	1.09%
余伟 武汉大学	6	1.09%
黄冬梅 上海海洋大学	5	.91%
高宏 哈尔滨工业大学	5	.91%

图 6-48　CSCD 来源文献作者分析报告

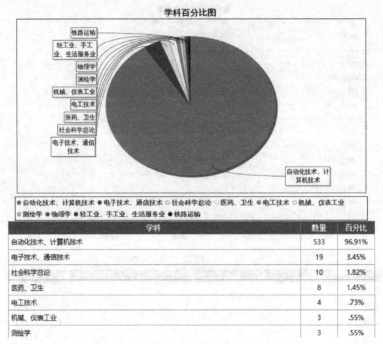

图 6-49　CSCD 来源文献学科分析报告

单击来源文献结果界面上方的"引文分析报告",可以显示检索结果的引文分析报告页面,如图 6-50 所示。页面上部显示 2014—2018 年份每年出版的文献和被引文献的柱状图,读者可以一目了然地了解研究课题的发展状况。页面下部显示每篇文章被引用情况的详细列表。

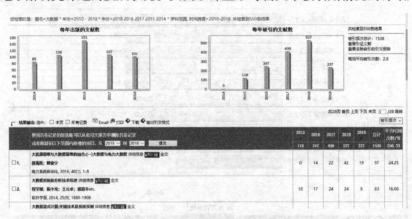

图 6-50　CSCD 文献引文分析报告

3. 文章详情查看

单击文献列表中的文章名称即可进入文章详情界面,如图 6-51 所示。文章详情界面展示文章的作者、出版社、基金等相关信息外,还展示了与文章相关的其他信息,蓝色字体表示附有超链接,单击显示具体详情。

1) 作者栏: 单击作者可以显示该作者所有的文章列表。
2) 来源: 单击来源刊物名称可以显示来源刊物的所有出版文献。

3）关键词：可以显示此关键词的相关文献。

4）查看参考文献：查看文章的参考文献。

5）引证文献：可以查看引用了此文章的所有文献，引证文献数值越高，说明该文章学术价值越高。

6）其他链接：e 链接可以链接到全文数据库，但需要读者拥有访问权限。

图 6-51　CSCD 文章详情界面

（三）CSCD 引文文献检索与利用

CSCD 提供引文检索，检索方法与来源文献检索方法相同，只是提供检索的字段不同。例如，检索"孟小峰"学者的所有被引文献，被引时间设定为 2014—2019 年，检索界面如图 6-52 所示。

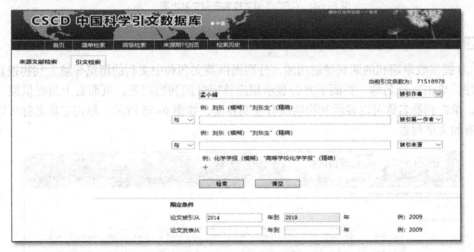

图 6-52　CSCD 引文检索界面

引文检索结果界面如图 6-53 所示。页面上部显示被引文献的出版物名称、出版时间、作者。下部显示作者的所有出版文献列表。

在文献列表中勾选需要的文章，然后单击"完成检索"按钮，可以显示引用了勾选文章的所有施引文献。例如，勾选结果列表序号为 1. 4. 5. 8. 9. 11 的文章，单击"完成检索"返回如图 6-54 所示结果。

图 6-53 CSCD 引文检索结果界面

图 6-54 CSCD 引文检索施引文献界面

(四) CSCD 来源期刊导航

CSCD 提供收录期刊的期刊导航功能，分别提供英文刊和中文刊的浏览导航。刊物按首字母顺序排序，单击字母名称，页面下方会显示相应首字母的刊物列表。页面右上角提供期刊的检索功能。单击刊物名称可以显示刊物的所有卷期界面，如图 6-55 所示。单击卷期名称可以显示该期所有的文章列表。

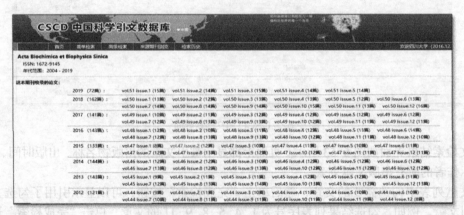

图 6-55 CSCD 期刊卷期界面

三、中国引文数据库（CCD）

（一）中国引文数据库（CCD）简介

中国引文数据库（CCD）是以 CNKI 源数据库文献的文后参考文献和文献注释为信息对象建立的一个规范的引文数据库。引文数据权威准确，涵盖期刊（中外文）、博硕士学位论文、国内/国际会议论文、图书、中国专利、中国标准、年鉴、报纸等文献类型引文。通过揭示各种类型文献之间的相互引证关系，不仅可以为科学研究提供新的交流模式，而且也可以作为一种有效的科研管理及统计分析工具。引文数据已超 4.3 亿条，并以每年 4 000 万条的速度扩增。

中国引文数据库（CCD）提供三个模块功能，分别为来源文献检索、被引文献检索和数据分析器。来源文献全面覆盖国内科技与人文社科文献资源，客观揭示各对象的科研产出和学术影响力，多维度、深层次呈现统计与分析结果。

被引文献提供从被引文献、被引作者、被引机构、被引期刊、被引基金、被引学科、被引出版社、被引地域八个方面进行的检索分析，剖析被重要文献引用的详细情况，可打印客观、准确的引证报告。

数据分析器从作者、期刊、机构、基金、地域、出版社六个方面做分析，揭示学术研究的热点及趋势，给科研工作者提供参考价值资料。

（二）来源文献检索与利用

1. 文献检索

来源文献检索提供高级检索和专业检索两种方式，检索界面如图 6-56 所示。首先读者需要在左侧选择检索文献的学科，默认为全选。在页面上方选择检索的文献数据库，支持检索的文献数据库有期刊、博硕论文库、国内外会议论文库。在检索框输入检索词，确定为文献类型及时间，即可进行检索。

图 6-56　CCD 来源文献检索界面

单击"检索"按钮后，检索结果直接在页面下方显示，页面左侧显示按文献类型和出版时间分类的各文献数量，单击相应数字可以显示各子项文献内容。页面右侧上方提供对检索结果的各种利用工具。

1）勾选需要的文章，单击"文献导出"可以协助导出参考文献格式，或将文献导出到 CNKI-Study、EndNotes 等文献管理工具软件。

2）单击"作者分析"或者"机构分析"等，可以显示对检索结果的分析数据，例如，想了解智慧图书馆领域主要的研究学者，可以单击"作者分析"，得到结果如图 6-57 所示。同时在结果分析界面可以在"机构""出版物""基金"等结果间自由切换。

3）结果列表各字段数值都附有超链接，比如单击"作者名称"可以查看作者所有的文章，单击"来源刊名"可以查看刊物下所有文章，单击"被引数值"可以查看本文的所有施引文献。当不确定需要哪个文章时，可以单击"预览"，在线预览文章全文。

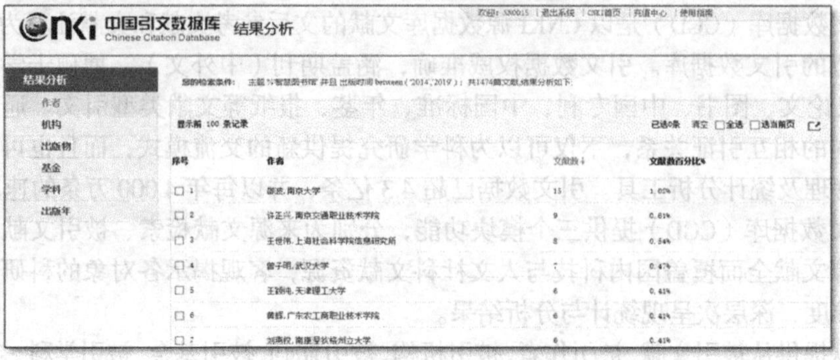

图 6-57　CCD 结果分析界面

2. 文章详情查看

单击检索结果列表的文章名称即可进入文章详情界面。详情界面除显示文章的基本信息外，还提供 CNKI 期刊数据库的全文下载链接。

另外，CCD 数据库提供的知识网络也对读者追踪文献的发展有很高的参考价值。例如，引文网络提供了文章的参考文献、引证文献、共引文献，对于深入课题研究有很好的帮助，如图 6-58 所示。例如，《当图书馆遇上"互联网+"》这篇文章的引文网络就提供了各方面的文献链接。

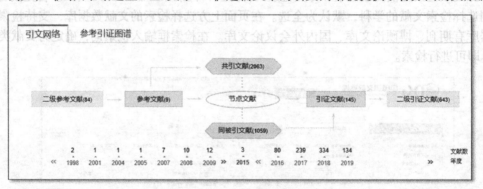

图 6-58　CCD 引文网络图

（三）被引文献检索与利用

CCD 数据库提供了被引文献多维度的检索入口，如高级检索、被引作者检索、被引期刊检索、被引机构等，为读者检索学术研究主题提供便利。

1. 高级检索

高级检索提供作者与主题的组合检索，可以设置检索文献数据库，设置文献类型，文献类型不只支持期刊，还可以检索图书、专利、标准等。高级检索是为读者提供的综合检索入口。检索界面如图 6-59 所示。

图 6-59 CCD 被引文献高级检索界面

被引文献检索结果在页面下方显示。文献结果专门做了被重要索引引用的文献列表，例如 SCI、EI、CSSCI、CSCD 等期刊引用列表，为读者查看高质量文献提供便利。页面文献列表上方提供文献总数、被引次数等数据。

2. 被引作者检索

被引作者检索提供作者名称、工作单位、发表时间等条件设置。当输入作者名称时，系统会弹出作者单位名称列表，方便读者选择。被引作者检索结果除提供综合文献检索的结果分析功能外，还提供作者分析器和作者引证报告功能。被引作者检索结果界面如图 6-60 所示。

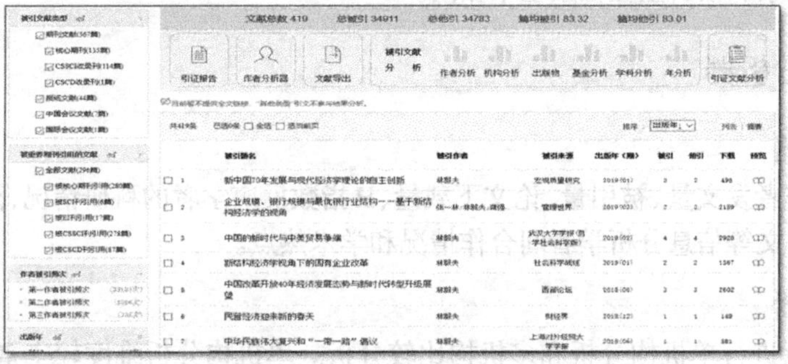

图 6-60 CCD 被引作者检索结果界面

3. 被引机构检索

被引机构检索查询机构的所有发文被引用情况，例如输入"北京大学"，系统会显示所有与"北京大学"有关的机构，作者选择好后就可检索查询了。检索界面如图 6-61 所示。检索结果界面同被引作者检索结果界面格式，只是提供机构分析器的功能。

图 6-61 CCD 被引机构检索界面

4. 被引基金检索

想了解国家都有哪些基金，研究基金资助的学术论文可以进行被引基金检索，鼠标单击输入框系统就会弹出国家各项基金列表，读者可以在其中选择，表中没有的可以自行输入，被引基金检索界面如图 6-62 所示。

图 6-62　CCD 被引基金检索界面

另外，系统还提供被引期刊检索、被引学科检索、被引地域检索、被引出版社检索，检索方式与被引作者检索、被引基金检索基本相同。

（四）数据分析器

1. 作者分析器

作者分析从作者发文量、被引量、论文下载量、H 指数反应学者的科研情况，同时从作者引用、合作作者、基金发文等信息分析学者间合作情况和学术热点。

2. 机构分析器

机构分析可以进行单机构分析和多机构比较分析。单机构分析维度较丰富，从发文量、被引统计、引文统计、基金资助、科研作者、学科统计等全方位展示分析一个机构的综合科研实力。例如，分析"清华大学"的学科学术实力，如图 6-63 所示。

多机构主要进行比较分析，从发文量、被引统计和引文统计 3 个维度进行比较。例如，比较"北京大学"和"清华大学"的科研发文量，比较结果见图 6-64 所示。

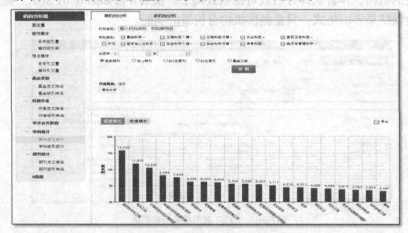

图 6-63　CCD 单机构分析

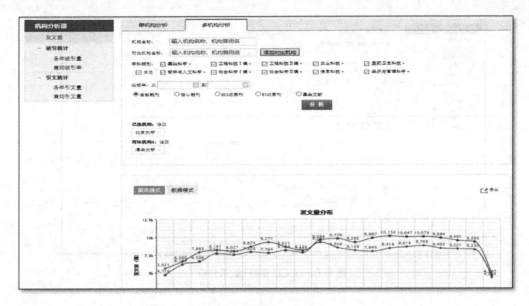

图 6-64 CCD 多机构分析

3. 期刊分析器

期刊分析器分单期刊分析和多期刊比较分析。单期刊分析维度较多，从发文量、下载量、引文统计和被引统计、科研机构、基金资助等 14 个维度展示。多期刊比较从发文量、下载量、引文统计、被引统计、H 指数、影响因子 6 个方面进行比较分析。例如，分析"高教研究与实践"这本期刊的年发文量和基金发文量情况，如图 6-65 所示；比较分析"北京大学学报（自然科学版）"和"北京师范大学学报（自然科学版）"两刊物的影响因子，结果如图 6-66 所示。

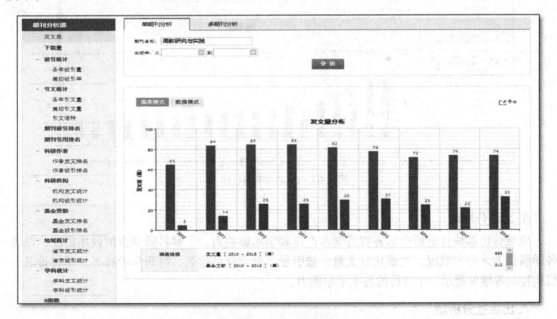

图 6-65 CCD 单期刊分析

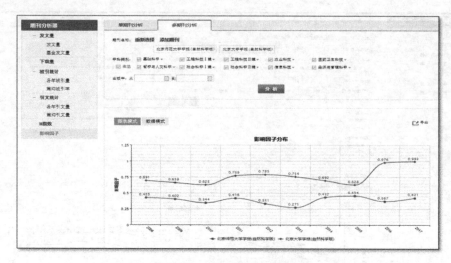

图 6-66　CCD 多期刊比较分析

4. 基金分析器

基金分析器针对某一科研基金，统计其资助的论文产出和被引情况，分析基金资助的学科范围和各省分布情况，以及重点资助的科研机构等，认识基金的作用和价值。

5. 学科分析器

学科分析主要分析各学科的发文排名、基金排名、机构排名等。比如，了解社科类全国机构排名，可见图 6-67 所示的结果。

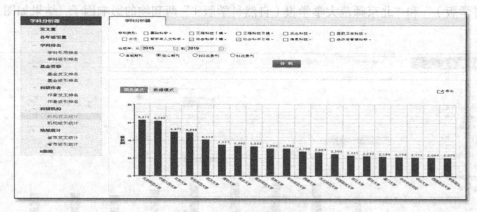

图 6-67　CCD 学科分析器

6. 地域分析器

地域分析器统计分析中国各省的学术产出和学术影响力，了解科研基金的使用情况，以及各学科的人才分布状况，主要从发文量、被引量、基金资助排名、科研作者排名、学科排名、机构排名等维度展示一个省份的各项学术能力。

7. 出版社分析器

出版社分析器主要分析某一出版社的出版情况、主要学科优势等，主要从发文量、被引量、学科统计和 H 指数四个方面展示。

第七章
文献管理与信息分析工具

第一节 文献管理工具概述

社会的发展伴随着信息存储方式和传播方式的深刻变革，促使了文献管理软件的开发。科研工作者需要不断积累大量的文献资料，这些文献构成研究工作的基础。作者发表研究成果时需要引用参考文献，这些参考文献用于介绍研究的背景，并对研究方法做出说明，对研究成果进行解释或者讨论。研究人员在投稿的时候会遇到不同的期刊要求不同的参考文献引用格式，撰写论文时要按照稿件要求标注引用文献和编排参考文献列表的情况。如何高效率地管理这些参考文献信息，并且能够随调随用，已经成为科研工作者面临的问题。

一、文献管理工具的概念

文献管理工具是集参考文献的检索、收集、整理功能于一体，能帮助用户高效管理和快速生成参考文献的软件。这类软件提供的附件、笔记、查找、分析等功能，可以帮助用户实现包括文献检索、文献阅读、文献引用的全过程管理。简单地说，文献管理工具就是学者或作者用来记录、组织、调阅引用文献的计算机程序。

文献管理工具又称为书目管理软件，是一种具有文献检索与整理、引文标注、按格式要求形成参考文献列表等强大功能的软件，可嵌入文字处理软件中使用，还可以直接通过在线数据库下载文献题录并对其进行统计分析。文献管理软件一般具有建立个人参考文献数据库、管理文献、自动生成参考文献和引用注释等功能。

二、文献管理工具的基本功能

文献管理工具虽然种类较多，但功能基本相似，概括起来主要有建库、存储、管理、检索、输出等功能。

1）建库：用户可以将本地计算机或者远程数据库的参考文献信息导入到自建的资料库中去。

2）存储：按照一定的格式存储参考文献，以满足随时调用的需要。

3）管理：可以去重、排序、分类组织参考文献；可以方便地管理文献信息，包括文摘、全文、笔记，以及其他的附件材料等；省去建立多个文件夹的麻烦；检索功能大大方便查找需要的文献；多数软件还具备一定的分析功能。

4）检索：可按照特定的数据字段（题名、作者等）直接联网到不同的数据库进行检索，免去登录不同数据库的劳累，并且提高了效率。

5）输出：按照格式要求对文末参考文献进行自动标引和编辑。

三、文献管理工具的优势

目前，文献管理工具集成了 RSS 订阅、知识管理和科研协作等新功能，使科研工作更加便捷高效。文献管理工具的优势主要体现在以下几个方面。

1. 方便地检索和下载文献

文献管理工具可以通过互联网到相应数据库中直接检索文献，并保存到用户自己建立的文档库中，或者通过网络检索相关数据库，下载所需文献后，导入各种格式的检索结果。此外还可以在软件内链接全文数据库和图片等与该文献相关资料的任何网页，或链接用户已经下载的、位于本地计算机硬盘内的 PDF 文件，或与该文献相关的任何文件（如图像、声音、视频等文件）。

2. 方便地阅读和编辑参考文献信息

在文章修改时，如果在文章中间插入了引用的新文献，或删除了部分已有的文献，软件将自动更新编号，自动更新文章最后参考文献目录中的文献内容。参考文献也可以与本地计算机中的 PDF 原文建立关联，对其进行管理。可方便地检索数据库中的文献，进行一定的统计分析，还可以联网下载输入过滤器、期刊输入格式等文件，也可以自己编辑期刊输出格式等。

3. 方便地在 Word 中插入所引用的文献

通过文献管理工具在文字处理软件（如 Word）中的插件，可以方便地在文章所需之处插入所引用的文献，软件自动根据文献出现的先后顺序编号，或根据著录要求注明作者和文章发表年份，根据指定的格式将引用的文献附在文章最后的参考文献中的适当位置。

4. 建立属于自己的参考文献数据库

多种方式导入参考文献数据库（包括互联网上数以千计的国内外电子图书馆、国内外各大主流数据库在线导入、本地文件导入、手动输入等），可以分门别类（按总目录—分目录—子目录）管理文献（包括电子书），并能加以整合，剔除重复信息。

四、文献管理工具的类型

文献管理工具根据不同的分类方法可以分为免费的和收费的，开源的和不开源的，在线的和离线的，跨平台的和不跨平台的，其中不跨平台的可能会有多种平台的版本软件。下面按照国内和国外两大类对文献管理工具做简要的介绍。

（一）国内文献管理工具

国产的文献管理工具主要有四种，分别是 NoteExpress，NoteFirst，医学文献王和新科学。

1. NoteExpress

NoteExpress 是单机版的参考文献管理软件，由北京爱琴海软件公司开发。NoteExpress 适合中国人的习惯，功能齐全，设计理念先进，很容易上手。NoteExpress 提供了以文献的题录为核心的科研模式，先阅读题录、文摘后，读者再有针对性地下载有价值的全文。这样既提高了电子数据库的利用率，避免了恶意下载，又节约了读者的时间。

2. NoteFirst

NoteFirst 由西安知先信息技术有限公司开发并提供技术支持。NoteFirst 基于 Science2.0 的理念，倡导共享与协作；结合了客户端和在线管理的优势，集成了文件管理、文献收集、论文中参考文献的自动形成、参考文献自动校对等功能；支持多种其他软件的文件格式，并集成了多语言系统；用户可免费下载，基本功能使用免费，但高级功能需要购买开通。主要功能如下。

（1）文件管理

把阅读过的文献进行有效管理，便于查找、分类、笔记、评级、引用等，支持多语言方案。

（2）文献收集

把知网、万方、Springer 等商业数据库上看到的文献转入到文献数据库中，把之前收集的全文文献导入到文献数据库中。

（3）论文中参考文献的自动形成

在论文写作中直接引用文献数据库中的文献，根据不同期刊引文格式的要求，在文稿中自动形成引文标记，并在文后形成参考文献列表。参考文献自动校对功能，可以对形成的参考文献的格式、数据的正确性进行校对，并形成校对报告。

（4）科研协作交流

帮助用户与同事、朋友、同行及专家进行在线交流共享，共同寻找、开发和利用参考文献资源，搭建科研社区，实现科研协作。

3. 医学文献王

医学文献王（http://refer.medlive.cn/）是由北京金叶天成科技有限公司针对医学领域开发的专业化文献管理工具。该软件集文献检索、文献管理、全文求助、论文写作等功能于一体。主要用于整理、调用无序分布在不同信息源的各类文献数据，实现对文献的管理。

4. 新科学

新科学（www.xinkexue.com）是由几位青年创立的，这款软件的理念是以文会友，它是基于网络的文献管理与分享平台，是在线文献管理工具。注册后，可以在线使用该平台。新科学主要有以下优势。

1）管理数目繁多的文献资料，具有更多的灵活性。
2）实现文献的资源共享，方便地得到精选的文献资料。
3）互动的文献管理，即文献读者之间的交流成为可能，实现了以文会友的目的。
4）借助在线文献管理，有利于形成相关学科领域的学术圈子。
5）在线文献管理可以成为专家学者展示自己成果、宣传自己的理论的有效平台。
6）文献资料完全保存于互联网上，只要能上网，就可以管理文献，便携性得到了极大的提高。
7）完全免费。

（二）国外文献管理工具

1. EndNote

EndNote 是由美国汤森路透公司开发的文献管理软件。EndNote 每年更新一版，每次都有一些功能上的改进。具体使用方法将在本章第二节中介绍。

2. QUOSA

QUOSA 是一款比较有个性的软件，最早具备提供自动下载 PDF 全文（需要权限）、能够追踪最新文献、目录可导入 EndNote、能进行全文文献分析等功能，但 QUOSA 资源目前主要局限于生命科学领域，国内关注较少。

3. JabRef

JabRef 是免费的跨平台文献管理软件，适用于 Windows、Linux 和 MacOSX 系统。JabRef 最大的特点就是使用 BibTeX 格式的数据库，所以它最适合 LaTeX 用户使用。

4. Bibus

Bibus 和 EndNote 功能差不多，支持在 Word 及 Open Office 中插入文献，自动生成参考文献目录；支持文献分组；使用 MySQL 或 SQLite（任选其一）数据库存储参考文献数据。它能在 Open Office 及 Word 中直接插入引文，而无需在 Word 中安装宏或插件等，并能自动生成参考文献目录。其功能目前已与商业软件 EndNote、RM 接近，支持 Unicode，支持中文。

5. Mendeley

Mendeley 是一款免费文献管理软件，与 NoteFirst 类似，既有客户端，又支持在线管理。它可以自动导入 PDF 文献，同时它还引入了社会化功能，可以实现以文会友的功能。

6. Zotero

Zotero 是一款比较独特的文献管理软件，它只是一个 Firefox 的插件，可以在线收集文献信息，并通过插件的形式进行管理。

五、文献信息分析概述

1. 文献信息分析的概念

文献信息分析主要是指以对大量已知信息的内容进行整理和科学抽象为主要特征的信息深加工活动。在此过程中，要对信息的价值进行评估，然后选取可靠的、先进的、实用的信息进行信息整序和统计，提取信息中隐含的知识，从而获得增值的信息产品。

2. 文献信息分析方法

文献信息分析的方法主要有频次排序、共现分析、聚类分析、基于文献的知识发现等四种方法。

传统的文献信息分析采用的主要方法是文献计量学中常用的分析方法。文献计量学就是借助文献的各种特征的数量，采用数学与统计学方法来描述、评价和预测科学技术的现状与发展趋势的学科。其分析指标主要是：文献量、作者数、词汇数。

随着数据挖掘（Data Mining）和信息可视化（Information Visualization）技术的兴起，根据上述指标的共现情况（如两篇论文同时被其他论文引用的次数）进行深入挖掘，发现新的知识，表现某一领域研究状况的方法也逐渐引入到文献信息分析之中，即共现分析。共现分析包括词共现分析（也称为"共词分析"）、作者共现分析（也称为"作者合著分析"）、机构共现分析（也称为"机构合作分析"）和国家/地区共现分析等。共现分析属于内容分析和社会网络分析的一种。其中共词分析是共现分析的核心内容，而作者共现、机构共现和国家/地区共现分析是社会网络分析的重要内容。

聚类分析法又称群、集分析法，是以大量对象的测量或计量为基础，把具有相似性的一些数据组合为同一类的研究方法。聚类分析也要深入文献的具体内容进行分析，所以严格说来也是内容分析，但是聚类分析的目的并不在于就某一方面得出具体的结论，而是按照不同的指标将研究内容归类。

获取信息的最终目的是发现信息中有用的知识，利用信息创造价值。但是，随着科学研究的深入，造成了客观知识的总量与人类吸收知识的能力之间的差距越来越大。其次，科学技术越来越专业化，致使学科知识不断拓宽和加深，新的学科、新的专业不断出现，同时跨学科跨专业的知识在不自觉中产生并记载在大量的文献中，造成跨学科的信息传递变得更加困难，就会产生知识的分裂。但是人的知识获取和知识接受能力是有限的，即使是某领域前沿的科学工作者，也只是对自己熟悉的领域有着不同程度的理解和把握，而对于其他领域的了解相对较少。于是，信息的增长速度和人们的认知能力之间就存在着一定的矛盾，在这种情况下，很多隐藏在文献中的重要信息就有可能被忽略，尤其是那些看似不相关文献之间隐含的联系更是难以被发现，而这些隐含的信息和联系也许就是科学研究的突破口，发现这些信息，能使科学研究少走很多弯路，更不会误入歧途。但是，发现文献间的这种关系仅依赖于常规的文献检索是难以实现的，因此人们充分利用计算机技术拓展和加深文献的检索功能，实现基于文献的"知识发现"。

3. 文献信息分析的基本步骤

第一步：确定研究主题的范围，检索相关文献的记录，下载相关文献记录。

第二步：抽取相关指标（如期刊、作者、引文等）进行频次统计。

第三步：将统计指标按照出现频次由高到低排列，截取其中高于某个阈值的部分，如高频主题词、高频期刊、高产作者等，作为进一步分析的样本。

第四步：统计这些高频指标在同一个文献记录中共同出现的频次，形成共现矩阵。

第五步：利用统计分析软件，根据共现矩阵，采用聚类分析、引文分析、社会网络分析等方法对相关指标进行分类。

第六步：对形成的类别进行内容分析，以此说明该领域的科学研究活动的基本状况，如研究热点、核心期刊等。

六、文献信息分析软件

文献信息分析工具通过结合文献计量学、社会计量学、统计学、图形学、信息科学、计算机科学的技术和方法，帮助用户快速地获取高价值信息，高效追踪学科前沿资讯。它能够帮助人们对问题建模，然后找出解决方案或者决定的逻辑道路。信息分析工具包括电子数据表、流程图和特殊目的的分析软件。信息分析软件很多，主要如下所示。

1）基于统计的分析工具：SPSS，SAS，Excel等。

2）基于文献计量的分析工具：HistCite，CiteSpace，Bibexcel，Inspire，ColPalRed，SATI，Leydesdorff系列软件，Bicomb，SCI2，Network Workbench Tool，Vantagepoint，Vosviewer，Citnetexplore，RefViz，SciMAT等。

3）基于社会网络的分析工具：Pajek，Ucinet等。

4）基于PubMed的分析工具：GOPubMed，PubMedplus，本地PubMed，PubFocus等。

每一个工具都有着不同的特点，没有一个工具能够囊括所有的功能。比较而言，CiteSpace、SCI2、SciMAT功能较完整，其他工具也有各自的优势。在开展分析时，应了解不同工具的特点，再根据不同的分析目的、特性和拟解决的问题，选择恰当的分析工具。

第二节 文献管理软件 EndNote

任何科研工作者搞科学研究都需要借鉴和参考他人的研究成果,并查阅大量的文献资料,这样个人搜集并保存的文献会越来越多,完全靠记忆来管理这些参考文献越来越不现实。而不同数据库收录的参考文献又存在大量的重复性,从而导致人工去重的工作量逐渐增大。同时在科研文章的撰写过程中,参考文献的插入和整理也是一项非常繁重的工作,牵一发而动全身。因此,如何对参考文献进行有效的管理和利用,将直接影响科研人员的工作效率。

随着科学技术的不断发展,尤其是文献管理软件的出现,能够将收集到的大量参考文献进行分门别类的整理,使得科研人员能够高效、准确、便捷地利用海量的文献资料。文献管理软件众多,EndNote 是目前国际上用户最多、最受欢迎的文献管理软件之一,也是出现最早的文献管理软件之一,是一款用于海量文献管理和批量参考文献管理的工具软件。

EndNote 于 20 世纪 80 年代首次推出,由美国汤森路透公司开发,问世即成为科研界的必备"武器"。在前 EndNote 时代,文献复习阶段从各大数据库中搜集到的文献往往千头万绪或重复或遗漏,难以管理,阅读所做的笔记则分散各处,难以高效地进行有机整合。到写论文时,大量的文献引用往往异常复杂,尤其有修改时,牵一发而动全身。这些难题,EndNote 可以彻底解决。本节介绍该软件的基本功能和实际应用。

一、EndNote 的基本功能

EndNote 通过将不同来源的文献信息资料下载到本地,建立本地数据库,可以方便地实现对文献信息的管理和使用。EndNote 将不同来源的数据整合到一起,自动剔除重复的信息,从而避免重复阅读来自不同数据库的相同信息。同时可以非常方便地进行数据库检索,进行一定的统计分析等。此外,EndNote 还可以非常方便地做笔记,以及进行某一篇文献相关资料的管理,如全文、网页、图片和表格等。EndNote 还有一个重要的功能是在撰写论文、报告或书籍时,可以方便地编排参考文献格式。EndNote 的基本功能见表 7-1。

表 7-1 EndNote 的基本功能

功能模块	程序模块	基本功能
文献输入	数据库建立	把不同来源的资料录入到数据库 检索(通配符,起止年代,检索策略的存储与调用)、复制、删除、添加;全文管理、网址、图片等;转换、连接的更新及设定
文献管理	数据库管理	对数据库进行修改、查询、统计、增删等,包括排序、统计、分析、查找、查找重复、导出等
撰稿引文	数据库的使用	协助编排引用文献格式,即如何引用文献、引用的几种方式、输出格式、论文模板、自行设定等

二、EndNote 的几个概念

1）Library：EndNote 用来存储参考文献数据的文件，其实就是数据库。
2）Reference：参考文献。
3）Reference Type：参考文献类型，例如 Journal Article、Book 等。
4）Style：样式，即参考文献在文章末尾的格式，每种期刊都不尽相同。
5）Filter：把通过检索（比如 EI）得来的参考文献导入（import）EndNote 时所用的过滤方式。由于每个数据库输出的数据格式都不一样，所以导入数据时根据数据库选择对应的"Filter"很重要。

三、EndNote 数据库建立

数据库建立是文献管理及应用的基础，建立数据库就是将不同来源的相关资料放到一个文件中，汇聚成一个数据库文件，同时剔除来源不同的重复文献信息，便于分析、管理和应用。EndNote 数据库称为 Reference Library，以 *.enl 格式存储，其中的数据存储于同名文件夹 *.Data 中。

（一）EndNote 程序主界面简介

运行 EndNote 后，出现的第一个界面如图 7-1 所示。打开 EndNote，可以新建一个数据库文件，也可以打开一个已有的数据库文件。在打开的窗口中，双击某一条记录就可以显示该记录的详细信息，即可进行编辑。

（二）数据库建立的方式

EndNote 数据库建立的方式主要有手动输入、用软件直接联网下载、网上数据库输出、格式转换等四种。

图 7-1 EndNote 主界面

1. 手动输入

手动输入主要针对少数几篇文献，手动输入文献信息方式比较简单，首先选择适当的文献类型，按照已经设好的字段填入相应的信息即可。并不是所有的字段都需要填写，可以只填写必要的信息，也可以填写详细信息。

注意：人名的位置必须一个人名填一行，否则软件无法区分是一个人名还是多个人名，因为各个国家人名的表示差异较大。关键词的位置也一样，一个关键词一行。

2. 直接联网下载

采取联网下载方式首先需要打开数据库链接（Open Connection Manager），然后选择可用的和常用的数据库进行设置。设定好的常用数据库的链接会出现在程序主界面中"tools – connect"菜单下面。选择某一网站如"Web of Science" 就可连接到 WOS 网站检索相应的文献了，检索到的文献按时间顺序依次排列，排在前面的表示较新的文献，排在后面的时间久远一些。

3. 网上数据库输出

目前有很多网上的数据库都提供直接输出文献到文献管理软件的功能。如 Scopus，Web of Science 等。Web of Science 可以直接输出到 EndNote，而 Scopus 则需要通过格式转换才能正确地导入到 EndNote 中。

4. 格式转换

格式转换方式相对来说比较麻烦，不到万不得已，一般不会采用。转换一般把资料保存为文本文件，然后导入到 EndNote 中。格式转换的关键是要选择正确的 Filter，否则无法正确转换。

对于中文的文献资料信息，可以先保存为文本，按照 EndNote 程序的要求进行一定的替换，然后再导入即可。也可以利用 ultraedit 来编写宏，实现自动替换。目前需要这样通过文本转换的主要是中文文献。

（三）EndNote 数据库的创建

1. 新建 enl

新建数据库的方法有三种，第一种方法是在启动程序时选择 "Create a New EndNote Library"；第二种是在程序的主界面，选择 "File" → "New"，选择文件保存地址并输入文件名；第三种方法就是单击工具栏第一个按钮 "New Library"，选择保存路径后单击 "确定" 按钮，即完成数据库文件创建，创建后生成两个文件夹：MyEndNote Library.enl 和 My EndNote Library.Data。

My EndNote Library.Data 文件夹包括三个子文件夹：PDF、rdb、tdb。PDF 子文件夹主要用于存放下载的文献全文；rdb 和 tdb 文件夹用来存放文献条目信息。

新建数据库界面如图 7-2 所示。

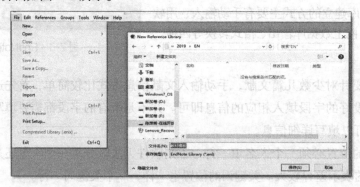

图 7-2 新建数据库界面

2. 打开既有的 enl

打开既有数据库的方法有两种：① "File" → "Open" → "Open Library"；②单击工具栏第二个按钮 "Open Library…"。

3. 新建记录

启动程序，在主界面中从菜单栏 "Reference" → "New Reference" 中可以新建一个记录，也可以在 "Reference Library" 窗口中单击鼠标右键后选择 "New Reference" 手动添加新记录。

4. 编辑记录

在主界面中，通过"Reference Library"窗口中双击选中的记录，或者单击鼠标右键选择"Edit References"，或者选择菜单命令"Reference"→"Edit References"都可以进行编辑。

四、EndNote 数据库的导入

EndNote 导入文献有三种方式：第一种是通过 EndNote 软件的内置在线搜索功能；第二种是通过在数据库中查找相关文献，并导入到 EndNote 中；第三种就是直接将本地的 PDF 格式的文献导入 EndNote 数据库中。

（一）内置在线搜索文献导入

如图 7-3 所示，通过 EndNote 软件的内置在线搜索功能，输入关键字导入搜索到的文献。在线搜索导入文献操作简单、方便，但是导入的文献后期还要进行筛选。

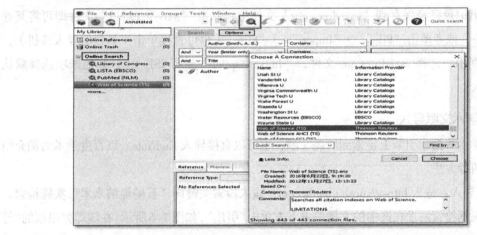

图 7-3　EndNote 内置在线搜索功能

（二）数据库导入

数据库导入是指通过在数据库中查找相关文献，并导入到 EndNote 中。这种方式导入的文献经过了读者在数据库中的筛选，所以针对性较强。常用的数据库有百度学术、PubMed、Web of Science、中国知网、万方等。这些数据库大都提供直接输出文献到文献管理软件的功能，如 Scopus、Web of Science 等。

1. Web of Science Core Collection 数据库导入

在 Web of Science 页面（http://www.webofscience.com，需要科研机构和高校购买使用权限才可访问），单击"All Database"旁的下拉菜单，可以看到所有可供检索的子数据库，单击"Web of Science Core Collection"链接即可进入。输入关键词和检索条件，单击"Search"按钮开始检索。如图 7-4 所示。

在检索结果页面中，选择所需排序方式（默认出版日期降序排列，一般是选择被引频次降序排列），单击"Save to EndNote desktop"，如图 7-5 所示，在弹出框输入导出文献记录数量（每

次最多导出 500 条）和选择输出内容后，单击"Send"。

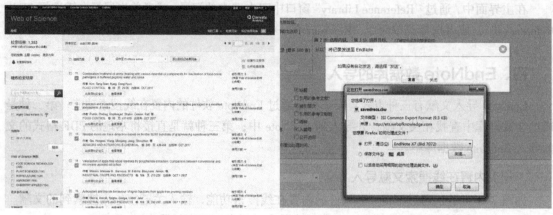

图 7-4　WOS 检索界面　　　　　图 7-5　WOS 导出界面

此时导出记录已经保存到"savedrecs.ciw"文件中。双击"savedrecs.ciw"文件即可将其导入 EndNote 中，或者单击"File"→"Import"→"File"（也可直接单击工具栏的导入按钮），在弹出对话框中，选择 savedrecs.ciw 文件，"Import Option"选择 ISE-CE，其他选项选择默认即可完成导入。

2. 百度学术文献导入

在百度学术等搜索引擎上检索到所需文献，也可以直接导入 EndNote。以百度学术为例介绍文献导入的两种方法。

1）单篇导入：进入 https://xueshu.baidu.com，输入检索关键词"石墨烯纳米术"实施检索，搜索结果中根据检索需求在选中的文摘信息下方单击"引用"，如图 7-6 所示，在随即弹出框的"导入链接"中选择"EndNote"。然后在弹出的对话框中修改文件名和下载目的地地址，就完成了文献导入。

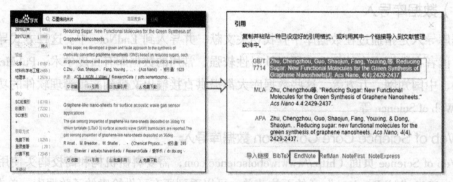

图 7-6　百度学术文献导入

2）批量导入：进入 https://xueshu.baidu.com，输入关键词，在结果页面单击"批量引用"，然后单击页面右侧圆形标识，进入批量导出列表，单击"导出至"后选择"EndNote"即可。双击"baiduxueshu_papers.enw"文件即可导入到 EndNote 中，或者单击"File"→"Import"，"Import Option"选择"EndNote import"完成批量导入。

3. 中文数据库文献资料导入

中文文献资料导入文献管理软件一直是个有些复杂的问题。中国知网、万方数据、维普期刊数据库等常用的中文文献库目前还不能通过 EndNote 直接访问，EndNote 也没有合适的 Filter。所以只能将这些资料保存为文本文件之后，通过批量替换的方法，在不同的字段前面加上一些 EndNote 可以识别的标记。下面以中国知网为例介绍其文献导入方法。

进入中国知网首页，如图 7-7 所示，输入检索词执行检索，根据检索需求勾选需要的文献，单击"导出/参考文献"按钮，进入图 7-8 中的 CNKI 文献管理中心，在左侧"文献导出格式"栏目选择"EndNote"，单击"导出"，即可生成 txt 格式的参考文献文件。

图 7-7　中国知网检索页面

图 7-8　中国知网检索文献导出

打开 EndNote，单击"File"→"Import"→"File"（也可直接单击工具栏的导入按钮），在弹出的对话框中，选择刚才保存的 CNKI.txt 文件，如图 7-9 所示，"Import Option"选择"EndNote import"（或 Refer/BibIX、EndNote generated XML），其他默认即可。

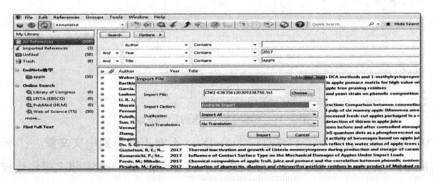

图 7-9　导入中国知网检索文献

注意：如果在导入中文文献的时候是乱码，有可能是 txt 的编码问题，改成 UTF-8 即可。

(三) PDF 导入

数据库创建完成后,就可以导入文献了,本地文件导入时,打开 EndNote,在 "File" 的下拉菜单中,单击 "Import",选择导入 File 或文件夹。如果导入的文件是 PDF 格式,在 "Option" 中选择 PDF,如果导入的文件是其他格式,则选择相应的 "Option"。

1. PDF 文件导入方法

EndNote 导入单个 PDF 文件的原理是首先在该文献中搜索文献的 DOI,然后联网查找文献相关信息并显示在界面上,因此,EndNote 导入 PDF 时计算机需处于联网状态。

如图 7-10 和图 7-11 所示,打开 EndNote,单击 "File" → "Import" → "File",在弹出的输入文件对话框中,选择要导入的 PDF 文件。导入时,选择 "File…" 可导入单个 PDF 文件,选择 "Folder…" 则为使用文件夹导入功能批量导入 PDF 文件。在弹出的界面 "Import Option" 选择 "PDF",其他默认即可。

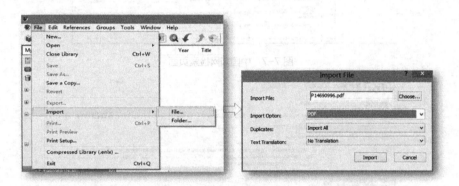

图 7-10 PDF 文件导入界面

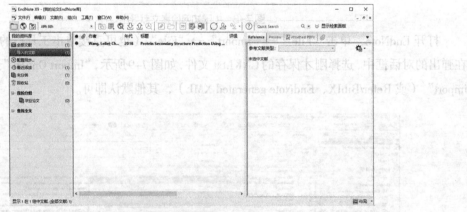

图 7-11 下载的文件导入到 EndNote

导入 PDF 文件时,有几点需要注意:①EndNote 不能正确识别中文文献。②不是所有的 PDF 文件都能正确导入。对于导入 PDF 外文文献未成功的情况,一般是该文献年代较为久远,文中没有标记 DOI,或者未知原因导致的,这两种情况可以去该文献所在数据库,利用 EndNote 的 "Find Reference Updates" 功能解决。③导入时需要连接网络。

2. EndNote 自动检测文件夹中 PDF 的更新

该功能能够实现指定文件夹中 PDF 发生变化（增加新文献或删除文献）时，会自动更新数据库。设置如下："Edit"→"Preference"→"PDF Handing"。

3. 将下载的文件导入到 EndNote 中

打开 EndNote 软件，找到刚刚创建的库，单击向下的箭头，在弹出的对话框中单击"选择"按钮，找到要导入的文件，导入选项为"EndNote 导入"，单击"导入"按钮。保存之后就可以使用这个文献了。

五、EndNote 数据库的管理

EndNote 的功能之一就是进行数据库管理，即用户可以按课题建立自己的数据库，随时检索自己收集到的所有文献，通过检索结果，准确调阅出需要的 PDF 全文、图片、表格，为不同的课题查新创建不同的数据库，并随时可以检索、更新、编辑，将不同课题的数据库与工作小组成员共享。

1. 修改书目信息

导入文件时，常常会出现书目数据不完整或者格式不规范的情况。这个主要是由于原始文献信息不全或者网络原因导致下载信息不全，需要手动来修改或者补全这些信息，此时可以利用 EndNote X9 的"Find Reference Updates"功能。比如下面这条书目缺少作者信息，并且标题的格式不规范不完整。解决方法如图 7-12 所示：选中要修改的条目，在左下方会有一个名为"Reference"的信息修改窗口，即可修改。

图 7-12 EndNote 修改书目信息

2. 文献分类管理

根据研究内容，有必要进行适当分组。打开 EndNote，在程序的右侧边窗口，右击"My Groups"即可创建分组，分组包括三类（见图 7-13）：① Great Group；② Great Smart Group；③ Great Group Set，分别是创建分组、智能分组以及创建组集。

1) Great Group：创建分组，可以将列表区域文献记录选中后拖到分组中。

2) Great Smart Group：按照一定条件筛选当前所有文献，符合条件的文献自动归组。例如，筛选当前数据库文献，将作者属于 China 的文献自动归为一组，此时可以利用"Great Smart

Group"功能进行创建分组。

3) Great Group Set：创建组集，相当于多个分组的集合，类似树形结构层次，但是只能是二层结构。

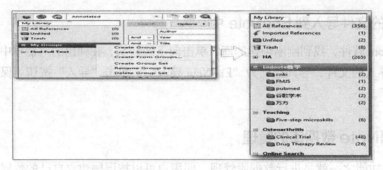

图 7-13　EndNote 文献分类管理

3. 文献去重

去重功能用于去除数据库内重复的文献条目。在众多数据库中进行检索添加参考文献记录，不可避免会有重复文献，此时可以利用 EndNote 进行查找去重，如图 7-14 所示。可在设置中设定在线检索时自动去重，设置如下："Edit" → "Preference" → "Duplicates"，这样在检索的时候，如当前数据库中已有该文献记录，则不会添加进来。

图 7-14　EndNote 文献去重管理

4. 文献删除

如图 7-15 所示，选中某条需要删除的文献条目，单击鼠标右键选择 "Move Reference to Trash" 即可完成。如果需要永久删除，则可在回收站图标上单击鼠标右键选择 "Empty Trash" 完成；如果误删除了，恢复的办法为：选中回收站内的文献条目，拖拽至相应分组即可恢复误删条目。

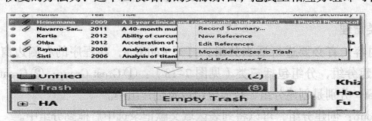

图 7-15　EndNote 删除文献管理

5. EndNote 笔记管理

在阅读文献内容时，难免要记录一些笔记，这里介绍用 EndNote 内置的 PDF 阅读器进行阅读时，对文章进行标记的方法，以提高文献管理效率。

在 EndNote 中有三个位置可以记录大量的文字内容：Abstract、Notes 和 Research Notes，如图 7-16 所示。每处可以记录 32KB 文字信息。为方便做笔记，可将 Reference Panel 布局设置在界面右边，将指针定位在 Research Notes 栏下，随键盘上下键翻阅时做笔记。

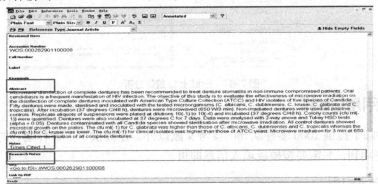

图 7-16　EndNote 删除文献笔记管理

打开 EndNote 软件，在 "Reference/Preview" 面板的 "Reference" 界面找到 "Research Note" 条目，单击即可编辑文献笔记，编辑完成后无需保存，直接移到任意文献或者界面即可保存笔记。在文献详细信息界面中，鼠标移动到第一行，单击鼠标右键选择 "Research Note"，即可显示文献的笔记。拖动 "Research Note"，即可调整其位置。把鼠标放在 "Research Note" 所在方框边缘，鼠标形状改变后拖动，即可改变方框的宽度。在搜索界面选择 "Any Field+PDF with Note"，输入笔记关键字，即可对笔记进行搜索。

如果需要重新编辑文献的笔记，就重新在 EndNote 软件 "Reference/Preview" 面板的 "Reference" 界面找到 "Research Note" 条目，单击即可修改文献笔记。

6. 分组共享

EndNote 具备分组共享的功能，只需将指定文件拖入分组中即可实现精准分享。

具体操作如下：选中待共享的分组，右键菜单选择 "Share Group"，此时提示需要进行同步，同步之前需要注册 EndNote 账号。在弹出的对话框中输入需要共享方的 E-mail，然后给共享用户分配阅读权限（"读写" 或 "只读"），还可以留言，最后单击 "确定" 按钮即可。

7. Group 文献引文报告

Web of Science 和 EndNote 联合，在 EndNote X9 中可查看文献记录的 Web of Science 引文报告，方便大家快速分析参考文献的影响力。

8. EndNote 统计分析

EndNote 软件具有数据统计功能，例如对当前数据库文献记录发表的第一作者（Author）、作者地址（Author Address）、年份（Year）、期刊名称（Secondary title）以及关键词（Keywords）等进行统计分析。具体方法是：单击 "Tools" → "Subject Bibliography"，在弹出的 "Select Fields" 列表中选中统计量，单击 "OK" 即可查看统计结果（可单击 "Records" 进行排序）。

可以通过菜单栏的 "Tools" → "Subject Bibliography"，打开一个新的对话框，如图 7-17 所示。

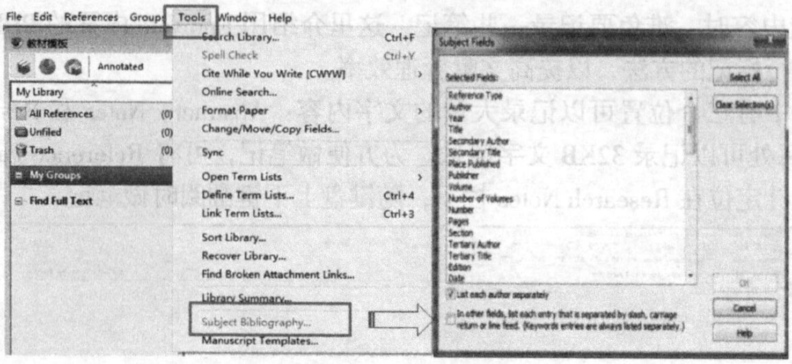

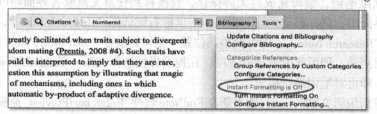

图 7-17　EndNote 统计分析

六、文献引用与编排

EndNote 中除了提供 2000 多种期刊的参考文献以外，还提供了 178 种期刊的全文模板。如果投稿的是这些期刊，只需要按模板填入信息即可。

1. 正文中插入引用

Word 版本不同，操作界面略有不同，下面以 Word for Mac 2011 版本为例介绍使用方法。首先，在开始插入引用前，如图 7-18 所示，将 EndNote 设置为 "Instant Formatting is Off" 的状态。

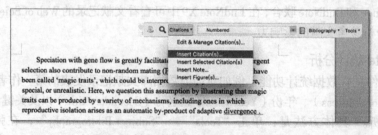

图 7-18　"Instant Formatting is Off" 功能设置

操作步骤如下。

1）将指针移动到想要插入的地方。

2）如图 7-19 所示，单击 "EndNote toolbar" 的 "Citations"，在下拉菜单中，单击 "Insert Citation（s）…"。

3）在打开的对话框里，输入这个 Citations 的相关信息，EndNote 会自动检索 library 中与此信息匹配的条目。找到想要插入的文献后，单击右下方的 "**Insert** button" 即完成插入。

图 7-19　单击 "Insert Citation（s）…"

4）单击图 7-20 中圆圈处的按钮，之前的 "mark" 将全都被引用文献的数字索引所替代，文章末尾也出现了 "ref" 列表，如图 7-21 所示。

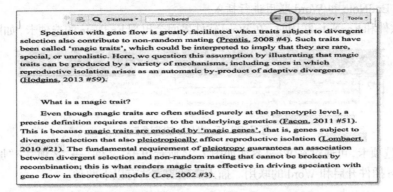

图 7-20 "Instant Tomatting is Off"模式下插入引文的正文（1）

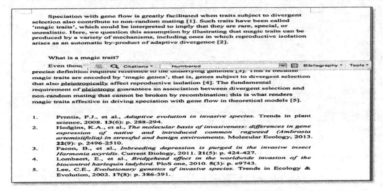

图 7-21 "Instant Formatting is Off"模式下插入引文后的正文（2）

2. 参考文献的引用

EndNote 有两种方式来完成参考文献的引用。

（1）直接从 EndNote 软件中复制生成好的引用文献文本

如图 7-22 所示，选中需要引用的某条文献后单击"Edit"→"Output Styles"→"ACS"完成对参考文献格式的选择，然后在右边窗口单击"Preview"选项卡，此时符合美国化学学会旗下期刊的参考文献格式便完成了，只要复制右边窗口中的文本即可。

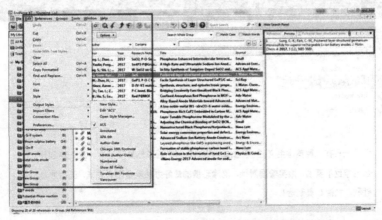

图 7-22 直接从 EndNote 软件中复制生成好的引用文献文本

(2) 通过 EndNote 和 Word 联用进行插入

当 Word 软件和 EndNote 联用时，在 Word 软件界面会出现 EndNote 的选项卡，如图 7-23 所示。

图 7-23　EndNote 的选项卡

若没有该选项卡，可通过在 Word 界面如图 7-24 所示单击 "文件"→"选项"→"加载项"→"转到" 将 EndNote 插件开启和 Word 的联用。插入文献的方法有以下两种。

图 7-24　将 EndNote 插件开启和 Word 的联用

1）在 Word 文档中将光标停留在要插入的位置，在 EndNote 中选中要插入的文献，然后在 Word 中单击 "EndNote"→"Insert Citation"→"Insert Selected Citations" 即可完成。

2）通过在 EndNote 软件中直接插入，操作方法如图 7-25 所示，在 Word 文档中将光标停留在要插入的位置，然后到 EndNote 软件中选中需要插入的文献，再单击 "Insert Citation" 按钮（如图 7-26 所示方框处）插入所选中的参考文献。

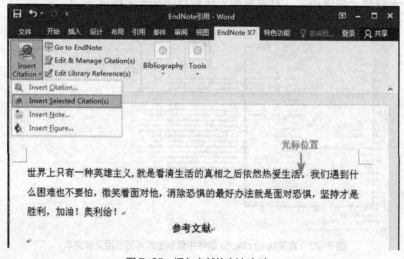

图 7-25　插入文献的方法（1）

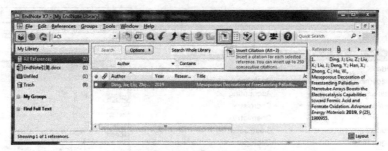

图 7-26　插入文献的方法（2）

文献插入完成后将自动生成正确的序号和格式，且插入多条文献会自动更正插入参考文献的顺序，不需要手动调整，对于重复插入的文献也能自动识别。

3. 更改参考文献 Style

更改参考文献 Style 的方法视具体情况分三种。

1）指针移到如图 7-27 所示的"APA 6th"，单击即完成参考文献 Style 的修改。EndNote 会自动同时更新文中引用和文末的"ref"列表，如图 7-28 所示。

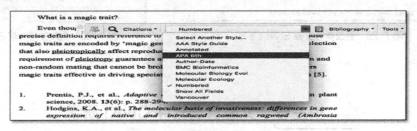

图 7-27　更改参考文献 Style（1）

图 7-28　更改参考文献 Style（2）

2）如图 7-29 所示，单击"Select another style"，在弹出的列表中，选择想要的 Style，如果这个列表中依然没有想要的"Style"，可以到 EndNote 主页 中的"EndNote Output Styles"上查找需要的"Style"。

3）若没有找到自己想要的样式，或个别地方需要修改，则可选择差不多的样式，在此基础上简单编辑修改。

① 在 EndNote 中选择样式，如 MDPI。

② 选择"Edit"→"Output Styles"→"Edit MDPI"，按照图 7-30 所示，根据需求更改样式。

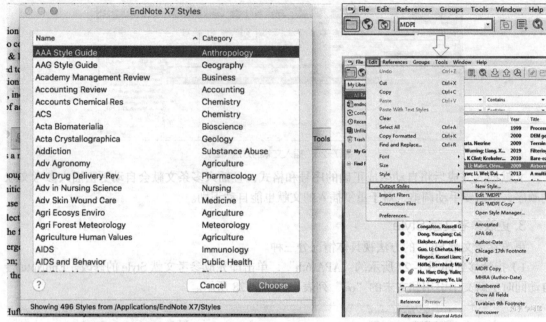

图 7-29　更改参考文献 Style（3）　　　　图 7-30　更改参考文献 Style（4）

第三节　文献管理软件 CNKI 研学

一、知网研学简介

1. CNKI 知网研学概述

CNKI 知网研学即原 CNKI E-Study，是中国知网开发的一款探究式学习工具，知网研学（原 E-Study）是在提供传统文献服务的基础上，以云服务的模式，集文献检索、阅读学习、笔记、摘录、笔记汇编、论文写作、投稿、学习资料管理等功能于一体的个人学习和研究平台。它提供了 Web 版、桌面版、手机 APP 版、iPad 版、微信小程序，多端数据云同步，满足用户在不同场景下的学习需求。

知网研学（原 CNKI E-Study）是 E-Learning 的升级版，在"数字化学习研究"模块为用户免费提供了个人文献管理工具，命名为"数字化学习与研究平台"（E-Study），功能主要体现在一站式阅读和管理平台、文献检索和下载深入研读、记录数字笔记、写作和排版、在线投稿等方面。CNKI 知网研学具有云同步和浏览器插件功能。"云同步"即支持学习专题数据（包括文献夹、题录、笔记等信息）和题录全文的云同步。使用 CNKI 个人账户登录即可在实现 PC 间学习专题的同步。"浏览器插件"支持 Chrome 浏览器、Opera 浏览器；支持将题录从浏览器中导入、下载到 CNKI E-Study 的"浏览器导入"节点。知网研学地址：http://estudy.cnki.net/。

2. 知网数字资源

知网研学平台拥有中国知网的相关数据库：《中国学术期刊（网络版）》《中国博士学位

论文全文数据库》《中国优秀硕士学位论文全文数据库》《中国重要会议论文全文数据库》《中国重要报纸全文数据库》《中国年鉴网络出版总库》。

3. 知网研学平台功能

1）汇：知网资源、个人资源、第三方资源汇聚同一平台。
2）读：文献内容全部 XML 碎片化，提供全新的阅读体验。
3）写：在线创作、引用文献素材和笔记，实现一站式投稿。
4）管：管理学习资料、研究成果，随时随地获取和利用。

二、知网研学的下载

1. 知网研学"桌面版"（PC 端）软件下载

知网研学"桌面版"（PC 端）即原来的 CNKI E-Study，下载地址进入方法有三种，如图 7-31 所示：①进入 CNKI 平台（https://www.cnki.net/），下滑到页面最底端，在"CNKI 常用软件下载"栏目下单击"知网研学（原 E-Study）"进入软件下载页面，即可免费下载；②进入 CNKI 平台（https://www.cnki.net/），在页面右下端的"软件产品"栏目下单击"知网研学（原 E-Study）"进入软件下载页面；③也可以直接输入网址 http://estudy.cnki.net 进行下载。安装完成后知网研学会自动嵌入到 Word 的工具栏上。

图 7-31　知网研学 PC 端软件下载

图 7-32 为知网研学的主界面。CNKI、ScienceDirect、Springer、wiley 等 20 多个中外文数据库文献保存到知网研学（原 E-Study）。

图 7-32　知网研学的主界面

2. 知网研学"网页版"

知网研学网页版实际是 CNKI 研学平台在线使用的网页，本身并不存在其他终端版本，与 E-study 实现同步，因此知网研学网页版可以称之为一个网页在线文献管理工具。知网研学网页版进入方式有两种：①进入 CNKI 平台（https://www.cnki.net/），在知网页面稍微向下的部分，从"研究学习平台,知网研学平台"栏目下单击"研究生"即可进入;②输入网址 http://estudy.cnki.net/,即可访问其主页,如图 7-33 所示。

图 7-33 知网研学主页

知网研学提供了"视频教程""使用手册""常见问题"等信息。其中"视频教程"详细介绍了该软件的使用方法,"常见问题"列出用户在使用该平台过程中可能遇到的问题,可轻松做到从入门到精通。进入页面注册账号登录即可使用。用户使用时推荐使用火狐浏览器,同时支持使用 360 极速模式、QQ 极速浏览器、Safari 浏览器等 HTML5 新特性兼容性好的浏览器。

3. "知网研学"APP

"知网研学"APP 面向高校学生、教师、学者及科研人员,以云服务模式提供 CNKI 海量文献检索、订阅推送、研读学习、专题及成果管理等服务。APP 支持云端同步,实现随时随地碎片化学习。

"知网研学"APP 可以在手机应用商店中搜索并下载,目前用户可以通过两种方式登录:①输入手机号码/邮箱/用户名+密码;②通过授权登录(微信、QQ、微博)。登录成功后,用户需要绑定所在机构的资源账号。绑定机构账号后,即可在机构范围查看权益内的资源。

三、知网研学界面介绍

登录进入知网研学,如图 7-34 所示。从图中可知知网研学首页由功能区、检索区、订阅区、登录区、活动区等五个区域构成。

1)功能区位于页面最左侧,包含"首页""研读学习""创作投稿""标签"以及"我的"。"首页"即当前的界面。

2)检索区在页面的中心位置,这个界面和我们熟悉的 CNKI 搜索界面是完全相同的,也可以进行高级检索。

3)订阅区主要呈现用户自己定制和关注的当前学术热点问题,订阅的方式主要有期刊、RSS、学科和关键词四种。

4)登录区主要为用户提供注册、登录、登出,以及软件帮助等信息和功能。

5)活动区是近期活动界面,用户可以在这里看到自己近期阅读的文献记录、自己创建的专题、我的创作以及我的文摘等。

图 7-34　知网研学首页

四、知网研学的研读学习

登录进入知网研学平台,单击左侧的"研读学习",即可进行文献的研读与管理了。根据研究方向,创建学习专题,单击"新建专题",可支持二级子专题,对文献进行管理。也可将本地文档上传到专题下进行统一学习。打开学习专题,可对文献移动、复制、删除,查看题录信息。"我的专题"中右上角按"学习资料""学习笔记""学习成果"分类。打开文章,页面顶部有手机阅读、打印功能,并可查看作者知网节,设定重要度,打印标签,收藏,进行笔记汇编。

(一)学习专题的创建

1. 学习专题

学习专题是找资料、阅读文献、进行知识管理的最好媒介。通过学习专题可以有计划、有目的、有组织地获取领域知识和技术,实现对新知识的意义建构和对原有知识的改造及重组。可将本地计算机上的文献添加到不同的学习专题内进行分类阅读和管理;学习专题内可创建多层级文献夹,用于有效管理文献,构建知识脉络;还可对学习专题内的文献记录做笔记,并将笔记与文献一起保存在学习专题内。每次打开知网研学,学习专题会按照上次学习的时间从近到远的顺序排列,即默认打开最近学习的学习专题。

2. 文献题录

题录是描述文献外部特征的条目,例如文献的重要度、标题、作者等。知网研学的研读学习的主界面即是文献的题录列表。

(二)知网研学的文献研读

登录进入知网研学平台,单击左侧"研读学习",找到自己文献存放的专题,该专题的文献题录就展现在界面中央,如图 7-35 所示。

图 7-35　知网研学的研读学习主界面

1. 添加文献

（1）检索添加

执行检索操作时，可在研学平台首页检索栏输入关键词检索，除此之外也可在专题模块的检索栏或单击"检索添加"进行全库检索，如图 7-36 所示。用户可在检索结果页勾选需要的文献，直接"批量收藏"文献到所在专题下；也可以单击右侧"收藏"一栏中的图标★，单篇收藏文献到专题。

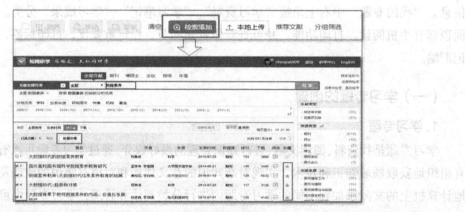

图 7-36　知网研学检索添加文献

收藏成功后，回到"研读学习"页面，刷新后，单击"未加入专题文献"，就可以看到新添加的文献，用户可以根据所需进行删除、移动、复制处理。如图 7-37 所示，下面以移动文献为例介绍：勾选所需文献，单击"移动"按钮，在弹出界面选择所要移动到的学习专题"知识服务与信息素养"，单击"确定"按钮，刷新后，就可以看到新添加的文献了。

图 7-37　移动文献到学习专题

(2) 本地上传

打开某一学习专题,单击图 7-36 中的"本地上传"按钮,可将本地文档上传到该专题下统一学习。

(3) 浏览器插件添加文献

使用浏览器插件 (CNKI E-Study) 将文献题录下载到研学平台。目前知网研学平台插件只支持 Chrome 浏览器。按照相关提示安装并运行,安装完成后知网研学会自动嵌入到 Word 工具栏上。

2. 文献阅读

知网研学平台的文献阅读分为在线阅读和 PDF 文献阅读两种,通过图标区分 XML 文献() 和 PDF 文献 () 。

(1) XML 文献阅读

选择某一学习专题,单击"要学习的文献",然后单击某一文献题名,即可进入文献阅读界面开始阅读文献。在阅读过程中,可以完成目录管理,查看章节目录、参考文献、图表、知网节等信息,也可以添加段落笔记,查看工具书等。分述如下。

1) 目录管理。目录管理的操作如下:选中目录章节后,单击鼠标右键,即可对目录进行"添加子目录""添加内容""插入其他章节""删除目录""重命名"操作。其中,选择"插入其他章节",即可插入该专题下其他文献的章节,如图 7-38 所示。

2) 查看章节目录、参考文献、图表、知网节。知网研学平台完成了对大量文献的篇、章、节、图、表、公式的碎片化加工。

单击左侧栏章节名称,可实现内容的自动跳转定位。

单击图表名称,可以实现文中图表的快速定位。当鼠标定位在图表的时候,可以放大或缩小图表,也支持对图表进行"笔记""摘录""涂鸦"的操作,具体如图 7-39 所示。

图 7-38 目标管理的操作

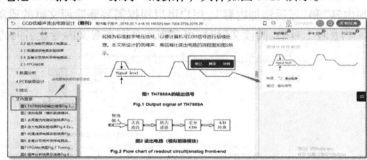

图 7-39 XML 图表阅读

单击作者姓名,可自动跳转到该作者的知网节,了解该学者的基本信息、研究方向、主要成果、关注领域、合作者等。

单击单位名称、关键词、基金等,也可自动跳转到对应的知网节,了解相关文献、关注度指数分析等。

在阅读的过程中,单击参考文献角标,在右侧"参考文献"标签下,将自动定位到该参考文献 (见图 7-40) 。单击参考文献,即可直接打开该参考文献进行阅读。

图 7-40　XML 作者信息参考文献阅读

3）添加段落笔记。用户在文献阅读过程中，可对文章内容中的某一段落，添加段落笔记。单击某一段落的内容，在该段落的右下方会出现　　的图标，选择"添加段落笔记"即可，具体如图 7-41 所示。

图 7-41　XML 添加段落笔记

文献阅读中，还可以对原文内容进行管理，可对当前文献的内容进行编改，即选择"段前添加内容"和"段后添加内容"。用户可以根据需要删除原文献的段落，也可删除自己添加的段落。

4）查看工具书。阅读文献时，可在当前页面查看文内专业名词的工具书解释，如图 7-42 所示。

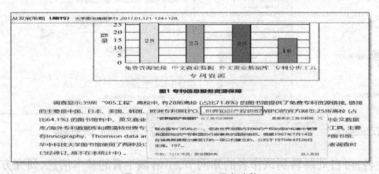

图 7-42　XML 下工具书功能

(2) PDF 文献阅读

PDF 文献可以通过目录导航查看文章内容。如图 7-43 所示，在阅读的正文上方，有一条工具栏，有别于 XML 阅读工具栏，这里是可以隐藏的，阅读时只要单击一下正文就能够再次显示，这些工具有方便阅读的功能。单击打开之后，能够看到左侧是目录，但目录当前并不完善，只能显示页码，并不能显示该页的内容或标题。

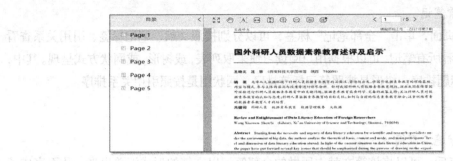

图 7-43　PDF 文献阅读界面

(3) 对比阅读

无论是 PDF 还是 XML 方式，都可在文献阅读界面实现文献对比阅读。单击方框中的图标，可以对学习单元内的两篇文献全文并排对比，以便阅读查看文献之间的异同。

3. 做笔记

(1) 做笔记的方法

在文献阅读的过程中，可随时做笔记，并且所做的笔记内容会对应插入到原文。选择需要做笔记的原文内容，单击"笔记"按钮，进行笔记添加即可，如图 7-44 所示。所做笔记的内容，也支持插入超链接、图片、附件、公式等。

图 7-44　知网研学做笔记

(2) 内容摘录

在阅读的过程中，发现对自己有价值的内容，选择相应内容后，单击"文摘"按钮，内容就会自动摘录到"我的文摘"中，方便总结个人学习成果，以及个人创作中作为直接参考和引用的素材，如图 7-45 所示。

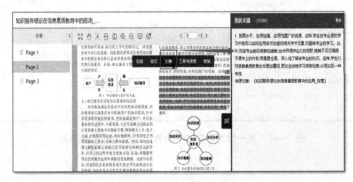

图 7-45　知网研学做摘录

(3) 分类查看笔记

在 XML 阅读页面，单击"全部笔记"标签，可以分别按照文献、笔记标签、引用关系查看本篇文献笔记。查看所有笔记，可以根据用户阅读习惯采取列表，或树形，或网状方式呈现。其中，列表是按照文献标题排序，树形是按照笔记标签排序，网状则是按照引用关系排序。

4. 笔记汇编

（1）单篇文献笔记汇编

文献阅读结束后，可以将该篇文献中所做的全部笔记以文档的形式汇总出来，从而完成了文献从厚读薄的过程。

知网研学还支持对汇编的笔记文档进行再次编辑修改，如写下新的想法、观点等。编辑过程中，还可插入我的文摘、我的笔记、笔记汇编、我的创作、我的专题、CNKI 文献等在线素材，如图 7-46 所示。插入我的文摘后，系统会自动形成引文链接，该引文链接同时支持编辑修改，以减少手动输入编辑的时间，提升学习效率。

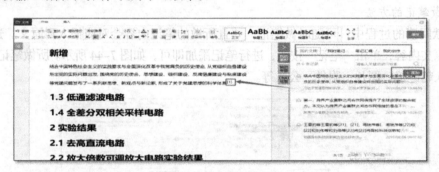

图 7-46 汇编笔记的编辑

（2）专题笔记汇编

某一学习专题的文献阅读完成后，返回研读学习主页面，选中该学习专题，单击"学习笔记"按钮，可以查看该专题下所有文献的笔记。单击"一键汇编"按钮，就可将本专题下全部笔记汇编成文档。与单篇文献笔记汇编的操作相同，汇编完成后，可在"学习成果"中查看，如图 7-47 所示。

图 7-47 某一学习专题的学习笔记汇总（成果展示）

五、知网研学的创作投稿

（一）新建创作

在知网研学平台主界面，选择"创作投稿"，即可进入创作投稿的主界面。知网研学平台提供了三种新建创作的方式：文档、思维导图、文件夹。用户创作时可单击"新建"按钮，然后根据自己的使用习惯选择其中一种方式进行。

（二）导入/上传模板

新建创作时，可以基于空白模板开始创作，也可上传撰写本类文档相关的模板，或是上传导图大纲模板。下面以文档模板方式介绍本功能：单击文档模板，可以预览模板内容并加以使用，还可以对模板进行再次编辑。单击导图大纲模板，可以根据抽取级别将导图转为文档模板，可直接用于文档编辑。

（三）内容编写

完成模板导入或者编辑后，即自动进入内容编写的页面。

1. 插入多媒体内容

在内容编写的过程中，知网研学平台支持插入特殊符号、公式、超链接、图片、表格、音视频、在线素材、引用等。以插入视频为例，单击"插入"→"视频"，选择视频文件即可完成插入。插入的音视频文件均可在线播放，如图7-48所示。

图7-48　写作内容中插入视频

2. 引用在线素材

知网研学平台提供了引用在线素材的功能。使用时单击页面右侧"我的素材""我的专题""CNKI文献"按钮，可以检索并插入在线素材，包括我的文摘、我的笔记、笔记汇编、我的创作、我的专题、CNKI文献等。以插入文摘为例，指针移至某条文摘后，出现"添加"按钮，单击"添加"按钮，本条文摘会自动插入到编辑器中。插入在线素材后，系统会自动生成引用的题录信息。单击参考文献角标，可修改题录信息。

3. 手动插入引用

写作中常常会引用他人的观点或者内容等，这种情况下需要我们手动插入引用，可单击"插入"→"插入引用"，系统将自动按照引用顺序生成引用角标。单击数字，可对题录信息进行编辑。

（四）文档导出

在知网研学平台创作的文档完成后，可以导出为 word、pdf 格式，如图 7-49 所示。

图 7-49　知网研学写作文档导出

（五）投稿通道

知网研学平台提供了多种期刊的官方投稿地址和 CNKI 腾云采编平台投稿地址，用户可按学科导航选择查看。例如，欲向《中国疫苗和免疫》投稿，依次点击"投稿通道"→"医药卫生"→"预防医学与卫生学"，即进入到图 7-50 所示界面，单击图中的 CBPT网址 图标，即进入到该期刊的在线投稿界面。

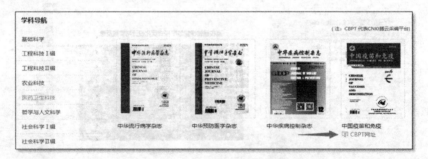

图 7-50　知网研学投稿通道界面

六、标签管理

知网研学平台支持将个人笔记标签和文献标签按名称或按专题分类，如果需要新建一个标签只需单击箭头处的图标 即可。

建立的标签可以编辑，也可删除。针对需要编辑的标签，将指针定位到标签时，会出现两个按钮，分别是"编辑标签"和"删除标签"。如图 7-51 所示，单击某个标签，右侧会呈现该标签对应的笔记内容及所在文献，即可进行编辑或者删除。

图 7-51 编辑/删除标签界面

七、订阅

进入知网研学平台主页，单击"我的"，此处提供了"我的文摘""我的笔记""记事本""本地资料""我的成果""我的订阅"。其中"我的订阅"提供了多种订阅方式，包括学科订阅、CNKI 期刊订阅、RSS 订阅和检索式订阅，用户可以根据需要自行选择，如图 7-52 所示。

图 7-52 知网研学添加订阅界面

可以将订阅推送的文献单篇添加到相应的专题中，也可以"全部添加到专题"。订阅完成后，每次登录知网研学平台，即可在首页"我的订阅"中看到推送的最新文献。

第四节 文献信息分析工具

文献检索的意义在于查找与自己的研究课题相关的文献，汲取同一领域新的思想或研究方法，从而推动自己的研究。然而由于互联网的发展，特别是伴随着大数据的到来，我们正进入一个全新的数据信息时代。对于科研工作者来说，除了掌握快速的收集信息和有效管理信息的能力之外，还需要有一定的信息分析能力。譬如，检索某个研究方向的文献，检索结果查到文献有上千篇，此时该如何对待这些文献？精炼检索很可能会导致有价值的文献被排除在外。另外，在交叉科学盛行的今天，如果想了解其他领域的进展情况，由于缺乏相应的专业知识，如何判断哪些文献是有重要参考价值的文献？这些问题的解决都需要我们具备一定的文献信息分析能力。

目前基于文献的分析大多以文献计量学方法为基础，通过对文献的基本信息，如作者、主题、引文等进行对比统计，通过数据挖掘、信息可视化等技术手段获得有价值的信息，本节重点精选三款与图书情报学方法相关的文献信息分析软件：趋势分析软件 CiteSpace 基于引文的分析软件 HistCite 以及基于内容分析的分析软件 RefViz，对它们的使用进行详细的介绍。

一、趋势分析软件 CiteSpace

在科研工作中，我们常常需要面对海量的文献，如何在这些文献当中找出值得精读、细读的关键文献，挖掘学科前沿、找到研究热点就成为了开展研究之前首先需要解决的问题。CiteSpace 作为一款优秀的文献计量学软件，能够将文献之间的关系以科学知识图谱的方式可视化地展现在操作者面前，既能帮助操作者梳理过去的研究轨迹，也能使得操作者对未来的研究前景有一个大概的认识。

CiteSpace 由美国德雷塞尔（Drexel）大学引文分析可视化技术研究的主要代表人物陈超美（Chaomei Chen）博士开发，该软件基于 Java 平台及共引网络理论，适用于多元、分时、动态复杂网络分析，支持 ISI 格式（可将部分其他格式转换为 ISI 格式）文献数据导入的开源知识图谱软件。CiteSpace 又翻译为"引文空间"，由于是通过可视化的手段来呈现科学知识的结构、规律和分布情况，因此也将通过此类方法分析得到的可视化图形称为"科学知识图谱"。

（一）CiteSpace 简介

CiteSpace 以可视化图形展现并识别学科前沿及其演进路径、经典基础文献，辅助用户挖掘、分析科学知识及其相互关系，并通过关键词聚类和突变词节点间探测来确定领域研究热点和趋势。此外，还可进行作者合作、机构合作、关键词共现、作者共被引、文献共被引等分析。

1. 基本特点

1）CiteSpace 软件最突出的特点是将关键点的计算测量与可视化属性合并，原始数据不需要转化为矩阵的格式，这一特点极大地减少了用户在找寻知识结构中的关键点时的负担，可以将 WOS 等数据库的原始数据格式直接导入进行运算及作图。

2）CiteSpace 把研究领域概念化成研究前沿和知识基础间的映射函数，在这个映射函数概念框架下创建三个中心概念：突变探测、中介中心性和异质网络。这三个中心概念可以识别出研究前沿的本质、新的趋势和突变，并标注出相应的研究领域。通过对学科领域的文献信息可视化，科研人员能够直观地辨识出学科前沿的演化路径及学科领域的经典基础文献，发现不同研究前沿之间的内部联系。

3）对于同一数据样本，可进行多种图谱绘制，从不同角度展现数据演进特征。

4）软件通过为节点和连线标记不同颜色，清晰地展现出文献数据随时间变化的脉络。

5）节点的彩色年轮表示法清晰展现了不同时间段的引证情况。

6）连线的颜色代表了该连线共引频次最早达到所选择阈值的时间。

CiteSpace 软件的主要优势在于，只要从 SCI 数据库中套录引文数据，并把这些数据导入系统，就可以生成一系列的图表供用户分析解释，且所有的算法和技术都是软件规定好的，简单易用，具有很好的普适性。不足之处主要有三点：①没有数据清洗功能；②读图问题；③生成图的主观性。

2. 基本功能

1）通过引文网络分析，找出学科领域演进的关键路径。

2）找出学科领域演进的关键点文献（知识拐点）。
3）分析学科演进的潜在动力机制；
4）分析学科热点和前沿。

3. 常用术语

（1） Betweenness Centrality：中介中心性

中介中心性是测度节点在网络中重要性的一个指标，指网络中经过某点并连接这两点的最短路径占两点之间最短路径总数之比。中介中心性高的点往往位于连接两个不同聚类的路径上，CiteSpace 中使用此指标来发现和衡量文献的重要性，并用紫色圈对该类文献（或作者、期刊以及机构等）进行重点标注。

（2） Burst 检测：突现词

突现词是指突发主题或文献、作者以及期刊引证信息等。通过考察词频，将某段时间内频次变化率高的词从大量的主题词中探测出来。CiteSpace 中使用 Kleinberg J（2002 年）提出的算法进行检测。

（3） Citation Tree-rings：引文年环

引文年环代表着某篇文章的引文历史。引文年环的颜色代表相应的引文时间，一个年环厚度与相应时间分区内引文数量成正比。

（4） Thresholds：阈值

阈值是指用户在引文数量、共被引频次和共被引系数三个层次上，按前中后三个时区分别设定阈值，其余的由线性内插值来决定。

CiteSpace 的常用术语见表 7–2。

表 7–2 CiteSpace 的常用术语

英文名称	中文名称	含 义
Nodes	节点	绘制软件中，节点即曲线中的控制点、交叉点，网络连接的端点
Centrality	节点中心度	所在网络中通过该点的任意最短路径的条数，是网络中节点在具体网络中所起连接作用大小的度量。中心度大的节点，相对容易成为网络中的关键节点
Citation	引用	所引用的内容
Co-citation	共引	指当两篇文献被一篇（后来发表的）文献同时参考引用时，两篇文献之间的关系
Citation Tree-rings	引文年环	衡量文献老化速度的指标之一
Co-authors	合作者	共同写论文的人，或者论文经费支持单位
Pathfinder Network scaling	路径网络简化	一种网络简化算法
Minimal Spanning trees	最小生成树	一种网络简化算法
Pivotal Points	关键点	网络中中介中心性大于或者等于 0.1 的节点 CiteSpace 图谱中，用紫色的节点来表示网络中的关键节点

（续）

英文名称	中文名称	含 义
Time Slicing	时间分割	设定整个时间跨度和单个时间分区长度
Research Front	研究前沿	定义为一组突现的动态概念和潜在的研究问题，印证文献组成了文献研究前沿
Intellecture Base	知识基础	在科学文献中的引文和共引轨迹，被引文献组成了知识基础

（二）CiteSpace 软件下载与安装

1. 下载并安装 JRE

CiteSpace 软件运行需要安装 Java 运行环境 JRE。下载 Java 时，登录网址 http://www.java.com/en/download/index.jsp），网站打开后一般会自动检测最合适的版本，单击"download"按钮就可以下载最新版的 JRE 了。安装时直接打开下载目录下的文件，然后单击"安装"按钮。安装成功后需要重启浏览器，然后再打开链接 http://www.java.com/en/download/testjava.jsp，检查并确保安装了最新的 JRE。

2. 下载 CiteSpace

CiteSpace 是免费软件，登录 CiteSpace 主页（http://cluster.ischool.drexel.edu/~cchen/CiteSpace/download.html），按照要求下载相应软件。

图 7-53 为 CiteSpace 下载页面，网页提供了各版本的 CiteSpace 及相应的 Java 下载链接，用户可根据需要选择适用的版本下载到指定的目录。

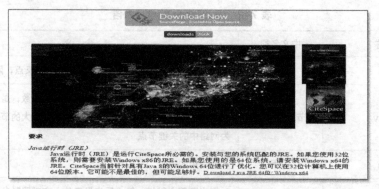

图 7-53 CiteSpace 软件下载界面

3. CiteSpace 软件安装

安装 CiteSpace 前，首先检测 Java 运行环境 JRE。检测成功安装 Java 后，将下载的 CiteSpace 文件解压，安放在 C 盘根目录下，使 launch.jnlp 文件路径为 C:\CiteSpace\launch.jnlp，双击这个文件，即可自动安装了。第一次打开有些会提示打开方式，一般会出现 Java 平台选项。

注意事项如下：

1）Java 版本要和 CiteSpace 版本一致，如果 CiteSpace 是 32 位的，Java 也要选择 32 位。

2）安装 Java 完成需要测试环境时，需要重启浏览器。

3）有的安装过程可能因为配置问题会出现一些小麻烦，需多试几次可调试成功。

（三）CiteSpace 使用

从信息分析的角度，CiteSpace 能够在海量的文献数据中，以较为简单的操作步骤挖掘出所需要的特定主题的研究历史与研究前沿，操作步骤一般为四步。

第一步是收集文献全记录。CiteSpace 可以从多个数据库中导入数据，通过对数据源的选择，从文献数据库上下载一定数量的文献信息。外文文献信息一般在 Web of Science（WOS）上下载得到，中文文献信息一般在中国知网（CNKI）上下载。此外，外文的文献数据库还包括 Scopus 数据库、Derwent 专利数据和其他专业领域的数据库等，中文的文献数据库还有 CSSCI 数据库、CSCD 数据库等。

第二步是数据采集与清洗。根据用户需求，选择时间参数、阈值和算法，对数据进行采集和数据清洗。CiteSpace 是基于 WOS 的数据格式进行开发的，可以根据下载得到的数据进行合作网络分析、共现分析和共被引分析，在非 WOS 数据库下载得到的数据都需要先转化为 WOS 的数据格式，根据相应数据库的数据维度各有其相对应的适用范围。

第三步利用 CiteSpace 的合作网络、引文网络、共现网络、共被引分析等功能绘制可视化知识图谱。即在获取特定主题的数据后，利用这些数据通过共被引分析、突现分析、共词分析、聚类分析等进行数据挖掘。对于共被引分析，CiteSpace 提供了引文共被引、作者共被引和期刊共被引三种不同类型的分析方法。对于共现分析，CiteSpace 提供了术语、关键词、来源、领域四种不同的共现分析。

第四步就是解读图谱，根据分析结果揭示研究领域的发展趋势、热点研究等信息。

利用 CiteSpace 能够挖掘出所需要的特定主题的三个方面的信息，包括该研究主题的知识基础、相应的学科结构和最新的研究前沿。下面简单介绍 CiteSpace 软件的操作步骤。

1. 知识基础的获取

任何一个研究主题，背后都会有一个较为完整的知识体系作为支撑。这个研究主题越成熟，这个知识体系就越完整，越丰富。共被引网络是由参考文献组成的网络，获取的这一主题的论文，其知识构成在很大程度上是由其参考文献的知识流动汇集得来的。那么由参考文献组成的共被引网络则能够很好地揭示某一个研究主题的"先验知识"，即可以通过获取参考文献的共被引网络的方式，得到某一研究主题的知识基础。

以关键词"高等教育"为检索对象，得到 28 万余条数据，得到的共被引网络如图 7-54 所示。

颜色的冷暖代表了时间的远近，颜色越暖，时间越近；颜色越冷，时间越久远。通过对网络进行分析，对其中关键节点（即关键文献）进行研究，得知支撑高等教育发展的知识基础在时间上的发展演进情况。对这个结果网络进行聚类分析，可以看到各个阶段知识基础的主题的变化情况，方便进行主题聚焦。从图 7-55 中可以看到，在最近的研究中，知识基础为"反馈"类的文献，此时研究也许会以这个为出发点展开研究。

在了解整体的知识基础的框架和演进趋势后，关注高中介中心性节点和高频节点这两个指标就可对关键文献进行定位了。也就是说，图 7-56 中的这些文献是同时具备高中介中心性和高频特性的节点，就是本领域内的关键文献，也是这段时期内的关键文献，代表着这段时期的研究热点主题。

图 7-54 "高等教育"共被引网络图

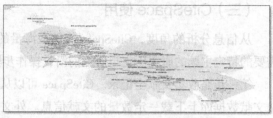

图 7-55 "高等教育"关键节点图

Visible	Count	Centrality	Year	Cited References
✓	21	0.12	1997	SLAUGHTER S, 1997, ACAD CAPITALISM POLI, V0, P0
✓	16	0.09	1996	FAIRWEATHER JS, 1996, FACULTY WORK PUBLIC, V0, P0
✓	16	0.13	1998	CLARK BR, 1998, CREATING ENTREPRENEU, V0, P0
✓	15	0.19	1999	BIGGS J, 1999, TEACHING QUALITY LEA, V0, P0
✓	15	0.02	1996	TIERNEY WG, 1996, PROMOTION TENURE COM, V0, P0
✓	14	0.03	1994	GIBBONS M, 1994, NEW PRODUCTION KNOWL, V0, P0
✓	13	0.18	1995	PIKE GR, 1995, RES HIGH EDUC, V36, P1, DOI 10.1007/BF02207764
✓	12	0.55	1997	GLASSICK CE, 1997, SCHOLARSHIP ASSESSED, V0, P0
✓	10	0.14	1997	ETHINGTON CA, 1997, HIGHER ED HDB THEORY, V12, P165
✓	10	0.23	1997	BARNETT R, 1997, HIGHER ED CRITICAL B, V0, P0
✓	10	0.04	1993	ASTIN AW, 1993, WHAT MATTERS COLL 4, V0, P0
✓	10	0.09	1998	TROWLER PR, 1998, ACAD RESPONDING CHAN, V0, P0
✓	9	0.00	1997	**NATIONALCOMMITTEEOFINQUIRYINTOHIGHEREDUCATION, 1997, HIGH ED...
✓	9	0.29	1994	CABRERA AF, 1994, HIGHER ED HDB THEORY, V10, P225
✓	8	0.01	1998	FINKELSTEIN M, 1998, NEW ACAD GENERATION, V0, P0
✓	8	0.05	1998	RHOADES G, 1998, MANAGED PROFESSIONAL, V0, P0
✓	8	0.21	2000	COOK I, 2000, J GEOGR HIGHER EDUC, V24, P13, DOI 10.1080/03098260085...
✓	8	0.03	2000	MONK J, 2000, J GEOGR HIGHER EDUC, V24, P163, DOI 10.1080/0309826005...
✓	8	0.11	1994	**CARNEGIEFOUNDATIONFORTHEADVANCEMENTOFTEACHING, 1994, CLAS...
✓	8	0.04	1996	PASCARELLA ET, 1996, J HIGH EDUC, V67, P174, DOI 10.2307/2943979
✓	7	0.00	1995	SCOTT P, 1995, MEANINGS MASS HIGHER, V0, P0
✓	6	0.00	1993	TINTO V, 1993, LEAVING COLL RETHINK, V0, P0
✓	6	0.00	1994	MCDOWELL L, 1994, AREA, V26, P241
✓	6	0.04	1996	BANTA TW, 1996, ASSESSMENT PRACTICE, V0, P0
✓	6	0.18	1995	WEICK KE, 1995, SENSEMAKING ORG, V0, P0
✓	6	0.00	1996	HEALEY M, 1996, J GEOGR HIGHER EDUC, V20, P167, DOI 10.1080/03098269...
✓	6	0.15	1997	SLAUGHTER S, 1997, ACAD CAPITALISM, V0, P0
✓	6	0.03	2000	HENKEL M, 2000, ACAD IDENTITIES POLI, V0, P0
✓	6	0.09	1996	BRAXTON JM, 1996, HIGHER ED HDB THEORY, V11, P1
✓	6	0.02	1999	TRIGWELL K, 1999, HIGH EDUC, V37, P57, DOI 10.1023/A:1003548313194
✓	6	0.01	1997	MARTON F, 1997, LEARNING AWARENESS, V0, P0
✓	6	0.02	1998	KREFT I, 1998, INTRO MULTILEVEL MOD, V0, P0
✓	6	0.01	2000	MEYER JHF, 2000, EUR J PSYCHOL EDUC, V15, P5
✓	6	0.19	1995	BLACKBURN RT, 1995, FACULTY WORK MOTIVAT, V0, P0

图 7-56 "高等教育"领域的关键文献

2. 学科结构的获取

一篇论文的关键词代表着这篇论文的论述重点，在一定程度上反映了这篇论文的学科结构。使用关键词共现网络，能够将数据全集中的学科结构清晰地展示出来。如图 7-57 所示，每一个节点代表一篇文献，节点越大，说明该关键词词频越大，与主题的相关性越大。同样，节点的颜色代表时间：颜色越暖，时间越近；颜色越冷，时间越久远。

图 7-57 "高等教育"关键共现网络图

3. 研究前沿的获取

使用"Burst Detection"功能键，可以获取到相关研究主题的研究前沿。在获取研究前沿前，如图 7-58 所示，需要先选中"noun phrases"，选择"Create POS Tags"。然后选中"Burst Terms"，单击"Detect Bursts"按钮。在弹出的对话框中单击"noun phrases"按钮。

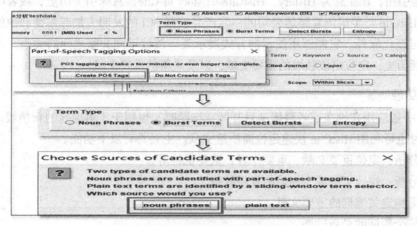

图 7-58　获取研究前沿的操作界面

如图 7-59 所示，在知识图谱的界面，旁边有个"Control Panel"，在"Burstness"选项卡中，单击下方的"Refresh"按钮，就可以生成所需要的关键词图片图了。

图 7-59　"高等教育"关键词图片图

二、引文分析软件 HistCite

日常工作和学习中，常常需要对一个陌生领域进行文献调研，常用的工具有 Web of Science（WOS），或者百度等搜索引擎，对检索结果进行阅读和筛选时，普遍认为引用频次较高的文章，就是该领域的重要文章。但是大多数情况下，其搜索结果都不会太理想。因为检索工具所统计的引用既包括同行的，也包括外行的，而我们真正想寻找的是那些被同行引用频次最高的文献。同时，进入陌生领域最快速的方式无疑是看最新的综述，但是最新综述的引用频次往往很低，因为发表年限太短，人们往往还没来得及引用。所以，使用引用频次排序的方法往往会把最新的综述文章漏掉。再次，既然是一个陌生领域，我们很可能不知道其热门研究方向，往往连用什么关键词都不太清楚。如何解决这个难题呢？HistCite 软件就是最好的解决方案。利用

HistCite，可以在短短几个小时之内对陌生领域的大量文献进行引证关联分析，从而快速描绘出陌生领域的发展脉络，锁定重要文献，找出该领域的明星科学家。

（一）HistCite 简介

Cite 意为引用，Hist 意为 History，HistCite=History of Cite，意味引文历史，或者叫引文图谱分析软件。HistCite 是美国汤森路透公司的一款产品，系 SCI 的发明人加菲尔德和他的同事开发的引文编年可视化软件。它能够用图示的方式展示某一领域不同文献之间的关系，可以绘制出该领域的发展历史，定位出该领域的重要文献，以及最新的重要文献。

1. 基本功能

HistCite 一般应用在论文或者科研项目开题或选题时，也用于了解课题的新领域，还有在撰写文献综述时也可利用 HistCite 快速定位高质量文献。主要具有以下功能。

1）统计分析：定位重要文献、重要作者、重要机构等。
2）作图分析：快速了解某个领域的发展脉络。
3）找出无指定关键词的重要文献。
4）洞察某个领域的最新进展。

2. HistCite 相关术语

（1）GCS（总引用次数，Global Citation Score）

GCS 为 Web of Science 网站上看到的被引用次数。单击 GCS，软件会按照 GCS 进行排序，此时的结果与 WOS 网站按被引频次排序的结果是一样的。

（2）LCS（本地引用次数，Local Citation Score）

LCS 是指该文献在当前数据集中被引用的次数。LCS 与 GCS 相对应，它是某篇文章在当前数据库（即导入 HistCite 的所有文献）中被引用的次数。因此 LCS 一定是小于或等于 GCS 的。

（3）CR（参考文献数，Cited References）

CR 为该文章引用的参考文献数量。如果某篇文献引用了 50 篇参考文献，则 CR 为 50。根据参考文献数的排序，可以快速定位该领域的综述文献。

（4）LCR（本地参考文献数，Local Cited References）

LCR 为该文章的参考文献在当前数据集中的数量。这个数应该小于或等于 CR。根据本地参考文献数的排序，可以快速定位近期关注该领域的重要文献，发现新动向。

以上指标之间是相互关联的，可以帮助用户进行统计分析。LCS 与 LCR 是 HistCite 里比较重要的两个参数。LCS 与 GCS 相对应，一篇文章 GCS 很高，说明被全球科学家关注较多。但是如果一篇文章 GCS 很高，而 LCS 很小，则说明这种关注主要来自于与你不是同一领域的科学家。那么这篇文章对你的参考意义可能不大。LCS 和 LCR 相对应，是指某篇文献引用的所有文献中，有多少篇文献在当前数据库中。如果最近有两篇文章，p1 和 p2，都引用了 30 篇参考文献，其中 p1 引用的 30 篇文献中有 20 篇在当前数据库，p2 只有 2 篇文献在当前数据库。此时，p1 相对更有参考价值，因为它引用了大量和当前研究相关的文献。而根据 LCS 可以快速定位某一个领域的经典文献，LCR 可以快速找出最新的文献中哪些是和所分析文献研究方向最相关的文章。

（二）HistCite 的安装

HistCite 是一款免费的软件，登录到 www.HistCite.com 网页，填写相关信息后，单击"SUBMIT"即可进入软件下载页面，下载后双击文件"HistCite Installer"，即可完成安装，安装完毕，双击桌面上的"HistCite"图标即可开启软件。

（三）HistCite 的使用

（1）HistCite 获取数据

HistCite 文献信息只能来源于 Web of Science 数据库。数据的获取分三步，如图 7-60 所示，第 1 步，在 WOS 数据库进行检索后，选择需要导出的数据记录，由于 WOS 每次只能导出 500 条记录，如果检索结果超过 500 条，则需要分多次导出；第 2 步，选择导出的文献记录之后，一定要选择输出全记录，并且要包含引文信息；第 3 步，将需要的文献保存成文本文件。一般来说，如果文献记录少于 500 条，分析的意义不是很大，分析文献数在几百到几千条记录之间比较合适。

图 7-60　HistCite 获取数据步骤

（2）HistCite 导入数据

如图 7-61 所示，从"File"菜单下单击"Add File"，导入前序保存的数据。如果有多个文本文件，可以重复执行导入。HistCite 对数据格式要求很严格，为保证数据顺利、完整地导入，应注意以下几个方面。

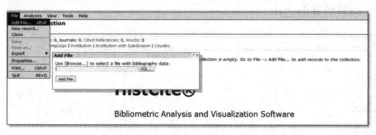

图 7-61　HistCite 导入数据

1）检索必须是在 Web of Science 核心合集中进行，而非"所有数据库"。

2）打开将要导入的 txt 文件，将第一行中的"FN Thomson Reuters Web of Science"中的"Science"改为"Knowledge"。

3）在 C 盘根目录下建立一个命名为"fakepath"的文件夹，然后把从 WOS 导出的纯文本文件放在其中，注意，导出的文件必须放在该路径下面。

4）如果导入数据后出现"No such file or directory"的信息，可以按以下方法解决：依次打开 IE 中的"属性"→"安全"→"本地"→"Internet"→"站点"→"高级",把 http://127.0.0.1 的地址添加进去,单击"确定"按钮即可。

(3) HistCite 统计分析

将数据导入软件之后,文献会自动排列在软件的主界面。如图 7-62 所示,文献的排序方式可以按日期,可以按期刊或按作者进行排序。文献记录的上方还有一些蓝色字体的按钮,这些词都是可以点击的,并可以进行作者/机构/期刊/关键词分析/发表年份分析,进而可以快速定位该领域的高产作者(重要作者)/高产机构(重要机构)/重要

图 7-62 HistCite 统计分析

刊物(重要文献)/重要检索词。例如,单击"Authors",软件会列出所有作者,并将每位作者的文献数、引用次数等信息列出来。此外,还可以利用默认窗口的右侧的 LCS、GCS、LCR、CR 功能键进行分析:根据 LCS 的排序,可以快速定位该领域的重要文献;根据 LCR 的排序可以快速定位近期关注该领域的重要文献,发现新动向。根据 CR 的排序,可以快速定位该领域的综述文献。

(4) HistCite 作图

数据导入后,在"Tool"菜单下,选择"Graph Maker"激活作图器,然后在新的界面单击左上角的"Make Graph"按钮,软件会根据默认的条件作出一张引文关系图,来展示当前数据库中重要文献之间的关联。

(5) HistCite 读图

作出图(见图 7-63)之后,理解图谱才是关键。一般默认会画出 30 篇文献之间的关联,图上有 30 个圆圈,每个圆圈表示一篇文献,中间有个数字,是这篇文献在数据库中的序号。圆圈的大小表示引用次数的多少,圆圈越大表示受关注越多。不同圆圈之间有箭头相连,箭头表示文献之间的引用关系。图最上面有一个圆圈较大,并有很多箭头指向这篇文章,那么这篇文章很可能就是这个领域的开山之作。

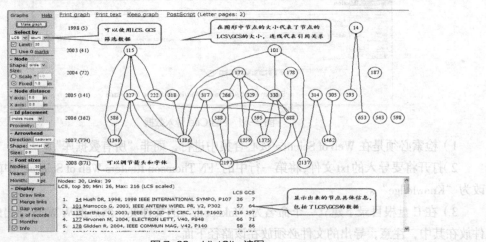

图 7-63 HistCite 读图

三、内容分析软件 RefViz

RefViz（Reference Visualization）是美国汤森路透公司和Ominiviz公司合作开发的用于文献信息可视化分析和数据挖掘工具软件。RefViz采用文献聚类地图的形式来输出分类的文献信息，可视性强，便于理解。

（一）RefViz 概述

1. RefViz 功能介绍

RefViz作为信息分类的理想工具可以帮助用户轻松管理海量的文献信息，快速获取最新的信息，主要具有以下功能：①RefViz可以在EndNote的工具中调用，实现无缝对接；②具有统计、语义分析功能，可以清晰地展示出不同主题之间的相关性分析，找出文献间的相互关系，帮助用户发现研究热点，快速了解某一领域的整体情况；③RefViz以可视化的图形方式将归类的结果展示出来，可以帮助用户寻找新的研究方向、开拓研究思路，寻找新的解决方案和突破口。

2. RefViz 下载与安装

首先从网站http://www.RefViz.com上下载RefViz试用版，也可购买正式版，然后单击RVINSTALL.EXE进行安装，安装成功即可使用，第一次运行时需要输入序列号。

（二）RefViz 界面

图7-64所示为RefViz视图界面，主要由文献关联信息区、功能解释区、关键词显示区、文献基本信息区四部分构成。

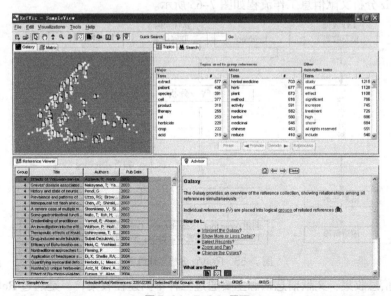

图7-64 RefViz界面

文献关联信息区显示分析结果的窗口，有两种视图显示方式：Galaxy视图和Matrix视图。该区域显示文献是按照主题词（最初建库时，这些主题词是由RefViz根据在文献数据库中某词的出现位置及频率自动生成的)的分类情况(在 Galaxy 视图中),以及主题词之间组合后的关联性(在 Matrix 视图中)显示的。

功能解释区则为 RefViz 软件的提示区域,显示相关帮助信息等。

关键词显示区又分为左中右三个区,从左往右是 Major topic、Minor topic、Descriptive terms。左侧为一级关键词区(最初建库时,一级关键词也是由 RefViz 自动生成的,这些关键词和 Galaxy 视图中的关键词完全相同,是文献分类的主要依据),显示与文章关联性最强的关键词;中间为次级关键词区,协助一级关键词进行文献分类;右侧为描述性关键词,意义不是很大。

关键词显示区中单击"Search"可以对本文件中的参考文献各字段进行检索。例如:检索标题中包含"Nitrogen*"的参考文献,得到 20 条记录,而检索"Nitrogen"时,则只得到 19 条记录,有一条包含" nitrogen-phosphorus detector"的记录没有出现,而在 EndNote 里则无此区别。

(三) RefViz 工作原理与流程

1. 工作原理

RefViz 处理文献的方式与人们阅读文献的过程类似,RefViz 的工作原理就是 Reading-Finding-Dividing 的过程,具体为:RefViz 首先分析每一篇文献的标题和摘要部分,并利用数理统计原理从中标出每篇文献的主要关键词、次要关键词和描述词(不是仅仅利用词频进行管理);然后利用这些最重要的词和次重要的词对每篇文章进行标识,再通过标准的聚类方法将这批文献分成若干组(Group)。RefViz 分组后无须再新建文件夹,可以通过图示的方式将其分析的文献根据文献之间的相互关系用二维图表示出来。每个文件夹图标表示一组文献,每组文献之间根据相互的类似程度进行排列。图标的大小代表文章数的多少,分布的位置靠得越近,内容越相似。

2. 工作流程

利用 RefViz 分析文献信息工作流程如图 7-65 所示。

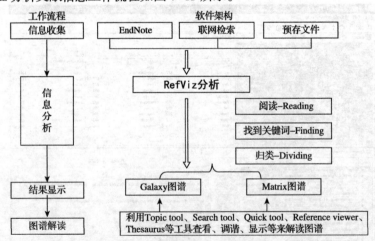

图 7-65 RefViz 分析工作流程

第一步为信息收集:文献信息来源主要通过三种不同途径收集,一是通过 RefViz 直接联网检索;二是对文献管理软件已经建立的数据库进行分析;三是一些预存的文本文献信息或通过格式转换过来的文献信息。

第二步是 RefViz 分析:通过阅读、找出关键词、分类等分析选择文献的过程。

第三步是结果显示：以 Galaxy、Matrix 两种直观的图示方式展现分析结果。
第四步是解读图谱：利用 RefViz 的相关辅助工具查看、调谐、解读图谱，获得相关信息。

第五节 个人知识管理工具

当前互联网技术突飞猛进，人类已步入知识经济时代，信息和知识的产生成级数地增长，信息爆炸已是不争的事实。每天我们都可以从网络上获取大量的信息，但却缺失将信息转化为知识的策略。因此，如何对自己获得知识和信息进行管理就成为一件非常重要的工作，知识管理能力也就成为知识经济时代的核心竞争力。

一、知识管理概述

1. 知识管理的定义

知识管理（Knowledge Management，KM）是网络新经济时代的新兴管理思潮与方法。所谓知识管理，是指在组织中建构一个人文与技术兼备的知识系统，让组织中的信息与知识，通过获得、创造、分享、整合、记录、存取、更新等过程，达到知识不断创新的最终目的，并回馈到知识系统之内，个人与组织的知识得以永不间断的累积，从系统的角度进行思考，这将成为组织的智慧资本，有助于企业做出正确的决策，以因应市场的变迁。

在信息时代里，知识已成为最主要的财富来源，而知识工作者就是最有生命力的资源，知识管理将使组织和个人具有更强的竞争实力，并做出更好的决策。

2. 个人知识管理

（1）定义

个人知识管理是一种新的知识管理的理念和方法，能将个人拥有的各种资料、随手可得的信息变成更具价值的知识，最终利于自己的工作、学习和生活。通过对个人知识的管理，人们可以养成良好的学习习惯，增强信息素养，完善自己的专业知识体系，提高自己的能力和竞争力，为实现个人价值和可持续发展打下坚实基础。

从实用的角度来看，个人知识管理是指个人通过工具建立知识体系并不断完善，进行知识的收集、消化吸收和创新的过程，英文是 Personal Knowledge Management。

从个人知识管理软件来看则是指供依据个人知识管理特点，来协助个人更省时省心管理文件、更容易养成知识管理习惯的软件工具；并在此基础上提供学习等其他辅助功能。

（2）作用

1）能快速找到自己收藏的文档来解决问题，速度要能快到"不打断思路"。

2）知识型工作者唯一的资本就是"知识"，系统化地管理"个人知识"，达到提高个人竞争力的目的。

3）收集和消化工作、生活等所需的知识，能清晰地反映自己的知识结构，根据情况进行结构调整或内容更新。

（3）个人知识管理的过程

个人知识管理在实际操作过程中，涉及创建、分类、索引、检索（搜索）、分发以及重新使用某项知识的价值评估。其中，七项知识管理的技巧与方法是21世纪的知识工作者所必需的，可以概括为：检索信息的技巧、评估信息的技巧、组织信息的技巧、分析信息的技巧、表达信息的技巧、保证信息安全的技巧和信息协同的技巧。这七种知识管理方法，实际上是处理日常工作中"知识维度"的一系列连续的动作和操作，并可以根据需要相互结合，选择使用。

3. 个人知识管理软件工具

互联网出现之前，人们用纸笔来记录知识；互联网出现之后，改用软件工具来记录管理知识。知识管理的背后，是巧妙地运用工具这条杠杆与头脑相结合，起到事半功倍的作用。而若能称得上PKM软件，则至少应具备四点：①有完善的"知识分类体系"功能，包括统计、任意显示顺序、穿透显示等Windows资源管理器没有提供的功能；②快速搜索功能，而且必须是基于索引的搜索，而不是文本扫描；③能够支持任意格式的文件，对Office文件能直接编辑、索引；④自动备份功能。

下面从个人知识管理中的学习知识、保存知识、使用知识、共享知识四个方面来介绍相关管理工具，见表7-3。

目前，大多数的个人知识管理软件是内置网页编辑器的原理开发的，和Office文档基本上是没有关系的，最多只能作为附件，如Mybase、NoteExpress、资料收藏大师、PKM 2、紫轩资料管理大师等。目前，只发现"针式PKM""Word"文档–资料管理系统等少数几个软件是基于Office文档的。本节将主要介绍为知笔记、有道云笔记、印象笔记以及思维导图等工具的使用。

表7-3 个人知识管理常用工具

功能	类别	管理软件和工具	说明
学习知识	搜索引擎类	百度、必应	平时在工作和学习中，通过搜索、订阅公众号、社交网络、媒体来寻找答案，通过搜索引擎也可以学到一些意外的小知识
	百科类	百度百科、互动百科	
	文库类	百度文库、360doc、爱问共享资料、豆丁、其他专业文库	
	问答社区	百度知道、新浪爱问、搜搜问问、知乎、PMCAFF等专业性问答网站	
	订阅关注类	blog、微信公众号等	
保存知识	网盘类	百度云盘、华为网盘、360云盘、115网盘、Dropbox、Evernote	保存知识的类型包括保存链接、保存文章、保存图片、云同步等
	书签收藏类	chrome书签、360书签等各大浏览器	
使用知识	思维导图	Xmind、MindManager	知识的收集和积累之后，最重要的是如何利用这些知识资料，只有被使用的知识才有价值
	知识管理工具	为知笔记、小密圈、印象笔记、有道云笔记等	
共享知识	社交网络分享	微博、微信、QQ	知识共享和传播，是为了让别人知道你知道的知识，并得到信息的反馈
	长文类	微信公众号、头条、简书、行业投稿、其他媒体平台转载	

二、为知笔记

（一）概述

为知笔记是一款免费的个人知识管理软件，定位于高效率的工作笔记，向用户提供基于资料进行沟通的协作工具。不仅如此，为知笔记还是一款记录生活、工作点滴的云服务笔记软件。用户可以随时随地记录和查看有价值的信息，而且所有数据在 PC、手机、平板、网页均可同步保持一致。

为知笔记官网地址：https://www.wiz.cn/zh-cn。

为知笔记服务愿景：大脑是用来思考的，记录的事情交给我们。

（二）主要功能

为知笔记作为一个强大的个人知识管理软件，具备强大的知识管理能力。知识管理包括知识生成与获取、微观的知识管理、知识分享三个方面。

1. 知识生成与获取

从知识构成上看，人类的知识构成主要包括如下两个方面：①来源于自己思考生成；②来源于外界的知识，包括学习所得，以及各种书籍、网络、好友分享等。

（1）自己思考生成

为知笔记具有强大的编辑能力，能够满足用户各种生产知识的需要；不仅有强大的笔记编辑功能，更拥有标签、日历、任务等多种 GTD 编辑功能，满足用户在多种场景下的不同需求。配合完善的 PC 端、手机端、平板端、网页版等多种版本，能够随时随地，在不同场合收集、整理人们的知识、灵感、记忆。

（2）来源于外界的知识

1）学习所得：为知笔记支持 Windows、Web、Mac、Android、iPhone、iPad 等多终端，一处记录信息，即可同步到云端，以便随时查看、学习。

2）网络：为知笔记具有强大的网页截取、收藏、保存能力。对于自己需要保存的网页，通过安装浏览器插件，为知笔记能够轻松保存整个网页，也可按照需要，仅保存正文或图片，或者保存其中某些内容。如果一篇文章具有多个页面，为知笔记也能够轻松将之全部保存成一个文档，免去了多次打开链接再复制粘贴的麻烦。对于博客等，甚至可以批量下载。而对于自己喜欢的微博，只需在转发或评论时 @mywiz，就可以把微博内容保存到自己的笔记里面（默认保存文件夹是"微博收藏"）。

3）其他文档：其他重要的文档（例如 Office Word、Excel、PowerPoint）等，配合丰富的插件，都可以直接轻松导入到笔记里，不用复制粘贴。

4）邮箱收集：通过专用邮箱，能够直接把邮箱里的文件发送到笔记里，轻松管理，亦便于好友间分享知识。

5）特有的群组功能，便于好友、同事间沟通和分享知识，共同学习进步。

6）其他来源：为知笔记能够导入 CyberArticle、MyBase、Onenote、Evernote、QQ 记事本等数据源的数据。

2. 微观的知识管理

微观的知识管理，主要包括知识的保存与分类整理，以便于日后的使用、查找与记忆。

3. 知识分享

随着知识的增多，人们不满足于自我进步，会主动地用自己的知识去帮助他人，此所谓"认知盈余"。为知笔记具有强大的知识分享功能，能够满足用户分享自己知识的多种需要，主要包括好友分享，微博、博客分享，群组分享，邮件分享等方式。

4. 沟通

沟通主要有定向沟通、评论笔记和消息通知三种方式。

（三）界面介绍

为知笔记提供了强大功能，布局却很简单，下面以 Windows 客户端为例进行介绍。如图 7-66 所示，为知笔记主界面主要由侧边栏、笔记列表区、笔记编辑区、账户设置区、搜索区域、工具栏区以及菜单栏 7 个区域构成。

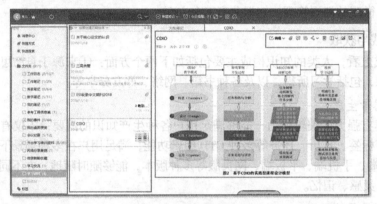

图 7-66　为知笔记主界面

（四）软件下载

为知笔记支持多平台、多终端，提供了供 Windows、Web、Android、iPhone、iPad、Mac 等设备使用的各版本软件。图 7-67 是为知笔记的下载页面，用户可以根据自己的需要选择下载。其中，Windows Client 4.12.2 适用于 Windows XP 或者更高版本，Mac Client 2.8.1 适用于 MacOS X 10.10 及以上版本，Linux Client 2.7.9 则适用于 Ubuntu 14.04，Windows 插件主要是为 Markdown、思维导图插件等软件提供的。

图 7-67　为知笔记软件下载页

成功安装为知笔记客户端之后，打开为知笔记，会弹出登录、注册界面，单击"注册"，输入一个有效的邮箱名，然后两次输入密码即可创建账号。

为知笔记也提供了第三方账户登录，可利用 QQ 账号、微博账号或快盘账号快速登录进去。第三方登录在部分功能上有限制，若希望长期使用，可以到头像旁下拉菜单里的"账户设置"

进行创建并绑定一个新的邮箱账号，即可使用绑定的邮箱登录并享受更多功能。

（五）使用方法

1. 新建笔记

为知笔记（Windows 版）提供了多种新建笔记类型，包括默认笔记、模板笔记、桌面便笺、任务列表、日历、markdown 笔记、导入其他多格式文件笔记等。

（1）新建默认笔记

默认笔记给用户提供了更大的操作空间，用户想要写什么内容都可以自定义。创建默认笔记的方式有三种：①单击"新建笔记"，即可创建默认笔记。②使用快捷键〈Ctrl+N〉或全局热键〈Ctrl+Alt+N〉（可单独打开一个窗口）新建默认笔记。③在左栏目录树中选中某文件夹，单击鼠标右键选择"新建笔记"。

（2）新建模板笔记

新建模板笔记的方法与新建空白笔记类似，在"新建笔记"按钮旁的下拉菜单里有很多模板，单击即可按此模板新建笔记了。如图 7-68 所示。

（3）桌面便笺、任务列表、日历笔记

桌面便笺、任务列表和日历是为知笔记里较独特的几种笔记。桌面便笺和任务列表是一种界面类似于便利贴的小窗口，可以固定在桌面上，也可以隐藏在桌面边缘，可以写一些用于提醒自己的待办事项等。日历可以填写日程、提醒等。

图 7-68　新建模板笔记

2. 新建 Markdown 笔记

如果想用简单的方式写出格式良好易读的笔记，推荐用 Markdown 来实现。为知笔记支持 Markdown 的渲染，用简单的语法就可以写出赏心悦目的笔记。新建 Markdown 笔记时，笔记标题以 ".md" 结尾即可。

为知笔记所有客户端都支持 Markdown，有两种方法可以创建 Markdown 笔记：①在笔记标题后面加 .md，编辑并保存后，即可看到渲染后的效果；②在移动端直接创建 Markdown 笔记。编辑完成后，单击"保存"按钮，即可看到格式精美的笔记了。

3. 编辑笔记

阅读笔记时，单击"编辑"图标，即可进入编辑状态。

4. 修改内置编辑器字体和行间距等

单击"菜单"→"选项"→"编辑"→"编辑器设置"，在编辑器选项窗口可修改字体和行高。

5. 外部编辑器的添加

为知笔记支持外置的编辑器来编辑笔记，打开"菜单"→"选项"→"编辑"选项卡，添加其他编辑器。添加完成后，如果需要每篇笔记都自动用外部编辑器打开，可以设置默认编辑器为该编辑器。

6. 添加笔记内链

笔记内链是笔记和笔记之间的关联。复制多篇笔记内链到一篇笔记中，通过一篇笔记就能看到所有相关笔记，如图 7-69 所示。

图 7-69　添加笔记内链

在编辑笔记时，选中要链接的笔记拖拽到笔记的相应位置即可。另外，也可以通过在笔记列表中单击鼠标右键选择"复制链接"，再粘贴到笔记正文中。

7. 插入当前笔记书签或其他笔记的书签

单击编辑工具栏中的书签图标 ▼ 可以在笔记内添加书签，书签的作用是方便在同一个笔记内做定位。单击编辑工具栏中的插入链接图标 ∞，再单击"书签"，可以选择当前笔记中的书签或其他笔记中的书签。

8. 加密笔记

在笔记列表单击鼠标右键选中笔记，选择"高级"→"加密"，第一次加密时，为知笔记会引导设置加密密码等操作，建议按照默认设置。如果想对整个文件夹下的新建笔记都加密，可以单击鼠标右键选中文件夹，选择"属性"，在属性窗口勾选"加密笔记数据保证安全"。其本质还是对每一篇笔记加密，只是在文件夹下新建笔记时，默认给笔记加密了。将其他目录下的笔记拖动到加密文件夹后，也会自动对笔记加密。如果需要修改笔记加密密码，可以在菜单"选项"→"安全"页面修改加密密码。

9. 删除笔记

单击鼠标右键选中笔记列表，选择"删除"图标，即可删除笔记。

10. 恢复笔记

（1）恢复已删除笔记

为了防止误删除导致笔记无法找回，Windows 客户端还提供了"恢复已删除笔记"功能，里面包含了用户近期在网页版、移动端或 PC 端已删除或回收站文件夹里面删除的笔记和附件。单击鼠标右键选中已删除目录，选择"恢复已删除笔记"，即可将其恢复，如图 7-70 所示。

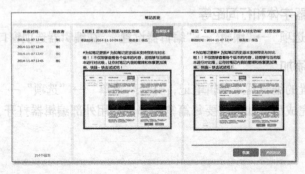

图 7-70　恢复已删除笔记

(2) 笔记历史版本恢复

第一步：单击笔记标题上方的"笔记历史"按钮。

第二步：选择需要恢复的版本，单击恢复即可。

第三步：选定某一版本，单击"对比"，可与当前版本进行文字比对，其中，绿色表示在历史版本上新增的内容，红色表示在历史版本上删除的内容。

(3) 附件历史版本恢复

如图 7-71 所示，单击鼠标右键选中"附件"→"历史"，然后选择需要恢复的版本，单击恢复即可。

历史版本是指服务器会自动保存每篇笔记的近 20 个版本。如果一篇笔记做了修改，并同步成功，即产生了新版本，修改前的作为历史版本保留在服务器中，可恢复找回。

图 7-71 附件历史版本恢复

11. 评论笔记

单击笔记工具栏中的评论图标（图 7-72 框内图标），可以使评论区域在"显示"和"隐藏"间切换。笔记评论功能主要是为了方便团队内成员沟通交流，个人笔记的评论可以做备注用。

图 7-72 评论笔记

12. 分享笔记

(1) 邮件分享

单击工具栏中的"发送邮件" 图标，即可通过邮件分享笔记，如图 7-73 所示。使用发送邮件功能验证登录邮箱。

图 7-73 邮件分享

(2) 分享到微博、微信等

单击工具栏中的"分享"图标，选择"分享链接"或在笔记列表中单击鼠标右键选中笔记选择"分享链接"，即可实现分享，如图 7-74 所示。在个人笔记中，"分享链接"方式仅限个人 VIP 用户和付费团队中的超级用户及以上角色使用。分享链接创建后，可以选择"分享到微信""分享到微博""复制链接"等方式分享。此外，还可以设置密码，限制访问次数及天数。

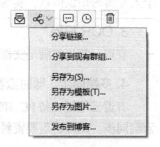

图 7-74 分享链接

(3) 发布到博客

单击工具栏中的"分享"图标,选择"发布到博客"或在笔记列表中单击鼠标右键选中笔记选择"高级"→"发布到博客"。

三、有道云笔记

(一) 概述

有道云笔记是网易旗下有道搜索于 2011 年 6 月 28 日推出的云笔记免费软件,是专注于办公提效的笔记软件,支持多端同步,用户可以随时随地对线上资料进行编辑、分享以及协同。有道云笔记通过云存储技术帮助用户建立一个可以轻松访问、安全存储的云笔记空间,让用户实现了"记录工作和生活点滴,办公文档随身携带",解决了个人资料和信息跨平台跨地点管理的问题。

有道云笔记可以说是一个云端资料库。它能一站式管理保存工作、学习、生活中各类珍贵资料数据,并将其实时同步,珍贵资料永久留存,安全加密绝不外泄;支持全平台使用,无论电脑、网页还是手机,都能编辑和查看文档。

有道云笔记也可以说是一个文档管理器。Word、Excel、PPT、PDF 等多种格式办公文档在笔记内可直接查看和编辑多级目录,海量文档管理井井有条,并能实现全局搜索。有道云笔记支持搜索文档内容,更轻松定位目标笔记文档分享,文档也可以像笔记一样,通过网页链接、易信、微信、QQ 等多种形式分享给朋友。

有道云笔记还可以说是一个资料收集库。有道云笔记能一键保存,实现网页剪辑、微信收藏和微博同步。

有道云笔记是一个团队协同平台。有道云笔记在云协作中打造团队线上资料库,高效办公。团队成员在平台上可以实时讨论,无缝沟通,与团队成员协同编辑团队资料等。

有道云笔记官网地址:http://note.youdao.com/。

有道云笔记服务愿景:记录工作和生活点滴,办公文档随身携带。

(二) 基本功能

1. 文档管理,高效记录

有道云笔记支持文字、图片、语音、手写、OCR、Markdown 等多种形式,用户可以随时随地记录。同时,有道云笔记全面兼容 Office、PDF 等办公常用文档,无需下载即可查看编辑。

2. 收藏

有道云笔记支持微信、微博、链接收藏和网页剪报等多种形式。利用有道云笔记可以搭建个人专属的知识体系,实现各新媒体中的优秀内容一键保存。

3. OCR 扫描

有道云笔记能满足文档、手写、名片等多场景需求。此外,有道云笔记还支持 PDF 转 Word 功能。

4. 多端同步,随时查看

有道云笔记支持 PC、iPhone、Android、网页、iPad、Mac、Wap 等多端同步,能够实现随时备份,云端同步。此外,重要资料还可加密保存,随时能轻松查阅。

5. 轻松分享，协同处理

有道云笔记可以实现文档一键分享微信、QQ、微博、邮件等平台。此外，有道云笔记还支持团队协作修改，能实现实时处理。

（三）使用方法

1. 注册、登录与下载

有道云笔记支持桌面版、网页版、iPhone 版、Android 版、iPad 版、手机网页版这几种形式。其中桌面版支持 Windows XP 和 Window 7。在有道云笔记页面上，有道云笔记提供了多平台下载，有 PC 端、Mac 端、安卓端、iPhone 端等，网页版提供和桌面版一致的功能，是一种更灵活的使用方式。网页版支持各种主流浏览器，无需下载安装，可以直接打开浏览器登录即可使用。

使用有道云笔记，首先需要注册。注册方式多种多样，既可以使用自己的邮箱账号，也可以使用其他关联账号，如图 7-75 所示。有道云笔记支持网易通行证、微博、微信、QQ 等方式登录，不同登录方式对应不同的笔记账号。用户注册登录之后，就可以同时使用多个客户端，同步更新使用了。

图 7-75　有道云笔记注册与登录界面

2. 创建笔记

如图 7-76 所示，单击左上角的"新文档"按钮，首先，用"我的文件夹"功能实现文件的基本分类。右键选择新文档，新建文件夹，输入文件夹的名字。然后，在此文件夹下创建新笔记：右击文件夹，在弹出的菜单中选择笔记类型，就可以在界面的右侧看到一篇空白的笔记了。输入笔记标题后，可以在编辑框中输入内容，有道云笔记支持丰富的笔记格式，还可以在笔记中插入图片，或者 PDF、TXT、Word、Excel、PPT 等格式的附件。

图 7-76　创建新笔记图

3. 上传文档

上传办公文档，用户就可直接在有道云笔记内管理、查看和编辑各类 Office、PDF 文档。如

图 7-77 所示，单击"我的资料"或者其他的自建文件夹，右击选择新文档，然后导入文件或者文件夹，这样就完成了将现有的笔记导入到有道云笔记里面了。

4. 同步

有道云笔记桌面版能及时将笔记同步到云端。如需要立即同步，也可通过单击界面上方的"同步"按钮得到更快的同步体验。当右下角出现"同步成功"提示时，笔记已经安全保存了。也可以使用快捷键 <F5> 实现同步。

图 7-77 上传文档

5. 搜索

有道云笔记支持搜索功能，方便用户在众多信息中迅速定位想要的笔记。在搜索框中输入关键词，并下拉选择搜索范围后，笔记标题或正文中包含该关键词的笔记将被选出，关键词同时高亮显示。

6. 收藏微信内容

1）保存微信内容。优秀的微信文章可以通过有道云笔记一键收藏，并支持编辑与管理。具体做法是单击任一微信文章页右上角"···"按钮，向右滑动，选择"有道云笔记"，微信文章即保存到绑定的云笔记中了。

2）保存微信小视频。首先，将小视频收藏至微信收藏：长按要收藏的小视频，在弹出的对话框中单击"收藏"；然后，在"有道云笔记"公众号对话框中，点进"+"中的"收藏"，选择该小视频，即可以 MP4 格式永久保存至有道云笔记账号中了。

7. 截图

有道云笔记有截图功能，单击编辑栏最右侧的截图按钮即可，也可单击下拉按钮，选择"截图并隐藏笔记窗口"，还可以使用 <Ctrl+Shift+PrintScreen> 快捷键进行操作。

四、印象笔记（Evernote）

（一）概述

印象笔记（Evernote）是一个跨平台的笔记应用程序。Evernote 于 2012 年 5 月 1 由 Evernote CEO Phill Libin 推出，同步推出的还有"印象笔记.圈点"。Evernote 的目标是能让每个人都能长期保存记忆，成为人类的第二大脑，让大脑专注思考，让记忆栩栩如生，旨在解决互联网用户对高质量信息、知识和内容的诉求，成为用户手机上的首屏应用。

印象笔记的 Logo 是一个大象的标志。2018 年 6 月 6 日，印象笔记独立出 Evernote ，重组为中美合资独立运营实体 。目前，Evernote 可以在任何地方记笔记，浏览以前的笔记。除了一般的文本笔记以外，Evernote 还可以创建声音笔记，上传文件，或者截取屏幕截图，最吸引人的是 Evernote 的图片识别功能，图片中的文字都可以被搜寻到。

印象笔记官网地址：https://www.yinxiang.com/。

印象笔记服务愿景：高效自我管理，便捷团队协作。

（二）基本功能

1. 保持同步

印象笔记支持所有的主流平台系统，一处编辑，全平台之间可以同步。同时，印象笔记支持 Web 版和移动网页版，只要能上网的设备均可以在浏览器中打开进行操作。

2. 剪辑网页

用网页剪辑插件保存完整的网页到印象笔记账户里。文字、图片和链接全都可以保存下来，还可以添加高亮、箭头等标注。支持 Safari、IE 7+、Firefox 和 Opera 等主流浏览器。

3. 深度搜索

搜索是印象笔记最具特色的功能，也是区别于其他云笔记软件的核心。印象笔记可以搜索到图片内的印刷体中文和英文以及手写英文，此搜索对 PDF、Excel、Word、PPT 文件中的中文和英文也同样有效。

4. 储存重要资料

印象笔记支持任意格式文件作为附件插入到笔记中，并实现跨平台同步，方便不同平台之间的文件资料管理。

5. 团队协作

印象笔记在 2012 年 10 月推出了共享笔记本功能，允许不同用户之间共同编辑一个笔记本，实现团队协作办公。

6. 支持第三方

印象笔记支持快速保存微信、微博、QQ 浏览器、鲜果联播、豆果美食、飞信短信客户端等大量第三方协作应用的消息和文章。

（三）使用方法

1. 下载与登录

印象笔记适用的移动设备包括 iOS、Android、Windows Phone 等，适用的电脑系统包括 MAC OS X、Windows 等，适用的可上网的设备主要有移动网页版和 Web 版。用户可以根据需求进行下载，下载安装完后就需要注册账号，注册时一般都需要邮箱验证，注册成功后就可以登录了。

2. 收集

印象笔记收集资料的手段主要包括微信收藏、微博收藏、网页剪藏。微信收藏的文章会保存到"微信"笔记本中，微博收藏的内容会保存到"新浪微博"笔记本中，而网页剪藏则可以根据需要自己选择笔记本，专门用于收集网页内容。收集的常用快捷键主要有：<Ctrl+Alt+N>——新建，<Win+PrtSc>——抓图，<Win+A>——复制所选内容，<Ctrl+Alt+V>——从剪贴板粘贴。

3. 记录

记录和收集相类似，都是一个输入的过程。只是输入的内容不同。收集、输入的是别人生产的内容；而记录，则是自己生产内容。

(1) 笔记本管理

在印象笔记里创建很多个笔记本，每一个笔记本中又可以创建多个笔记。如图7-78所示，单击图中的"新建笔记本"，便会弹出一个空白的类似文本编辑器的对话框，输入笔记本标题即完成创建。

图7-78 新建笔记本

(2) 笔记管理

创建笔记时，填写笔记的标题、选择笔记本以及标签、书写笔记内容，如图7-79所示，即可以在编辑框中输入想要保存的内容了。在编辑的时候可以选择模板，也可以为文字加一些样式和颜色，还可以添加图片，附件文件，甚至还可以批量导入Txt文件等。此外，印象笔记还支持笔记录音（桌面版）。

图7-79 笔记管理

4. 整理

收集了很多资料，记录了很多想法，但如果不把这些东西整理出来也是无用的。此时可以利用印象笔记自身提供的笔记的三级结构和标签这两个功能来实现对笔记中庞杂的材料的整理。

(1) 三级结构

印象笔记的三级结构为笔记本组 > 笔记本 > 笔记。

这个结构与文件夹结构（文件路径）是一致的。两层结构之间是包含与被包含的关系，上一层包含下一层。可以把这种结构称为树状结构。

1) 删除重复内容。如何把重复的内容删掉？操作方法如图7-80所示。为了找到重复笔记，采用"标题"排序。按照标题排序之后，根据标题，可以轻松地找到重复的笔记，将重复的笔记删除即可。

图 7-80　按"标题"排序设定，筛选重复文献

2）有序命名笔记本组和笔记本。笔记整理的过程其实就是构建个人知识体系的过程。因而对笔记本组和笔记本起名，最好能按照一定规律创建索引，兼具逻辑性，简明扼要地概括该笔记本的内容，从而使笔记杂而不乱，条理清晰，快速定位。

图 7-81 这套结构把图书馆的分区用来做笔记本组的名字是一个不错的方法。图示案例借鉴了大学图书馆图书管理系统的结构。

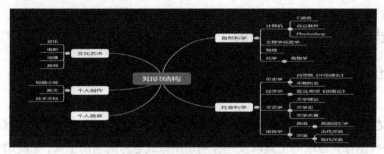

图 7-81　有序命名笔记本组示例

3）使用序号。序号可以使条理更加清晰，定位更加容易。使用序号之后，最好采用"标题"排序的方法，这样会使得整个笔记本成为一个结构清晰的体系。

(2) 标签

为了能够更好的找到文章，可以给每个笔记添加标签，软件会把同一标签的笔记聚合，而且，每一条笔记可以贴多个标签。同时也可以按照标签来浏览笔记。

5. 共享

笔记的分享过程会让用户的认识更加深刻，同时能吸引同类进行深入交流。共享有两种方式（如图 7-82 所示），一种是邮箱发送，一种是共享链接。

图 7-82　印象笔记共享笔记

6. 同步

印象笔记会自动将笔记内容同步到服务器中，也可根据需要手动点击同步，以供在不同端口使用时保持一致。

7. 导出笔记

印象笔记除了上传和本地存储以外，还可以导入或者导出文件，以便于备份重要的文件。操作步骤如下。

第一步：选定要导出的笔记或者笔记本，然后右击，在弹出菜单中选择"导入笔记"。

第二步：选定"enex"格式，如果选择其他格式则只能用来浏览而不能重新导入了。

第三步：选择需要导出的选项，有一些附带选项是可以不用选择的。在 enex 导出中，除了标签以外，其他的不可以选择（但是在除了 enex 格式之外，用户可以自定义需要导出的选项），最后单击"确定"按钮，即可导出文件了。

第四步：导出文件后，便可以保存起来，等需要的时候导入。

第五步：找到之前保存的目录窗口，便可以把文件重新导进印象笔记了。

五、思维导图 MindManager

（一）思维导图概述

1. 定义

思维导图又称脑图、心智地图、脑力激荡图、灵感触发图、概念地图、树状图、树枝图或思维地图，是一种图像式思维的工具以及一种利用图像式思考的辅助工具，是应用于记忆、学习、思考等的思维"地图"，有利于人脑发散思维的展开。

2. 常用软件

（1）MindManager

MindManager 是创造、管理和交流思想的通用标准，其可视化的绘图软件有着直观、友好的用户界面和丰富的功能，这将帮助用户有序地组织思维、资源和项目进程。MindManager 越来越受到职场人士青睐，已经成为很多思维导图培训机构的首选软件，而且在 2015 年度 Bigger plate 全球思维导图调查中再次被选取为思维导图软件用户首选。

本节将重点介绍其使用方法。

（2）MindMaster

MindMaster 是一款国产跨平台思维导图软件，可同时在 Windows、Mac 和 Linux 系统上使用。软件提供了智能布局、多样性的幻灯片展示模式、精美的设计元素、预置的主题样式、手绘效果思维导图、甘特图视图等功能。

（3）Xmind

XMind 是一款易用性很强的软件，通过 XMind 可以随时开展头脑风暴，帮助用户快速理清思路。XMind 绘制的思维导图、鱼骨图、二维图、树形图、逻辑图、组织结构图等以结构化的方式来展示具体的内容，可以帮助人们在学习和工作中提高效率。

（4）FreeMind

FreeMind 是一款跨平台的、基于 GPL 协议的自由软件，用 Java 编写，是一个用来绘制思维导图的软件。其产生的文件格式扩展名为 .mm，可用来做笔记、脑图记录、脑力激荡等。

（5）MindMapper

MindMapper 是一款专业的可视化思维导图软件，用于信息管理和处理工作流程的智能工具软件，MindMapper 能帮助用户整理思路，最终形成条理清晰、逻辑性强的成熟思维模式。

（6）NovaMind

NovaMind 是一款非常优秀的思维导图软件，它将思维导图和 PPT 融合在一起，支持思维导图放映演示。

（7）百度脑图

百度脑图是一款在线思维导图编辑器，使用现代浏览器打开使用。除基本功能以外，支持 XMind、FreeMind 文件导入和导出，也能导出 PNG、SVG 图像文件。具备分享功能，编辑后可在线分享给其他人浏览。

（8）亿图图示

亿图图示 Edraw 是一款跨平台的全类型图形图表设计软件。使用它可以非常容易地创建有专业水准的流程图、组织结构图、网络图、商业展示、建筑平面图、思维导图、科学插画、时尚设计、UML 图、工作流程图、程序结构图、网页设计图、电气工程图、方向地图、数据库图表等。

（二）MindManager 概述

如前所述，MindManager 是一款创造、管理和交流思想的思维导图软件，其直观清晰的可视化界面和强大的功能可以快速捕捉、组织和共享思维、想法、资源和项目进程等。MindManager 作为一个组织资源和管理项目的方法，可从脑图的核心分枝派生出各种关联的想法和信息，能很好地提高项目组的工作效率和小组成员之间的协作性。

目前，MindManager 大约拥有 400 万用户，它与同类思维导图软件相比最大的优势是软件同 Microsoft Office 无缝集成，可快速将数据导入或导出 Microsoft Word、PowerPoint、Excel、Outlook、Project 和 Visio 中。

MindManager 官网地址：https://www.mindmanager.cn/。

（三）MindManager 下载与安装

1. 下载 MindManager

进入 MindManager 中文版下载中心，填写简单的信息便可以获得 MindManager 的安装程序，并可以免费试用 30 天。

2. 安装 MindManager

1）双击下载好的 MindManager.exe 安装程序，安装包打开后，等待程序提取文件。

2）文件提取成功后，进入 MindManager 安装向导，单击进入下一步。

3）接受用户协议，单击"下一步"，输入用户名及组织（可以忽略），单击"下一步"按钮。

4）选择标准安装，单击"下一步"按钮，完成安装，或者可以自定义安装，选择"高级选项"及"更改安装路径"，单击"下一步"按钮完成安装。

（四）MindManager 注册

安装完成以后，双击 MindManager 图标即可打开软件。软件会自动弹出注册框，用户可以选择继续使用30天免费试用，也可以输入授权号完成注册。MindManager 注册主要分为3个步骤：①购买 MindManager 授权码。②填写注册信息获取激活码。③在软件内输入激活码，即可成功激活 MindManager。

（五）MindManager 相关命令简介

MindManager 左上角的"文件"菜单是独立于功能区的一个菜单，包含新建、保存、打印及帮助等命令，下面具体介绍这些命令及其用途。

首先，打开 MindManager 中文版软件界面，如图 7-83 所示。在顶部左上角找到红色背景的"文件"按钮并单击。左边按钮项目是常用的文件菜单功能按键，单击各项命令即可查看相关按钮附属选项或者打开相关的对话框，下面将一一介绍 MindManager"文件"菜单各个选项的功能及具体作用。

图 7-83　MindManager 主页

1. 保存和另存为

"保存"命令，快捷键为 <Ctrl+S>，可以保存当前的思维导图，如果保存新建的一个思维导图，将会弹出"另存为"对话框。

"另存为"命令，快捷键为 <F12>，可以将当前的思维导图另存一个位置、名称及格式。

2. 打开和关闭

"打开"命令，快捷键为 <Ctrl+O>，可以打开一张已有的思维导图、思维导图模板、导图部件或者是 Microsoft Word 文档及 Microsoft Project Exchange 文件。

"关闭"命令，快捷键为 <Ctrl+W> 或者 <Ctrl+Shift+F4>，用于关闭当前导图。

3. 信息

"信息"命令可以用来查看当前导图的文档信息，包括标题、作者、关键字等，信息命令还包括加密文档，可以对当前的导图进行加密，提高安全性。

4. 最近

"最近"命令用于打开近期编辑或者使用的导图。

5. 新建

MindManager 打开默认使用新建命令,用户可以从中选择需要新建的思维导图类型,包括空白导图、从已有导图或者在线图库等新建导图及导图模板等,还可以使用快捷键 <Ctrl+N>,快速创建一张空白导图。

6. 导入

"导入"命令可以导入两种类型的文档,分别是 Microsoft Word 文档和 MPX 文件。

7. 打印

"打印"命令下包含打印预览(快捷键〈Ctrl+F2〉)、快速打印(快捷键〈Ctrl+P〉)、页面设置及打印设置等选项,除了可以打印整个思维导图外,还可以打印备注、甘特图及主题属性等。

8. 保存并发送

MindManager 除了可以保存当前导图、更改保存文件的类型之外,还可以通过邮箱发送给其他用户。

9. 导出

通过导出命令可以将思维导图导出到不同的格式,包括 PDF、SWF、图片、CSV、Word、网页等。

10. 帮助

"帮助"命令包含多个选项,可以了解更多关于 MindManager 软件介绍、教程和技巧等,并且还提供相关的在线帮助。

11. 选项

Mindjet 自定义选项,包括常规、视图、编辑等等选项的设置及自定义,如图 7-84 所示,可以根据自己的喜欢对程序进行设置。

图 7-84 自定义选项界面

12. 退出

"退出"命令用于关闭 MindManager 软件，也可以使用 <Ctrl+X> 或者 <Alt+F4> 快捷命令退出软件。

（六）MindManager 界面介绍

图 7-85 为 MindManager 的主界面。MindManager 通过绘制思维导图将用户的思维计划等以可视化形式呈现。

通过 MindManager 思维导图绘图窗口可以创建并编辑思维导图，下面逐一介绍 MindManager 界面。

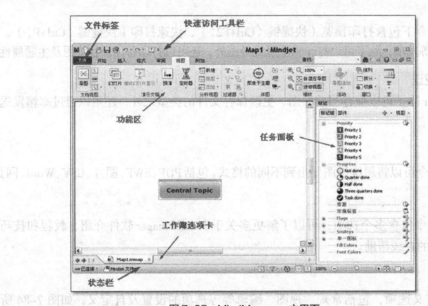

图 7-85　MindManager 主界面

1. 文件选项卡/标签

通过 MindManager 文件夹选项，可以打开、保存、打印、组织、发送及发布思维导图，也可以导入、导出文件等。

2. 功能区（Ribbon）

通过功能区，可以快速选择命令创建及编辑思维导图。所有命令分组放在各标签下，包括开始、插入、格式、审阅、视图及附加，有的命令还包含小箭头，可以打开列表或者对话框以提供更多选项。单击功能区右上角思维导图界面功能区小箭头，可以收起展开功能区，也可以双击标签，或者使用 <Ctrl+F1>。

3. 快速访问工具栏

如图 7-86 所示，快速访问工具栏位于整个窗口的最上方，是独立于当前功能区的一组命令，可以对导图快速执行新建、打开、保存、打印、撤销、恢复等命令，单击左上角向下的小箭头，可以自定义快速访问工具栏，选择需要的命令显示在快速访问工具栏。

4. 任务面板

如图 7-87 所示，通过"文件选项卡"→"选项"→"视图"命令，选择显示"任务面板"选项卡，即可显示 MindManager 任务面板，也可以通过右下角任务面板图标，选择需要的任务标签。

5. 工作簿选项卡

如图 7-88 所示，通过工作簿标签并排显示打开的或者创建的多个思维导图，通过"文件选项卡"→"选项"→"视图"命令，可以选择显示或者不显示工作簿选项卡，也可以选择工作簿选项卡的位置。

图 7-86　快速访问工具栏

图 7-87　任务面板

图 7-88　工作簿选项卡

1）单击不同的标签可以切换打开的导图。

2）右击标签可以选择保存、打印、删除或者关闭导图；取消过滤；浏览或者更改思维导图的属性。

3）双击空白区域或者工作簿标签可以创建一个新的思维导图。

6. 状态栏

状态栏位于窗口最下方，可以快速执行过滤、展开、导图视图、大纲视图及甘特图命令，可以调整思维导图及甘特图的缩放因子，也可以通过最右边图标显示任务面板。

（七）MindManager 常用的操作

思维导图是由主题构成的，以分支概要结构，以可视化方式展现相关概念的一幅图。

MindManager 思维导图主要由中心主题、主题、子主题、附注主题、浮动主题、关系线等模块构成，通过这些导图模块可以快速创建需要的思维导图。打开软件，系统会自动创建一张空白导图，导图中心有一个主题，即中心主题。在此基础上再添加新主题、添加子主题、主题切换、主题删除以及主题的拖放移动等。下面将逐一介绍这些基本操作。

添加新主题：选中中心主题，按 \<Enter\> 键，或者在空白处双击鼠标，或者使用中心主题上的加号，可以快速插入主题；单击主题即可添加文字。

添加子主题：选中主题，按 \<Enter\> 键或者使用主题上的加号，即可插入子主题。

编辑主题：单击主题或者子主题，直接可以进入编辑状态，输入需要的内容即可，如果需要换行，使用 \<Shift+Enter\> 键。

移动&连接主题：选中主题，用鼠标拖动主题到适当位置，红色连接向导将显示可行的主题连接和关系。

 扩展&折叠主题：单击折叠加/减号可以展开或者折叠子主题组。

 添加图片或者其他：使用鼠标拖放，可以将电脑中的图片，或者其他图标或文件等放入主图中。

 进度追踪：右击主题，选择图标来添加任务进度及优先级图标。

添加浮动主题：右击导图空白区域，可以添加浮动主题。

 添加附注主题：选中子主题，单击附注主题按钮或按 <Ctrl+Shift+Enter> 键插入附注主题。

其他：选中主题，右击格式化主题或格式菜单，设置文本、形状、背景、连接线等，还可以插入关联、附件、边界框、标签、超链接、便笺等。

（八）MindManager 使用指南

MindManager 是一款可视化的思维导图软件，人们运用它进行个人规划、项目管理、会议管理、头脑风暴等，下面以图 7-89 所示案例为载体，来具体说明如何画出思维导图。

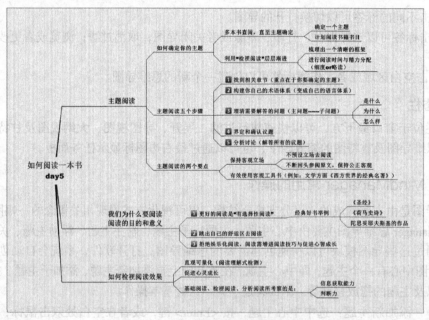

图 7-89　MindManager 完整图例模板

1. 选择导图模板

第一步：打开安装好的 MindManager 思维导图软件，选择新建导图模板，可以选择新建空白模板，或者根据导图分类选择已有内容的模板，MindManager 还为用户提供了更多的在线模板，登录即可查看。

(1) 选择模板

结合图例，首先分析它的形状，整体导视是向右的，因此在打开 MindManager 之后，选择新建的空白模板是右向导图，然后创建，如图 7-90 所示。

(2) 选择画布

结合图例的背景，单击空白处，即选择画布，右下方单击背景图片，就会出来 MindManager 自带的背景图片，选择单击，即可应用，如图 7-91 所示。此外，还可以添加自己喜欢的背景图片。单击图片，会看到一个添加背景图片，上传即可。

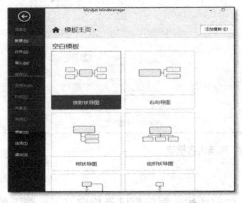
图 7-90　选择导图模板

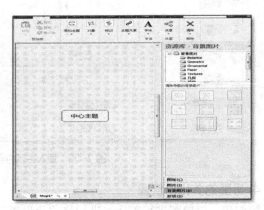
图 7-91　添加画布

2. 添加主题

第二步：添加导图的中心主题，一个导图只有一个中心主题且是不可删除的，全导图围绕中心主题展开。结合案例，可以看到中心主题右边有三个分支，接下来，就来创建三个分支主题。

在"开始"中添加主题或子主题，或者右击主题，选择"插入"进行添加。添加主题也可以使用较为快捷的方法，单击中心主题可以看到右边有个"+"号，单击它即可创建分支主题；或者直接使用快捷键，<Insert> 或 <Ctrl+Enter> 创建子主题，<Enter> 创建同级主题。现在按照案例的框架，先把框架搭建好。如果创建错误，可使用 <Delete> 键删除。如图 7-92 所示，框架已搭建完成。

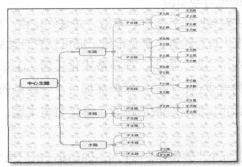
图 7-92　添加主题

3. 添加主题内容

第三步：在主题中输入主题内容，使用主题元素进行充实，包括图标、标记、链接、附件、备注等，右击主题也可添加。

接下来，结合案例来添加内容。具体方法如下：使用 <Shift+Enter> 键换行，单击主题进行文字编辑，只要选中主题，直接打字即可，全部输完之后，按 <Enter> 键结束，使用键盘上的上下左右键即可继续选中要输入文字的主题。如图 7-93 所示，现在基本内容、框架都已经确定好了。

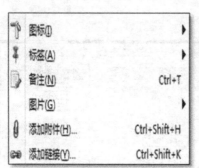 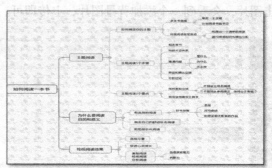

图 7-93　插入主题内容、搭建内容框架

4. 导图的美化与整理

第四步：对导图进行美化，进行格式化设置。如前所述，框架都已经确定好了，剩下的就是美观了。在"设计"中，用户可以根据自己的喜好，对导图主题的外观进行设置，包括文字字体格式，如图 7-94 所示。

图 7-94　导图的美化与整理

整理导图，是运用 MindManager 思维导图中的关联、边界等对导图进行关系的整理，使导图看起来更为清晰。

5. 导图的检查与审阅

第五步：对导图进行检查、审阅，并最终定稿。用户可以设置 MindManager 的语言并对导图中的文档输入进行检查，避免出错，亦可设置自动更正来纠正输入错误。想改变一个主题的格式，可以选中主题，右击，选择格式化主题。①形状与颜色，选择自己需要的，如果背景想显示画布的背景色，将透明度调高即可。②线条的格式，选择子主题布局，选择自己喜欢的应用确定即可。③优先级的设置，直接右击主题，图标就会出来。更改主题格式快捷键为 <Alt+Enter>。

按照以上五个步骤操作，一个 MindManager 的思维导图制作就完成了。以上仅仅是一个案例，MindManager 还有很多其他功能的表现形式，可以在实践中学习和累积经验，做出更好的思维导图，更多的教程大家可以登录网址 https://www.mindmanager.cn/rumenjiaocheng/ 查看学习。

Chapter Eight

第八章
学术论文写作

第一节 学术论文概述

作为对科学研究创新成果的科学记录，学术论文是最为常见的科研文体之一，也是促进学术交流、科研深化，考查研究人员科研水平的重要载体之一。同时，学术论文本身也是一种有效的科学研究手段和工具，能真实、全面、系统地反映和揭示学术研究成果，传播和推广学术信息。因而，学术论文的创作和撰写至关重要。一篇学术论文的写作过程，应该是一项科学研究的生命过程，或者说是一项科学研究的再现过程，好的学术论文可以代替科研人员说话。

一、学术论文的含义

学术论文是某一学术课题在实验性、理论性或观测性上具有新的科学研究成果或创新见解和知识的科学记录；或是某种已知原理应用于实际中并取得新进展的科学总结，用以提供在学术会议上宣读、交流或讨论；或在学术刊物上发表；或作其他用途的书面文件。学术论文应提供新的科技信息，其内容应有所发现、有所发明、有所创造、有所前进，而不是重复、模仿、抄袭前人的工作。

学术论文的本质属性是学术性，"学术"即代表着专深而系统的学问，古有黄人在《<清文汇>序》中言："有一代之政教风尚，则有一代之学术思想"，即指此意。学术创造知识或以一种新的方式使用现在的知识解决疑难、回答问题，它以圈内有能力判断成果的价值和质量的广泛交流和证实作为评价的基础。学术论文要在符合学科本身要求的边界范围内、以某一学科特定的概念或范畴来解说问题以阐述自己的思想，也因此带有较强烈的知识和学科属性。

学术论文与非学术性文章的本质区别，在于学术论文是在前人研究基础上的知识创新。所谓"知识创新"，即知识的创造与生产。知识之所以新，是通过严谨而扎实的论证来完成的。将自己的每一个立论都建立在扎实的证明之上，才有可能体现论文的学术价值。非学术性文章则大不相同，它可以是个人情绪的流露，也可以是家长里短的唠叨，还可以是工作总结或报告，更可以是学习上级文件的感想。由于学术论文在内容和发表上的特殊性，一般的读书笔记、心得感想、会议记录，以及发表于微博、微信朋友圈等社交媒体平台的一般性文章都不能称之为学术论文。

二、学术论文的特征

学术论文在理论研究和实践指导中的价值和意义是由学术论文本身所具有的特点所决定的。科学研究的过程和成果需要通过一定的载体、借助一定的媒介加以展示、分享和交流,进而接受学术共同体的评价。学术论文就是这样一种载体,它以客观、实事求是的文字记录和揭示学术研究的过程。基于科学研究过程本身严谨性、实证性和规范性等的属性,学术论文主要具备四个方面的特征。

(一)学术性

学术性是学术论文最本质的特征。学术代表着专深而系统的学问,学术的本质是创造和发展知识。那么,作为学术研究成果的载体,学术论文探讨的就是某一学科领域中比较专门化、系统化的知识与问题,不述口水话,不谈鸡毛蒜皮,而是带有比较强烈的研究、论证性质,侧重于对事物进行抽象的叙述或论证,反映的不是问题的外部直观形态和过程,而是事物发展的内在本质和变化演进的规律。

首先,学术论文的学术特性最本质表现在对未知的探索。学术论文不是对已有知识的总结,也不是对已知问题的阐释,而是对人们尚不明白、尚未发现、尚未解决的问题的探索。其次,学术论文的学术性还体现在研究方法的严谨、逻辑的缜密、说理的充分等方面。最后,时效性也是学术论文学术性考量的一个重要方面,同一研究课题,如何证明发现的是新问题,提出的解决方法是新思路,所以"首发性"很重要。此外,一篇学术论文的研究成果可能放在研究过程的当下是创新的、有效的,但如若搁置两三年,而不是及时发表交流,很可能变成重复、无效研究,学术性就会大打折扣。

(二)科学性

科学性是学术论文的灵魂,没有科学性的学术论文是没有生命力的。学术论文是科学研究的成果产物,必须尊重科学,科学性必须贯穿始终。科学的学术论文要求作者能够用科学的思维方法开展研究、撰写论文,并得出科学的结论,这就需要科研工作者以辩证唯物主义和历史唯物主义的科学态度和方法来对待研究工作,尊重客观实际,坚持实事求是。

学术论文的科学性主要表现在三个方面,其一是实事求是,学术论文的内容必须是客观存在或潜在的事实,在技术上行得通,不脱离实际。其二是客观公正,学术论文不得将个人好恶偏见代入其中,不得主观臆想编造。其三是自圆其说,这一点表现在学术论文的行文不得跑题或产生悖论。

(三)创新性

创新性是学术论文的使命,是衡量一篇学术论文价值的根本标准。科学研究在于探索新知,从前述学术论文的定义不难看出,一篇优秀的学术论文应该提供新的科技信息、激发新的科学洞见或创新知识见解,反映的是专业领域某一科学问题从无到有,或从一个层次到另一层次的研究过程。因此,创新性要求学术论文要在作者研究范围内的理论上有所发展,方法上有所突破。

学术论文的创新性在于作者要展示自己对客观事物研究的独到见解，能提出新观点、新理论、新设想、新方法、新定理，甚至能够填补某个领域的空白。学术论文创新性的一方面在于发现新问题，而不是对已有研究结论的重复论证；另一方面在于解决新问题，用现有研究方法与理论有效解决新问题是创新，开拓新的研究方法与理论更高效地解决现有问题是创新，用新的研究方法与理论去解决新的科学问题更是创新。

（四）理论性

理论性是学术论文立论、行文之基石，也是学术论文生命力得以延续的必备条件。一篇学术论文必须要有自己的理论系统，不能只是材料的简单堆砌和罗列。我们常说看问题要"透过现象看本质"，学术论文应该在客观认知与实践的基础上，使感性认识上升到理性认识，一篇优秀的学术论文常常能够帮助我们直抵问题的核心与本源。

学术论文的理论性一方面在于立论之理论基础，正如著名的物理学家牛顿所言："如果说我比别人看得更远的话，那是因为我站在巨人的肩膀上"，科学研究应该是继承与创造并存的活动。理论性的另一方面在于学术论文所记载科学研究本身的理论价值，这是学术成果能够经受检验并被广泛传播应用的前提。需要说明的是，学术论文的理论性并非是纸上谈兵，而是通过理论能够指导实践，并在实践中不断得以改进和完善，进而透过实践价值实现理论价值。

三、学术论文的类型

学术论文没有严格统一的分类标准，按照不同的标准维度，学术论文可以划分为不同的类型。

（一）按研究的学科划分

按研究的学科划分，学术论文可以分为自然科学论文和社会科学论文两大类。

1. 自然科学论文

自然科学是研究大自然中有机或无机的事物和现象的科学，自然科学论文主要探讨自然科学和技术科学领域的各种问题或现象。

2. 社会科学论文

社会科学是用科学的方法研究人类社会的种种现象的各学科总体或其中任一学科，社会科学论文主要研究并阐述各种社会现象及其发展规律。

（二）按论文形式和研究层次划分

按论文形式和研究层次划分，学术论文可以分为理论型论文、应用型论文和综述型论文三大类。

1. 理论型论文

重点是对各学科的基本概念和基本原理进行研究，主要针对某一学科领域内某一特定问题，运用相关原理、方法，进行逻辑的、历史的、比较的、定性的、定量等的分析，树立自己的观点，构建理论框架。

2. 应用型论文

重点是将各学科的知识成果转化为专业技术和生产技术，直接为社会服务。应用型论文往往是对理论型论文研究成果的延伸和实践，目的在于将科学研究的理论成果转化为社会生产力。

3. 综述型论文

通过搜集整理大量相关参考文献，在研读并深入理解和消化文献实质内容的基础上，对其进行系统的汇总、整理，进而做系统的分析、论证和推论，综合介绍、分析、评述该学科或专业领域里国内外的研究成果、发展趋势，并得出或表明作者自己的观点或结论，一般还对该研究领域的发展趋势进行科学预测，提出较中肯的建设性意见和建议。综述型论文的创作以汇集文献资料为主，以客观、着重的评述为辅。

（三）按论文写作的不同阶段划分

按写作的不同阶段划分，学术论文可以分为学年论文、毕业论文和学位论文三大类。

1. 学年论文

学年论文是高等学校人文科学、自然科学、社会科学及师范类专业在校本科学生在教学计划规定的某一学期内，在教师指导下就给定的课题独立进行研究所写的，用于考查学习成绩和科研能力的论文，是一种最初级形态的学术论文，一般在大学三年级完成。撰写学年论文也是大学生开展科研活动的第一步。

2. 毕业论文

毕业论文是专科及以上学历教育的高等院校应届毕业生独立完成的学术论文，一般安排在学业的最后一学年（学期）进行。学生需在教师指导下，选定课题进行研究，撰写并提交论文。学校可通过考查学生的毕业论文，从总体上考查学生大学阶段学习所达到的学业水平，检验学生综合运用所学知识解决实际问题的能力，培养学生的科学研究能力。指导学生撰写毕业论文是高等学校教学过程的一个重要环节。毕业论文的完成与通过是高等学校学生圆满完成学业的标志。

3. 学位论文

学位论文是学位申请者为申请学位而提交的学术论文，是考核申请者能否授予学位的重要条件，根据学位的分级，学位论文相应地分为学士学位论文、硕士学位论文和博士学位论文。根据《中华人民共和国学位条例》及《中华人民共和国学位条例暂行实施办法》中的相关规定，学位申请者通过规定的课程考核及毕业论文审查合格后，可授予相应的学位。对于大多数高校来说，学位论文既是学位论文，又是毕业论文。

（1）学士学位论文

学士学位论文应能表明作者确已较好地掌握了本门学科的基础理论、专门知识和基本技能，并具有从事科学研究工作或担负专门技术工作的初步能力。

高等学校本科毕业生，成绩优良，达到下述学术水平者，授予学士学位：1）较好地掌握本门学科的基础理论、专门知识和基本技能；2）具有从事科学研究工作或担负专门技术工作的初步能力。

(2) 硕士学位论文

硕士学位论文应能表明作者确已在本学科上掌握了坚实的基础理论和系统的专门知识，并对所研究课题有新的见解，有从事科学研究工作或独立担负专门技术工作的能力。

高等学校和科学研究机构的研究生，或具有研究生毕业同等学力的人员，通过硕士学位的课程考试和论文答辩，成绩合格，达到下述学术水平者，授予硕士学位：1）在本门学科上掌握坚实的基础理论和系统的专门知识；2）具有从事科学研究工作或独立担负专门技术工作的能力。

(3) 博士学位论文

博士学位论文应能表明作者确已在本门学科上掌握了坚实宽广的基础理论和系统深入的专门知识，并具有独立从事科学研究工作的能力，在科学或专门技术上取得了创造性的成果。

高等学校和科学研究机构的研究生，或具有研究生毕业同等学力的人员，通过博士学位的课程考试和论文答辩，成绩合格，达到下述学术水平者，授予博士学位：1）在本门学科上掌握坚实宽广的基础理论和系统深入的专门知识；2）具有独立从事科学研究工作的能力；3）在科学或专门技术上做出创造性的成果。

四、学术论文的作用

不同类型的学术论文有着不同的作用，比如毕业论文反映学生在读期间所学的基础知识、基本理论和基本技能，学位论文可以用来申请学士、硕士、博士学位，综述型论文反映的是某一专题、某一领域在一定时期内的研究工作进展情况等，但就本质特征与内容属性来看，学术论文的普遍作用主要表现在三个方面。

首先，学术论文用于记录和保存科研成果，学术论文是记录科学研究成果的重要载体之一，好的学术论文可以代替科研工作者说话，科学研究成果特别是社会科学研究成果大都是以文献的形式反映出来的。学术论文一经成文发表，就是一项学术活动的记录，就以纸质或电子载体形式得以保存，其中有代表性的优秀学术成果就能够长久地保存于人类的科学宝库中。2017年3月27日正式启用的位于挪威北极群岛斯瓦巴的"末日图书馆"，就是为长久保存人类精神文明中最有价值的信息而存在的，被称为人类文明的"诺亚方舟"。

其次，学术论文能够促进学术交流与科研深化发展，每个科研工作者都应该以学术论文为载体，积极投身于科研成果的良性交流与传播当中去，以此促进整个社会科学研究事业的深入和长远发展。

最后，学术论文可以衡量作者科研水平，通过学术论文衡量作者科学研究水平主要考虑两个方面，一是学术论文的质量，二是学术论文的数量。

第二节 学术论文选题与写作

想要创作一篇学术价值高的学术论文，总离不开科学地选题和精心地写作，科学选题是论文成败得失的关键，而精心写作是完成选题的重要保障，二者相辅相成。完整的科学研究过程，选题是关键的第一步，它往往决定着论文写作的主要方向，而论文写作则是实现选题价值的第一步。

一、学术论文选题

决定学术论文质量高低和价值大小的因素是多方面的,但其中选题的好坏无疑是首要因素。科研选题往往决定着一项科学研究的主要方向和目标,好的选题是研究成功的一半,好的科研选题往往更容易催生出创新的、优秀的研究成果。学术论文的选题在很大程度上来源于科研课题的选题。

(一)何为学术论文选题

学术论文选题是指在诸多专业领域的现实问题中选择所要研究和解决的问题,确定研究方向,找准和明确所要解决的主要问题。选题一旦确定,论文的研究和写作方向也便随之确定了。学术论文选题是科学研究和论文写作的第一步,是主观愿望和客观需要相结合的产物,决定了整个研究的价值、走向和提升空间,必须以严谨的科学态度从客观实际需要出发,选择和确立论文课题。

科学的选题需要作者具备良好的问题意识。首先,成功的选题应该是揭示研究的目标取向,也就是要使研究达到什么样的目标,从选题来看就可以知道该问题研究的状况和可能发展的趋势。其次,成功的选题应该是范围具体,不是大而全的。最后,选题要对一个学术问题有质疑,或者说要有争鸣性。选题一定要敢于质疑,但质疑必须有理有据,而不是随便怀疑。

总之,学术论文选题是专业领域研究长期积累的思想井喷,是科研工作者敢于提出问题,并且有能力去解决该问题的目标选择。在确定选题时,要充分了解国内外同行研究该选题所取得的进展,哪些问题已经解决或接近解决,哪些问题还未解决,哪些问题是新出现亟待解决的,都要做到心中有数。在确定选题之后,还有一个重要的问题就是题目的表达,即怎样把选择的问题和将要研究的内容表述出来。一是题目不宜太长;二是核心概念不宜过多,最好一个,最多两个。核心概念超过两个,论文表达的中心研究主题就会漂移,论文到底研究什么就非常难把握了;三是表达要精准,题目如若题意不清或引起歧义,那么论文在研究和写作时都很可能出现跑题现象。

(二)学术论文选题原则

好的选题,往往会让科研工作者在研究和论文撰写中如鱼得水,相反,不恰当的选题,就如同给科学研究设置了一道难以逾越的障碍,作为科研成果产出的论文撰写就更是难上加难了。因此,学术论文选题一般需要遵循科学性、需要性、学术性、创新性、可行性等五个原则。

1. 科学性原则

选题要选择那些客观上有科学价值和对现实有实际意义的课题。学术论文选题的科学性原则要求选题要有科学依据,遵从科学原理并符合科学逻辑。首先,最基本的条件是要有科学依据,包括前人的经验总结和个人研究工作的实践,这是选题的理论基础。其次,选题要符合客观规律。最后,选题设计与研究必须科学,符合科学逻辑。

2. 需要性原则

学术论文选题的需要性原则,也称为价值性原则,要求选题具有实用价值。需要,是科学研究最根本、最内在也是最持久的推动力。所谓需要，一是社会的需要，二是科学本身发展的需要，它是选题的重要依据和出发点。所谓价值，主要表现在研究课题的实际应用价值与科学理论价值两个方面。前者是指现实生活中亟待解决的问题，大多与物质文明和精神文明建设密切相关，社会需要，群众关心，研究目标明确。后者是指某些选题内容，虽然一时还不能直接应用于实际生产和社会实践，但对于科学文化的发展，对于解决理论上的疑难问题却具有重要意义，因而有着相当的理论价值。

3. 学术性原则

选择课题不仅要考虑社会需要，还要考虑课题本身的学术或理论价值。学术论文选题的学术性原则包含学术性和专业性两个方面。学术性主要体现在选题的理论价值上。具有较高学术价值的选题，一方面应该是在学科中占有比较重要的地位，另一方面应该是最有可能或最有希望"创新"的问题。专业性主要体现在选题的专业学科领域上，单一学科或跨学科选题，都需要有专业学科领域的基础理论知识作为研究基础，如若某一选题没有任何学科基础，那么其研究方向和研究成果便是站不住脚的。

4. 创新性原则

选题创新是时代赋予的根本要求，也标志着作者的学术眼光和功力，应避免低水平重复而重在有新发现和新创造。选题的创新性和先进性要求科研工作者要选择前人没有解决或没有完全解决的问题，要在继承和运用已有科学成就的基础上有所发现、有所发明、有所前进。

选题创新的核心在于突破。选题要防止与别人雷同，要有自己的真知灼见和开创性。从研究成果来看，选题创新主要表现在三个方面：一是理论创新；二是应用创新；三是方法创新。从创新的内容和形式来看，选题创新主要表现在三个方面：其一是探索前沿、填补空白；其二是纠正通说、正本清源；其三是补充前说、有所前进，也可以是老题新论、旧题新作。

当然，选题创新不是赶时髦和一味地标新立异，创新与实事求是的科学精神应该是一致的，作者通过对问题的深入研究，提出自己的新观点、新方法、新视角与新材料，促进问题的正确解决。作者可以通过丰富多样的选题来源，当下的研究热点，新的材料和研究方法，以及科学研究过程中的思维火花等，来激发创新选题的新意。

5. 可行性原则

选题的可行性原则体现在实现研究课题的主要技术指标的可行性和经济效益的合理性两方面。其中，主要技术指标的可行性包括主观条件和客观因素的可能性，经济效益的合理性包括课题研究的成本核算和研究成果的经济价值。

首先，影响选题可行性的主观条件主要是围绕研究人员自身来说的，包含研究者的知识素质结构、研究能力、技术水平、专业特长与优势、经历与实践范围、主观意愿与研究兴趣。其次，影响选题可行性的客观因素是除研究人员本身以外的科研条件，包含文献资料、实验设备与器材、科研经费、时间、合作者的情况、相关学科的发展情况以及专家指导等。最后，经济效益是影响选题可行性的必要考虑因素，课题研究的成本核算和研究成果的经济价值是选题经济效益合理性的直观表达。作为知识生产的科学研究同物质生产一样，在进行研究的过程中，存在着科研劳动的消耗和有关物质的消耗，是需要投资的。因此，在科研选题时要进行必要的成本核算，看看是否在经济许可的范围内,还要对课题完成后所能带来的经济效益进行预估。如果一项科研选题,其投入成本远远超出产出效益(包含短期与长期经济价值),就必须慎重考虑了,而如果其"投入成本/产出效益≤1",那么选题的经济效益才是相对合理的,该选题才是可行的。

(三)学术论文选题方法

学术论文选题,简单来说就是找问题,这是关键所在。选题通常有两种情况:一种是没有明确的想法,需要从大量材料中选定,另一种是已经有了某种研究方向和想法,需要进一步明确和验证。不管哪种情况,都要通过资料的收集和研究工作才能最终确定选题。基于这两种情况,可以通过以下四个方法着手选题。

1. 文献调研法

文献调研法对以上两种情况都适用。首先,通过多种方式和途径的材料收集工作,使研究人员占据大量相关资料,收集材料的过程实际上也是选题初选的过程。其次,广泛而大量研读所收集的文献,做初步的记录,然后对研读记录做深度加工,也就是对记录进行分类组合,寻找和发现问题存在的共性和特性。最后,通过文献资料的研读和深层加工,找到感兴趣或有研究价值的问题,这个问题可以是文献调研中发现的共性问题,即其有遗漏、有更新、有反驳、有争论的研究点,也可以是特性问题,即其有发展、有完善、有创新、有空白的研究点。

2. 社会调查法

社会调查法选题也适用于以上两种情况。撰写论文的最终目的是为社会服务,那么选题的确定,也理应以社会需要为出发点,从社会实践中搜集第一手资料,将其去粗取精,去伪存真,最终确立自己的选题,真正做到选题源于实践,服务于实践。社会调查可以关注社会生活的方方面面,包括政治、经济、军事、文化、教育、医疗、法律、生态、科技、安全、民生等诸多方面,选取一个感兴趣的领域,了解其发展现状、研究与关注热点,从中找到一个具体而微的切入点进行研究,确定选题。

3. 拟想验证法

拟想验证法适用于在确定选题前已经有了一定的研究方向和想法的情况。研究人员根据自己平时的研究、观察、学习和积累,对某一领域专业问题有了新的想法,初步确定了选题范围。再通过有目的的资料搜集和研究,明确想法的依据,判断其可行性,如不可行则重新选题,如可行则细化选题内容。

判断已有想法可行性时,首选,需要考虑已有的想法是否与前人研究重复,如果与前人基本无异,则应放弃再重新选题;如果只是部分重复,还有一定的创新角度,就应缩小范围,在非重复方面进行选题。其次,需要考虑已有的想法是否为该领域理论空白,或者是否能对前人的观点进行补充。如果是,则考虑有没有足够的材料加以论证,如果能够得以论证,则可以确定基本选题,如果主客观条件尚不具备,或者现有研究基础不足以支撑论证,则应放弃再重新选题。最后,已有想法过于单薄时,需要在文献调研中捕捉新的想法,这种思想火花往往是在对某一问题做了大量研究之后的理性升华,应及时捕捉,并在此基础上验证已有想法的可行性。

4. 启发式选题法

启发式选题法同样适用于以上两种情况。启发式选题的灵感往往来源于现有科研选题或学术观点，可以是研究前人未曾研究过的开创性研究课题，也可以是前人研究过的发展性研究课题，可以是相关领域学术界公认的学术观点，也可以是具有批判价值或争论性的学术观点。研究人员在现有的科研课题中找到新的研究方向或方法，在现有的学术观点中找到漏洞或创造出新的学术理论和观点，都是行之有效的选题方法。尤其对于科研新人来说，启发式选题是少走弯路、较为高效的选题方法。

（四）选题常见误区

常见的选题误区有以下六个方面。

1. 混淆选题与标题

学术论文选题并不等于学术论文的标题或题目。选题与标题的相同点在于，都表达学术研究的中心思想和研究方向，但选题与标题还是有着本质区别的，选题不是选择研究题目，而是选择研究方向。选题与标题的区别主要表现在五个方面，一是完成顺序不同，选题是在论文写作之前进行的，是写作的第一步，而标题可以在论文完成之后再进行提炼。二是形式作用不同，选题是论文的方向，标题是论文的组成部分之一。三是读者对象不同，学术论文的选题往往是给作者自己看的，而标题是给别人看的，标题的读者对象是编辑、审稿人或者是其他读者。四是动态过程不同，选题是要从一句话、一个研究方向，扩张成一篇学术论文，而标题是把这篇三五千甚至上万字的论文，浓缩成一句反映主题的话。五是研究的关系不同，选题是为我们打开了通向研究的方向和入口，而标题则呈现出研究的结论。

2. 选题偏大

选题偏大的问题是相对于研究者的科研能力和水平，以及客观科研条件和研究现状来说的。题目太大，往往容易泛泛而谈，无法做更深入的钻研，也就失去了研究的目的。当遇到较大的选题时，可由以下几点作为考量缩减范围的因素：一是对问题某一特殊的面加以申述；二是将选题限定在特定的时间范围内，三是从某一特殊事件看此问题；四是将以上三个因素合并讨论。以上四种办法都可将一个大的选题缩小至某一个层次，或者某一范围中加以特定的研究。

3. 选题偏小

选题偏小的问题是相对于研究者的科研能力和水平，以及选题的现实价值与意义来说的。如果选题太小，论文的研究价值就会非常小甚至没有研究价值，这与学术论文的创新价值性是相违背的。当出现选题偏小的问题时，可以从以下三方面考虑适度扩大选题，一是扩大选题研究对象的范围，二是扩大选题研究的时间范围，三是探索选题研究成果的普适性。

4. 选题存在逻辑错误

选题的逻辑错误主要表现在研究对象、方法和内容上。在既有的公认的理论与实践研究体系之下，如果选题的研究对象与方向存在明显悖论，那么沿着这个选题方向进行的研究，会产生两种现象，一是研究难以进行下去，二是研究过程逻辑不清，勉强得出的研究结论既经不起推敲，还容易误导读者。如果在研究和论文撰写过程中发现了客观存在的逻辑错误，并且这一错误会导致整个研究结论的偏离，那么就需要对选题进行再次研究和修改了。

5. 为新而求新

学术论文选题必须具有创新性，但很多研究者却"为新而求新"，一味地只在学术空白中寻找选题，或者仅仅给现有的学术观点、理论或术语换个新说法。在学术空白中选题，确为创新，但这种创新研究不是谁都能驾驭和完成的，学术空白研究难度大，一是可供研究借鉴的资料少，二是需要耗费的时间精力多，三是对研究人员的科研能力和水平要求较高，那么对于科研新人或者学生来说，这样的选题显然是不合适的。对现有的学术观点、理论或术语换个新说法，在精神内核上却并无创新之处的选题，是典型的"为新而求新"，这种行为在很大程度上中断了学科内在的联系性和逻辑性，打碎了原有的概念体系的内在关系，这样的选题也是应该避免的。

6. 选题脱离实际

脱离实际的选题，往往难以形成真正的研究价值。这里的脱离实际，并不是指不能进行理论研究而只能选择应用型课题，而是指不管是理论型研究还是应用型研究，都不应该脱离实际、实践，都不应该是纸上谈兵。论文的选题要和实际生活紧密联系，要在实践中去挖掘，运用自己所学的知识去解决实际问题。有些作者虽然长期从事应用性、实践性学科的研究，对该学科非常熟悉，但面对工作中出现的大量需要解决或探讨的实践和理论问题却往往视而不见，或者选题脱离实际工作，并非当前工作实践或理论所需，这样写出来的论文自然价值不大。根本原因还是缺乏学术意识，不能及时捕捉到切近实际的有价值的选题。

二、学术论文写作

（一）学术论文写作规划

按照学术论文的研究方法不同，学术论文写作形式和格式也有所不同，但其写作规律或写作过程规划基本相同。一篇学术论文从选题构思到文稿完成，大致要经过选题、写作前准备、拟定提纲、撰写初稿、修改论文、论文定稿这六个步骤。在这六个步骤中都要涉及资料查找、文献调研的工作，因而此处未将查找资料作为单独步骤列出。

1. 选题

选题是学术论文写作的关键第一步，好的选题往往会让研究人员在论文撰写过程中思维活跃、如鱼得水。关于学术论文的选题问题，前文已阐述，此处不再赘述。

2. 写作前准备

对于学术论文的写作来说，做好充分准备再进行写作和随便有了一个念头就立刻开工是完全不同的。当有了一个确定的不错的选题之后，为了保证论文的质量，还需要做三方面的准备工作，即心理准备、文献准备和目标准备。

首先，在论文写作之前要先做心理上的准备，有学者将这种心理准备的核心称为"提高抱负水平"。就是说，如果我们以前在写论文的时候，并没认真想过要把它发表在什么层次的期刊上，甚至没有想过它会公开发表的话，那么现在，不妨把自己的抱负水平稍稍提高一下。提高抱负水平的好处主要在于，它能够激发我们全部的潜能来投入到即将开始的论文写作之中。想要提高抱负水平，要做到三点：积极的自我激励、积极的心理暗示、努力保持身心愉悦。

其次，论文写作前的文献资料准备，俗话说"巧妇难为无米之炊"，要拥有这些"米"，就需要我们在资料收集过程中的文献检索、选取和研读上下功夫了。想要做好这些，最基础的工作是要善用学术文献数据库进行资料检索。在通过数据库检索文献的过程中，有两点需要注意：一是检索文献自身的质量尽量要有保障，在作者、发表期刊的层次与出版社的口碑等方面，都要尽量高大上；另一个是"高相关"，检索到的文献要与论文选题具有高相关性，确实可以引用和参考，是能够撑得起论文选题的文献。把这两者结合起来，努力找到"精准文献"。在文献准备过程中，可以遵循以下三原则，即经典、新近、多元。经过时间考验而广泛传播的高被引文献算得上是经典文献，这类文献具有极高的参考价值；距离规划写作时间较近的新近文献，也是具有一定参考价值的；多元指文献来源的多元化，如语种的多元化，既有中文文献，也有外文文献，文献类型的多元化，既有期刊文献，也有图书专著、会议论文、学位论文、专利、标准等文献。

最后，论文写作前的目标准备，这里的目标不是选题中的研究目标，而是论文写作的外在目标。比如对于学生和一般的科研工作者而言，他们的目标可能是不一样的，像毕业论文的写作目标就是申请和获得学位，还有大部分的写作目标是公开发表。对于需要公开发表的论文写作来说，需要研究者在准备阶段就做出预判，论文要发表在什么级别的刊物上，是权威高水平期刊，还是专业核心期刊，还是普通刊物，甚至具体到某一本刊物。当做好目标预判之后，就可以有针对性地检索相关刊物的基本信息，了解刊物特色、栏目设置，查看投稿须知和征稿启事，明确其在行文规范、论文格式、内容要求等方面的信息。

3. 拟定提纲

拟定提纲也就是搭建基本行文框架，提纲是论文的前期形态和简化形式。提纲可以帮助作者从全局着眼，树立全篇论文的基本骨架，形成思路系统化、中心突出、逻辑结构严谨的论文框架体系，也为论文的写作和后期的修改提供依据与参照。

提纲的内容主题和材料是论文的内容，结构和语言是论文的形式。提纲拟写要项目齐全，能初步构成文章的轮廓，详略得当。从提纲的格式来看，常见的提纲编写方式有三种：纵贯式、并列式、递进式。从提纲的内容来看，常见的编写方式有两种，一种是标题式提纲，它以简短的语句或词组构成标题形式，扼要地提示论文要点，编排论文目次。这种写法简洁、扼要，便于短时间记忆，是应用最为普遍的写法。另一种是提要式提纲，也叫中心句提纲，是把提纲中每一项内容的要点用一句或几句话概括，对论文全部内容做粗线条的描述，提纲里的每一个句子都是正文里某一个段落的基础。

4. 撰写初稿

前期准备工作和提纲完成以后，就正式进入论文文稿的撰写过程了。初稿的写作是论文形成过程中最艰巨的阶段，需要作者把完整的论证过程阐述清楚。它既是对论文内容精雕细琢的过程，又是作者思想认识不断深化的过程。初稿的目的是要把所有想写的内容全部表达出来，对全部实验数据和资料进行详细的分析、归类。从初稿的写作过程中还可及时发现前期研究工作有无不足或错误。

初稿的写作可以参考但不局限于以下三种方法，一是严格顺序法，也叫循序渐进，这是论文一般的和最常用的写法，即作者按照拟定提纲框架的研究内容顺序逐一展开论述，采用这种方法对文章内容的一致性、逻辑性方面的要求比较容易把握；二是分段写作法，也叫化整为零，把整篇文章分成若干部分，作者从最先考虑成熟的内容开始动笔，其余内容在考虑成熟或进一步研究后再进行写作，实行"各个击破"；三是重点写作法，指从论文的核心章节开始写作，若作者对论文的主要论点及论据已经明确，但一气呵成的条件还不十分成熟，则可采用重点写作法。当然，根据作者的写作习惯、行文构思等，这些方法也不一定要按部就班。初稿是整个学术论文的雏形，前期所有的工作都是为了初稿的产出，后期的所有工作也都要在初稿的基础上进行，所在在初稿撰写过程中，一定要养成良好的研究与写作习惯，确保初稿内容充分、行文格式规范、主题突出、表达精准，在实施论证过程中，要逻辑严密、层次分明、论证有据、言之有物。

5. 修改论文

任何一篇学术论文都不是初稿完成即可发表的，而是需要不断地修改和打磨的。"不改不成文"，修改是对论文初稿所写的内容不断加深认识，对论文表达形式不断优化、选择直至定稿的过程。也可以说，论文的修改过程，就是对初稿进行"找茬"的过程，找到错误和不严谨之处，加以修正。

修改的目的是为了使文章能够更准确、更鲜明地表述研究成果，所以，就修改的范围而言，就是发现什么问题就修改什么问题。如内容上包括修改观点、修改材料、修正论证逻辑；形式上包括修改结构、修改语言、修改错别字句、修正文章格式。初稿修改的第一遍，作者可以选择通读文章，检查、改正错别字、词、标点符号，规范格式；由于在长篇论述后，作者很容易当局者迷，正所谓"旁观者清"，这时候可以请相同或相关专业领域的研究人员帮忙"找茬"，进一步发现论证过程中的问题。在反复的自查、他查修改过后，论文的观点、论证逻辑、语言规范、格式规范等方面才能经得起推敲，趋近于完善。

6. 论文定稿

学术论文的初稿写成以后，必须经过反复修改，才能最后定稿。一般来说，初稿应达到以下几点要求方能定稿：观点正确，富有新意；论据充分可靠，论述层次清楚；逻辑性强，语言准确、生动，具有感染力，能为读者所接受。简单地说，论文修改的理想效果，首先是自己满意，其次是能让读者满意。

不管是学校的毕业论文，还是期刊发表的学术论文，一般都有字数规定，字数太少会显得论证单薄不充分，字数太多会显得冗余不精炼，所以定稿的文章一定要长短合适。如文章太短，可以适当更详细地阐述论证过程，增加论证依据，增添说理事实。如文章太长，可以从以下几方面进行压缩：压缩引言、图表、论证过程、参考文献、正文。但注意，压缩的目的是使论文变得更加简练、明了，文中重要的观点和论证部分不可为了压缩而省略。定稿是学术论文写作的最后程序，论文定稿以后，就可根据目标的不同，进行不同的后续工作了，或是作为毕业论文提交，或是作为发表论文投稿。

（二）学术论文的基本结构

学术论文的基本结构是学术界约定俗成的行文格式，根据我国现行标准《科学技术报告、学位论文和学术论文的编写格式（GB/T 7713-1987）》的规定，学术论文主要由前置部分、主体部分、附录部分和结尾部分这四个部分构成，其中附录和结尾部分是非必须的。其中，前置部分主要包括题名、作者、摘要、关键词；主体部分主要包括引言、正文、结论、致谢、参考文献；附录和结尾部分视学术论文形式和需要而定。

1. 前置部分

（1）题名

题名是以最恰当、最简明的词语反映学术论文中最重要的特定内容的逻辑组合，也常称为标题、题目。题名所用的每一个词语必须考虑到有助于选定关键词，以及编制题录、索引等二次文献时可以提供检索的特定实用信息。题名应该避免使用不常见的缩略词、首字母缩写字、字符、代号和公式等。中文题名一般不宜超过20字，外文题名一般不宜超过10个实词。

题名是学术论文中心内容的精炼表述，通常有单题名和双题名两种形式，也就是有无副题名的区别。一般来说，单题名可揭示文章论点，也可揭示论题，而双题名中主题名用来揭示写作内容和中心论点，副题名一般表明研究对象和范围，或对主题名进行补充和解释。在以下的情况，题名可以添加副题名：①题名语意未尽，用副题名补充说明学术论文中的特定内容；②一篇学术论文分多次发表，或是一系列研究分多篇论文报道，或是分阶段的研究成果，各用不同副题名区别其特定内容；③其他有必要用副题名作为引申或说明的情况。例如：《大数据时代我国开放数据政策模型构建》是单题名学术论文，《试论高职院校图书馆的阅读推广模式——以成都航空职业技术学院图书馆为例》一文则添加了副题名，用以表明研究对象。需要注意的是，在给学术论文命名时，要切忌出现"文不对题"、题名太大、题名太小、题名过长等现象。

（2）作者

作者即为学术论文的创作者，是论文的法定著作权人和责任者。学术论文结构中标明作者相关信息，即为作者署名权的体现。作者对学术论文进行署名，即表明该篇论文文权所有，也表明要对该文文责自负，同时也便于文献检索过程中的作者索引。根据学术诚信的原则，只有对论文的构思、研究和撰写等工作做出实际贡献的人员才能署名为作者，可以是独立作者，也可以是多位合著作者，当作者人数超过一人时，应按照合作者的实际贡献大小为作者署名排序。

（3）摘要

摘要是学术论文的内容不加注释和评论的简短陈述，可以帮助读者在阅读论文之前对论文的主要内容有所了解。一般来说，除了中文摘要以外，为了便于学术成果的国际交流，还应有外文（多用英文）摘要。学术论文的摘要一般置于题名和作者之后、正文之前。

摘要应具有独立性和自含性，即不阅读报告、论文的全文，就能获得必要的信息。摘要中有数据、有结论，是一篇完整的短文，可以独立使用，可以引用，可以用于工艺推广。摘要的内容应包含与学术论文同等量的主要信息，供读者确定有无必要阅读全文，也供文摘等二次文献采用。摘要一般应说明研究工作目的、实验方法、结果和最终结论等，而重点是结果和结论。中文摘要一般不宜超过 300 字，外文摘要不宜超过 250 个实词。如遇特殊需要字数可以略多。除了实在无变通办法可用以外，摘要中不使用图、表、化学结构式、非公知公用的符号和术语。需要注意的是，学术论文摘要撰写过程中，应以第三人称进行阐述，避免篇幅过长，可以按照"背景与目的→过程与方法→结论与意义"的逻辑进行撰写。

(4) 关键词

关键词是为了文献标引工作从学术论文中选取出来用以表示全文主题内容信息款目的单词或术语。它的主要作用是便于计算机储存和文献检索。每篇学术论文可以选取 3~8 个词作为关键词，以显著的字符另起一行，排在摘要的左下方。如有可能，尽量用《汉语主题词表》等词表提供的规范词。为了国际交流，应标注与中文一一对应的英文关键词。

关键词属于主题词中的一种，包含两大类，一类是正式主题词，也称为叙词，是已收录入《汉语主题词表》中的可用于标引论文概念的规范化的词或词组；另一类是非正式主题词，又称为自然语言，主要是从论文题名、摘要或论文内容中选取出来的可反映论文内容的词或术语。关键词的选取要注意两个问题，一是必须具有实质意义和检索意义，二是必须能够反映学术论文的主题。

除了题名、作者、摘要和关键词以外，如今绝大多数学术论文在前置部分还有一个中图分类号，用来标注文章所属的学科门类。这个中图分类号，是采用《中国图书馆分类法》对文献资料（图书、论文等）依照学科属性和特征，分门别类地进行有序排列而取得的分类代号。不管某一学术论文是单一学科还是跨学科研究，都应有一个中图分类号。

2. 主体部分

(1) 引言

引言也称为绪论、导言或前言，是论文正文前面的一段短文，用以简要说明研究工作的目的、范围、相关领域的前人工作和知识空白、理论基础和分析、研究设想、研究方法和实验设计、预期结果和意义等。引言是一篇文章的开头，要写得有吸引力，要能统领全文并引出下文，起到提纲挈领的作用。引言应该言简意赅、突出重点，不要与摘要雷同，也不要成为摘要的注释。引言中不要赘述一般性的选题背景；在教科书中有的知识，在引言中也不必赘述。

引言的篇幅长短并无统一的规定，需要根据论文的篇幅大小及阐述内容来确定。一般来说，比较短的学术论文可以只用小段文字起引言的效用，字数不宜过多，一般 300 字左右为宜；而像学位论文这种需要反映出作者确已掌握了坚实的基础理论和系统的专门知识，具有开阔的科学视野，对研究方案做了充分论证的学术论文，引言处就需要对有关历史和前人工作进行综合评述，以及理论分析等，此时可以单独成章，用足够的文字加以叙述。

(2) 正文

正文是学术论文的核心部分，占主要篇幅，它是研究、分析和解决问题的决定性部分，可集中地反映论文的学术水平、学术价值等。论文所体现的创造性成果或新的研究结果，都将在这一部分得到充分的反映。因此，要求这一部分内容充实，论据充分、可靠，论证有力、逻辑严密，主题明确。

正文可以包括：调查对象、实验和观测方法、仪器设备、材料原料、实验和观测结果、计算方法和编程原理、数据资料、经过加工整理的图表、形成的论点和导出的结论等。由于研究工作涉及的学科、选题、研究方法、工作进程、结果表达方式等有很大的差异，正文内容无法做统一的规定。但是，无论哪种学术论文，其正文的论证过程都应符合以下六个方面：①内容上要求科学，以事实为依据，客观真实；②思路上要求清晰，合乎逻辑，准确完备；③结构上要求层次分明，简练可读；④语言上要求简洁、准确，尽量通过数据与事实说话，并用简要的文字陈述；⑤可以运用图或表来表达文字难以说明的内容；⑥行文中直接引用的应标注引号，直接引用和间接引用的都要分别标明各自的出处，数据的引用要严谨、确切，以防止错引。

一般而言，学术论文的正文在结构类型上可归纳为四种类型，即并列式、递进式、伞式和混合式。①并列式结构。学术论文中各章节之间并无逻辑制约关系，可随意调换章节而不影响表达的意思。②递进式结构。学术论文中各章节之间存在逻辑关系，层层递进，不可随意调换。例如，时间顺序、因果关系型递进式结构是依据时间或因果关系的顺序来表达论文的观点，给读者以清晰的结构层次。③伞式结构。论文中某一分层的论点由多于两个的论据来支撑的结构，即上一层次论据得以成立的条件是下一个层次两个以上的论据必须同时成立。④混合式结构，又称复式结构，是上述三种结构类型的综合运用。在实际撰写学术论文时，作者要根据论文内容的内在逻辑联系，以完整表达观点为准则，灵活选取正文的结构类型。撰写正文时，要求采取合适的结构顺序，同时需要注意：要围绕一个中心来开展论证，合理构段，论文的立意要求新颖、深刻，切忌论述时为求面面俱到导致主题不突出。

除了以上对正文内容的要求，对正文的格式也有相应的严格要求，这一点将在后文的写作规范中进行阐述。

（3）结论

学术论文的结论也常称为结束语或结语，它是一篇论文的收束部分，是文章最终的、总体的结论，不是正文中各段小结的简单重复，而是在对正文中所研究的现象、实验结果进行理论分析的基础上，推理而得出的富有经验性、指导性及创造性的总判断、总评价、总观点、总见解，客观性、条理性、明确性地反映论文的学术研究价值。在极特殊的情况下，如果不可能导出应有的结论，也可以没有结论，可以在结论或讨论中提出建议、研究设想、仪器设备改进意见、尚待解决的问题等。

通常来讲，学术论文的结论中一般主要阐述以下三个问题：一是阐明本研究说明了什么问题，揭示了什么原理及规律，在学术理论研究和实际解决问题方面有什么样的作用和意义；二是阐明对比前人的研究成果，本研究有哪些异同，对前人的研究做了哪些检验、修正、补充与发展；三是阐明本研究的不足之处、遗留问题、意见或未来展望。结论应该准确、完整、精炼。

写好结论，应该注意四点：一是要完整、明确，不能含糊其词，模棱两可；二是对成果的评价要公允，恰如其分，不能自鸣得意，也不能借故贬低他人，对他人观点的否定，要完全根据事实或推理；三是要使结论部分真正起到收束全文的作用，一般不要提出新的观点或材料；四是结论的语言要简洁有力，给读者留下深刻的印象。同时，还要避免两种错误：一是草草收尾，不当止而止；二是画蛇添足，当止而不止。

(4) 致谢

致谢是作者对在研究和论文写作过程中给予帮助的个人或组织表达感谢。一般在结论后行文，主要是对下列方面致谢：国家科学基金，资助研究工作的奖学金基金，合同单位，资助或支持的企业、组织或个人；协助完成研究工作和提供便利条件的组织或个人；在研究工作中提出建议和提供帮助的个人；给予转载和引用权的资料、图片、文献、研究思想和设想的所有者；其他应感谢的组织和个人。

致谢是学术论文的非必要部分，一般学位论文有单独的致谢部分，期刊论文中比较少见，如若在期刊论文中表达感谢，通常置于结论部分，简单两句、点到为止，不可洋洋洒洒抒发感情以致喧宾夺主。

(5) 参考文献

参考文献是撰写学术论文时，正文部分引用或借鉴的，与研究主题相关的专著、连续出版物、析出文献、电子资源、专利等文献，是作者为撰写或编辑论文而引用的有关文献信息资源。参考文献是学术论文必不可少的组成部分，一般在行文结束后一一列出。

作者将参考文献附于文末，一是为了反映出真实的科学基础和依据；二是为了表明严谨的科学态度；三是为了尊重前人的科研成果、保护知识产权；四是为了表明引用资料出处，便于读者检索和追溯原始文献；五是有助于界定作者的创造性成果，并避免剽窃、抄袭之嫌。所列的参考文献，只限于那些引用借鉴的、最重要的和最关键的相关文献，且为正式出版物，不引用与本文论述无关的文献，不隐匿重要的参考文献；同时，参考文献的格式必须根据有关标准来编写，我国现行的参考文献著录标准是《信息与文献：参考文献著录规则（GB/T 7714–2015）》。凡引用的参考文献都应在正文中用英文状态的方括号"[]"，再在其中排序予以上标注明。在参考文献列表中，按引用文献出现的先后顺序说明出处。

依据《信息与文献：参考文献著录规则（GB/T 7714–2015）》，常见的参考文献类型及其标识代码见表 8-1，电子资源载体类型及其标识代码见表 8-2。

表 8-1 常见参考文献类型及其标识代码

文献类型	标识代码	文献类型	标识代码
普通图书	M	专利	P
会议录	C	数据库	DB
汇编	G	计算机程序	CP
报纸	N	电子公告	EB
期刊	J	档案	A
学位论文	D	舆图	CM
报告	R	数据集	DS
标准	S	其他	Z

表 8-2 电子资源载体类型及其标识代码

电子资源载体类型	载体类型标识代码
磁带（Magnetic Tape）	MT
磁盘（Disk）	DK
光盘（CD-ROMD）	CD
联机网络（Online）	OL

常见参考文献著录规则如下。

①专著文献著录规则：主要责任者.题名：其他题名信息[文献类型标识/文献载体标识].其他责任者.版本项.出版地：出版者，出版年：引文页码[引用日期].获取和访问路径.数字对象唯一标识符.

【示例】

[1] 陈登原.国史旧闻：第1卷[M].北京：中华书局，2000:29.

[2] 蒲攀.大数据环境下我国开放数据政策模型构建研究[D].黑龙江大学，2016.

②专著中析出文献著录规则：析出文献主要责任者.析出文献题名[文献类型标识/文献载体标识].析出文献其他责任者//专著主要责任者.专著题名：其他题名信息.版本项.出版地：出版者，出版年：析出文献的页码[引用日期].获取和访问路径.数字对象唯一标识符.

【示例】

[3] 贾东琴，柯平.面向数字素养的高校图书馆数字服务体系研究[C]//中国图书馆学会.中国图书馆学会年会论文集：2011年卷.北京：国家图书馆出版社，2011:45-52.

③连续出版物著录规则：主要责任者.题名：其他题名信息[文献类型标识/文献载体标识].年，卷（期）-年，卷（期）.出版地：出版者，出版年[引用日期].获取和访问路径.数字对象唯一标识符.

【示例】

[4] 中国图书馆学会.图书馆学通讯[J].1957（1）-1990（4）.北京：北京图书馆，1957-1990.

④连续出版物中析出文献著录规则：析出文献主要责任者.析出文献题名[文献类型标识/文献载体标识].连续出版物题名：其他题名信息，年，卷(期)：页码[引用日期].获取和访问路径.数字对象唯一标识符.

【示例】

[5] 李炳穆.韩国图书馆法[J/OL].图书情报工作，2008，52（6）:6-12[2020-03-06]. http://www.oalib.com/paper/5163348#.XmH3fG5uLDc.

⑤专利文献著录规则：专利申请者或所有者.专利题名：专利号[文献类型标识/文献载体标识].公告日期或公开日期[引用日期].获取和访问路径.数字对象唯一标识符.

【示例】

[6] 邓一刚.全智能节电器：200610171314.3[P].2006-12-13.

⑥电子资源著录规则：主要责任者.题名:其他题名信息[文献类型标识/文献载体标识].出版地:出版者,出版年:引文页码（更新或修改日期）[引用日期].获取和访问路径.数字对象唯一标识符.

注意：凡属电子专著、电子专著中的析出文献、电子连续出版物、电子连续出版物中的析出文献以及电子专利的著录项目与著录格式分别按①~⑤中的有关规则处理。除此而外的电子资源根据本规则著录。

【示例】

[7] 新华网.守望相助,同舟共济——疫情"大考"下的"中国方案"与国际合作[EB/OL].（2020-03-05）[2020-03-06]. http://www.xinhuanet.com/politics/2020-03/05/c_1125669331.htm.

其他规则说明如下。

①同一处引用多篇文献时，应将各篇文献的序号在方括号内全部列出，各序号间用","。如遇连续序号，起讫序号间用短横线连接。

②多次引用同一著者的同一文献时，在正文中标注首次引用的文献序号，并在序号的"[]"外著录引文页码。

3. 非必需部分

（1）附录

附录是附在学术论文正文后面、与正文内容相关的参考资料。附录是作为学术论文主体的补充项目，并不是必需的。附录因篇幅所限等原因不便编入正文，但对了解正文内容有重要意义，或对某些特定读者有参考价值，或是一些重要的原始数据材料等。它是在不增加正文部分篇幅、不影响其内容叙述连贯性的基础上向读者提供的一种参考性文献材料。

以下内容通常可编入附录：①为了整篇学术论文材料的完整，但编入正文又有损于编排的条理和逻辑性，这一类材料包含比正文更为详尽的信息、研究方法和技术，有更深入的叙述，建议可以阅读的参考文献题录，对了解正文内容有用的补充信息等；②由于篇幅过大或取材于复制品而不便于编入正文的材料；③不便于编入正文的罕见珍贵资料；④对一般读者并非必要阅读，但对本专业同行有参考价值的资料；⑤某些重要的原始数据、数学推导、计算程序、框图、结构图、注释、统计表、计算机打印输出件等。

（2）结尾

结尾是学术论文非必要部分，大多数学术文献没有此部分内容。结尾部分通常可编排三项内容：可供参考的文献题录，即为了将学术论文迅速存储入计算机，可以提供有关的输入数据；分类索引、著者索引、关键词索引等；学术论文封三和封底（含版权页）。

（三）论文写作常见问题

学术论文写作过程中常出现的问题，通常是由研究能力不足、写作能力不足、写作态度不端正三个方面导致的。

1. 研究能力不足导致的问题

1）选题无新意。多数科研新手的选题都喜欢参考过去的科研项目，像学生的选题一般来自老师的课程作业或导师的研究项目，这些选题来源都有一个特点，就是缺乏新意，已经被很多人研究过，或者已经产出过不错的科研成果，很难再挖掘到新的研究价值，容易重复进行低价值甚至无价值的研究。

2）研究内容不恰当。主要表现在：研究内容太多太杂，重点不突出；内容提炼不清，研究内容与研究基础、研究结论混杂；研究难度过大或关键问题太多，难以达成预期目标；为了创新而创新，导致文章的创新点过多，而其中有些创新点并不能称为真正的创新。

3）研究方法陈旧老套。如果不考虑学科领域、研究对象、研究主题等的性质，所有论文都使用同样的方法，会导致两个问题，一是无法得出预期研究成果，二是研究成果与现实情况出现不同程度的偏离。

4）实验数据不合理。实验数据是学术论文的基础。有的学者在研究中，由于实验条件的限制，或者时间的限制，或者采用原有数据得不出预期的结果而采取以下行为：采用过时的数据；采用不恰当的数据；有意遗漏数据；运用错误数据等，都会影响学术论文论证过程和结论的真实性和有效性。

5）研究过程有纰漏。由于前期资料的不完备、考虑的不充分、能力的欠缺等原因，研究人员在实验设计、调研论证、阐述说理等方面会存在或多或少的纰漏，如不及时发现和纠正，则会在行文论证过程中出现逻辑错误，导致研究成果经不起推敲。

2. 写作能力不足导致的问题

一位优秀的科研工作者，应该是既能够胜任有挑战的科学研究项目，也能够将研究成果以书面化的形式充分表达出来。而写作能力不足所导致的一系列问题，最终都会让科研成果的价值大打折扣。

1）层次不清，逻辑关系混乱。主要表现在同一类型的问题出现在不同的章节或层次下。比如研究的理论基础，有的作者在前言综述部分总结前人研究成果时有涉及，在介绍本文的理论基础时也有提及，在后文的研究内容中或者实证研究中又有涉及，这样不仅重复累赘，也使文章显得逻辑混乱。

2）表达语言过于口语化。学术论文是逻辑严密的科学文体，不同于记叙文、散文、诗歌等文体可以洋洋洒洒抒发情感，或者适当的口语化调解气氛，学术论文要以第三人称阐述事实、论证主题，语言应该是精炼的、不累赘的。

3）论文写作不符合学术论文的写作规范。学术论文的写作规范比较明确，国家也出台了很多的标准要求，专门针对公式、图表、参考文献、引用等项目的表述，为作者的规范写作提供了重要的参考和依据。但一些作者由于缺乏经验或者写作能力不足，常常出现以下问题：对学术论文的结构模糊不清；对文章内容中图、表的要求做不到位；引用参考文献内容不规范；对文章题名命名不到位等。

3. 写作态度不端正导致的问题

写作态度不端正导致的问题与作者的个人能力无关，大多是由于投机心理和急惰心理作祟，往往会导致学术不端的问题。

1）一稿多投。为了达到文章发表的目的，又不耗费太长时间，有些作者会将同一篇文章同时投给几家甚至是几十家期刊杂志社，撒大网，总是能捕获到一点信息，在获取的录用信息中再来筛选理想的刊物发表。这样一是造成期刊编辑多做重复无用功，二是为了提高自己投稿的命中率而违背了公平性。

2）文章复制比过高，涉嫌抄袭。学术论文抄袭现象是典型的学术不端行为，做学术研究不易，为了让这个难事变成易事，很多初做研究的人选择投机取巧，照搬别人的观点、理论甚至整个论证过程，将其作为自己的研究成果。这种抄袭现象是应该坚决制止的。

3）论文修改不认真。无论是学校里提交给导师的学术论文，还是提交至编辑部以待发表的论文，大都不会一稿即终稿。或是论述问题、或是格式问题、或是内容问题，都会存在需要进一步修改的地方，不认真的修改态度往往会使自己的论文要么得不到高分的肯定，要么被编辑部退稿，这都是得不偿失的。

（四）中图分类法

前文提到过，现在大多数公开发表的学术论文中，在前置部分除了题名、作者、摘要和关键词以外，还有一个中图分类号，用来标注文章所属的学科门类。这个中图分类号，是采用《中国图书馆分类法》对文献资料（图书、论文等）依照学科属性和特征，分门别类地进行有序排列而取得的分类代号。关于《中图分类法》，在本书第一章第二节中有介绍，在此不再赘述。

三、学术论文写作规范

学术规范是从事学术活动的行为规范，是学术共同体成员必须遵循的准则，学术规范并非是某种"行政化"的操作，而是在学术共同体内部所建构的一种自觉的制约机制。有学者指出，学术规范是学术的生命，甚至是学者从事学术活动的法律。

学术论文写作规范主要有语言规范、格式规范、内容规范三个方面。

（一）语言规范

语言是符号系统，也是一种传导的信息工具。一篇学术论文的学术语言是用来阐述某一领域专业知识的，通常应该是专业领域的规范的书面用语，要求科学、准确、规范，表达清楚不能够产生歧义，最好不要自己创造一些语意空泛的难解词汇。不当的语言表达会影响科学思想的表达和学术信息传播，学术语言的表达要具备科学性、准确性、逻辑性和简洁性。

1. 学术语言基本要求

一篇规范学术论文的学术语言应该满足五点基本要求，即避免语言错误、避免文字口语化、语句通俗易懂、表达符合逻辑且流畅、图表使用得当。

（1）避免语言错误

语言错误是学术论文的硬伤，常见的语言错误有语法错误、标点符号错误、行文时态不一致、中英文混杂表述等。

（2）避免文字口语化

学术论文是专业学科方向的文章，在谈论专业问题时，使用专业词汇是必要的。同时，要避免随意使用网络语言。网络语言一般是混乱、无序和随意的，日常使用时会在不同的语言背景下产生新的含义甚至歧义，这是学术语言的大忌。

(3) 语句通俗易懂

学术论文的一个重要作用是记录、展示和交流科学研究成果，那么为了让学术成果得到更广泛的传播和认可，它就不能是晦涩难懂的。需要说明的是，专业术语的得当使用，并不会增加读者理解学术论文的文意上的难度。当然，部分学术论文确实只有专业人士才能读懂，但这并不表示它语言本身难懂，而是因为其中专业术语、公示、推理演算、实验过程等确实需要大量专业知识的储备。

(4) 表达符合逻辑且流畅

逻辑性和流畅性是学术语言相对较高的基本要求，表达的逻辑性一是要符合普通思维的逻辑性，二是要符合行文论证的逻辑性。流畅性主要是语言表达的详略得当、起承转合完整。

(5) 图表使用得当

科学研究过程中一些数据分析、调查、试验结果通过图、表的形式展示出来往往会比文字更直观，有更好的表达效果。学术论文中适当的图、表不仅能辅助文字语言的表达，还能给读者形成较强的视觉印象，调整行文布局，可以说益处颇多。但是，再好的方法也需要一个度的把握，没有不行，过多也无益，比如有些文章内容主题并不适合图表展示，或者过多的图表也会给文章篇幅带来负担。所以，写作中要根据学术论文的研究过程和内容主题等特点，恰当选择是否使用图、表辅助文字的表达，如果需要，建议只列出关键图表信息。

2. 学术语言表达误区

(1) 机械搬用

网络文化的发展使得汉语新词大量出现，在学术研究领域涌现出了一些新名词、新术语、新方法，正确地运用"拿来主义"，在理解的基础上进行挑选，取人之长补己之短，吐故纳新为我所用，这对学术研究来讲无疑是大有裨益的。可是，有些作者不论有无必要，都要生搬硬套一些新名词、新术语，他们常常没真正认识和把握"新"的内涵，而是囫囵吞枣、望文生义、生搬硬套，没有把"新"放到合适的地方，反而弄巧成拙。

(2) 语法不当

学术论文中语法不当大部分是由于作者语法知识的欠缺导致的。常见的语法不当现象主要有：缺乏主句、句子主干成分分离、双谓语、西化的倒装句、仅用量名称作为图题、并列成分不对等、量符号使用不当或者量名称使用混乱。

(3) 论文不论

学术论文展示的是科学研究论证的过程，大量运用描写、抒情或夸张的语言，而极少使用分析、论述的语言，其结果就是将学术论文变得不伦不类，既不是文学作品，也不是学术论文，形成"论文不论"的局面。

(4) 过度使用主观性语言

论文中要谨慎使用主观性语言形容词，形容词越少越好，这是为了避免语言主观性陷阱。形容词使用多了，会导致整篇论文的语言主观性过大，因为形容词牵扯到评价，而学术论文写作要力求客观，要尽量少做评价。当然，像综述、述评类的文章，本身就是评价和总结性质的学术论文，可以适当使用评价性语言，但要注意切勿过度使用。评价性的语言一定要有事实依据来支撑，否则就会变成自说自话。

（二）格式规范

所谓"无规矩不成方圆"，如果说学术论文的语言规范和内容规范是需要作者内化的规范，那么格式规范就是外显的规范了。学术论文的格式规范主要包含论文的基本结构规范、标题层次规范、数字公式图表规范3个方面。

以下规范要求主要参考于《科学技术报告、学位论文和学术论文的编写格式（GB/T 7713-1987）》《信息与文献 参考文献著录规则（GB/T 7714-2015）》《出版物上数字用法（GB/T 15835-2011）》《科技文献的章节编号方法（CY/T-35-2001）》（新闻出版行业标准）。

1. 基本结构规范

学术论文的基本结构规范是学术界约定俗成的行文格式，根据我国现行标准《科学技术报告、学位论文和学术论文的编写格式（GB/T 7713-1987）》的规定，学术论文主要由前置部分、主体部分、附录部分和结尾部分这四部分构成，其中附录和结尾部分是非必需的。前置部分主要包括题名、作者、摘要、关键词、中图分类号；主体部分主要包括引言、正文、结论、致谢、参考文献；附录和结尾部分视学术论文形式和需要而定。其中，参考文献的格式还需要遵守单独的著录规则，详见前文及《信息与文献：参考文献著录规则（GB/T 7714-2015）》。

在学术论文基本结构中，致谢、附录和结尾部分，是非必需结构，一般常见于学位论文，其余的题名、作者、摘要、关键词、引言、正文、结论、参考文献是必需结构。以上各结构的具体行文规范在前文已做阐述，此处不再赘述。

2. 标题层次规范

（1）章节标题

学术论文的每一章、条、款、项的格式和版面安排，要求划一，层次清楚。学术论文一般按其内容分成若干章节进行论述，章节的编号采用阿拉伯数字。学术论文中通常使用标题、序号，使得结构脉络清晰，具备循序渐进的节奏美感。论文的标题层次分为篇、章、节、条、款、项、段，为使章节编号易于辨认和引用，章节的层次划分一般不超过四级，每级都应有相应的标题。当学术论文的结构复杂，需将章节的层次再细化划分时，则采用扩充类型的章节编号，向上扩充"篇"，向下扩充"条、款、项、段"。

标题文字要精炼，一般不超过15个字。标题一般为一句短语，不可成句；不同层级标题不能重复；层次标题中，最好不用标点符号，实在无法删除的，可采用空格方法断开。

（2）基本类型章节编号

1）科技文献的第1级层次为"章"，它是科技文献的基本划分单元，通常从1开始连续编号。

2）每一章下可依次再分成若干连续的第2级层次的"节"，还可以进一步细分为第3级、第4级层次的"节"。节的编号只在所属章、节范围内连续。

3）书写章节编号时，在表明不同级别章节的每两个层次号码之间加"圆点"，圆点加在数字的右下角。但终止层次的号码之后不加圆点。例如"1""1.1""1.1.1"。

4）在正文和目次中书写章的编号时，其前不加"第"字，其后不加量词"章"字，只在引用章的编号时书写成"第几章"以利于分清层次。在正文和目次中书写节的编号时，其后不加量词"节"字，只在引用节的编号时书写成"1.1.1节"。

5）学术论文如有前言、概论、引言或其他类似形式的章节，应以阿拉伯数字"0"作为该级层次的前置部分的编号。

（3）章节编号的排列格式

1）编号数字与标题之间应有一字空，基本类型章节标题末一般不加符号。

2）基本类型章节编号全部顶格排，正文另起行；章的编号也可以居中排，但全文应统一。

3）向上扩充类型"篇"的编号及其标题之间应有一字空，并居中排。

4）向下扩充类型"条、款项、段"的编号前应有二字空，正文接排，标题与正文之间应有一字空。

5）为了版式的美化，各级编号的排列格式可以变化，但全文应统一。

（4）基本标题层级示例

基本层次名称编号及其引用示例见表8–3。

表8–3　基本层次名称编号及其引用示例

类型	名称	编号	正文中引用示例
概论	—	0	—
第1级	章	1	···按第1章···
第2级	节	1.1	···参见1.1节···
第3级	节	1.1.1	···见1.1.1节···
第4级	节	1.1.1.1	···见1.1.1.1节···

3. 数字、公式、图表规范

（1）数字的格式规范

1）宜用阿拉伯数字。

①论文中使用数字进行计量、编号的场合，为达到醒目、易于辨识的效果，应采用阿拉伯数字。

②现代社会生活中出现的事物、现象、事件，其名称的书写形式中包含阿拉伯数字，已经广泛使用而稳定下来，应采用阿拉值数字。如：5G信号。

③公历的年、月、日一律用阿拉伯数字。如：2020年3月8日。

2）宜用汉字数字。

①干支纪年、农历月日、历史朝代纪年及其他传统上采用汉字形式的非公历纪年等，应采用汉字数字。例如：正月初一。

②数字连用表示的概数、含"几"的概数，应采用汉字数字。如：五六十年前。

③汉语中长期使用已经稳定下来的包含汉字数字形式的词语,应采用汉字数字。如:八九不离十。

④普通叙述中不很大的数目,一般不宜用阿拉伯数字。如:在两个方面。

(2) 公式的格式规范

1)公式应另起一行居中撰写。较长的式,另行居中横排。如式必须转行时,只能在 +, -, ×, ÷, <, > 处转行。上下式尽可能在等号"="处对齐。

2)公式的编号用圆括号括起放在公式右边行末,在公式和编号之间不加虚线。公式可按全文统编序号,也可按章单独立序号,如:(1)、(8.1),采用哪一种序号应和文中的图序、表序编法一致。公式序号必须连续,不得重复或跳缺。

3)文中引用某一公式时,写成由式"序号"可见,如:由式(8.1)可见。

4)将分数的分子和分母平列在一行而用斜线分开时,注意添加括号以避免含义不清。如:$a/b \cdot \sin\theta$ 就会既可能被认为是 $a/(b \cdot \sin\theta)$,也可能被认为是 $(a/b) \cdot \sin\theta$。

5)公式中分数的横分数线要写清楚,特别是连分数(即分子、分母也出现分数时)更要注意分数线的长短,并把主要分数线和等号对齐。

(3) 图的格式规范

图主要包括曲线图、构造图、示意图、图解、框图、流程图、记录图、布置图、地图、照片、图版等。图的基本格式应遵守以下规范。

1)图应具有"自明性",即只看图、图题和图例,不阅读正文,就可理解图意。

2)每一图应有简短确切的题名,连同图号置于图下。必要时,应将图上的符号、标记、代码,以及实验条件等,用最简练的文字,横排于图题下方居中,作为图例说明。

3)每一图应有图序,一篇文章即使只有一个插图者也应用序号,即图1。图序必须连续,不得重复或跳缺。

4)曲线图的纵横坐标必须标注"量、标准规定符号、单位"。此三者只有在不必要标明(如无量纲等)的情况下方可省略。坐标上标注的量的符号和缩略词必须与正文中一致。

5)照片图要求主题和主要显示部分的轮廓鲜明,便于制版。如用放大缩小的复制品,必须清晰,反差适中。照片上应该有表示目的物尺寸的标度。

(4) 表格的格式规范

1)表格必须与正文论证有直接联系,表格中的内容在技术上不得与正文矛盾。

2)每个表格都应有自己的表题和序号,表题简短确切,连同表号置于表上。

3)全文的表格可以统一编序,也可以逐章单独编序。采用哪一种方式应和插图的编序方式统一。表序必须连续,不得重复或跳缺。

4)表的各栏均应标明"量或测试项目、标准规定符号、单位"。只有在无必要标注的情况下方可省略。表中的缩略词和符号,必须与正文中一致。

5)表中数据应正确无误,书写清楚。表内同一栏的数字必须上下对齐。表内不宜用"同上""同左"和类似词,一律填入具体数字或文字。表内"空白"代表未测或无此项,用"—"或"…"表示。

6)必要时,应将表中的符号、标记、代码,以及需要说明事项,以最简练的文字,横排于表题下，作为表注，也可以附注于表下。表内附注的序号宜用小号阿拉伯数字并加圆括号置于被标注对象的右上角，不宜用星号"*"。

（三）内容规范

内容是学术论文的"血肉"，只有内容丰满了，论文的论证才更形象、更立体、更有说服力。如果在内容上有瑕疵，不遵守学术规范，势必会影响论文的学术价值、传播与交流，甚至触碰学术道德的底线和学术法规的红线。

学术论文的内容规范主要表现在两个方面，一是文章内容要切题；二是要忌学术不端。

1. 内容切题

学术论文写作的第一步是选题，选题一旦确定，论文的研究方向和主题也就确定了。接下来的研究过程和论文写作都要紧紧围绕这个主题进行。学术论文在内容上的切题主要体现在四个方面：基本理论切题、论证过程切题、事实数据切题、研究结论切题。

（1）基本理论切题

每项学术研究都有一定的研究基础做支撑，无论是理论基础，还是事实、实践基础，都是作为该项研究发现问题或解决问题的基本依据。切题的理论基础选择需要满足三个条件，一是相关理论的基本观点与选题的出发点一致，二是相关理论的研究对象与选题的研究对象一致或高度关联，三是相关理论的发展延伸方向与选题方向一致。

（2）论证过程切题

论证过程的切题，也就是通常所说的不跑题。选题说的是 A，立意说的是 B，论述又说的 C，这是典型的论证过程跑题现象。选题确定之后，一般在文章的开始即引言部分，就要明确交代本文所要研究和解决的问题，假定这个问题为 A。接下来在正文论文的过程，要始终围绕 A 来进行，可以将 A 拆分为 $A_1、A_2、A_3 \cdots A_n$ 个子问题，通过或并列、或递进、或发散等的论证方式，最后综合解决 A 这个问题。在论证的过程中，势必需要适当引入其他理论或方法，假定为 B 和 C，论及 B 和 C 或是反证推导 A，或是设置对标参照，总之，B 和 C 只是辅助论证过程更符合逻辑地解决 A 这个问题，而不能让作者的思路纠结于 B 和 C，从而偏离 A。

（3）事实数据切题

事实数据切题是指在论文中，涉及的数据、演示、实例等，一定是要能直接支撑论证目标的。这种直接的支撑作用必须是明确的、显而易见的。例如，现在要论证"大数据在新型冠状病毒肺炎疫情防控中的作用"，作者需要具体的实践、实例来佐证，那么，通过出行大数据追溯和掌控武汉 500 万流动人员去向，北京、天津、浙江等地大数据助力疫情防控和复工复产等重要新闻纪实就是切题的直接的事实支撑，而如果此处以大数据过去助力工业产业高速发展为实例，则会降低该事实对所要论证观点的支撑作用和说服力。

（4）研究结论切题

研究结论切题是承接着切题的论证过程的。论证过程切题了，研究结论基本不会偏离主题，如果论证过程不切题，那么顺着论证过程得出的研究结论，自然也就跑题了。学术论文的整个行文论证都是为最后得出相应的研究结论服务的，即文章提出的问题是 A，那么最后结论中解决的问题也是 A，而不能是 B 或者 C。当然，大部分学术论文在结论部分都会指出本研究的不足以及对未来的展望，这就不一定是在 A 的范围内了，但这并不说明结论偏题了，只要这种不足或展望与 A 的理论基础或发展方向一致，就是切题的。

2. 忌学术不端

学术不端是指在科学研究和学术活动中出现的各种造假、抄袭、剽窃和其他违背学术共同体道德惯例的行为。常见的学术不端行为多发生在论文的写作过程和发表过程中，比如论文写作过程中的剽窃、抄袭、伪造、篡改等行为，论文发表过程中的不当署名、一稿多投、重复发表、拆分发表等行为。学术论文在内容上的规范主要体现在写作过程中。

（1）论文写作中的学术不端行为

1）剽窃：行为人通过删节、补充等隐蔽手段将他人作品改头换面，而没有改变原有作品的实质性内容；或窃取他人的创作（学术）思想或未发表成果作为自己的作品发表。

2）抄袭：行为人将他人作品全部或部分地原封不动或稍作改动后作为自己的作品发表。

3）伪造：为了达到个人目的而作假，如伪造试验数据、试验结果、专利、履历、论文等。

4）篡改：为了达到个人目的，主观取舍或修改数据、图表、试验结果，使其不能真实地反映实际情况。

需要注意的是，"抄袭"与"剽窃"没有本质的区别，在法律上被并列规定为同一性质的侵权行为，但二者在侵权方式和程度上还是有所差别的，抄袭是公开的照搬照抄，而剽窃却是偷偷的、暗地里的。

中国科学技术协会 2017 年印发的《科技工作者道德行为自律规范》中要求，科技工作者要自觉遵守科学道德规范，反对科研数据成果造假、反对抄袭剽窃科研成果、反对委托代写代发论文、反对庸俗化学术评价。《高等学校预防与处理学术不端行为办法》中明确规定：学生有学术不端行为的，应当按照学生管理的相关规定，给予相应的学籍处分；学术不端行为与获得学位有直接关联的，由学位授予单位作暂缓授予学位、不授予学位或者依法撤销学位等处理。

（2）避免写作中的学术不端

1）杜绝抄袭和剽窃，尊重他人学术成果。首先，作者要保持良好的学术诚信，不要有意或恶意抄袭和剽窃他人学术成果，自力更生，努力提高自身的科研能力和水平，追求创新的学术成果。其次，作者要树立良好的道德和法律意识，尊重他人知识产权，在论文中引用他人成果时比例要适当，并注明出处，标注参考文献。最后，作者要提高自身的语言表达能力，语言表达能力不足，很难将自己的科研成果尽善尽美地表述出来，也会驱使部分抄袭和剽窃的行为。

2）客观公正，实事求是。不管是伪造还是篡改，都是作者为达到个人目的而进行的虚假科研行为，这样的行为违背了科学研究公正、客观、实事求是的基本原则。基于这些行为所产出的科研成果，其学术价值可想而知。所以，科研人员要始终保持对科学研究的敬畏之心，不要抱着以虚假代替科学的侥幸心理，从学术研究到论文写作，始终以事实为依据，尊重事实，客观公正。

3）规范学术论文检测平台，完善学术不端处理办法。从学术界和国家层面来说，采取适当的强制措施来预防和处罚学术不端行为，是很有必要的。一方面，当前有很多学术论文检测平台，比如中国知网学术不端文献检测系统、维普论文检测系统、万方文献相似检测系统、PaperPass 论文检测平台等，因其对比库范围及检测技术的不同，同一篇文献在不同平台上的检测结果有时差异很大。同时，在各种平台上的检测行为，本身就存在待测文章泄露的风险，这都给作者带来极大的困扰。基于此,可以从行业层面上,进一步规范各类检测平台的建设,从技术上和法律上杜绝侵权行为的发生。同时,可以对各种检测平台进行分级,逐级给出相应的检测结果参考值,从而辅助作者进行自我判断。另一方面,从政策和法律层面入手,完善现有的学术不端行为处理办法,建立学术诚信监督机制,加大相关政策执行力度。

(四)范文实例

以下列举一篇学术期刊论文实例(部分)如图 8-1 所示,《大数据时代我国开放数据政策模型构建》,作者蒲攀、马海群,发表于《情报科学》,2017 年 35 卷第 2 期,第 3-9 页。

图 8-1 范文实例

第三节 文献综述及其撰写

文献综述是从事科学研究和撰写学术论文的重要环节。撰写文献综述不仅可以帮助作者把握相关研究动态、提升学术文献分析整理能力、提高学术论文写作水平,还可以帮助科研人员在撰写过程中,时刻保持学习和批判精神,迸发学术创新的灵感。文献综述质量和水平的高低,最能体现研究人员的学术水平和学术功底,展现研究者的学术视野和学术敏感性,长远来说,将直接影响着相关领域学术研究的深化与发展。

一、文献综述的含义、特点与分类

(一)文献综述的含义

文献综述是文献综合评述的简称,也称为研究综述,是指在全面掌握、分析某一学术问题(或研究领域)相关文献的基础上,对该学术问题(或研究领域)在一定时期内已有的研究成果、存在问题及新的发展趋势进行系统而全面的分析、归纳、整理和评述而形成的学术论文，属于三次文献。文献综述一般要对专业领域学术问题的研究现状进行客观的叙述和评论，以便预测发展、研究的趋势或寻求新的研究突破点。通常能反映当前某一领域中某分支学科或重要专题的新动态、新趋势、新原理和新技术，并提出作者自己的见解和研究思路。

原始文献，即科学研究成果的学术论文，是文献综述的基础。文献综述就是在大量收集、阅读原始文献的基础上，经过分析思考、综合归纳和评述而写成的。选择研究论题，在搜集、加工、整理原始文献的基础上，通过组织与考量，在分析、综合、思考的思维活动中揭示发展趋势以及做出科学评价的不断循环的过程就是文献综述的过程。文献综述相当于研究论题的历史地图，撰写综述就是勾画出研究论题相关的代表性成果，并对此做出评述以给予其相对客观公正的坐标，借此建立自己的问题框架体系，进而解决关键问题。

文献综述应该包括综合提炼和分析评论双重内涵，即一篇完整规范的文献综述应该包含"综"和"述"两个方面，缺一不可。"综"即综合，是指收集"百家"之言，综合分析整理，要求对原始文献资料进行全面搜集、归纳整理、综合分析，使材料围绕某个论题更逻辑化、精确化；"述"即评述，是指结合作者的观点和实践经验对文献的主要观点、结论进行叙述和评论，要求对综合整理后的文献进行学术的、全面的、深入的、系统性的阐述。其目的并不是将所有文献资料简单罗列或堆砌，而是要在辨别相关资料的基础上，根据自己的研究主题来综合与评估这些资料。一篇成功的文献综述，能够以其系统的分析评价和有根据的趋势预测，为新课题的确立提供强有力的支持和论证。"综"是"述"的前提，"述"是"综"的目的，只有把两者合理地融合在一起，才是一篇高质量的文献综述，才能为后续研究提供有意义的借鉴与参考。

（二）文献综述的特点

文献综述除了具备一般学术论文的学术性、科学性、创新性和理论性的基本属性以外，还应具有综合性、评述性、客观性和前瞻性等特点。

(1) 综合性

文献综述的综合性体现在文献资料搜集和评述的全面性上。一是收集的文献资料在类型和数量上要尽可能全面。二是内容评述的全面性，要尽可能地把前人在某个研究领域的所有重要研究成果都予以体现或呈现出来。切忌只片面叙述或引用你认为正确或赞同的观点，也切忌只是叙述或引用该领域某几个知名学者或某个学派的成果。

(2) 评述性

评述是作者在"综"的基础上所发表的观点和见解。文献综述的重点在于"综"，关键在于"述"。文献综述不能局限于介绍研究成果、传递学术信息，还要对各种研究成果进行恰当而中肯的评价，并阐明作者自己的观点和主张。缺乏评述性的文献综述，无法形成观点鲜明的研究结论，也就无法达成文献综述指明存在问题和预测发展趋势的目标了。有理有据的客观评述，是衡量文献综述学术价值的重要指标。

(3) 客观性

文献综述的客观性主要表现在资料描述的客观性和观点生成的客观性两个方面。资料描述的客观性是指作者在研究、提炼和表述原始文献资料的数据、观点等信息时，要忠于资料的"原意"，不添加作者的喜怒好恶，不曲解原意。观点生成的客观性是指作者在资料描述过程中所形成的个人观点和见解不能空穴来风，要有理有据、实事求是。

(4) 前瞻性

文献综述是信息分析的高级产物，它的前瞻性体现在通过对现有研究成果的系统性研究，揭示某一学术问题（或研究领域）的发展规律和存在的问题，进而预测其发展趋势。这里所揭示的存在的问题及发展趋势必须具有前瞻性，也就是说是前人没有提及的，是作者新的研究成果，要对与所述学科或研究专题有关的后继研究工作具有一定的导向性。需要指出的是，这种发现的前瞻性是在对前人研究成果的继承性的基础上得来的。所以，文献综述的前瞻性是相对而言的，这个参照物即是现有的大量研究成果。

（三）文献综述的分类

根据写作目标、对象、用途的不同，可以将文献综述划分为不同的种类，常见的有背景式综述、文摘性综述、历史性综述、理论式综述、方法性综述、整合式综述。

(1) 背景式综述

背景式文献综述通常介绍某一研究问题的意义、背景情况，将该研究问题置于一个大的相关的研究背景下，让读者了解到该研究在整个相关的研究领域中所占的比重和位置。

(2) 文摘性综述

文摘性综述也称为叙述性综述，是作者根据特定的需要，对具有相同主题内容的科学文献进行归类，选取有参考价值的资料和最新情报信息，按作者的思路组织材料并加以撰述的、包含有大量文摘的综合性综述。文摘性综述更多地关注"综"，不做过多的分析和评论。

(3) 历史性综述

历史性综述是一种介绍性的综述，通常以时间或事件发展为主线，做相关研究的历史回顾以及纵向比较。研究者们往往对某一领域中最重要的问题作历史性综述，主要用于追溯某一思想或理论形成和发展的来龙去脉。

(4) 理论式综述

理论式综述的研究对象是各类学术理论及其体系，或对同一现象的不同理论进行比较研究，分析各种理论的优势和劣势，或对某一理论的发展历程和适用性进行研究，并评价它们对某一现象的解释力。当研究者需要整合几种理论或拓展完善某一理论时，通常会做理论式综述。

(5) 方法性综述

方法性综述的研究对象是各种科学研究方法及其体系，是研究者专门针对研究成果的方法部分进行的综述。主要评价相关研究中研究方法使用是否正确、得当，指出不同的研究设计、不同的样本、不同的测量方法可能会导致不同的研究结果，或对某一研究方法存在的问题和适用性进行评述。

(6) 整合式综述

整合式综述也称为分析性综述，具有专业领域内的导引功能，写作要求比较高。整合式综述具有较高综合性，研究对象不再是单一的理论或方法，研究的目标在于展示相关学术问题或研究领域的研究现状、动态及发展趋势。一般来说，专业领域的学术专家、学者所撰写的文献综述常见于此类型。

二、文献综述的作用

作为评述型的学术论文，文献综述的作用和意义主要表现在三个方面：提供学术信息，避免重复劳动，启发学术创新。

（一）提供学术信息

文献综述最基本的作用是提供学术信息。文献综述是在大量的原始文献基础上凝聚成的情报性文献，通过文献综述，读者可以了解到基于某一学术问题或研究领域的学术全貌，包括现阶段的研究成果、研究现状以及发展趋势。

(1) 展示研究成果

一篇好的文献综述能够有机地整合相关领域的不同的研究成果，客观展示和评述这些研究成果，指出这些研究成果的异同，是否具有代表性，还有哪些遗留问题没有得到有效解决等。

(2) 揭示研究现状

文献综述不是简单的文献资料罗列和堆砌，而是情报分析的产物。它能够揭示研究主题或相关领域的研究现状，展示前期相关研究与当前研究之间的内在联系。一篇好的文献综述通常会为读者勾勒出某一问题研究的发展历程，将研究的起源、发展和现状展现在读者面前，将当前研究置于一个相关的大的研究背景之中。

(3) 预测发展趋势

文献综述通常包含作者基于相关研究文献成果的评述，评述内容一方面是研究现状，另一方面就是基于现状对未来发展趋势的预测。对发展趋势的预测包含两个方面，一方面是学术问题本身的发展趋势，也就是事实客观存在的未来发展方向；另一方面是该（类）学术问题或相关领域的研究趋势，也就是基于当前的研究缺口或研究热点，预测的未来研究方向。

（二）避免重复劳动

文献综述最直接的作用是避免重复劳动。有学者指出，科学工作者应把人类历史上尚未提出的或尚未解决的问题作为科研的选题，从事这种研究才是真正有意义的科学研究。无效的重复研究不仅浪费有限的科研资源，还会降低现有研究的价值密度。通过文献综述，能够帮助研究人员了解相关研究现状，从而避免在资料搜集、研究过程、结论发表等方面的重复劳动。

(1) 避免重复的资料搜集

有研究表明，一位科学研究人员在一个科学研究项目中用于研究图书情报资料的时间，占全部科学研究时间的 1/3 至 1/2。花费如此多的时间在资料搜集工作上，如若同样的工作已经有人完成，或者同样的选题已经有人研究，那么对于科研工作者来说，就很容易造成重复的无效劳动。

(2) 避免重复的研究过程

由于研究者不了解自己的选题在国内外研究的概况，普遍存在着重复选题的现象。其实，重复的选题并不是导致重复研究的关键所在，事实上，由于学术创新的驱动，对于同样选题的研究并不都是无效的重复劳动。只有那些在重复的选题中，又选择了重复的研究过程的研究，才是真正的无效劳动。

(3) 避免重复的结论发表

在相同的研究条件下，重复的资料搜集和重复的研究过程，必然会产生重复的研究结论。那么，这样的成果发表，并不会给该领域或者该学术问题的发展提供有益的助力，甚至会引起学术道德问题。

需要指出的是，由于生物、医学等学科实验的特殊性，以上所言的重复劳动不包含自然科学领域内重复性研究和无效结果的发表。相反，著名的《Nature》杂志鼓励重复性研究和无效结果的发表。

（三）启发学术创新

文献综述最潜在的作用是启发学术创新。创新是对现有研究不足的弥补或突破，文献综述正为揭示这一不足提供关键的参考依据。文献综述对于学术创新的启发作用主要表现在启发科研选题和拓展研究思路与方法两个方面。

(1) 启发科研选题

任何研究选题的确立，都要充分考虑到现有的研究基础、存在的问题和不足、研究的趋势以及在现有研究基础上继续深入的可能性。在文献综述中，"现有研究的基础"体现在"综"上，"问题、不足和发展趋势"体现在"述"上。通过文献综述，研究人员可以对不同的研究视角、方法、不同的研究设计，特别是不同的观点进行分析、比较、批判与反思，可以深入了解各种研究的思路、优点和不足，在掌握研究现状的基础上寻找论文选题的切入点和突破点。

(2) 拓展研究思路与方法

文献综述是跟踪和吸收国内外学术思想和研究的最新成就，了解科学研究前沿动向并获得新情报信息的有效途径，有助于我们掌握国内外最新的理论、手段和研究方法。从文献综述中的已有研究得到的启发，不仅可以帮助我们找到论文深入研究值得借鉴和参考的新思路、新方法、新线索，还能启发我们建立基于某一问题的综合性研究框架，并在这个框架内生成和拓展新的研究思路和方法，获得新研究的启发与灵感。

三、文献综述的撰写

文献综述的撰写需要基于前期大量扎实的文献调研等工作，研究人员需要具备较强的学术敏锐度和批判精神。以下将分别介绍撰写文献综述过程中应遵循的基本原则、撰写步骤以及常见问题。

（一）撰写原则

文献综述的撰写原则也是在综述创作过程中应遵守的基本写作行为规范。

(1) 选用代表性文献

在撰写文献综述时，收集和选用文献是前提。前期收集文献要求尽可能全面，后期撰写时选用的文献要求具有代表性，由于前期搜集到的文献质量参差不齐，这中间就必然会产生文献筛选的问题。文献筛选过程中，要有效选择出具有代表性的文献，需要遵循"三最"原则，即尽可能选择最权威、最经典、最新的文献。在引用时选择最具有代表性的文献，能最大限度地反映学术问题或相关研究领域的真实形态。

(2) 尊重文献本意

尊重文献本意的原则要求研究者一是要科学解读文献的本意，不可曲解；二是要在引用时尊重文献本意，不可篡改。一方面，由于每位研究者的学术功底有深有浅，其对同一篇文献、同一个理论或者同一个观点的解读必然会存在或多或少的差异，只要这个差异不影响理论或观点的本质，都是可以包容的，相反，若是影响到了本质，则需要作者投入一定的时间和精力就该理论或观点再进行深入的研究和解读。另一方面，综述文献是要表达作者自己的观点的，部分作者为了使自己的观点有所支撑，在引用文献时刻意忽略不同的观点甚至将被引文献的观点进行篡改，这都违背了科学研究实事求是的原则。

(3) 保持批判精神

文献综述不是简单地将前人的研究成果进行罗列，而是具有独立学术研究价值的创造性成果，因此，需要作者时刻保持批判精神。当然，这种批判精神的发挥，必须是有理有据的，不是为了批判而批判。作者要对批判的内容有比较准确的理解，并且要掌握一定的立场、观点和方法，否则这种批判就是站不住脚的，甚至会造成学术毁谤。

(4) 综述结合

文献综述应该包括综合提炼和分析评论双重内涵，即一篇完整规范的文献综述应该包含"综"和"述"两个方面，缺一不可。但在实际研究中，不乏重"综"轻"述"或重"述"轻"综"，甚至有"综"无"述"等现象，这样的文献综述其学术价值定会打折扣。所以，在撰写综述文献时，应有述有评，作者一定要把握好"综"和"述"的度，做到综述结合。尽量避免对所引述文献只做一般性简介，也要避免缺乏依据的主观性评价。

（二）写作结构

文献综述的基本写作结构与一般学术论文相同。在形式上，主要由前置部分和主体部分构成，附录和结尾部分视文献综述的形式和需要而定。前置部分包括题名、作者、摘要和关键词；主体部分包括引言、正文、结论和参考文献。相关结构的具体内容已在本章第二节中详细阐述，在此不再赘述。

在内容上，一般来说，一篇完整的文献综述应该至少包含四个部分，即选定主题的研究背景、国内外研究现状、作者的见解和研究创新、建议与展望等。

（三）撰写步骤

文献综述撰写的步骤基本与一般学术论文的写作步骤一致，但由于其研究方式和内容的特殊性，具体通过以下四个步骤进行撰写。

1. 确定选题

确定选题是撰写文献综述的关键第一步，一个好的选题往往能够反映出新的学科研究的焦点、新成果、新动向，新颖的选题也往往更能吸引读者的注意。文献综述的选题主要来自于作者的研究兴趣和文献调研中。

(1) 从研究兴趣中选题

从现实问题的兴趣出发，将之与相关学术领域或具体问题领域相勾连，然后细化该兴趣点，将日常生活图式借助特定的学科话语模式转化为学术科研形态，这是建立研究课题的一般途径。也就是说，研究兴趣能够为学术科研活动提供动力，通过将现实生活中感兴趣的问题学术化，使之与相关学术研究领域建立联系，进而判断研究的方向及可能性，最终调整和确定选题。

(2) 从文献调研中选题

文献调研的方法适用于大部分学术论文的选题过程，综述文献也不例外。文献调研主要给作者带来选题的启发和灵感，以及论证的基本依据。通过对现有文献的调研，从中寻找和发现新的研究的可能性，可以是共性问题中有遗漏、有更新、有反驳、有争论的研究点，也可以是特性问题中有发展、有完善、有创新、有空白的研究点，还可以是新的研究形态与语境下的新问题。

2. 搜集文献

选题确定后，就要开始着手搜集大量与选题相关的文献资料。对初学者来说，查找文献资料往往不知从哪里下手，下面介绍常用的文献资料搜集方法和途径。

(1) 文献资料的搜集方法

通常采用并列式和"滚雪球"式的方法搜集文献。并列式的搜集方式适用于学术概念和理论较多的选题，指的是将选题中直接涉及的学术概念和理论逐一列出，分门别类进行搜集，搜集的对象大多是原始的一次文献。"滚雪球"式的搜集方式适用于学术概念和理论较少的选题，指的是从选题中的某一概念或理论入手，查找其相关文献，这里的相关文献多以综述类文献为主；然后通过对相关文献的概览，判断其参考文献是否为所需文献，如果是的话，则从该文献的参考文献入手，获取原始文献。这种层层递进的"滚雪球"式的搜集方式通常能给研究带来更多的启发和灵感。

(2) 文献资料的搜集途径

常见的文献资料搜集途径分为正式途径和非正式途径两种，正式途径主要包括科技馆、博物馆、图书馆、统计局、政府网站、学术文献数据库、专业学术网站、学术专题网站等权威资料发表途径；非正式途径主要包括个人调研、专家访谈、会议发表等途径。在此列举一些常用的中外文学术文献数据库。

常见中文学术文献数据库：中国知网资源总库（CNKI）；万方数据知识服务平台；维普资讯中文期刊服务平台；中国人民大学报刊复印资料；中国社会科学引文索引（CSSCI）；读秀学术搜索等。

常见外文学术文献数据库：Web of Science；Springer Link；Elsevier Science；Emerald；EBSCO；Wiley；Royal Society of Chemistry；IEE Electronic Library 等。

3. 概括与归纳

概括与归纳是承接文献搜集与开启正式撰写综述的关键一步，文献综述能否真实反映当前研究现状，作者能否发现关键问题，都取决于此。概括与归纳主要包括对文献的阅读与分类，对观点的分析与批判两个方面。

(1) 文献阅读与分类

阅读是全面掌握文献观点、内容、研究设计、研究方法的过程，也是写好综述的基础。文献阅读就是要在阅读的过程中提炼作者的观点，找到支持论证的依据。可以先"粗读"，浏览文章摘要、引言和结论部分，大致判断是否与当前综述撰写相关，然后再进一步"精读"，找出作者的观点、论证逻辑和依据。阅读过程中要充分解读文献的本意，以便于在引用时能尊重而不曲解原意。阅读文献的过程实际上是对所搜集文献的筛选和分类的过程。对于判断需要包含在综述中的文献，还需要进一步分类归纳，比如按研究的不同侧重点分类，按研究方法分类，按研究对象分类，按作者观点的内在联系分类等。

(2) 观点分析与批判

学术研究是一个不断批判和创新的过程。文献综述需要客观展示现阶段的研究成果，但这并不表示作者必须盲目接受或者完全认同，科研的进步甚至鼓励发出不同的声音。作者要在充分理解和分析文献内容的基础上，有的放矢地进行批判，在不断认同和批判的学术评判中，形成自己的立场和观点。

4. 综述撰写

经过选题、文献搜集、概括与归纳之后，作者心中其实已经可以勾画出综述的基本样貌了，就可以正式进入文献综述的撰写阶段了。同一般学术论文写作过程一样，首先拟定提纲，然后撰写成文，成文以后的修改和定稿在此不再赘述。

(1) 拟定提纲

提纲是综述的构思和骨架的形成过程，拟定提纲的重点是构建基本的行文框架，决定先写什么，后写什么，详写什么，略写什么，哪些地方引用前人的成果，哪些地方表达自己的观点等。在形式上就是确定正文的各级内容与标题，以便将前期搜集、筛选的文献资料及分析成果与各级主题内容加以匹配和组织，使综述有一个清晰的研究脉络。

(2) 撰写成文

撰写成文的过程考验作者的语言组织与表达能力，以及文献资源利用能力。前期已经做了大量相关研究工作，现在只需要按照提纲构建的框架，填充内容并完善内在逻辑。撰写的过程中，要特别注意引用的部分，既要尊重原文本意，客观描述他人观点，也要尊重知识产权，合理标注参考文献。

（四）常见问题

文献综述研究与写作过程中，常常由于客观存在的困难和作者主观的原因，导致研究的瑕疵。常见的问题有以下4个方面。

(1) 文献搜集不全，遗漏重要观点

由于文献资料搜集方法与途径不当，或者资源本身的可获得性差等原因，导致相关研究的文献资料搜集不全，甚至遗漏有代表性的重要文献。这会使得作者无法系统全面地把握研究现状，或片面理解他人研究成果，从而导致综述结论的片面性，或盲目地认为某问题或领域尚未被研究，使得自己的研究变成一种重复性的劳动。

(2) 资料堆砌，"综"而不"述"

文献综述是建立在他人的研究成果之上的，但文献综述绝不是以简单堆砌和罗列他人研究成果为目的的。文献综述是作者自己的学术成果，他人的文献观点仅是作为本文的论证支撑，绝对不能反客为主，被文献资料带到被动境地。作者需要对他人文献观点和自己观点进行明确区分，明确他人文献在自己的文献综述中只是作为论据和评述对象出现的，也就是说，作者的研究论题、理论思路和论证逻辑完全是属于自己的思考和发现。否则，就很容易把文献综述写成材料清单。介绍他人研究成果是为了论证本人观点的，对他人研究成果的"综"，也是为了给本人的"述"提供依据。况且，综述的"综"也非文献资料的堆砌和罗列。此外，"综"而不"述"的文献严格来说属于汇编，已经不再是学术论文了。

(3) 主观臆断

大部分文献综述的瑕疵问题都是由于作者的主观因素造成的。作者的主观臆断在文献综述中的问题主要表现在两个方面：个人观点在综述中占主体，基于个人的需要而非客观事实取舍或解读文献。文献综述重点在"综"，关键在"述"。一方面，个人观点，即适当的"述"，可以起到点睛式的评论或启示作用，但不应是主体，尤其是论据不充分或者毫无论据的"述"。同时，综述提炼的观点必须以原始文献为依据，不能把自己的观点强加给原作者；如果有不同的观点，可对原作者的观点进行评议，但论据必须充分，并能使读者分清哪些是原作者的观点，哪些是综述者本人的观点，不能混杂在一起。另一方面，文献综述是基于事实的科研学术活动，对其他研究者成果的评判必须是基于学术的公正、客观认识，要避免不负责任地主观化断言。部分作者基于自身利益或主观愿望，有选择性地探讨和解读现有文献，致使文献综述成了一种机会性的回顾。

(4) 缺乏批判精神

文献综述是学术研究不断批判和创新的产物。撰写文献综述的目的在于通过对前人相关学术成果的研究，发展出作者自己对这一研究问题的看法和主张。因而，文献综述应具有批判性，应敢于对前人研究的不足和缺陷提出批评。但是，在研究中，有的研究者放弃了研究批判的权利，在文献综述中大量引用他人著作，不加判断和评述，既无法验证他人研究的价值，也无法创造自己研究的价值。缺乏批判精神的另一表现在于，刻意回避研究冲突。部分作者在遇到有较多学术争议的文献或发现现有的研究结论互相矛盾时，不进行深入分析和研究，而是刻意避重就轻甚至主动放弃，因而也就无法挖掘出这些争议和冲突背后的研究价值，导致文献综述本身的价值也大大降低了。

第四节　学术论文的投稿与发表

学术论文是科研成果的一部分，论文的发表在某种程度上体现了研究人员一定的科研能力水平。一篇优秀的学术论文唯有公开发表，获得业内人士的认可或者引起争鸣，才能充分体现其学术价值。学术论文一般通过学术期刊、学术会议、专业报纸等途径公开发表，最常见的形式是通过学术期刊发表。

一、学术论文投稿

投稿作为学术论文发表的关键阶段，也是论文发表的关键阶段，是一个不可忽视的重要环节。进入投稿阶段的学术论文，应该是一篇完整的学术论文，在格式、内容、学术规范和学术价值上都能到达一定的要求和水平。论文正式投稿前，选择合适的目标期刊极为关键。

（一）选择目标期刊

选择合适的投稿期刊，一方面要考虑文章内容与质量等与目标刊物的匹配程度，另一方面还要能够准确鉴别期刊及其采编方式的真伪。

1. 学术论文投稿应考虑的因素

（1）学术论文的自我评估

作者在投稿前对所写学术论文做出客观、准确的评估，是一个重要过程，有利于选择目标刊物时进行快速匹配。评估的内容主要包括论文的类别、学术价值、写作水平。首先，作者需要明确自己的论文属于理论型、技术型、应用型还是综合型，以匹配相应类型的目标期刊。其次，作者需要对论文的学术价值有一个准确的判断，包括理论价值和实践价值。对论文理论价值的评估是对论文在构造新的科学理论、利用最新理论研究过程和结果等方面的评估，评价其是否在理论研究上开辟了新领域、有突破或创见；对论文实践价值的评估是对论文在经济效益、技术效益和社会效益三个方面的评估。最后，作者需要清楚自己的写作水平是否已经将研究的过程和结论准确且逻辑严密地在论文中阐释出来。

（2）论文主题与期刊宗旨和需求是否匹配

论文研究主题与期刊宗旨和需求的匹配实际上是学科专业对口的问题。一方面，每本期刊都有办刊宗旨，所谓办刊宗旨就是期刊在长期的办刊过程中所坚持的办刊方向。从大的方面来说，期刊定位是学术性还是科普性、文摘类还是娱乐性，期刊的定位决定了期刊刊载文章的性质。有的期刊是社科类，有的期刊是理工类，有的期刊是综合类，有的期刊是专业类。另一方面，期刊的办刊方向决定了期刊的载文需求，即使是同一学科领域、同一行业内的期刊，在载文需求上也是存在差异的。所以，作者在进行投稿前，应充分了解论文所涉及的研究领域都有哪些期刊，了解各期刊的办刊宗旨和方向，了解各期刊的栏目设置及对稿件的要求等，然后及时根据目标期刊的投稿指南修改自己的论文格式等，最后将自己的学术论文有针对性地投到与之相匹配的期刊上，这样，被录用的概率才会增加。

(3) 论文学术水平与期刊层次是否匹配

期刊级别通常分为普通期刊、核心期刊、权威期刊与顶级期刊，或者分为国家期刊与省级期刊。期刊的层次主要体现在刊物的学术地位和影响力上，一般来说，可以从期刊在学术界的声誉、期刊的影响因子、被引频次、同行评议、是否被国内外检索工具收录、是否为学科内核心期刊等方面进行判断。作者在初次投稿时，受个人学术水平的限制，文章质量可能会受到一定的影响，可考虑从普通期刊开始，先不考虑核心期刊等级别较高的刊物。

(4) 期刊的出版周期和刊载能力

期刊的出版周期是指刊物的出版频率，一般分为年刊、半年刊、季刊、双月刊、月刊、半月刊、旬刊和周刊。出版周期越短，稿件需求量就越大，投稿被录用的概率也相对越大。期刊的刊载能力是指某刊物在固定时间范围内的载文数量，例如一年或者一期能刊发多少篇学术论文，对相同水平的学术期刊，作者应该尽量选择刊载能力大的期刊进行投稿，以提高录用概率。

(5) 投稿时机是否合适

准确把握投稿时机也是提高稿件录用率的一个重要方面。要想看准投稿时机，需要作者近距离地接触期刊，了解期刊的选题指南，然后根据自己的能力和兴趣选择某一选题，并且在规定投稿期限内进行投稿。需要注意的是，投稿必须在有效期内完成，这样期刊编辑才能按照预定计划，按照选题文章择优按期发表。否则一旦错过了选题时间，就是错过了刊发时间，即使文章质量较高，一系列的审核通过，也只能按照普通来稿排队等候发表，而期刊社的来稿量通常比较大，等待 2~3 个月甚至一年半载的时间，都是正常现象。

2. 鉴别真伪

(1) 鉴别学术期刊的真伪

鉴别学术期刊的真伪主要是甄别期刊本身的真伪，是否为学术期刊，以及甄别期刊为正刊还是增刊。我国期刊的真伪可以在国家新闻出版广电总局网站进行查询，它是查证期刊等出版物信息真伪的权威机构，查询入口位于网站首页（http://www.sapprft.gov.cn/）底端"业务查询"下的"新闻出版类查询"，从这里可以查询到所有类型的刊物。如果作者对期刊信息的查询为真实的话，还需要进一步查证该刊物是否属于学术期刊。国家新闻出版广电总局先后于 2014 和 2016 年开展了第一批、第二批学术期刊认定及清理工作，其中第一批公示的 5756 种期刊中认定产生 5737 种学术期刊，第二批公示的 712 种期刊中认定产生 693 种学术期刊，作者可以在国家新闻出版广电总局官网查看详细名单。通过刊号查询期刊真伪时，要注意查看期刊有没有国内统一刊号（CN）和国际标准期刊号（ISSN），两者都有才是正规期刊，如果只有 ISSN 号，没有 CN 号，即可认定其为非法出版物。其中，国内统一刊号以 CN 前缀，由 6 位数字和分类号组成，具体结构格式为：CN××-××××/YY，CN 后面 2 位数字为地区号，后 4 位数字为序号，亦即报刊登记号 = 地区号 + 序号，斜线后面大写英文字母为图书分类号；国际标准期刊号以 ISSN 前缀，由 8 位数字组成，具体格式为 ISSN ××××-××××。例如《中国图书馆学报》的国内统一刊号为 CN 11-2746/G2，国际标准期刊号为 ISSN 1001-8867。

鉴别学术期刊真伪的同时，应该注意甄别正刊与增刊。正刊，就是在国家新闻出版广电总局备案的期刊。根据《期刊出版管理规定》第三十四条规定：期刊可以在正常刊期之外出版增刊，每种期刊每年可以出版两期增刊；增刊内容必须符合正刊的业务范围，开本和发行范围必须与正刊一致……并在封面刊印正刊名称和注明"增刊"。需要特别说明的是，增刊文章一般不被中国知网、万方等数据库收录，而增刊与正刊相比，虽然其不为非法刊物，但在质量上远远不如正刊，同时，增刊在许多科研院所和高校中均不纳入学术成果认定范围。

（2）鉴别期刊采编方式的真伪

互联网为我们的生活带来便捷的同时，也引起了很多安全问题。作者在采取线上采编系统和电子邮件投稿时，经常会碰到假冒的期刊网站和充斥干扰信息的代发机构，若不加以鉴别，轻易将稿件投递，甚至向对方汇寄审稿费和版面费，就会造成学术成果的泄露和经济损失。推荐以下两种方式对期刊的采编方式加以鉴别，一种是查阅最新期刊，从纸质期刊上寻找投稿方式。正规出版的纸质期刊上所刊载的投稿信息是比较真实和准确的，但除非有预定，否则作者通常是很难获取到纸质刊物的。所以如果无法获取纸质原刊，推荐使用更便捷的网络搜索方式。一是通过搜索引擎查找期刊官方网站，但这种方式查找到的结果往往包含很多假冒网站和代发中介机构，很容易上当受骗。一个基本的鉴别方式是，如果同一个期刊在任意两个网站中投稿方式不同，则至少有一个是虚假网站；同时，正规的学术期刊投稿网站不会有弹出的对话框，也不会只有投稿功能，而是包含作者投稿、专家审稿、期刊论文目录及预览查询等多种功能。还有一种网络搜索方式是通过中国知网官网进行期刊检索，在目标期刊所在页面中单击"目录页浏览"按钮，就可以查看期刊的目录页详情，该页面会刊登期刊的电子邮箱、采编系统及地址、电话等信息。

（二）论文投稿

1. 投稿前准备

作者在找到目标期刊正确的投稿方式后，在正式投稿之前，还需要查找该刊物的投稿指南、投稿须知或稿件格式模板，将写好的学术论文的格式与之一一比对，按照期刊要求进行修改。

2. 投稿过程

一般的投稿方式有纸质文稿邮寄、电子邮件投稿和在线投稿系统三种，由于网络技术的发展和时效性的考量，现在最常见的投稿方式是期刊采编系统在线投稿。

下面以期刊《情报科学》投稿系统为例，演示在线投稿过程。

1）通过搜索引擎搜索和真伪鉴别，进入《情报科学》官方网站，如图 8-2 所示。

图 8-2 《情报科学》官方网站主页

2）单击"作者投稿系统"，进入投稿系统登录页面，新用户需先注册，如图 8-3 所示。

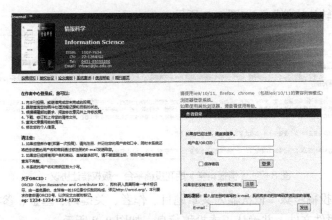

图 8-3　《情报科学》期刊投稿平台 - 登录界面

3）进入投稿主界面，选择"向导式投稿"，如图 8-4 所示。

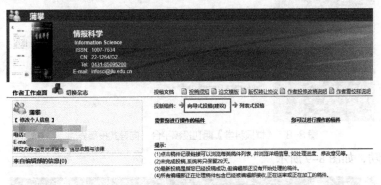

图 8-4　《情报科学》期刊投稿平台 - 投稿主界面

4）阅读并勾选"投稿确认书"各项，单击"同意并继续投稿"，如图 8-5 所示。

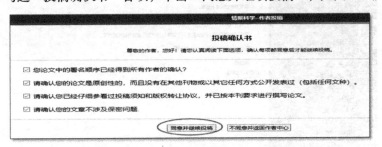

图 8-5　《情报科学》期刊投稿平台 - 投稿确认书

5）阅读"投稿须知"，单击"同意并继续投稿"，如图 8-6 所示。

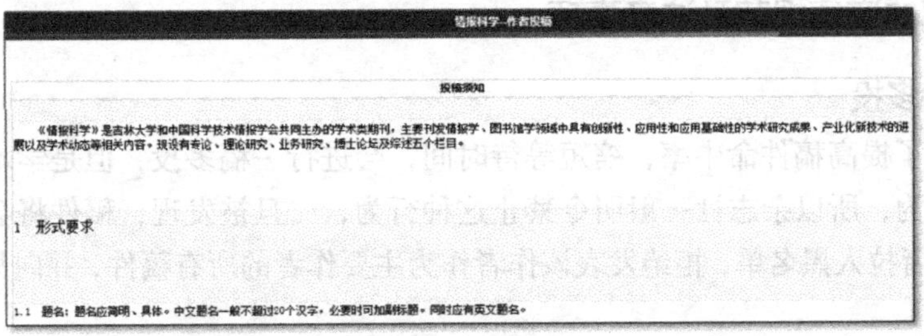

图 8-6　《情报科学》期刊投稿平台 - 投稿须知

6）同意"版权转让协议"，如图8-7所示。

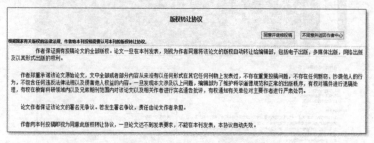

图8-7 《情报科学》期刊投稿平台-版权转让协议

7）根据左侧"投稿步骤"依次输入文章题目、作者、关键词、基金、参考文献等信息，上传稿件文本及相关附件文件，并确认正式投稿信息，如图8-8所示。

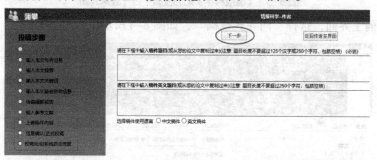

图8-8 《情报科学》期刊投稿平台-向导式投稿界面

8）投稿成功，如图8-9所示。

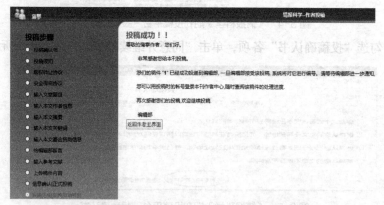

图8-9 《情报科学》期刊投稿平台-投稿成功界面

（三）投稿的道德规范及注意事项

1. 禁止一稿多投

部分作者为了提高稿件命中率，缩短等待时间，会进行一稿多投，但是学术界将一稿多投归为学术不端行为，所以杂志社一般明令禁止这种行为，一旦被发现，稿件将会被退稿。个别杂志社还会将作者拉入黑名单，拒绝发表该作者作为主要作者的所有稿件，并向兄弟期刊通报。

2. 署名问题

稿件的作者必须是直接参与研究工作或对其有重要贡献的人员，稿件的作者署名及排序须征得所有作者的同意，论文的署名必须无争议。

3. 版权问题

作者需郑重承诺该论文的原创性，保证拥有投稿论文的全部版权，论文一旦在投稿期刊发表，则视为作者同意将该论文的版权自动转让给该刊编辑部。

4. 进度查询

作者投稿完成后，一般会收到期刊编辑部自动发出的投稿成功通知邮件。需要注意的是，投稿成功并不等于论文发表，所投的稿件可能会面临退稿、退修等后续问题，所以投稿成功后作者还需要在投稿平台及时关注审稿进度。

二、学术论文发表

绝大部分的学术论文是通过学术期刊发表的。学术论文只有公开发表，才能最大限度地传播科研成果，广泛交流学术经验，促进成果应用实践。同时，学术论文的发表可以启迪学术思想，促进科学事业的发展，并考核研究人员的科研水平。一篇学术论文公开发表的一般程序是：投稿或约稿、审稿、退改、定稿与校对以及印刷和发行等。学术论文在经历了投稿或约稿阶段后，将依次进入稿件审理、退稿或退修、编辑加工、排版校对、正式出版的发表流程。

（一）学术期刊的收稿方式

1. 编辑部约稿

约稿是期刊编辑为提高期刊的学术质量而采取的主动行为，是期刊编辑部面对稿源不足、投稿稿件质量不高、组织专题栏目，或其他重要事项（期刊成立或重要纪念日等）时，向学术界知名专家学者预约学术论文稿件的行为。约稿在国际一流科技期刊的发展中占举足轻重的地位，可以不断地巩固和加强期刊的质量和学术影响力。约稿的文章往往具有独到之处，甚至具有独家性，避免了自然来稿内容重复、陈旧、时效性差等弊端。

2. 作者投稿

作者投稿是学术期刊最为常见的收稿方式。通常的收稿方式有邮寄纸质稿件、电子邮箱收稿和在线投稿系统收稿三种方式。由于邮寄纸质稿件存在时效性差、审稿难、稿件易泄露和丢失等问题，学术期刊现在几乎不再采用这种收稿方式了。电子邮件投稿虽然克服了邮寄纸质稿件的时效性问题，但是在安全性和可靠性方面存在一定的隐患，也不利于作者查询审稿进度。由于互联网技术的飞速发展，学术期刊编辑部纷纷建设了综合网站平台，集作者投稿、专家和编委审稿，以及信息查询等功能为一体，既解决了投稿的时效性和安全性问题，也提高了审稿效率，同时审稿进度的透明化也便于作者及时查看稿件处理进度。现如今，这种在线投稿系统已经成为学术期刊最主要的收稿方式。

（二）学术论文的发表流程

了解学术论文的发表流程，有利于作者掌握投稿注意事项和稿件处理流程，以便密切配合编辑部工作，提高投稿命中率。一篇学术论文发表的基本流程是论文投稿、论文审稿、论文发表 3 个阶段，如图 8-10 所示。

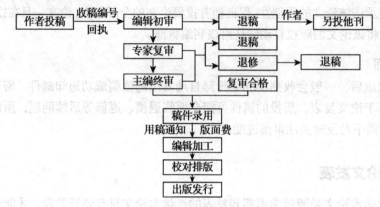

图 8-10 学术论文发表流程

1. 论文投稿

论文投稿阶段的主体是作者。作者选择好目标期刊后，根据期刊投稿须知的要求校正论文格式，通过在线投稿系统进行投稿。投稿成功后，一般会收到编辑部的"收稿回执"邮件，邮件附稿件编号和稿件处理进度查询方式。

2. 论文审稿

学术论文审稿的结果有三种，即退稿、退修再审和直接录用。退稿通常发生在 3 个阶段，一是编辑初审后直接退稿，二是专家复审和主编终审后退稿，三是专家复审和主编终审后退回作者修改后退稿。退修再审多见于专家复审阶段，这类学术论文一般基本满足期刊发表的要求，在文章选题、创新性、学术性等方面有一定的价值，但在文章结构格式、行文论证过程、引用和参考文献部分存在或多或少的问题，根据专家的审稿意见，经过认真的修改，大部分都能达到期刊发表的要求。但也有不少论文退修后又被退稿的情况，因此作者要重视编辑和专家的修改意见，要条理清晰地解决每一个需要修改和补充的问题，粗糙修改很容易被多次退修甚至退稿。被退稿的学术论文，一般建议作者根据编辑部审稿意见进行修改，再另投他刊。直接录用的稿件一般质量比较高，多见于编辑部约稿的稿件。

3. 论文发表

论文审稿通过被录用后，作者一般会接到纸质或者电子版的用稿通知，此时如期刊有发表的版面费，则作者应按照用稿通知上规定的方式在限定期限内汇寄版面费，如未按期汇寄版面费则视为放弃发表。部分期刊不收版面费，少数期刊有一定金额的稿费，会在论文正式出刊发表后汇寄给作者。进入正式发表程序后，编辑会根据期刊排版的要求和版面实际情况，对稿件进行加工处理。编辑加工是由期刊编辑担任二次作者，对稿件进行修改，主要进行文字、图表的加工，通常论文在文字、图表上的问题，编辑会指出修改意见，由作者进行修改，然后编辑进行加工校正。校对是期刊编辑工作的重要环节，在这个过程中有时还需作者协助校对，校对是发表前最后一个纠错环节,包括内容文字、格式、图表、标点符号、作者信息等。校对排版完成后,就进入最后的出版印刷发行程序了。学术期刊正式出版发行后,编辑部一般会给作者邮寄1~2本样刊。论文一经正式发表,其所登载的期刊即享有论文的版权(投稿时作者已签署版权转让协议),作者即享有论文的著作权。

(三)学术期刊的审稿制度

学术质量是学术期刊的生命线,严肃和加强审稿是保证学术质量的关键环节。审稿是对稿件的内容做出准确、公正的评价,是决定稿件是否录用的最重要依据,也是保证期刊质量的中心环节。受客观因素和主观因素双重制约,科学而公正的审稿总是复杂而又困难的,为解决这个问题,必须建立科学的审稿制度。

在西方乃至国际社会普遍采用的是同行审稿(Peer Review)制度,这已成为学术论文发表不可或缺的主要环节,因此,国外学术期刊均将同行审稿视为决定学术期刊质量的重要举措。学术期刊的同行审稿制度的起源是1416年的威尼斯共和国专利评审方面的"同行评议"制度。17世纪后,西方各国逐渐把当时仅适于专利评审的同行评议制度引进到了科研项目的评价和科研论文的评审之中,最先真正将其引入学术期刊审稿活动的是在1752年英国的《哲学汇刊》。同行审稿制度在西方的学术期刊审稿中一直沿用至今,并且逐渐成为国际学术界通行的学术期刊论文评价手段。

在我国,1949年前没有条件实行同行审稿制度,1949年后学习苏联,实行了计划色彩浓厚的"三审制"。但无论是国内的三审制还是国外的同行审稿制度均有利弊,具有开放性的同行审稿制度利大于弊,而具有封闭性的三审制弊大于利。我国传统的学术期刊三级审稿制度是责任编辑初审、编辑室主任或副主编二审、主编终审,但这种审稿制度从登记到发表或退稿,整个审稿环节一般都局限在编辑部内部,存在很大的弊端,例如无法保证刊物质量,人情稿、关系稿容易泛滥。所以,为了克服传统三审制的一些缺陷,大部分学术期刊都尝试将国外的专家审稿制度引入传统的三审制中,并在二审环节尝试双向匿名审稿的办法。双向匿名审稿制度指将稿件隐去作者信息后,交由专家审稿,专家信息对作者亦不公开的一种审稿方式,这种审稿制度因在遏制学术期刊论文选稿方面的"潜规则"、减少编辑部"人情稿"压力、实现稿件选取的公正性、激发科研人员投稿热情等方面具有独特的功能而广受推崇。引入了双向匿名审稿制度的三审制度成为当下国内学术期刊普遍采用的新稿件三审制度,即责任编辑初审、专家二审(双向匿名审稿)、主编终审。

三、发表学术论文"五不准"

近年来,我国科技事业取得了长足的发展,国际和国内学术期刊发表论文数量大幅增长,质量显著提升。但在取得成绩的同时,也暴露出一些问题。近几年来,我国作者的学术论文被国际知名期刊撤稿的事件频频发生。例如,2015年3月,英国大型学术医疗科学文献出版商现代生物出版集团(BioMed Central)宣布撤回旗下12种期刊上的43篇论文,其中41篇来自中国,撤回原因是这些论文出现"伪造同行评审的痕迹";2015年8月,德国施普林格(Springer)出版集团宣布撤回旗下10本学术期刊上发表的64篇科研论文,其中绝大多数来自中国,撤稿原因同样是同行评议造假；2015 年 10 月，爱思唯尔撤销旗下 5 本杂志中的 9 篇论文，论文全部来自中国高校或研究机构，撤稿理由是论文的同行评审过程被人为操纵；2017 年 4 月，施普林格·自然出版集团发表声明，宣布撤回旗下《肿瘤生物学》期刊 107 篇发表于 2012~2015 年的论文，这些论文全部来自中国作者，撤稿原因本是同行评议造假。这些由于学术不端而引发的大规模撤稿事件，对我国科技界的国际声誉带来了极其恶劣的影响。为了弘扬科学精神，加强科学道德和学风建设，抵制学术不端行为，端正学风，维护风清气正的良好学术生态环境，重申和明确科技工作者在发表学术论文过程中的科学道德行为规范，中国科学技术协会、教育部、科技部、卫生计生委、中国科学院、中国工程院、国家自然科学基金会于 2015 年 12 月联合印发了《发表学术论文"五不准"》，要求对违反"五不准"的行为视情节做出严肃处理，坚决抵制"第三方"代写、代投、修改等学术不端行为。

《发表学术论文"五不准"》规定如下。

1）不准由"第三方"代写论文。科技工作者应自己完成论文撰写，坚决抵制"第三方"提供论文代写服务。

2）不准由"第三方"代投论文。科技工作者应学习、掌握学术期刊投稿程序，亲自完成提交论文、回应评审意见的全过程，坚决抵制"第三方"提供论文代投服务。

3）不准由"第三方"对论文内容进行修改。论文作者委托"第三方"进行论文语言润色，应基于作者完成的论文原稿，且仅限于对语言表达方式的完善，坚决抵制以语言润色的名义修改论文的实质内容。

4）不准提供虚假同行评审人信息。科技工作者在学术期刊发表论文如需推荐同行评审人，应确保所提供的评审人姓名、联系方式等信息真实可靠，坚决抵制同行评审环节的任何弄虚作假行为。

5）不准违反论文署名规范。所有论文署名作者应事先审阅并同意署名发表论文，并对论文内容负有知情同意的责任；论文起草人必须事先征求署名作者对论文全文的意见并征得其署名同意。论文署名的每一位作者都必须对论文有实质性学术贡献，坚决抵制无实质性学术贡献者在论文上署名。

本"五不准"中所述"第三方"指除作者和期刊以外的任何机构和个人；"论文代写"指论文署名作者未亲自完成论文撰写而由他人代理的行为；"论文代投"指论文署名作者未亲自完成提交论文、回应评审意见等全过程而由他人代理的行为。

参考文献

[1] 国家标准局.科学技术报告、学位论文和学术论文的编写格式:GB/T 7713-1987[S].北京:中国标准出版社,1987:1-2,4.

[2] 劳柳.学术评价:美国大学的一种理论模式:以贝勒大学教育学院为例[J].师资培训研究,2000(2):49-54.

[3] 艾思学术.学术论文与非学术性文章的本质区别[EB/OL].(2019-03-18)[2020-03-18].https://www.keoaeic.org/question_highlights/2374.html.

[4] 顾明远.教育大辞典[M].上海:上海教育出版社,1998.

[5] 中国人大网.中华人民共和国学位条例(修正)[Z/OL].(2004-08-28)[2020-03-18].http://www.npc.gov.cn/wxzl/gongbao/2004-10/21/content_5334572.htm.

[6] 搜狐网-瑾视频资讯社.挪威防人类文明灭绝的末日图书馆保存人类重要文学达1000年之久[EB/OL].(2018-05-20)[2020-03-18].https://www.sohu.com/a/232232149_475370.

[7] 胡键.怎样写好一篇学术论文?[EB/OL].(2015-04-07)[2020-03-18].https://mp.weixin.qq.com/s/Wrg2CVpRIDi5CQvcTOO0-Q.

[8] 韩星明,陈洁.科技学术论文的选题及取材与写作[J].西安理工大学学报,1995(2):155-159.

[9] 刘洁民.论学术论文写作的选题原则[J].理论月刊,2008(5):129-131.

[10] 学术堂.怎样写出一篇高质量的学术论文(资深主编经验谈)[EB/OL].(2018-03-19)[2020-03-18].http://www.lunwenstudy.com/xiezuo/xsxiezuo/130252.html.

[11] 王林林.选题——撰写学术论文的关键一步[J].法制与社会,2008(28):325.

[12] 科研拖拉机.论文还没写就忍不住反复纠结"标题"怎么办?选题与标题的五个区别[EB/OL].(2020-02-25)[2020-03-18].https://zhuanlan.zhihu.com/p/108995620.

[13] 宋楚瑜.如何写学术论文[M/OL].[2020-03-18].https://www.keoaeic.org/featured/2431.html.

[14] 肖建华.为新而求新,为创新而求新[EB/OL].(2014-01-28)[2020-03-18].http://blog.sciencenet.cn/blog-39419-763027.html.

[15] 一式无忧.浅谈科研学术论文选题应避免的问题[EB/OL].(2019-03-08)[2020-03-18].https://baijiahao.baidu.com/s?id=1627404630898664169&wfr=spider&for=pc.

[16] 老踏.为保证论文写作质量,这3项工作还需提前做做做做做一下[EB/OL].(2019-11-24)[2020-03-18].https://mp.weixin.qq.com/s/JDbklktxhn4Y_uPPeFE7gA.

[17] 周新年,沈嵘枫,周成军.讲清楚了!论文的写作流程和技巧!强烈推荐![EB/OL].(2019-05-04)[2020-03-18].https://mp.weixin.qq.com/s/kaInCbuLR08tmfg7eQEgiQ.

[18] 学术堂.学术论文的主要组成部分、要求及常见问题[EB/OL].(2016-03-26)[2020-03-18].http://www.lunwenstudy.com/xiezuo/xsxiezuo/99482.html.

[19] 国家知识产权局.专利文献[EB/OL].(2009-09-01)[2020-03-18].http://www.sipo.gov.cn/wxfw/zlwxxxggfw/zsyd/zlwxjczs/zlwxjczs_zlwxymcjs/1053676.htm.

[20] 曾群.核心期刊编辑告诉你,论文写作的常见问题有这些![EB/OL].(2018-03-31)[2020-03-18].https://mp.weixin.qq.com/s/YU2NwmzBhYuR4EAI6sH3Rg.

[21] 中图分类号.中图分类号查询[EB/OL].[2020-03-18].http://ztflh.xhma.com/.

[22] 教育部科学技术司.高等学校科学技术学术规范指南(第二版)宣讲稿[EB/OL].(2017-03-31)[2020-03-18].http://www.moe.gov.cn/s78/A16/kjs_left/zclm_

xfjs/201803/t20180329_331695.html.

[23] 胡键.学术规范是学术的生命[EB/OL].(2018-10-27)[2020-03-18].https://mp.weixin.qq.com/s/WLCzptWlM6sMTi6u7ZC8qg.

[24] 搜狐网-硕博知识云库.学术论文的语言表达怎样才能更容易发表？[EB/OL].(2019-05-16)[2020-03-18].https://www.sohu.com/a/314356462_120151766.

[25] 周传虎.[论文写作必修]论文语言要做到4条基本要求[EB/OL].(2018-05-13)[2020-03-18].http://www.360doc.com/content/18/0513/12/36274037_753560210.shtml.

[26] 写作之家.学术论文语言表达存在的四大误区[EB/OL].(2019-12-09)[2020-03-18].https://zhuanlan.zhihu.com/p/96081793.

[27] 中国科学技术协会.中国科协关于印发《科技工作者道德行为自律规范》的通知[EB/OL].(2017-07-14)[2020-03-18].http://before.cast.org.cn/n200740/n203721/c57603316/content.html.

[28] 教育部.高等学校预防与处理学术不端行为办法[Z/OL].(2016-06-16)[2020-03-18].http://www.moe.gov.cn/srcsite/A02/s5911/moe_621/201607/t20160718_272156.html.

[29] 蒲攀,马海群.大数据时代我国开放数据政策模型构建[J].情报科学,2017,35(2):3-9.

[30] 王琪.撰写文献综述的意义、步骤与常见问题[J].学位与研究生教育,2010(11):49-52.

[31] 支运波.人文社会科学研究中的文献综述撰写[J].理论月刊,2015(3):79-83.

[32] 张丽华,王娟,苏源德.撰写文献综述的技巧与方法[J].学位与研究生教育,2004(1):45-47.

[33] 韩映雄,马扶风.文献综述及其撰写[J].出版与印刷,2017(1):64-69.

[34] 王琳博.文献综述的特点与撰写要求[J].重庆工贸职业技术学院学报,2013,9(2):92-96.

[35] 张庆宗.文献综述撰写的原则和方法[J].中国外语,2008(4):77-79.

[36] 郑召民,刘辉.如何撰写文献综述[J].中国脊柱脊髓杂志,2011,21(5):438-440.

[37] 李达顺,等.社会科学方法研究[M].北京:中国国际广播出版社,1991:128.

[38] 裴娣娜.教育研究方法导论[M].合肥:安徽教育出版社,1995:91.

[39] 中国腐蚀与防护网.《Nature》社论:鼓励重复性研究和无效结果![EB/OL].(2020-03-09)[2020-03-18].http://www.ecorr.org/news/industry/2020-03-09/176437.html.

[40] 国家新闻出版广电总局.关于规范学术期刊出版秩序促进学术期刊健康发展的通知[EB/OL].(2014-04-14)[2020-03-18].http://www.gapp.gov.cn/news/1663/199178.shtml.

[41] 李海燕,朱姣.从期刊编辑视角谈学术论文投稿[J].北京印刷学院学报,2016,24(3):11-13.

[42] 文斌.高水准论文"写作秘籍":选题+写作+投稿[EB/OL].(2019-09-15)[2020-03-18].https://www.sohu.com/a/341144211_176877.

[43] 国家新闻出版广电总局.新闻出版广电总局第一批认定学术期刊名单正式公布[EB/OL].(2014-12-10)[2020-03-18].http://www.sapprft.gov.cn/sapprft/contents/6588/279370.shtml.

[44] 国家新闻出版广电总局.国家新闻出版广电总局正式公布第二批认定学术期刊名单[EB/OL].(2017-04-10)[2020-03-18].http://www.gapp.gov.cn/news/1663/363994.shtml.

[45] 国务院网站.中华人民共和国新闻出版总署令(第31号)[Z/OL].(2005-09-30)[2020-03-18].http://www.gov.cn/gongbao/content/2006/content_369227.htm.

[46] 张俊苗,向月波,邱春丽,等.学术论文投稿期刊选择的几点建议[J].教育科学论坛,2019(9):76-80.

［47］情报科学官网.作者投稿系统［EB/OL］.［2020-03-18］.http://journal12.magtechjournal.com/Jweb_qbkx/CN/volumn/current.shtml.

［48］余文兵,张带荣.约稿应成为科技期刊编辑的重要工作［J］.黄冈师范学院学报,2011,31（3）:172-173.

［49］廖肇银.掌握编辑约稿的主动权［J］.编辑刊,2000（3）:18.

［50］田峰.学术期刊审稿制度起源与演变［J］.管子学刊,2013（3）:98-103.

［51］尹玉吉.中西方学术期刊审稿制度比较研究［J］.浙江大学学报（人文社会科学版）,2012,42（4）:201-216.

［52］康敬奎.论学术期刊双向匿名专家审稿制度［J］.继续教育研究,2011（12）:222-224.

［53］王立争.完善学术期刊双向匿名审稿制度的几点思考［J］.编辑之友,2014（11）:76-79.

［54］澎湃新闻.英国现代生物出版集团近日撤销43篇论文,41篇是中国作者［EB/OL］.（2015-03-31）［2020-03-18］.https://www.thepaper.cn/newsDetail_forward_1316473.

［55］新华网.施普林格出版集团再撤回64篇问题论文［EB/OL］.（2015-08-19）［2020-03-18］.http://www.xinhuanet.com/world/2015/08/19/c_1116304462.htm.

［56］赵河雨.爱思唯尔因同行评审造假撤销中国9篇论文［EB/OL］.（2015-10-14）［2020-03-18］.http://news.sciencenet.cn/htmlnews/2015/10/328612.shtm.

［57］陈卓.评论文被撤稿:没有真实,所有科学俱为谎言［EB/OL］.（2017-04-26）［2020-03-18］.http://news.sciencenet.cn/htmlnews/2017/4/374639.shtm.

［58］中科院文献情报中心.七部门印发《发表学术论文"五不准"》［EB/OL］.（2016-05-27）［2020-03-18］.http://www.las.cas.cn/dj/lzjsjc/201605/t20160527_4611327.html.

［59］魏晟,等.信息检索［M］.北京:人民邮电出版社,2018.（2011-03-14）

［60］郑瑜,等.信息检索教程［M］.2版.北京:人民邮电出版社,2017.

［61］中文搜索引擎指南.搜索引擎技巧［EB/OL］.［2019-09-18］.http://www.sowang.com/seek.htm.

［62］中文搜索引擎指南.搜索的最后一步:信息的评价［EB/OL］.(2007-10-21)［2020-09-22］.http://www.sowang.com/ZHUANJIA/sowatch/20071021.htm.

［63］中文搜索引擎指南.一些快速准确搜索资料的技巧［EB/OL］.(2007-11-06)［2020-09-22］.http://www.sowang.com/SOUSUO/20071106.htm.

［64］中文搜索引擎指南.如何寻找杂志的电子版本［EB/OL］.(2006-05-16)［2019-09-18］.http://www.sowang.com/ZHUANJIA/StoneWang/20060516.htm.

［65］中文搜索引擎指南.互联网搜索技巧［EB/OL］.(2006-05-16)［2019.09.18］.http://www.sowang.com/seek.htm.

［66］中文搜索引擎指南.选择适当的查询词［EB/OL］.(2009-11-17)［2019-10-18］.http://www.sowang.com/SOUSUO/20091117-5.htm.

［67］中文搜索引擎指南.搜索的最后一步:对信息的评价［EB/OL］.(2007-10-12)［2019-10-18］.http://www.sowang.com/ZHUANJIA/sowatch/20071021.htm.

［68］中文搜索引擎指南.搜索策略之过程篇［EB/OL］.(2007-10-22)［2019-10-18］.http://www.sowang.com/ZHUANJIA/sowatch/20071022-3.htm.

［69］中文搜索引擎指南.搜索策略之构建合适的检索式［EB/OL］.(2007-10-22)［2019-10-18］.http://www.sowang.com/ZHUANJIA/sowatch/20071022-2.htm.

［70］中文搜索引擎指南.搜索策略之选择正确的检索工具［EB/OL］.(2007-10-22)［2019-10-18］.http://www.sowang.com/ZHUANJIA/sowatch/20071022-1.htm.

[71] 中文搜索引擎指南. 搜索策略之分析搜索需求［EB/OL］. (2007-10-22)［2019-10-18］. http://www.sowang.com/ZHUANJIA/sowatch/20071022.htm.

[72] 靳小青, 等. 新编信息检索教程（慕课版）［M］. 北京：人民邮电出版社，2018.

[73] 刘允斌, 等. 实用信息检索［M］. 2版. 北京：高等教育出版社，2018.

[74] 清华大学图书馆. 外文电子图书数据库检索与利用［EB/OL］. (2009-11-18)［2019-10-18］. http://www.docin.com/p-35133692.html.

[75] 百度文库. 信息检索与利用课件［EB/OL］. (2011-01-02)［2020-03-18］. http://wenku.baidu.com/view/5e5763b665ce05087632132a.html.

[76] 清华大学图书馆. 外文电子图书数据库检索与利用［EB/OL］. (2009-11-18)［2020-03-18］. http://www.docin.com/p-35136453.html.

[77] 百度文库. 几种电子图书的使用［EB/OL］. (2010-12-06)［2020-03-20］http://wenku.baidu.com/view/ef6858ff04a1b0717fd5dd80.html.

[78] 百度文库. 数字资源常见访问故障［EB/OL］. (2011-02-08)［2020.03.20］. http://wenku.baidu.com/view/47c730ea172ded630b1cb607.html.

[79] 陈英, 等. 科技文献信息检索［M］. 成都：成都科技大学出版社，1996.

[80] 王梦丽, 等. 信息检索与网络应用［M］. 北京：北京航空航天大学出版社，2001.

[81] 陆建平. 信息检索：从手工到联机、光盘、因特网［M］. 上海：华东师范大学出版社，2001.

[82] 商红云. 国外科技信息及文献检索［M］. 北京：机械工业出版社，2003.

[83] CNKI. 用户使用手册［EB/OL］. ［2020-08-28］.http://epub.cnki.net/grid2008/Help/shipin.htm.

[84] 曹彩英. 科技信息资源检索［M］. 北京：海洋出版社,2013.

[85] 陈新艳, 陈振华. 信息检索与利用［M］. 武汉：武汉理工大学出版社,2015.

[86] 曹京涛. 全国专利代理人资格考试考点法条精读及真题分类解析——专利法律知识卷［M］. 北京：知识产权出版社,2016.

[87] 甘绍宁, 曾志华. 专利竞争情报理论与实践［M］. 北京：知识产权出版社,2014.

[88] 张晓东. 专利检索与信息分析实务［M］. 上海：华东理工大学出,2017.［6］曾桂生. 化学文献检索与运用［M］, 北京：冶金工业出版社,2016.

[89] 史倩青. 中国专利检索免费数据库简介［J］. 科技创新导报,2019,16（22):130-131，133.

[90] 李晓. 欧洲专利局专利数据库检索与使用.［DB/OL］.(2015-07-17)［2020-03-02］. https://wenku.baidu.com/view/48f02aea48d7c1c709a14525.

[91] 百度文库. 档案分类的含义和档案种类划分-精品.［DB/OL］.(2018-11-02).［2020-03-02］. https://wenku.baidu.com/view/b71d3fc8dc88d0d233d4b14e852458fb760b3803.

[92] 百度文库. 科技报告检索技巧.［DB/OL］.(2018-10-25).［2020-03-10］.https://wenku.baidu.com/view/a942ce45a200a6c30c22590102020740be1ecdd5.html?fr=search.

[93] 百度文库. 会议文献和学位论文指导.［DB/OL］.(2020-03-09).［2020-03-10］https://wenku.baidu.com/view/c5b36367f5ec4afe04a1b0717fd5360cba1a8df2.html?fr=search.

[94] 戴维民. 信息组织［M］. 3版. 北京：高等教育出版社，2014.